# O PROCESSO PSICODIAGNÓSTICO E AS TÉCNICAS PROJETIVAS

María Luisa Siquier de Ocampo,
María Esther García Arzeno,
Elza Grassano de Piccolo e colaboradores

# O PROCESSO PSICODIAGNÓSTICO E AS TÉCNICAS PROJETIVAS

*Tradução* MIRIAM FELZENSZWALB
*Revisão técnica* LUIS LORENZO RIVERA

SÃO PAULO 2019

Esta obra foi publicada originalmente em espanhol com o título
LAS TÉCNICAS PROYECTIVAS Y EL PROCESO PSICODIAGNÓSTICO
por Ediciones Nueva Visión, Buenos Aires.
Copyright © Ediciones Nueva Visión, SAIC, Buenos Aires, 1979.
Copyright © 1981, Livraria Martins Fontes Editora Ltda.,
São Paulo, para a presente edição.

1ª edição *1981*
11ª edição *2009*
5ª tiragem *2019*

Tradução
MIRIAM FELZENSZWALB

**Revisão técnica**
*Luis Lorenzo Rivera*
**Revisão gráfica**
*Marise Simões Leal*
**Produção gráfica**
*Geraldo Alves*
**Paginação**
*Studio 3 Desenvolvimento Editorial*

**Dados Internacionais de Catalogação na Publicação (CIP)**
**(Câmara Brasileira do Livro, SP, Brasil)**

Siquier de Ocampo, María Luisa
 O processo psicodiagnóstico e as técnicas projetivas / María Luisa Siquier de Ocampo, María Esther García Arzeno, Elza Grassano de Piccolo e colaboradores ; tradução Miriam Felzenszwalb ; revisão técnica Luis Lorenzo Rivera. – 11ª. ed. – São Paulo: Editora WMF Martins Fontes, 2009. – (Coleção textos de psicologia)

 Título original: Las técnicas proyectivas y el proceso psicodiagnóstico.
 Bibliografia.
 ISBN 978-85-7827-147-3

 1. Psicodiagnóstico 2. Técnicas projetivas I. García Arzeno, María Esther. II. Grassano de Piccolo, Elza. III. Rivera, Luis Lorenzo. IV. Título. V. Série.

09-04420                                             CDD-616.89075

**Índices para catálogo sistemático:**
 1. Processo psicodiagnóstico : Psicologia
    clínica : Ciências médicas   616.89075
 2. Psicodiagnóstico : Psicologia clínica :
    Ciências médicas   616.89075

*Todos os direitos desta edição reservados à*
***Editora WMF Martins Fontes Ltda.***
*Rua Prof. Laerte Ramos de Carvalho, 133  01325-030 São Paulo SP Brasil*
*Tel. (11) 3293.8150  e-mail: info@wmfmartinsfontes.com.br*
*http://www.wmfmartinsfontes.com.br*

# Índice

*Prefácio* 1

**Capítulo I**
***O processo psicodiagnóstico***
María L. S. de Ocampo e María E. García Arzeno  *3*

**Capítulo II**
***A entrevista inicial***
María L. S. de Ocampo e María E. García Arzeno  *15*

**Capítulo III**
***Entrevistas para a aplicação de testes***
María L. S. de Ocampo e María E. García Arzeno  *47*

**Capítulo IV**
***O questionário desiderativo*** *63*
1. *Força e fraqueza da identidade no teste desiderativo*
   María L. S. de Ocampo e María E. García Arzeno  *65*
2. *Fantasias de morte no teste desiderativo*
   Hebe Friedenthal e María L. S. de Ocampo  *87*

3. *Índices diagnósticos e prognósticos no teste desiderativo a partir do estudo das defesas*
   María C. de Schust e Elza Grassano de Piccolo   *95*
4. *Identificação projetiva e mecanismos esquizóides no teste desiderativo*
   Alberto Brodesky, Nidia Madanes e Diana Rabinovich   *113*

**Capítulo V**
**O teste de relações objetais de Herbert Phillipson**
María L. S. de Ocampo e María E. García Arzeno   *119*

**Capítulo VI**
**O teste de apercepção infantil (C.A.T.) de L. e S. Bellak**   *179*
*Guia de interpretação do teste de apercepção infantil (C.A.T.-A) de L. Bellak*
Sara Baringoltz de Hirsch   *181*

**Capítulo VII**
**A hora de jogo diagnóstica**   *205*
1. *A hora de jogo diagnóstica*
   Ana María Efron, Esther Fainberg, Yolanda Kleiner, Ana María Sigal e Pola Woscoboinik   *207*
2. *Por um modelo estrutural da hora de jogo diagnóstica*
   Analía Kornblit   *239*

**Capítulo VIII**
**Os testes gráficos**   *253*
*Defesas nos testes gráficos*
Elza Grassano de Piccolo   *255*

**Capítulo IX**
**A entrevista de devolução de informação**   *381*
1. *Devolução de informação no processo psicodiagnóstico*
   María L. S. de Ocampo e María E. García Arzeno   *383*
2. *Técnica de devolução em casal*
   Norberto Mario Ferrer e Elida Esther Fernández   *407*

*Capítulo X*
***O informe psicológico*** *441*
O informe psicológico: exemplificação através de um caso
Renata Frank de Verthelyi  *443*

*Capítulo XI*
***Indicadores para a recomendação de terapia breve
extraídos da entrevista de devolução***
María L. S. de Ocampo e María E. García Arzeno  *475*

*Capítulo XII*
***As técnicas projetivas no diagnóstico das dificuldades
de aprendizagem***
Blanca E. Edelberg de Tarnopolsky  *487*

*Capítulo XIII*
***O ensino do psicodiagnóstico*** *517*
Uma experiência no ensino do psicodiagnóstico. Técnica
do "role-playing"
Enza M. Appiani, Esther Fainberg, María E. McGuire
de Llauró e Yolanda Kleiner  *519*

A meus filhos Estela e Carlos
M. L. S. de Ocampo

A meus queridos sobrinhos
Jorge Christian e José Luis
M. E. García Arzeno

# *Prefácio*

Nesta obra tentamos reunir uma série de idéias acerca do que fizemos e pensamos ao longo de anos de tarefa clínica e docente.

Nossas inquietudes pela temática deste livro começaram quando éramos alunas e depois docentes da cadeira de Técnicas Projetivas na Universidad Nacional del Litoral (atualmente Univ. Nac. de Rosario) e na de Buenos Aires, a cujo titular, o professor Jaime Bernstein, agradecemos a formação que nos deu.

A necessidade de sistematizar nosso trabalho nasceu do diálogo com psicólogos e alunos de Psicologia da Univ. Nac. de Buenos Aires, assim como também com psicólogos da equipe de Psicodiagnóstico do Serviço da Dra. Marta Békei, no Hospital de Clínicas.

Queremos agradecer aos colegas que, direta ou indiretamente, colaboraram conosco, e aos alunos de nossa cadeira que, com sua atitude de reflexão e seu esforço para realizar trabalhos práticos, às vezes em condições muito difíceis, deram sua contribuição.

O estado atual da Psicologia em nosso país requer que se trabalhe sobre Psicodiagnóstico. Consideramos que estas reflexões são o começo de futuras elaborações.

# Capítulo I
# *O processo psicodiagnóstico*
*Caracterização. Objetivos. Momentos do Processo.
Enquadramento.*

María L. S. de Ocampo e
María E. García Arzeno

A concepção do processo psicodiagnóstico, tal como o postulamos nesta obra, é relativamente nova.

Tradicionalmente era considerado "a partir de fora", como uma situação em que o psicólogo aplica um teste em alguém, e era nestes termos que se fazia o encaminhamento. Em alguns casos especificava-se, inclusive, que teste, ou testes, se deveria aplicar. A indicação era formulada então como "fazer um Rorschach" ou "aplicar um desiderativo" em alguém.

De outro ponto de vista, "a partir de dentro", o psicólogo tradicionalmente sentia sua tarefa como o cumprimento de uma solicitação com as características de uma demanda a ser satisfeita seguindo os passos e utilizando os instrumentos indicados por outros (psiquiatra, psicanalista, pediatra, neurologista, etc.). O objetivo fundamental de seu contato com o paciente era, então, a investigação do que este faz diante dos estímulos apresentados. Deste modo, o psicólogo atuava como alguém que aprendeu, o melhor que pôde, a aplicar um teste. O paciente, por seu lado, representava alguém cuja presença é imprescindível; alguém de quem se espera que colabore docilmente, mas que só interessa como objeto parcial, isto é, como "aquele que deve fazer o Rorschach ou o Teste das Duas Pessoas". Tudo que se desviasse deste propósito ou interferisse em seu sucesso era considerado como uma perturbação que afeta e complica o trabalho.

Terminada a aplicação do último teste, em geral, despedia-se o paciente e enviava-se ao remetente um informe elaborado com enfoque atomizado, isto é, teste por teste, e com uma ampla gama de detalhes, a ponto de incluir, em alguns casos, o protocolo de registro dos testes aplicados, sem levar em conta que o profissional remetente não tinha conhecimentos específicos suficientes para extrair alguma informação útil de todo este material. Este tipo de informe psicológico funciona como uma prestação de contas do psicólogo ao outro profissional, que é sentido como um superego exigente e inquisidor. Atrás desse desejo de mostrar detalhadamente o que aconteceu entre seu paciente e ele, esconde-se uma grande insegurança, fruto de sua frágil identidade profissional. Surge, então, uma necessidade imperiosa de justificar-se e provar (e provar para si) que procedeu corretamente, detalhando excessivamente o que aconteceu, por medo de não mostrar nada que seja essencial e clinicamente útil. Esses informes psicológicos são, à luz de nossos conhecimentos atuais, uma fria enumeração de dados, traços, fórmulas, etc., freqüentemente não integrados numa *Gestalt* que apreenda o essencial da personalidade do paciente e permita evidenciá-lo.

O psicólogo trabalhou durante muito tempo com um modelo similar ao do médico clínico que, para proceder com eficiência e objetividade, toma a maior distância possível em relação a seu paciente a fim de estabelecer um vínculo afetivo que não lhe impeça de trabalhar com a tranqüilidade e a objetividade necessárias.

Em nossa opinião, o psicólogo freqüentemente agia assim – e ainda age – por carecer de uma identidade sólida que lhe permita saber quem é e qual é seu verdadeiro trabalho dentro das ocupações ligadas à saúde mental. Por isso tomou emprestado, passivamente, o modelo de trabalho do médico clínico (pediatra, neurologista, etc.) que lhe dava um pseudo-alívio sob dois aspectos. Por um lado, tomou emprestada uma pseudo-identidade, negando as diferenças e não pensando para não distinguir e ficar, de novo, desprotegido. O preço deste alívio, além da imposição externa, foi a submissão interior que o empobrecia sob todos os pontos de vista, ainda que lhe evitasse um questionamento sobre quem era e como deveria trabalhar. A não-indagação de tudo o que se referia ao sistema comunicacional dinâmico aumentava a distância entre o psicólogo e o paciente e diminuía a possibilidade de vivenciar a angústia que tal relação pode despertar. Assim, utilizavam-se os testes como se eles constituíssem em si mesmos o objetivo do psicodiagnóstico e como um escudo entre o profissional e o paciente, para evitar pensamentos e sentimentos que mobilizassem afetos (pena, rejeição, compaixão, medo, etc.).

Mas nem todos os psicólogos agiram de acordo com esta descrição. Muitos experimentaram o desejo de uma aproximação autêntica com o paciente. Para pô-lo em prática, tiveram de abandonar o modelo médico enfrentando por um lado a desproteção e, por outro, a sobrecarga afetiva pelos depósitos\* de que eram objeto, sem estarem preparados para isso. Podia acontecer então que atuassem de acordo com os papéis induzidos pelo paciente: que se deixassem invadir, seduzir, que o superprotegessem, o abandonassem, etc. O resultado era uma contra-identificação projetiva com o paciente, inconveniente porque interferia em seu trabalho. Devemos levar em conta que é escassa a confiança que podemos ter em um diagnóstico em que tenha operado este mecanismo, sem possibilidades de correção posterior. Devido à difusão crescente da psicanálise no âmbito universitário e sua adoção como marco de referência, os psicólogos optaram por aceitá-la como modelo de trabalho, diante da necessidade de achar uma imagem de identificação que lhes permitisse crescer e se fortalecer. Esta aqui-

----
\* Depositar será usado no sentido de *colocar* no outro e deixar. (N. do E.)

sição significou um progresso de valor inestimável, mas provocou, ao mesmo tempo, uma nova crise de identidade no psicólogo. Tentou transferir a dinâmica do processo psicanalítico para o processo psicodiagnóstico, sem levar em conta as características específicas deste. Isto trouxe, paralelamente, uma distorção e um empobrecimento de caráter diferente dos da linha anterior. Enriqueceu-se a compreensão dinâmica do caso mas foram desvalorizados os instrumentos que não eram utilizados pelo psicanalista. A técnica de entrevista livre foi supervalorizada enquanto era relegado a um segundo plano o valor dos testes, embora fosse para isso que ele estivesse mais preparado. Sua atitude em relação ao paciente estava condicionada por sua versão do modelo analítico e seu enquadramento específico: permitir a seu paciente desenvolver o tipo de conduta que surge espontaneamente em cada sessão, interpretar com base neste material contando com um tempo prolongado para conseguir seu objetivo, podendo e devendo ser continente de certas condutas do paciente, tais como recusa de falar ou brincar (caso trabalhasse com crianças), silêncios prolongados, faltas repetidas, atrasos, etc.

Se o psicólogo deve fazer um psicodiagnóstico, o enquadramento não pode ser esse: ele dispõe de um tempo limitado; a duração excessiva do processo torna-se prejudicial; se não se colocam limites às rejeições, bloqueios e atrasos, o trabalho fracassa, e este deve ser protegido por todos os meios. Em relação à técnica de entrevista livre ou totalmente aberta, se adotamos o modelo do psicanalista (que nem todos adotam), devemos deixar que o paciente fale o que quiser e quando quiser, isto é, respeitaremos seu *timing*. Mas com isto cairemos numa confusão: não dispomos de tempo ilimitado. Em nosso contrato com o paciente falamos de "algumas entrevistas" e às vezes até se especifica mais ainda, esclarecendo que se trata de três ou quatro. Portanto, aceitar silêncios muito prolongados, lacunas totais em temas fundamentais, insistência em um mesmo tema, etc., "porque é o que o paciente deu", é funcionar com uma identidade alheia (a do terapeuta) e romper o próprio enquadramento. Daremos um exemplo: se o paciente chega muito atrasado à sua sessão, o terapeuta interpretará em função do material com que conta, e esse atraso pode constituir para ele uma conduta saudável em certo momento da terapia, como, por exemplo, no caso de ser o primeiro sinal de transferência negativa em um paciente muito predisposto a idealizar seu vínculo com ele. No caso do psicólogo que deve realizar um diagnóstico, esses poucos minutos que restam não lhe servem para nada, já que, no máximo, poderá aplicar algum teste gráfico mas sem garantia de que possa ser concluído no momento preciso. Pode ocorrer então que prolongue a entrevista, rompendo seu enquadramento, ou interrompa o teste; tudo isto perturba o paciente e anula seu trabalho, já que um teste não concluído não tem validade. Esse mesmo atraso significa, nesse segundo caso, um ataque mais sério ao vínculo com o profissional porque ataca diretamente o enquadramento previamente estabelecido.

Não resta a menor dúvida de que a teoria e a técnica psicanalíticas deram ao psicólogo um marco de referência imprescindível que o ajudou a entender corretamente o que acontecia em seu contato com o paciente. Mas, assim como uma vez teve de se rebelar contra sua própria tendência a ser um aplicador de testes, submetido a um modelo de trabalho frio, desumanizado, atomizado e superdetalhista, também chegou um momento (e diríamos que estamos vivendo este momento) em que teve de definir suas semelhanças e diferenças em relação ao terapeuta psicanalítico. Todo este processo se deu, entre outras razões, pelo fato de ser uma profissão nova, pela formação recebida (pró ou antipsicanalítica) e fatores pessoais. Do nosso ponto de vista, até a inclusão da teoria e da técnica psicanalíticas, a tarefa psicodiagnóstica carecia de um marco de referência que lhe desse consistência e utilidade clínica, especialmente quando o diagnóstico e o prognóstico eram realizados em função de uma possível terapia. A aproximação entre a tarefa psicodiagnóstica e a teoria e a técnica psicanalíticas realizou-se por um esforço mútuo. Se o psicólogo trabalha com seu próprio marco de referência, o psicanalista deposita mais confiança e esperanças na correção e na utilidade da informação que recebe dele. O psicanalista se abriu mais à informação proporcionada pelo psicólogo, e este, por seu lado, ao sentir-se mais bem recebido, redobrou seus esforços para dar algo cada vez melhor. Até há pouco tempo, o fato de o informe psicológico incluir a enumeração dos mecanismos defensivos utilizados pelo paciente constituía uma informação importante. No estado atual das coisas, consideramos que dizer que o paciente utiliza a dissociação, a identificação projetiva e a idealização é dar uma informação até certo ponto útil mas insuficiente. Possivelmente, todo ser humano apela para todas as defesas conhecidas de acordo com a situação interna que deve enfrentar. Por isso, pensamos que o mais útil é descrever as situações que põem em jogo essas defesas, a sua intensidade e as probabilidades de que sejam eficazes. Consideramos que o terapeuta extrairá uma informação mais útil de um informe dessa natureza.

O psicólogo teve de percorrer as mesmas etapas que um indivíduo percorre em seu crescimento. Buscou figuras boas para se identificar, aderiu ingênua e dogmaticamente a certa ideologia e identificou-se introjetivamente com outros profissionais que funcionaram como imagens parentais, até que pôde questionar-se, às vezes com crueldade excessiva (como adolescentes em crise), sobre a possibilidade de não ser como eles. Pensamos que o psicólogo entrou num período de maturidade ao perceber que utilizava uma "pseudo" identidade que, fosse qual fosse, distorcia sua identidade real. Para perceber esta última, teve de tomar uma certa distância, pensar criticamente no que era dado como inquestionável, avaliar o que era positivo e digno de ser incorporado e o que era negativo ou completamente alheio à sua atividade, ao que teve de renunciar. Conseguiu assim uma maior autonomia de pensamento e prática, com a qual não só se distinguirá e fortalecerá sua identidade própria, como também poderá pensar mais e melhor em si mesmo, contribuindo para o enriquecimento da teoria e da prática psicológica inerente a seu campo de ação.

## Caracterização do processo psicodiagnóstico

Institucionalmente, o processo psicodiagnóstico configura uma situação com papéis bem definidos e com um contrato no qual uma pessoa (o paciente) pede que a ajudem, e outra (o psicólogo) aceita o pedido e se compromete a satisfazê-lo na medida de suas possibilidades. É uma situação bipessoal (psicólogo-paciente ou psicólogo-grupo familiar), de duração limitada, cujo objetivo é conseguir uma descrição e compreensão, o mais profunda e completa possível, da personalidade total do paciente ou do grupo familiar. Enfatiza também a investigação de algum aspecto em particular, segundo a sintomatologia e as características da indicação (se houver). Abrange os aspectos passados, presentes (diagnóstico) e futuros (prognóstico) desta personalidade, utilizando para alcançar tais objetivos certas técnicas (entrevista semidirigida, técnicas projetivas, entrevista de devolução).

## Objetivos

Em nossa caracterização do processo psicodiagnóstico adiantamos algo a respeito de seu objetivo. Vejamo-lo mais detalhadamente. Dizemos que nossa investigação psicológica deve conseguir uma descrição e compreensão da personalidade do paciente. Mencionar seus elementos constitutivos não satisfaz nossas exigências. Além disso, é mister explicar a dinâmica do caso tal como aparece no material recolhido, integrando-o num quadro global. Uma vez alcançado um panorama preciso e completo do caso, incluindo os aspectos patológicos e os adaptativos, trataremos de formular recomendações terapêuticas adequadas (terapia breve e prolongada, individual, de casal, de grupo ou de grupo familiar; com que freqüência; se é recomendável um terapeuta homem ou mulher; se a terapia pode ser analítica ou de orientação analítica ou outro tipo de terapia; se o caso necessita de um tratamento medicamentoso paralelo, etc.).

## Momentos do processo psicodiagnóstico

Segundo nosso enfoque, reconhecemos no processo psicodiagnóstico os seguintes passos:
1º) Primeiro contato e entrevista inicial com o paciente.
2º) Aplicação de testes e técnicas projetivas.
3º) Encerramento do processo: devolução oral ao paciente (e/ou a seus pais).
4º) Informe escrito para o remetente.

No momento de abertura estabelecemos o primeiro contato com o paciente, que pode ser direto (pessoalmente ou por telefone) ou por intermédio de outra pessoa. Também incluímos aqui a primeira entrevista ou entrevista inicial, à qual nos referiremos detalhadamente no capítulo II. O segundo momento consiste na aplicação da bateria previamente selecionada e ordenada de acordo com o caso. Também incluímos aqui o tempo que o psicólogo deve dedicar ao estudo do material recolhido. O terceiro e o quarto momentos são integrados respectivamente pela entrevista de devolução de informação ao paciente (e/ou aos pais) e pela redação do informe pertinente para o profissional que o encaminhou. Estes passos possibilitam informar o paciente acerca do que pensamos que se passa com ele e orientá-lo com relação à atitude mais recomendável a ser tomada em seu caso. Faz-se o mesmo em relação a quem enviou o caso para psicodiagnóstico. A forma e o conteúdo do informe dependem de quem o solicitou e do que pediu que fosse investigado mais especificamente.

## Enquadramento

Já nos referimos à necessidade de utilizar um enquadramento ao longo do processo psicodiagnóstico. Definiremos agora o que entendemos por enquadramento e esclareceremos alguns pontos a respeito disto.

Utilizar um enquadramento significa, para nós, manter constantes certas variáveis que intervêm no processo, a saber:
- Esclarecimento dos papéis respectivos (natureza e limite da função que cada parte integrante do contrato desempenha).
- Lugares onde se realizarão as entrevistas.
- Horário e duração do processo (em termos aproximados, tendo o cuidado de não estabelecer uma duração nem muito curta nem muito longa).
- Honorários (caso se trate de uma consulta particular ou de uma instituição paga).

Não se pode definir o enquadramento com maior precisão porque seu conteúdo e seu modo de formulação dependem, em muitos aspectos, das características do paciente e dos pais.

Por isso recomendamos esclarecer desde o começo os elementos imprescindíveis do enquadramento, deixando os restantes para o final da primeira entrevista. Perceber qual o enquadramento adequado para o caso e poder mantê-lo de imediato é um elemento tão importante quanto difícil de aprender na tarefa psicodiagnóstica. O que nos parece mais recomendável é uma atitude permeável e aberta (tanto para com as necessidades do paciente como para com as próprias) para não estabelecer condições que logo se tornem insustentáveis (falta de limites ou limites muito rígidos, prolongamento do processo, delineamento confuso de sua tarefa, etc.) e que prejudiquem especialmente o paciente. A plasticidade aparece como uma condição valiosa para o psicólogo quando este a utiliza para se situar acertadamente diante do caso e manter o enquadramento apropriado. Também o é quando sabe discriminar entre uma necessidade real de modificar o enquadramento prefixado e uma ruptura de enquadramento por atuação do psicólogo induzida pelo paciente ou por seus pais. A contra-identificação projetiva com algum deles (paciente ou pai) pode induzir a tais erros.

# Capítulo II
## *A entrevista inicial*

María L. S. de Ocampo e
María E. García Arzeno

Caracterizamos a entrevista inicial como entrevista semidirigida. Uma entrevista é semidirigida quando o paciente tem liberdade para expor seus problemas começando por onde preferir e incluindo o que desejar. Isto é, quando permite que o campo psicológico configurado pelo entrevistador e o paciente se estruture em função de vetores assinalados pelo último. Mas, diferindo da técnica de entrevista totalmente livre, o entrevistador intervém a fim de: *a*) assinalar alguns vetores quando o entrevistado não sabe como começar ou continuar. Estas perguntas são feitas, é claro, da maneira mais ampla possível; *b*) assinalar situações de bloqueio ou paralisação por incremento da angústia para assegurar o cumprimento dos objetivos da entrevista; *c*) indagar acerca de aspectos da conduta do entrevistado, aos quais este não se referiu espontaneamente, acerca de "lacunas" na informação do paciente e que são consideradas de especial importância, ou acerca de contradições, ambigüidades e verbalizações "obscuras".

Em termos gerais, recomendamos começar com uma técnica diretiva no primeiro momento da entrevista, correspondente à apresentação mútua e ao esclarecimento do enquadramento pelo psicólogo e, em seguida, trabalhar com a técnica de entrevista livre para que o paciente tenha oportunidade de expressar livremente o motivo de sua consulta. Finalmente, no último momento desta primeira entrevista, devemos, forçosamente, adotar uma técnica diretiva para poder "preencher" nossas "lacunas". Esta ordem recomendada funciona como um guia, e cada psicólogo deve aprender qual é, em cada caso, o momento oportuno em que deve manter a atitude adotada ou mudá-la, para falar ou calar e escutar.

Para recomendar esta técnica de entrevista semidirigida levamos em conta duas razões: a primeira é que devemos conhecer exaustivamente o paciente, e a segunda responde à necessidade de extrair da entrevista certos dados que nos permitam formular hipóteses, planejar a bateria de testes e, posteriormente, interpretar com maior precisão os dados dos testes e da entrevista final. A correlação entre o que o paciente (e seus pais) mostra na primeira entrevista, o que aparece nos testes e o que surge na entrevista de devolução, oferece um importante material diagnóstico e prognóstico.

Do nosso ponto de vista, a entrevista clínica é "uma" técnica, não "a" técnica. É insubstituível enquanto cumpre certos objetivos do processo psicodiagnóstico, mas os testes (e nos referimos particularmente aos testes projetivos) apresentam certas vantagens que os tornam insubstituíveis e imprescindíveis. Mencionaremos entre elas sua padronização, característica que dá ao diagnóstico uma maior margem de segurança, a exploração de outros tipos de conduta que não podem ser investigadas na entrevista clínica (por exemplo, a conduta gráfica) e que podem muito bem constituir o reduto dos aspectos mais patológicos do paciente, ocultos atrás de uma boa capacidade de verbalização.

Em síntese, os testes constituem, para nós, instrumentos fundamentais. Já esclarecemos que nos referimos aos testes projetivos. Estes apresentam estímulos ambíguos mas definidos (pranchas, perguntas, etc.). Operam de acordo com instruções que são verbalizações controladas e definidas que transmitem ao paciente o tipo de conduta que esperamos dele neste momento ante este estímulo. A maioria dos testes inclui um interrogatório. Fazer perguntas e receber respostas é um trabalho em que colaboram ambos os integrantes do processo, numa tarefa igualmente comum. Também a entrevista se inclui neste contexto. Está enquadrada dentro destas mesmas linhas, já que não incluímos em nossa técnica a interpretação. Quando nos achamos diante de uma situação de bloqueio, não nos limitamos a assinalá-la como único indicador útil para o diagnóstico, já que restringir-nos a isso ocasiona sérias conseqüências. Ao empobrecimento de nosso diagnóstico se soma a total ignorância em relação ao que tal bloqueio encobre.

Necessitamos mais informações e as obtemos fazendo indicações para mobilizar o paciente durante a entrevista clínica e aplicando testes apropriados. Se quisermos marcar uma diferença entre a entrevista clínica e a dedicada à aplicação de testes, diremos que a primeira oferece uma tela mais ambígua, semelhante à prancha em branco do T.A.T. ou do Phillipson. Por isso extrai uma amostra de conduta de tipo diferente da que se tira na aplicação de testes. Os critérios gerais que utilizamos para interpretar a entrevista inicial coincidem com os que aplicamos para os testes. Aí incluímos: o tipo de vínculo que o paciente estabelece com o psicólogo, a transferência e a contratransferência, a classe de vínculo que estabelece com outros em suas relações interpessoais, as ansiedades predominantes, as condutas defensivas utilizadas habitualmente, os aspectos patológicos e adaptativos, o diagnóstico e o prognóstico.

Para obter toda esta informação devemos precisar quais são os objetivos da entrevista inicial:

1º) Perceber a primeira impressão que nos desperta o paciente e ver se ela se mantém ao longo de toda a entrevista ou muda, e em que sentido. São aspectos importantes: sua linguagem corporal, suas roupas, seus gestos, sua maneira peculiar de ficar quieto ou de mover-se, seu semblante, etc.

2º) Considerar o que verbaliza: o que, como e quando verbaliza e com que ritmo. Comparar isto com a imagem que transmite através de sua maneira de falar quando nos solicita a consulta (geralmente por telefone). Avaliar as características de sua linguagem: a clareza ou confusão com que se expressa, a preferência por termos equívocos, imprecisos ou ambíguos, a utilização do tom de voz que pode entorpecer a comunicação a ponto de não se entender o que diz, ainda quando fale com uma linguagem precisa e adequada. Quanto ao conteúdo das verbalizações, é importante levar em conta quais os aspectos de sua vida que escolhe para começar a falar, quais os aspectos a que se refere preferencialmente, quais os que provocam bloqueios, ansiedades, etc., isto é, tudo que indica um desvio em relação ao clima reinante anteriormente. Aquilo que expressa como motivo manifesto de sua consulta pode manter-se, anular-se, ampliar-se ou restringir-se durante o resto desta primeira entrevista ou do processo e constitui outro dado importante. Por outro lado, o paciente inclui em sua verbalização os três tempos de sua vida: passado, presente e futuro, dados que serão depois confrontados com sua produção, por exemplo, no teste de Phillipson. É importante que nem o paciente nem o psicólogo tentem restringir-se a um ou dois destes momentos vitais. Isto é útil para apreciar a capacidade de *insight* do paciente com referência a unir seu passado com seu presente e seu futuro. Promovido pelo psicólogo (que, por exemplo, recorre persistentemente a perguntas do tipo: o que aconteceu antes? Aconteceu-lhe algo similar quando era pequeno? De que você gostava de brincar quando era criança?) ou trazido espontaneamente pelo paciente, a persistência na evocação do passado pode converter-se em uma fuga defensiva que evita ter *insight* com o que está ocorrendo no "aqui e agora comigo". Podemos diagnosticar da mesma forma a fuga em direção ao futuro. A atitude mais produtiva é centrar-se no presente e a partir daí procurar integrar o passado e o futuro do paciente. Deste modo poderemos também apreciar a plasticidade com que conta para entrar e sair de cada seqüência temporal sem angustiar-se demais. Isto é por si só um elemento indicador de boa capacidade de integração e, como tal, de bom prognóstico. Na entrevista inicial devemos extrair certas hipóteses da seqüência temporal: como foi, é e será o paciente. Uma vez confrontadas com o que foi extraído dos testes e da entrevista de devolução, serão ratificadas, ou não.

3º) Estabelecer o grau de coerência ou discrepância entre tudo o que foi verbalizado e tudo o que captamos através de sua linguagem não-verbal (roupas, gestos, etc.). O que expressa não verbalmente é algo real mas muito menos controlado do que as verbalizações. Tal confronto pode informar-nos sobre a coerência ou discrepância entre o que é apresentado como motivo manifesto da consulta e o que percebemos como motivo subjacente. Poderíamos exemplificar isto do seguinte modo: um paciente pode estar nos explicando que está preocupado com seus fracassos intelectuais e acompanhar estes comentários com gestos claramente afetados. Num caso assim observamos desde a primeira entrevista a discrepância entre o que o paciente pensa que está acontecendo com ele e o que nós pensamos. O diagnóstico será baseado no grau de coerência ou discrepância entre os dados obtidos na primeira entrevista, nos testes e na entrevista de devolução. É interessante comparar as características das verbalizações do paciente nestas três oportunidades tão diferentes.

4º) Planejar a bateria de testes mais adequada quanto a: *a)* elementos a utilizar (quantidade e qualidade dos testes escolhidos); *b)* seqüência (ordem de aplicação), e *c)* ritmo (número de entrevistas que calculamos para a aplicação dos testes escolhidos).

5º) Estabelecer um bom *rapport* com o paciente para reduzir ao mínimo a possibilidade de bloqueios ou paralisações e criar um clima preparatório favorável à aplicação de testes.

6º) Ao longo de toda a entrevista é importante captar o que o paciente nos transfere e o que isto nos provoca. Referimo-nos aqui aos aspectos transferenciais e contratransferenciais do vínculo. É importante também poder captar que tipo de vínculo o paciente procura estabelecer com o psicólogo: se procura seduzi-lo, confundi-lo, evitá-lo, manter-se a distância, depender excessivamente dele, etc., porque isto indica de que maneira específica sente seu contato com ele (como perigoso, invasor, maternal, etc.). Contratransferencialmente surgem no psicólogo certos sentimentos e fantasias de importância vital para a compreensão do caso, que permitem determinar o tipo de vínculo objetal que opera como modelo interno inconsciente no paciente.

7º) Na entrevista inicial com os pais do paciente é importante detectar também qual é o vínculo que une o casal, o vínculo entre eles como casal e o filho, o de cada um deles com o filho, o deste último com cada um deles e com o casal, o do casal com o psicólogo. Outro vínculo é o que procuram induzir-nos a estabelecer com o filho ausente e ainda desconhecido (o que dizem dele), que pode facilitar ou perturbar a tarefa posterior. Por isso pode ser útil, em alguns casos, trabalhar com a técnica de Meltzer, que vê primeiro o filho e depois os pais.

8º) Avaliar a capacidade dos pais de elaboração da situação diagnóstica atual e potencial. É interessante observar se ambos – ou um e, nesse caso, qual deles – podem promover, colaborar ou, pelo menos, aceitar as experiências de mudança do filho caso este comece uma terapia. É importante detectar a capacidade dos pais de aceitá-las na medida, qualidade e momento em que se dêem, pois disso depende muitas vezes o começo e, especialmente, a continuidade de um tratamento.

Já que nos referimos à entrevista com os pais, queremos esclarecer que a presença de ambos é imprescindível. Consideramos a criança como emergente de um grupo familiar e podemos entendê-la melhor se vemos o casal parental. Entendemos que é mais produtivo romper o estereótipo segundo o qual a entrevista com a mãe se impõe somente pelo estreito vínculo que se estabelece entre ela e o filho. Isto é certo e plenamente válido nos primeiros meses de vida da criança. Mas, na história do filho, o pai desempenha freqüentemente um papel tão importante quanto o da mãe, mesmo quando é uma figura praticamente ausente da vida familiar. O filho introjetou algum tipo de imagem paterna que, seguramente, terá ligação com sua sintomatologia atual e a problemática subjacente: daí a necessidade de sua presença. Pedir-lhe que venha e criar condições para tal é valorizá-lo, colocando-o no seu papel correspondente. É evidente que trabalhamos com o conceito de que o filho é o produto de um casal (não somente da mãe) e que ambos devem vir às entrevistas, a menos que se trate de uma situação anormal (pai que viaja constantemente, doente, internado por longo tempo, pais separados, etc.). Quando chamamos só a mãe, parece que a estamos destacando do resto do grupo familiar, mas isto tem sua contrapartida: atribuímos unicamente a ela a responsabilidade por aquilo que seu filho é. Não garantir a presença do pai equivale a pensar que ele nada tem a ver com isso. Por outro lado, se recomendamos uma terapia, ambos devem receber esta informação, encarar esta responsabilidade e adotar uma resolução. Entendemos que informar tudo isto apenas à mãe significa transferir-lhe o que é responsabilidade do psicólogo. Dado que o pai não foi incluído em nenhum momento prévio do processo que culmina com tal informação (por exemplo, necessidade de terapia), não está preparado para recebê-la e, contudo, ele pode ser o responsável por um elemento muito importante para sua concretização, tal como sua aceitação, o pagamento dos honorários e a continuidade do tratamento. De acordo com o aspecto dissociado e projetado no marido, aspecto que ficou marginalizado na entrevista pela ausência deste, enfrentar-se-á maiores ou menores dificuldades. Pode acontecer que o aspecto dissociado e depositado no ausente seja o de uma séria resistência em relação ao tratamento. A mãe se mostrará, por exemplo, receptiva, colaboradora e complacente, mas, em seguida, poderá racionalizar: "Meu marido não quer." Deste modo no marido atua um aspecto de resistência à mudança que parece caracterizar este grupo familiar sem que o psicólogo possa ter oportunidade de trabalhar com esse aspecto incluído nas entrevistas, provocar uma tomada de consciência da sua dinâmica. Em relação à resistência diante da manipulação da culpa dizemos: entrevistar somente a mãe facilita a admissão de toda a culpa pela doença do filho; a presença de ambos permite dividi-la e, portanto, diminuí-la. Por outro lado, se pensamos que a devolução de informação procura certos benefícios psicológicos, por que dá-los somente à mãe e não ao casal? É freqüente acontecer que, devido a uma consulta pelos filhos, os pais acabem reconhecendo a própria necessidade de um tratamento e o procurem.

Vamos agora mudar de perspectiva e nos situar no ponto de vista do psicólogo. Entendemos que a presença do pai e da mãe lhe é útil e indispensável por várias razões. A inclusão de ambos implica a observação *in situ* de como são, que papéis desempenha cada um deles em relação ao outro, em relação ao psicólogo, o que cada um traz, que aspectos do filho mostram respectivamente, como vivenciam o psicodiagnóstico e a possibilidade de uma psicoterapia. Muitas vezes um desempenha o papel de corretor do que o outro diz. Se a atitude de um é de muita desconfiança e inveja, o outro pode equilibrá-la com sinais de maior agradecimento e confiança. Se excluímos um dos membros do casal das entrevistas, perdemos um destes dois aspectos do vínculo com o psicólogo. Como produto do interjogo de emergentes que existem, há maiores possibilidades de detectar vícios e corrigi-los. Por outro lado, a presença de ambos evita o perigo de aceitar o ausente como "bode expiatório", isto é, como depositário de todo o mal do vínculo, e o presente como representante do que é bom e bem-sucedido. Não incluir o pai é tratá-lo como terceiro excluído e, deste modo, negar o complexo edipiano, que é um dos núcleos básicos da compreensão de cada caso. Isto estimula ciúmes e rivalidade no excluído. Há pais que não reagem em protesto por sua não-inclusão, mas depois, de uma forma ou de outra, atacam o psicodiagnóstico ou a terapia (interrompem, negam-se a pagar o estipulado, interferem constantemente, etc.). Acabamos de nos referir a um aspecto do enquadramento, o econômico, que é outra razão para a inclusão do pai. É ele que geralmente paga os honorários. Se atribuímos a este aspecto não só o significado monetário mas também reparatório do vínculo com o psicólogo, de quem se recebeu algo (tempo, dedicação, orientação, esclarecimento, etc.), devemos incluir o pai para que assuma a responsabilidade econômica e para que tenha a oportunidade de sentir-se como reparador do filho e do psicólogo, e não como alguém que deve assumir uma mera obrigação comercial. Se o psicólogo insiste em considerar prescindível a presença do pai, está excluindo-o, implícita ou explicitamente, mostrando assim um aspecto regressivo próprio, pois evita a situação de ficar transformado em terceiro excluído ante um casal unido "contra" o psicólogo-filho. A visualização de um casal muito unido, seja a aliança sã ou patológica, pode mobilizar inveja e desejos de destruí-lo. A insistência em ver somente a mãe ou a ambos os pais, porém separados, é uma tática evasiva que pode encobrir estes sentimentos. Nesse caso, o psicólogo, através de seus aspectos infantis, não suporta funcionar como terceiro excluído com a fantasia de ser espectador obrigatório da cena primitiva invejada. Se no curso da entrevista começam as discussões e as reprovações, o psicólogo enfrenta uma cena primitiva sádica, que reativa nele a fantasia de ter conseguido separar o casal. Em tais casos pode acontecer que um dos pais – ou os dois alternadamente – o procure como aliado para transformar o outro em terceiro excluído. Se o psicólogo não está alerta, pode estabelecer diferentes tipos de alianças perigosas para o filho, para os pais e para ele mesmo. Isto é válido para os pais de crianças e de adolescentes.

Queremos nos deter em outro tema que pode provocar dúvidas em relação ao seu manejo técnico: o caso de filhos de pais separados. O psicólogo deve aceitar os fatos consumados pelo casal. Se este casal já não existe como tal, suas tentativas de voltar a uni-lo, além de infrutíferas, poderiam resultar numa séria interferência em seu trabalho. Podemos dizer que se contra-identificou projetivamente com o filho em seus aspectos negadores da realidade (a separação) e que, pela culpa de ter conseguido concretizar suas fantasias edipianas e pela dor frente a essa perda real, trata de juntá-los, seja mediante tentativas efetuadas diretamente por ele ou transferidas a outros (neste caso, o psicólogo). Se desejam vir juntos às entrevistas, teremos um caso em que a técnica não será diferente do que foi dito anteriormente. Se, pelo contrário, desejam vir separadamente, temos de respeitá-los. Pode acontecer também que desejem vir separados e com seus respectivos novos companheiros. Neste caso, a realidade se mostra mediante esses dois casais atuais que representam (cada um dos pais da criança) dois aspectos irreversivelmente dissociados. Devemos também advertir o psicólogo a respeito de seus impulsos contrários aos de unir o casal. Referimo-nos aos casos em que, contratransferencialmente, sente que não "sintoniza" bem com o casal, que "essa mulher não é para esse homem" ou vice-versa. Se *atua*\* o que eles lhe transferiram, procurará conseguir uma separação pedindo, explicitamente, que venham separados, ou manipulando a dinâmica da entrevista de tal maneira que se acentuem os pontos de divergência entre o casal, em vez de efetuar um balanço justo dos aspectos divergentes e convergentes que realmente existem.

Outro tema a ser considerado e que mereceria um desenvolvimento muito mais amplo do que podemos realizar aqui é o dos filhos adotivos. Segundo nossa experiência, geralmente são as mães que estão dispostas a pedir a consulta e iniciar o processo, transmitindo a sensação de que tudo deve transparecer o mínimo possível. O psicólogo deve procurar fazer com que venham ambos os pais pelas razões já expostas e, além disso,

---

\* O termo *atuação* será utilizado no sentido de passagem ao ato (*acting out*) empregando-se *atuar* como o verbo correspondente: passar imediatamente à ação sem intermediação do pensamento crítico, segundo definição de M. L. S. de Ocampo. (N. do E.)

porque necessita investigar elementos essenciais, tais como as fantasias de cada um a respeito da adoção (não se sentir inferior aos outros por não ter filhos, não estar só agora ou no dia de amanhã, ter a quem deixar uma herança, etc., podem aparecer como motivos manifestos da adoção, além das motivações inconscientes que também devem ser investigadas). Outros dados que devem ser levados em conta são: como sentem atualmente a situação de pais adotivos, se estão de acordo com a decisão tomada, se puderam comunicá-la ao filho e a outros. Quando a adoção não foi esclarecida, centramos o fato da adoção como motivo real e subjacente da consulta, sem desvalorizar o que tragam como motivo da mesma. Todos os demais motivos que apareçam, sejam mais ou menos graves, dependem, para sua solução, da elaboração prévia, por parte dos pais, de sua condição de pais de filhos adotivos. Por isso, recomendamos que, no momento em que surgir a informação de que o filho é adotivo, o psicólogo se dedique a elaborar este ponto de urgência com os pais. Deverá esclarecê-los sobre o fato de que o filho deve saber a verdade porque tem direito a ela, que dizê-lo não constitui, como eles crêem, um dano, mas, pelo contrário, um bem que a própria criança pode estar reclamando inconscientemente através de outros conflitos (roubos, enurese, problemas de aprendizagem, problemas de conduta, etc.). Pensamos que a situação do filho adotivo constitui um fenômeno que é fonte de possíveis conflitos, que pode chegar a ser em si mesma um conflito, de acordo com a forma com que os pais manipulam e elaboram esta situação. Geralmente, é indispensável ter algumas entrevistas do tipo operativo\* nas quais se veja, o melhor possível, o que está impedindo os pais de dizer a verdade ou fazendo com que se oponham terminantemente a esta idéia. Freqüentemente, pensam que o psicólogo

..............

\* Entrevista na qual se adota a técnica operativa proposta por Pichon Rivière; ver José Bleger, *Temas de psicologia*, São Paulo, Martins Fontes, 1980. (N. do E.)

quer destruir as fantasias que alimentaram durante anos, tirar-lhes o filho, em suma, castigá-los. Mas tudo isso está relacionado com as fantasias anteriores, concomitantes e posteriores à adoção. O fato de o filho ser ou não adotivo é tão essencial à identidade que a solução de todos os conflitos em torno dessa situação tem primazia sobre as outras. Por isso, continuar o processo psicodiagnóstico centrado no motivo trazido pelos pais é algo assim como cair numa armadilha. Seja qual for o caminho de abordagem do caso, encontrar-nos-emos, no fundo, com o problema centrado na própria identidade. Se os pais, apesar da intervenção terapêutica, ainda resistem a esclarecer a criança (eles devem assumir esta responsabilidade), devemos adverti-los a respeito das dificuldades que surgirão no trabalho psicodiagnóstico com a criança, não tanto durante a aplicação dos testes, mas na entrevista de devolução. Nesse momento deveremos dar nossa opinião verdadeira a respeito do que ocorre com ela. Se aceitamos previamente o limite imposto pelos pais no sentido de não incluir a verdade (a adoção), deixaremos de lado ou omitiremos por completo uma temática que, sem dúvida, deve ter aparecido no material e que, se o ego da criança é suficientemente forte, deveríamos incluir na devolução. Se aceitamos a limitação imposta pelos pais, estabelecemos com eles uma aliança baseada no engano e na impostura, enganamos e decepcionamos a criança e podemos até transmitir-lhe a sensação de que é um doente que desconfia de todos, ocultando-lhe que, inconscientemente, ela percebeu algo real e objetivo (sua adoção) e o conflito surge por causa dessa realidade. Entrar no jogo dos pais significa também dar-lhes um pseudo-alívio, já que perceberam certos sintomas do filho e consultaram o psicólogo. Aparentemente, eles cumpriram seu dever e nós cumprimos o nosso. Mas o filho é duplamente enganado, e, por isso, não seria estranho que sua sintomatologia se agravasse.

É interessante registrar em que momento os pais comunicam esta informação: se surge espontaneamente, se deixam que seja percebida de alguma forma (lacunas mnêmicas quando se pergunta a respeito da gravidez e do parto, expressão muito culposa acompanhada de verbalizações incompletas, mas que permitem suspeitar) ou se a escondem até o último momento e ela surge só na entrevista de devolução. Neste caso pode acontecer que o digam em um momento de *insight* devido a alguma coisa que o psicólogo lhes está explicando. Podemos tomá-lo então como um dado de bom prognóstico porque implica uma maior abertura em relação à atitude inicial. Estavam ocultando a verdade ao psicólogo até o momento em que o sentiram como um bom continente com quem se pode compartilhar a verdade. É a expressão de um impulso reparador.

Em outros casos, os pais esperam que o psicólogo faça uma pergunta direta. Esta pode surgir graças a uma certa percepção inconsciente do psicólogo ou de dados claramente expressos pelo filho no material que forneceu. Lembramos, por exemplo, o caso em que uma menina tinha desenhado uma casa e duas árvores de cada lado. Como apareciam outros elementos recorrentes à alusão de ter dois casais de pais e uma família muito grande, formulou-se aos pais uma pergunta direta e estes responderam que, de fato, a menina era filha adotiva. Em situações como estas, em que os pais escondem a verdade até o final, não podemos deixar de incluí-la de forma direta.

9º) Outro ponto importante que deve ser investigado na primeira entrevista é o *motivo da consulta*. Retomamos aqui os conceitos expressos em outro trabalho nosso[1].

No motivo da consulta deve-se discriminar entre *motivo manifesto* e *motivo latente*. O motivo manifesto é o sintoma que preocupa a quem solicita a consulta, a ponto de tornar-se um sinal de alarma. Isto é, algo o preocupou, reconhece que não

---

1. Ocampo, M. L. S. de e García Arzeno, M. E., "El motivo de consulta y su relación con la devolución de información en el cierre del proceso psicodiagnóstico", trabalho apresentado no I Congresso Argentino de Psicopatologia Infanto-Juvenil, Buenos Aires, 1969.

pode resolvê-lo sozinho e resolve pedir ajuda. Em alguns casos o receptor do sinal de alarma é um terceiro (parente, amigo, pediatra, etc.), que é quem solicita a consulta ou mobiliza o paciente a fazê-lo. Este dado nos indica por si só um grau menor de *insight* com referência à própria doença. Na maioria dos casos o motivo manifesto é, dentro de um número mais ou menos extenso de sintomas que afligem o paciente, ou aqueles que convivem com ele, o menos ansiógeno, o mais inócuo, o mais fácil e conveniente de ser dito ao psicólogo, a quem, geralmente, acaba de conhecer. Este, por seu lado, enquanto escuta e pensa sobre o caso, pode elaborar algumas hipóteses a respeito do verdadeiro motivo que traz o paciente (ou seus pais) à consulta. Geralmente o motivo é outro, mais sério e mais relevante do que o invocado em primeiro lugar. Denominamo-lo *motivo latente, subjacente* ou *profundo* da consulta.

Outro elemento diagnóstico e prognóstico importante é o momento em que o paciente toma consciência (se puder) desse motivo mais profundo. Se o faz durante o processo psicodiagnóstico, o prognóstico é melhor. Deve-se esclarecer se é possível ou não incluir esta informação na entrevista de devolução. Caso ela seja incluída, a reação do paciente será outro elemento importante: se recebe a informação e a aceita como possível, o prognóstico é melhor. Se se nega totalmente a reconhecê-la como própria, cabe pensar que as resistências são muito fortes e, portanto, o prognóstico não é muito favorável.

Esta discrepância surge como conseqüência de um processo de dissociação intrapsíquica que ocorreu no paciente. É importante que aquilo que foi dissociado intrapsiquicamente pelo paciente não seja também dissociado pelo psicólogo no material recolhido e no informe final. Como veremos mais adiante, esta é uma das razões pelas quais nos parece imprescindível a devolução de informação: é a oportunidade que se dá ao paciente para que integre o que aparece dissociado entre o manifesto e o latente. Em certos grupos familiares, o grau de dissociação é tal que o membro que trazem à consulta é o menos doente, ficando assim oculto o verdadeiro foco do problema, a menos que o psicólogo possa detectar e esclarecer esta situação. Por isso, é importante saber se o sintoma trazido é egossintônico ou egodistônico para o paciente e seu grupo familiar. Saber primeiro se o paciente trazido à consulta (ou o que veio por sua conta) sente que sofre pelo sintoma ou se este não o preocupa nem o faz sofrer. Caso não sofra, deve-se investigar se é devido à sua patologia especial (projeção do conflito e dos sentimentos dolorosos em outro membro do grupo que os assume) ou se o que acontece é que ele se converteu no depositário dos conflitos de outro ou outros membros do grupo familiar que não vieram se consultar ou que vieram como pai, mãe, cônjuge, etc. O grau de dissociação, o aspecto mais doente do paciente (ou de seu grupo familiar), influirá no tempo e na quantidade de energia necessários para o processo de integrá-lo conscientemente. A dissociação é tanto mais acentuada e mais resistente à melhora, quanto mais intensos forem os sentimentos de culpa, ansiedade, repressão, etc., que tal conflito mobiliza no paciente e que funcionam como responsáveis por esta dissociação.

Uma atitude recomendável para o psicólogo é a de escutar o paciente, mas não ficar, ingenuamente, com a versão que ele lhe transmite. O paciente conta sua história como pode. Centra o ponto de urgência de seus problemas onde lhe parece menos ansiógeno. Esta atitude ingênua, e no fundo de prejulgamento, impediu muitas vezes o psicólogo de escutar e julgar com liberdade. Diante de um dado que "não encaixa" com o esquema inicial do caso, surpreendeu-se muitas vezes pela aparente incoerência. Por exemplo: se a história do caso é muito sinistra, esforçar-se-á para achar todo tipo de transtornos, tendo como certo que ficou uma grave seqüela. Parecer-lhe-á impossível diagnosticar que esta criança apresenta um grau de saúde mental aceitável, apesar de todos os males que padeceu. Pode também acontecer o contrário, isto é, que ante um caso apresentado como um simples problema de aprendizagem, limite-se a investigar a dificuldade pedagógica, eliminando a possibilidade de existência de outros conflitos que podem ser mais sérios. Tomemos como exemplo o caso de um jovem que foi trazido para a consulta porque não podia estudar sozinho; mas, na entrevista inicial, surgiu a seguinte informação: ele gostava de passear nu e de se encostar na mãe cada vez que o fazia. Se o psicólogo não centra estes últimos dados como ponto de maior gravidade e urgência do caso e se restringe ao primeiro problema, cai na mesma atitude negadora dos pais e reduz ao mínimo as possibilidades de ajuda efetiva ao paciente. Às vezes, são os pais ou o paciente que dissociam e negam importância ao que é mais grave. O próprio psicólogo, influenciado pela primeira aproximação do paciente ou de seus pais, se fecha a qualquer outra informação que não coincida com a do começo da entrevista e minimiza ou nega francamente a relevância dos dados que vão surgindo à medida que o processo avança. O momento e a forma como emergem os aspectos mais doentes fazem parte da dinâmica do caso, e deve-se prestar muita atenção a eles.

Analisaremos em seguida outro aspecto relacionado ao motivo da consulta. Trata-se de investigar se o paciente funciona como terceiro excluído ou incluído em relação ao motivo do início do processo psicodiagnóstico. É comum acontecer que os pais de uma criança ou de um adolescente não esclareçam ao paciente o motivo pelo qual o levam a um psicólogo. Neste caso, trata-se o paciente como terceiro excluído. Se lhe esclarecem o motivo, funciona como terceiro incluído, mas é preciso observar até que ponto os pais (ou quem intervém como encaminhante) o fazem participar desta informação. Em alguns casos comunicam-lhe um motivo real, mas não aquele que mais os preocupa. Para que tenham tomado esta decisão, devem existir certas fantasias a respeito do que ocorreria se lhe contassem toda a verdade. Diríamos, então, que estes pais transmitiram ao filho o motivo manifesto mas ocultaram o motivo profundo. Em outros casos, em face da recomendação do psicólogo de que esclareçam o paciente sobre o motivo real de sua presença no consultório, aceitam e o fazem, mas nem sempre conseguem ater-se à verdade. Surgem então distorções, negações, etc., que na realidade confundem o paciente e aumentam os seus conflitos ainda mais que o conhecimento da verdade. Exemplificaremos isto com um caso. Trata-se de uma criança de sete anos, com um irmão gêmeo, um irmão maior, de nove anos, e uma irmãzinha de três anos. Desde o primeiro momento os pais disseram que estavam consultando porque este filho gostava de disfarçar-se de espanhola, de dançar, rejeitava os esportes masculinos como o futebol, comia menos que seu irmão gêmeo e era muito apegado à mãe. No entanto, resistiram a dizer-lhe a verdade e lhe falaram que o estavam trazendo porque comia pouco. A fantasia que atuava como inibidora do motivo real da consulta procedia especialmente do pai e consistia em que dizer a verdade à criança "podia criar-lhe um trauma". Analisaremos, a partir deste exemplo, as conseqüências que sobrevêm se o psicólogo não modifica isto e segue o processo sem retificações.

Em primeiro lugar, o processo se inicia com um enquadramento em que se deslocou o verdadeiro ponto de urgência. No exemplo, deveríamos nos centrar na investigação de um caso de perturbação da identidade sexual infantil, mas o destaque recaiu na oralidade do paciente.

Em segundo lugar, complica-se a tarefa de estudo do material recolhido na hora de jogo e nos testes. O paciente controla melhor o motivo apresentado por quem o trouxe, mas, inconscientemente, percebe a incongruência ou o engano e o transmite ou projeta no material que nos comunica. Nesta criança doente surgiram sentimentos de surpresa, já que sua recusa a comer preocupava os pais mais do que todos os seus amaneiramentos e demais traços homossexuais, que provocavam reações negativas em todos, especialmente no pai. Esta atitude dos pais também mobilizou sentimentos de estafa e até de cumplicidade. Se o psicólogo aceita tudo isto, entra neste jogo perigoso, no qual finge estar investigando uma coisa mas, sorrateiramente, explora outra socialmente rejeitada e sancionada. Quando trabalha, por exemplo, com o material dos testes, deve, por um lado, estudar como aparece o motivo apresentado pelos pais (oralidade), pois terá de falar sobre isso com a criança e com os pais na entrevista final. Por outro lado, deverá investigar o que realmente preocupa os pais e também a criança. Esta situação introduz novas variáveis, torna o panorama confuso e produz uma sensação de estar trabalhando "em duas pontas". Se os pais aceitam e reconhecem o motivo real da consulta e o transmitem fielmente ao psicólogo e ao filho, o panorama que se abre ao psicólogo é mais coerente.

Em terceiro lugar, criam-se dificuldades muito sérias quando o psicólogo deve dar sua opinião profissional na entrevista de devolução. Neste momento pode optar por não falar, entrando assim em cumplicidade com os pais e, em última instância, com a patologia; pode manter uma atitude ambígua, sem calar totalmente nem falar claro, ou dizer a verdade, na medida em que a força egóica dos pais e do paciente o permitam.

Em quarto lugar, o destino de uma possível terapia futura, caso seja necessária, é muito diferente conforme tenha havido esse clima de ocultamento e distorções ou de franqueza dosada durante o processo psicodiagnóstico. Indubitavelmente, esse clima pode ter criado uma relação transferencial peculiar com o psicólogo que realizou a tarefa. Na medida em que este vínculo esteja viciado, predispõe o paciente a trabalhar com a fantasia de que a mesma experiência se repetirá com o futuro terapeuta. Em muitos dos casos em que o paciente se perde na passagem do psicodiagnóstico para a terapia, este foi um dos fatores decisivos.

Por todas estas razões recomendamos especificamente detectar a coincidência ou discrepância entre o motivo manifesto e o motivo latente da consulta, o grau de aceitação, por parte dos pais e do paciente, daquele que se revela ser o ponto de maior urgência assim como a possibilidade do paciente, e de seus pais, de conseguir um *insight*. Sem dúvida, esta dinâmica surge porque o motivo da consulta é o elemento gerador da ansiedade que emerge na primeira entrevista (ou mais adiante). Em outro trabalho referimo-nos à importância da instrumentação desta ansiedade dentro do processo[2].

Em geral, aquilo que os pais (ou mesmo o paciente) dissociam, adiam ou evitam transmitir ao psicólogo é o mais ansiógeno. Em outros casos verbalizam o que deveria ser muito ansiógeno para eles mas não assumem a ansiedade como sua, transferindo-a ao psicólogo. Assim acontece, por exemplo, quando os pais se mostram preocupados porque o filho é enurético mas, apesar de incluírem o fato de que também se mostra passivo, que busca o isolamento, que não fala e prefere brincar sozinho, não dão sinais de que isto seja uma preocupação para eles. Nestes casos procuram fazer com que algum profissional ratifique suas fantasias de doença herdada ou constitucional ou, pelo menos, da base orgânica do conflito psicológico. Estas teorias atuam em parte como redutoras da ansiedade, na medida em que desligam os pais de sua responsabilidade no processo patológico mas, por outro lado, incrementam-na porque supõem um maior grau de irreversibilidade do sintoma.

Alguns pais relatam com muita ansiedade um sintoma que, ao psicólogo, parece pouco relevante. Nestes casos pode-se pensar que a carga de ansiedade foi deslocada para um sintoma leve mas que, no entanto, provém de outro mais sério do qual os pais não tomaram consciência ou que não se atrevem a encarar, e cuja transcendência se expressa através da quantidade de ansiedade deslocada ao sintoma que chegam a verbalizar.

...........
2. Ocampo, M. L. S. de e García Arzeno, M. E., "El manejo de la ansiedad en el motivo de consulta y su relación con la devolución de información en el cierre del proceso psicodiagnóstico en niños", trabalho apresentado no I Congresso Latino-americano de Psiquiatria Infantil, Punta del Este, Uruguai, novembro de 1969.

Relataremos um caso para mostrar isso mais detalhadamente. Jorge é uma criança de nove anos, que é levada por sua mãe ao Hospital de Clínicas porque tem certas dificuldades na escola: confunde o "M" e o "N", o "S" e o "C", o "V" e o "B". Não apareceu nenhum outro dado como motivo da consulta durante a admissão e nem ao se realizar a primeira entrevista com a mãe. Antes de prosseguir com a supervisão do material dos testes da mãe e da criança, detivemo-nos em algumas questões: É esta a maneira pela qual comumente uma mãe encara um problema de aprendizagem tão simples como este? Por que não recorreu a uma professora particular? O que haverá por trás desta dificuldade escolar que justifique a mobilização da mãe e da criança para aceitar o processo psicodiagnóstico, geralmente desconhecido e, portanto, ansiógeno?

Como resposta cabe pensar na existência de algum outro problema tão mais sério quanto mais minimizado foi o motivo da consulta e mais categoricamente negado, para manter afastada a intensa ansiedade persecutória que sua emergência mobilizaria. Continuando com a supervisão do caso, descobrimos que a criança havia sofrido uma cranioestenose, em razão da qual foi operada aos seis meses e esteve hospitalizada durante um ano e meio. Aos seis anos fez uma amigdalectomia. Nessas oportunidades, nada lhe foi explicado, nem antes, nem durante, nem depois das intervenções. A isto somava-se a intensa ansiedade da mãe por fantasias de morte durante a gravidez e parto deste filho e pela morte real de vários familiares. Mãe e filho compartilhavam da fantasia de que este havia sido parcialmente esvaziado na primeira operação, de que tinha sido transformado em um microcéfalo (isto é visto com clareza nos gráficos da mãe e do filho) e de que, daí, era torpe, incapaz, impotente. Desta perspectiva, pudemos compreender o sintoma trazido para a consulta como expressão do alto nível de exigência e a margem de erro mínima permitida pela mãe ao filho (eram erros de ortografia bastante comuns) ante seu constante temor da realização de tais fantasias de castração em todos os níveis, ao mesmo tempo que uma espécie de necessidade permanente de reasseguramento de que sua cabeça funcionava bem. Pedia-nos, indiretamente, que revisássemos a cabeça do filho e a sua e tirássemos suas incógnitas. Esta tática obedeceu, pois, do ponto de vista do mais doente, a um ocultamento do que era mais patológico, por medo de entrar em pânico. Do ponto de vista adaptativo, por outro lado, respondeu a uma necessidade sentida, mas não conscientizada, pela mãe e pelo menino de que fossem submetidos a um trabalho de assepsia mental que, na oportunidade certa, não foi feito, e que estava interferindo no desenvolvimento sadio dos dois.

A acomodação do paciente e/ou de seus pais ao sintoma faz com que diminua o nível de ansiedade (qualquer que seja a sua natureza) e fique facilitado o seu depósito maciço no psicólogo, que deverá discriminá-la e reintegrá-la com maiores dificuldades na entrevista de devolução. Pelo contrário, uma conduta cujos elementos latentes alarmam o ego do paciente, e fundamentalmente seus pais, poderia mobilizar outro tipo de ansiedade e culpa, o que, por sua vez, condicionaria outro tipo de manejo técnico desde o começo do processo e uma devolução de informação mais fácil.

Os primeiros sinais de ansiedade aparecem, normalmente, na primeira entrevista, quando os pais começam a relatar a história do filho. Se o psicólogo não adota uma atitude ingênua, não pode esperar registrar uma história ordenada e completa. Os pais transmitem a história que querem e podem dar. Por seu lado, o psicólogo entende a história que pode entender. Na primeira entrevista é importante registrar o que diz cada um dos pais, como e quando o dizem, o que lembram e como o fazem, o que esquecem, de maneira a poder reconstruir posteriormente, com a maior fidelidade possível, o diálogo e os elementos não-verbais do encontro. As amnésias são sempre muito significativas porque supõem um grande volume de ansiedade que determinou uma inibição no processo mnêmico. Um indício favorável da boa comunicação entre os pais e o psicólogo é o decréscimo desse volume de ansiedade, a supressão da inibição e o aparecimento do dado esquecido.

É útil averiguar, desde o princípio, que fantasias, que concepção da vida, da saúde e da doença têm os pais e/ou o paciente; o conhecimento destes esquemas referenciais permite compreender melhor o caso e evitar a emergência de ansiedades confusionais ou persecutórias. Conhecendo estes esquemas poderemos, por exemplo, entender melhor por que estes pais pensaram que o filho está doente, como deveria estar para que eles o considerassem curado e o que deveria fazer o terapeuta para consegui-lo. Muitas vezes esses dados permitem prever interrupções do tratamento (confusão por parte dos pais entre uma "fuga" na saúde ou um estado maníaco e a verdadeira saúde mental, ou crença de que um acesso de fúria é um maior indicador de doença do que o acesso de asma anterior ao tratamento).

Ao mesmo tempo, o esclarecimento destes pontos permite ao psicólogo determinar se os próprios pais necessitarão de assistência psicológica ou não, e, caso a necessitem, qual a técnica mais apropriada (terapia profunda individual de um dos dois, terapia de casal, grupo de pais, terapia familiar, etc.).

Outro elemento digno de ser levado em conta quando se trabalha com a técnica de entrevista livre é a seqüência de aspectos do filho que os pais vão mostrando ou dos aspectos de si que o paciente adulto vai mostrando. Quando se trata de pais que vieram por seu filho (criança ou adolescente), podemos registrar alternativas distintas: um mostra os aspectos sadios do filho e o outro os mais doentes, e isto se mantém ao longo da primeira entrevista e de todo o processo. Os papéis se alternam, e quando um dos dois mostra algo sadio o outro mostra um aspecto doente. Ambos mostram o mesmo, só o sadio ou só o doente.

É possível, também, que a ênfase vá passando, ao longo da entrevista, do mais sadio ao mais doente ou vice-versa. Como, neste sentido, o psicólogo outorga aos pais a mais ampla liberdade, tem direito a considerar tal seqüência como significativa.

Consideremos em primeiro lugar o caso de pais que começam pelos aspectos mais sadios e gratificantes do filho, incluindo paulatinamente o mais doente. Se esta é a seqüência escolhida, pensamos que se trata de pais que se preparam e preparam o psicólogo para receber gradualmente o mais ansiógeno. Além disso, pode-se dizer que adotam uma atitude mais protetora e menos devastadora em relação ao filho externo e em relação a seus próprios aspectos infantis. Isto leva a diagnosticar a possibilidade de uma boa elaboração depressiva da ansiedade, com o que se pode prever também uma colaboração positiva com o psicólogo durante o processo psicodiagnóstico e com o terapeuta, se a criança necessitar de tratamento.

Pode ocorrer que os pais mostrem exclusivamente os aspectos positivos do filho, até um ponto em que o psicólogo se pergunte a razão da consulta e deva perguntá-lo aos pais. Alguns necessitam que o psicólogo lhes mostre que ele parte do princípio de que algo anda mal, que se deve encarar o que está falhando e que esta atitude não pressupõe a invalidação do que funciona bem. O que é mais difícil para o psicólogo diante de casos como estes é conseguir que os pais considerem os aspectos mais doentes do filho como algo que deve ser mostrado e que devem integrar com o positivo, sobretudo na última entrevista. Como é evidente, estes pais necessitam idealizar o filho, negar maniacamente a doença porque a sentem como algo muito ansiógeno e porque, no caso de admiti-la, deverão arcar com uma dose excessiva de culpa persecutória. É justamente essa probabilidade de cair alternativamente em ambos os estados de ânimo que torna difícil o contato com os pais e a consecução de um dos principais objetivos do psicodiagnóstico: mostrar-lhes uma imagem mais completa possível do filho.

Em outros casos, a seqüência escolhida é a inversa: aparecem primeiro os aspectos mais doentes e depois, ocasionalmente, incluem o adaptativo. Consideramos isto, em termos gerais, como um indicador do desejo de depositar no psicólogo, de forma rápida e maciça, o mais ansiógeno, para prosseguir a entrevista com maior tranqüilidade e soltura. Em muitos casos, este recurso evacuativo serve para os pais estimarem o poder do psicólogo como continente da doença do filho. É algo assim como um desafio ao ego do psicólogo, que se vê, desde o começo, crivado por relatos muito angustiados. Nesta dinâmica podemos prever dificuldades na entrevista de devolução, já que estes pais dificilmente poderão tolerar o *insight* dos aspectos mais doentes do filho.

Assim como nos referimos antes ao caso dos pais que idealizam o filho, encontramos também o caso oposto, o daqueles que não conseguem resgatar nada de positivo e tratam-no como a caixa de resíduos que lhes serve para não assumir seus próprios aspectos doentes e a culpa pela doença do filho. Nestes casos a devolução de informação também é difícil pois os pais não toleram a inclusão de aspectos sadios e adaptativos do filho devido à culpa que isto lhes suscitaria. A culpa e a ansiedade concomitantes seriam de tipo depressivo, sentimentos esses que estes pais não suportam. É muito frustrante trabalhar com pais assim em psicodiagnóstico ou em psicoterapia, já que se eles não recebem a assistência terapêutica para que haja uma mudança positiva, resistirão sempre a admitir a melhora e os progressos do filho.

O psicólogo espera que ambos os pais, indistintamente, tragam, associando livremente, aspectos positivos e negativos, que formem uma imagem do filho, que se completa à medida que a entrevista vai transcorrendo. Esta expectativa nem sempre se realiza. Dá-se o caso de pais com papéis francamente contrários (não complementares, que são os mais próximos à normalidade). Um dos pais assume o papel de advogado de defesa e o outro de acusador do filho. Um relata algo positivo e o outro imediatamente associa algo negativo que invalida o que foi relatado antes. Suponhamos, por exemplo, que a mãe diga: "É muito ordeiro" e o pai acrescente: "Sim, mas ontem deixou tudo jogado, seu quarto estava desarrumado." Em alguns casos, cada um destes dois papéis é fixo e desempenhado por um dos pais ao longo de toda a primeira entrevista e, inclusive, de todo o processo. Em outros casos o que vemos é que são papéis intercambiáveis e que o que esses pais necessitam não é a função que determinado papel lhes confere e sim a existência de ambos os papéis, não importando quem os desempenhe. Não toleram estar de acordo, não suportam que o filho seja alguém que mostra coerentemente a mesma coisa a todos, não podem concordar com o que vêem e, às vezes, o que vêem não tem muito valor para eles, empenhados numa luta permanente, direta ou indireta. Na entrevista, o psicólogo se sente como o filho do casal, como espectador obrigado das brigas contínuas e com dificuldades para entender as mensagens, pois estas são permanentemente contraditórias. Estes pais chegam à entrevista final com a fantasia de que, por fim, saber-se-á qual dos dois tinha razão. Quando percebem que o psicólogo não toma partido de ninguém, mas que compreende os dois, costumam aliviar-se ou irritar-se, de acordo com o caso. O alívio surge quando conseguem um *insight* do tipo de casal que constituem, quando não se sentem recriminados por isso, quando compreendem que entender-se um com o outro lhes permite entender melhor o filho. Não há dúvida de que nestes pais há uma reserva de sentimentos depressivos que se movimentam quando o psicólogo lhes mostra os efeitos do tipo de vínculo que estabeleceram entre si e com o filho. A irritação, manifesta ou encoberta, surge quando sentem o que o psicólogo diz como uma reprovação ou um castigo pelas lutas contínuas. O castigo consiste em sentir-se tratado como terceiro excluído que recebe as admoestações do casal parental, representado então pelo psicólogo aliado com o outro. Por esta razão é tão importante abster-se de entrar na atitude de tomar partido ou de desautorizar francamente um dos pais do paciente. O mais saudável é mostrar aquilo em que cada um está certo e os efeitos que os erros de cada um produzem no filho. Portanto, não é recomendável entrar no jogo de três que, inconscientemente, propõem ao psicólogo, mas sim mostrar-lhes que eles constituem um casal e que o terceiro é o filho, a quem se deve dar ênfase em tudo o que se fala.

Outra dificuldade que pode se apresentar já desde a primeira entrevista deriva da semelhança entre a patologia do filho e a de um de seus pais. Neste, uma reação defensiva comum pode ser a de diminuir a importância de tal patologia reforçando isto com racionalização do tipo: "Eu era igual quando pequeno, e agora estou bem." Os dados que apontam para esta patologia não aparecem como motivo manifesto ou não se lhes dá primazia. É o psicólogo que deve captá-los, perguntar mais exaustivamente sobre isso e unir os dados do filho com o material verbal e pré-verbal do pai, da mãe ou de ambos (gestos de contrariedade, nervosismo, desejos de ir embora, verborragia invasiva ou moderação extrema e todo tipo de tentativas de convencer o psicólogo de que é melhor não perguntar mais a respeito daquilo). É muito importante, então, que o psicólogo não se submeta a tais imposições para poder obter todo o material necessário, sem se aliar à patologia do grupo familiar, arcando com todas as conseqüências que este papel traz consigo.

As dificuldades assinaladas, e muitas outras que não podem ser esgotadas neste capítulo, surgem das características psicodinâmicas do paciente ou do grupo familiar que nos consulta, e das do próprio psicólogo. Este deve se ocupar, desde o primeiro momento, em discriminar identidades dentro do grupo familiar que o consulta. É muito importante que estabeleça quais e de que tipo e intensidade são as identificações projetivas que cada pai faz com o filho e este com eles. Deve estudar, em cada caso, as probabilidades que tem de estabelecer uma aliança terapêutica sadia entre seus aspectos mais sérios, reparadores e maduros e os dos pais. Se, ao contrário, se estabelecer uma aliança entre seus aspectos mais infantis e os dos pais, são poucas as suas probabilidades de fazer um bom diagnóstico e prever com correção o prognóstico do caso, assim como de planificar uma terapia adequada para ele. Quanto menos experiência tiver e quanto menos elaborados estiverem seus conflitos pessoais, mais exposto o psicólogo estará ao mecanismo de contra-identificação projetiva. Esta pode se dar com um dos pais, com ambos como casal ou com o filho. Diminui acentuadamente a compreensão do caso e as possibilidades reparatórias da devolução.

A ansiedade desempenha um papel importante em tudo isso, assim como também o grau de maturidade alcançado pelos aspectos infantis do psicólogo e dos pais do paciente. Se o psicólogo mantém uma submissão infantil em relação a seus pais internos, pode permitir-se pouca liberdade de pensamento e de ação diante do casal que o consulta. Tenderá a crer no que disserem, a aceitar o enquadramento que eles fixarem, será difícil ou impossível colocar-lhes limites se for necessário, etc. Isto significa confundir-se e não tomar distância suficiente para pensar de forma adequada sobre o caso. Também surge ansiedade no psicólogo e nem sempre ele pode instrumentá-la em seu benefício. A ansiedade funciona nele como um sinal de alarme ante um emergente num determinado momento da entrevista. Se, então, puder instrumentá-la, conseguirá um melhor *insight*. Se, ao contrário, o ego observador do psicólogo se deixa invadir pela ansiedade, perde capacidade de discriminação, se confunde, deixa-se manipular, incorre em *atuações*, etc. Sua capacidade de penetração no outro fracassa ou toma um rumo que nada tem a ver com o ponto de urgência que determinou o surgimento do alarma. A ansiedade pode favorecer ou inibir as possibilidades do psicólogo de perguntar, escutar, reter, elaborar hipóteses, integrar dados e efetuar uma boa síntese e posterior devolução. Por isso consideramos oportuno destacar a importância da qualidade do mundo interior do psicólogo, suas possibilidades reparatórias em relação a seus próprios aspectos infantis e a seus pais internos. Se este aspecto é favorável, é bem possível que possa tomar uma distância ótima e adotar a técnica mais adequada. Do contrário, se contra-identificará com os pais atacando o filho ou com o filho atacando os pais, interferindo em seu próprio trabalho, até o ponto de se tornar uma barreira impenetrável na comunicação. Esta dificuldade é transmitida mais através da forma do que através do conteúdo daquilo que se diz. Este último é mais bem controlado do que um tom de voz cortante, seco, agressivo e indiferente.

Além da ansiedade, a culpa desempenha um papel preponderante tanto nos pais e no paciente quanto no psicólogo. Quanto maior é a ansiedade que detectamos na entrevista, maior é também a culpa subjacente. Em alguns casos os pais verbalizam-na dizendo: "Que terei feito de errado?" Independentemente da quantidade e da qualidade da culpa, quase sempre aparece nos pais a fantasia de irreparabilidade, quando se enfrentam com uma história mais real que inclui seus aspectos amorosos e destrutivos. Enfrentar-se com sua qualidade de pais não perfeitos dói, e se o psicólogo não o compreende, pode aparecer como figura censora que os castigará como a filhos surpreendidos em falta. Esta dor nem sempre é elaborada favoravelmente; para alguns pais o fracasso de sua onipotência é algo tão intolerável que preferem evitar ou suspender a consulta. Se a ansiedade e a culpa forem encaradas adequadamente desde a primeira entrevista, assegurar-se-á uma maior garantia da qualidade do trabalho diagnóstico do psicólogo e, sobretudo, deixar-se-á o terreno bem preparado para a entrevista devolutiva e para a elaboração de um plano terapêutico correto, se necessário.

*Bibliografia*

Aberastury, Arminda, *Teoría y técnica del psicoanálisis de niños*. Buenos Aires, Paidós, 1969.

Abt, L. E., "The Analysis of Structural Clinical Interview", *J. Clin. Psychol.*, 5, 1949.

Baer Bahía, A., "Represión, recuerdo y amnesia", apresentado na Asoc. Psicoanal. Argentina em 1956.

Baranger, W., "La situación analítica como campo dinámico", *Rev. Urug. de Psicoanál.*, t. IV, 1, 1961-62.

Bleger, José, "La entrevista psicológica", cad. n.º 4, Dpto. de Psicol., Univ. Nac. de Buenos Aires.

———, *Psicología de la conducta*. Buenos Aires, Eudeba, caps. I a XIV.
Cesio, F., "El lenguaje no-verbal: su interpretación", *Rev. de Psicoanál.*, t. IV, n.ºs 1-2.
Deutsch, F. e Murphy, W. F., *The Clinical Interview*, Intern. Univ. Press, 1955.
Fenichel, O., *Teoría psicoanalítica de la neurosis*. Buenos Aires, Paidós, 1971.
Freud, S., *El yo y los mecanismos de defensa*. Buenos Aires, Paidós, 1965.
———, "Los recuerdos encubridores" (1899), *Obras completas*, t. XII.
———, "La dinámica de la transferencia" (1912), *Obras completas*, t. XIV.
———, "La iniciación del tratamiento" (1923), *Obras completas*, t. XIV.
Grinberg, L., "Perturbaciones en la interpretación por la contraidentificación proyectiva", *Rev. de Psicoanál.*, t. XIV, n.ºs 1-2.
Klein, M., *Envidia y gratitud*, Buenos Aires, Hormé, 1964.
Klein, M. e outros, *Desarrollos en psicoanálisis*. Buenos Aires, Hormé, 1964.
———, *Contribuciones al psicoanálisis*. Buenos Aires, Hormé, 1964.
———, *Nuevas direcciones en psicoanálisis*. Buenos Aires, Paidós, 1965.
Lagache, D., "El problema de la transferencia", *Rev. Urug. de Psicoanál.*, 1-3 e 1-4, 1956.
Liberman, D., *Comunicación en terapéutica psicoanalítica*. Buenos Aires, Eudeba, 1962, caps. III e IV.
Mom, J. M., "Aspectos teóricos y técnicos en las fobias y en las modalidades fóbicas", *Rev. de Psicoanál.*, Buenos Aires, 1960, pp. 172-90.
Nahoum, C., *L'entretien psychiatrique*. Paris, P.U.F., 1958.
Ocampo, M. L. S. de e García Arzeno, M. E., "El motivo de consulta y su relación con la devolución de información en el cierre del proceso psicodiagnóstico", trabalho apresentado no I Congresso Argentino de Psicopatologia Infanto-Juvenil, Buenos Aires, junho de 1969.
———, "El manejo de la ansiedad en el motivo de consulta y su relación con la devolución de información en el cierre del proceso psicodiagnóstico en niños", trabalho apresentado no I Congresso Interamericano de Psiquiatria Infantil, Punta del Este, 1969.

Racker, H., *Estudios sobre técnica psicoanalítica*. Buenos Aires, Paidós, 1960.

Rascovsky e outros, "Patología psicosomática", Asoc. Psic. Arg., 1948.

Rodrigué, E., *El contexto del proceso psicoanalítico*. Buenos Aires, Paidós, 1964.

Ruesch, J., *Comunicación. La matriz social de la psiquiatría*. Buenos Aires, Paidós, 1959.

——, *Disturbed Communication*. Nova York, W. W. Norton, 1957.

Szpilka, J., "Notas sobre tiempo, espacio y encuadre", *Rev. Arg. de Psicol.*, ano 1, n.º 2, dezembro de 1969.

# Capítulo III
## *Entrevistas para a aplicação de testes*

María L. S. de Ocampo e
María E. García Arzeno

Quando o psicólogo planeja a bateria de testes que irá utilizar, pode incorrer em dois erros: alongar excessivamente o processo ou encurtá-lo demais. No planejamento da bateria temos de pensar que o processo psicodiagnóstico deve ser suficientemente amplo para compreender bem o paciente, mas ao mesmo tempo não se deve exceder porque isto implica (da mesma forma que uma redução excessiva) uma alteração no vínculo psicólogo-paciente. Algumas vezes, aumenta-se excessivamente o número de entrevistas iniciais ou finais; outras vezes, pelo contrário, isto se dá nas entrevistas destinadas à aplicação dos testes.

Desde o primeiro contato com o paciente, acontece alguma coisa que mobiliza, no psicólogo, a determinação de aplicar um número maior ou menor de testes. Nisto influi muito o tipo de relação predominante entre ambos. Se predominam elementos negativos no vínculo, o psicólogo pode optar por continuar a relação aplicando outros testes, para ver se ela melhora. Isto, ao contrário do que se espera, pode piorar a relação. Se o vínculo foi predominantemente positivo, pode ocorrer também que o psicólogo o prolongue porque o fato de dar o psicodiagnóstico como finalizado é sentido como uma perda que não tolera; custa-lhe separar-se do paciente, no primeiro caso pelo predomínio de elementos contratransferencialmente negativos, e no segundo pelo predomínio dos elementos positivos. Em ambos os casos, pela culpa que a separação produz nele, culpa relacionada com aspectos infantis próprios não elaborados. De uma maneira ou de outra, o problema consiste em estabelecer uma dosagem adequada da quantidade de entrevistas em geral e, como veremos neste capítulo, das destinadas aos testes em especial. É neste momento do processo psicodiagnóstico que achamos, mais freqüentemente, desvios em relação ao que chamaremos de uma duração usual ou tipo. Em termos gerais, a bateria de testes projetivos pode ocupar entre duas e quatro entrevistas destinadas a examinar o paciente. Em outros casos o psicólogo vê o paciente apenas uma vez. Entendemos que estes são casos extremos entre os quais se deve achar a duração adequada dentro dos limites que especificamos acima.

Se reduzimos demais o processo, haverá, inevitavelmente, um déficit de informação, seja qual for o material de testes utilizado. Se o prolongamos demais, surgem eventualidades de importância que só serão reconhecidas se o psicólogo trabalhar com um marco de referência psicanalítico e admitir a importância da transferência e da contratransferência em sua relação com o paciente e seus pais. Quando a bateria de testes se prolonga mais do que o devido é porque predomina no psicólogo a sensação de impotência ante o paciente. O paciente fica sobrecarregado em seu trabalho (sejam horas de jogo, desenhos ou produção verbal. Isto facilita nele a fantasia de que o que está acontecendo com ele é tão sério ou complicado que leva o psicólogo a uma exploração intensiva. Em suma, a fantasia seria a de ter algo extraordinário, complicado e difícil de captar. Ainda que o paciente não tenha nenhuma idéia do tempo que dura comumente um psicodiagnóstico, pode também alimentar estas fantasias, pois o psicólogo, involuntariamente, transmite-lhe sua inquietação, incerteza, curiosidade, etc. Este último sentimento é o que pode favorecer outro tipo de fantasia no paciente: a de que forma com o psicólogo um casal do tipo *voyeur*-exibicionista, ficando assim distorcida a dose e a qualidade de curiosidade que o psicólogo deve utilizar para cumprir seu papel com eficiência. Além disso, se a devolução de informação é um passo tão importante no fechamento do processo como nós pensamos e confirmamos dia a dia na prática profissional, esse paciente fica frustrado em seus desejos de saber o que lhe ocorre e o que lhe recomendam fazer. Isto é, a devolução funciona como uma expectativa que não se cumpre, sobretudo se a quantidade de entrevistas excede demais o estipulado no contrato. Neste sentido, o paciente funciona mais como objeto de estudo do que como pessoa. Se a problemática do paciente, anterior à iniciação do psicodiagnóstico, for precisamente essa, sentirá que se repete com o psicólogo a experiência que teve em suas primeiras relações objetais. Isto, longe de ser saudável, pode acarretar sérios inconvenientes ao processo psicodiagnóstico e à eventual terapia futura. Se não se trabalha com técnica de devolução de informação, essa relação fica inconclusa; a despedida entre ambos se dá com grande incógnita por parte do paciente (e do psicólogo) e com um incremento de ansiedade persecutória, porque não lhe foi dada a oportunidade de uma experiência corretora das fantasias mencionadas. Outro aspecto a ser considerado é aquilo que acontece quando, finalmente, se recomenda psicoterapia: o modelo de vínculo que o paciente leva internalizado é prejudicial, pois favorece fantasias de ser retido e, ao mesmo tempo, frustrado em suas tentativas de aproximação real. Se se prolongam as entrevistas para serem aplicados muitos testes, perdura o temor de ser remexido. Se nesse vínculo prolongado tiver predominado a idealização, o paciente chegará à terapia com a fantasia de ser tão interessante, agradável ou sedutor que ninguém pode desprender-se dele.

O que assinalamos como muito importante é a distorção que o psicólogo facilita no paciente num sentido ou no outro (aumento da idealização ou da perseguição) a respeito do vínculo paciente-terapeuta com base no modelo que introjetou durante o psicodiagnóstico. Outro elemento negativo digno de ser assinalado é que a prolongação do vínculo dificulta a passagem transferencial que o paciente deve realizar ao começar sua terapia. Este inconveniente torna-se mais sério quando a patologia do paciente é muito grave, seu ego muito fraco e suas defesas muito precárias.

Dissemos antes que quando o vínculo se prolonga demais por iniciativa do psicólogo é porque predominou nele um sentimento de impotência. O que sente é que não consegue compreender o paciente e recorre à aplicação de outros testes, esperando que algum lhe dê a resposta ansiosamente buscada. Do nosso ponto de vista, o mais adequado é que a extensão da bateria e o número de entrevistas iniciais e finais se mantenha constante (dentro do possível). Isto supõe a possibilidade, por parte do psicólogo, de aceitar um limite para si e colocar um limite para o paciente. Quando aumenta a quantidade de entrevistas com os pais, rompe-se o equilíbrio necessário da relação com eles e com o filho. Eles dão muito material e parecem ter coisas muito importantes guardadas (atitude evacuativa); no entanto, trata-se geralmente de uma tática empregada para reclamar uma maior atenção para si à custa do filho. Por seu lado, o psicólogo continua concedendo entrevistas, aparentemente com o fim de reunir dados que permitam uma maior compreensão do paciente, operando com a premissa de que quanto mais detalhada for a biografia, melhor a compreensão que terá. Não obstante, esquece que um vínculo assim prolongado com os pais pode converter-se em uma psicoterapia breve de casal, onde os pais o manipulam, estabelecendo-se com eles uma aliança desvirtuante, na medida em que se atrasa o contato com o filho. O aconselhável, segundo nossa opinião, é apontar para esses pais a necessidade de contar com um profissional que os escute e oriente, independente daquilo que faça falta para o filho. Caso contrário, apesar de obterem um certo benefício secundário (pseudo-alívio proveniente de *atuações*, evacuações, etc.), estarão agindo a serviço de suas próprias resistências, já que o psicólogo deve (ou deveria) centrar-se em outro ponto (o filho). Se para ele é tão natural o fato de marginalizar o filho, podemos presumir a existência de aspectos infantis que lutam competitivamente contra o paciente, retendo consigo, triunfalmente, além da conta, o pai e a mãe. Isto pode estar ligado a outros fatores, tais como uma curiosidade perversa (voyeurismo), necessidade de ser o que sabe tudo (onipotência), etc. Quanto aos pais que procuram reter o psicólogo, podemos afirmar a existência de sentimentos de ciúmes e rivalidade diante do filho que ficará com o psicólogo, vivido como representante de um casal pai-mãe bons. Eles passam a ocupar o lugar de filhos necessitados. Tudo isso se confirma se, na devolução, os pais o evidenciam na própria dinâmica da entrevista ou solicitando novas entrevistas. Geralmente verbalizam que algo não ficou claro para eles, que necessitam conversar mais sobre isso, que há algo mais para se falar. Isto pode ser real, pois alguns pais esperam até ficarem convencidos de que o psicólogo trabalha bem, sabe escutá-los e compreendê-los, e só então o fazem participar de dados muito ansiógenos. Mas é necessário colocar um limite a isso ou cairemos nos erros assinalados. Se os pais demonstram uma grande quantidade de ansiedades, aceitamos e até propomos uma entrevista para ajudá-los a elaborar esta ansiedade. Mas não se trata de manter esta atitude *ad infinitum*, posto que a ansiedade dos pais se transforma, então, na tática indicada para reter o psicólogo, o qual, longe de sanar a situação trazida à consulta, complica-a ainda mais. Muitas vezes, tentam reter o psicólogo mais e mais porque querem mostrar-lhe que são bons pais, procuram se justificar e vivem-no como um superego paterno-materno que exige explicações intermináveis sobre o que fizeram ou deixaram de fazer. O psicólogo deve levar em conta estes elementos para compreender melhor os pais e, fundamentalmente, o filho. Constitui um item importante do diagnóstico que deve ser incluído no momento da devolução de informação para esclarecer-lhes o tipo de vínculo existente.

Vejamos agora o que ocorre quando o processo, em geral, e a aplicação de testes, em particular, se reduzem consideravelmente (por exemplo, se se recorrer, por iniciativa do psicólogo, a uma hora de jogo ou à aplicação de um único teste). Esta redução do processo favorece a fantasia de que o paciente pode depositar rapidamente os conflitos e preocupações no psicólogo, que, além disso, é investido de atributos mágicos de compreensão dos mesmos. Facilita, por parte dos pais, uma atitude tendente a não sofrer as alternativas do processo, a não se expor à mobilização de angústia. Este contato fugaz empobrece a capacidade de compreensão do psicólogo, embora haja casos em que ele mesmo o provoca, levado pela quantidade de ansiedade ou raiva que sente contratransferencialmente: procura livrar-se do paciente o mais cedo possível. Se não trabalha com a técnica de devolução de informação, as fantasias antes mencionadas não podem ser retificadas. Quando o psicólogo planeja um contato tão fugaz com o paciente (e os pais), achamos que opera com uma grande onipotência, sustentada pelo psicólogo ou transferida a um determinado teste, por exemplo, o Rorschach. Tal atitude facilita, no paciente, a fantasia de que o que ele tem é algo muito simples, muito fácil de captar e/ou, simultaneamente, que o psicólogo é uma espécie de bruxo que maneja o teste como uma bola de cristal que reflete tudo o que acontece. Por outro lado, diminui sua capacidade de sutilizar, estimula a tendência a preencher os vazios da produção do paciente com suas próprias projeções, aumenta a intolerância para aceitar o que não sabe, para defrontar-se com dúvidas e carências. Pensamos que, em ambas as situações extremas, oculta-se um déficit de informação que leva, em um caso, a uma busca de infinitas recorrências e, no outro, a negar a necessidade de recorrências suficientes que lhe permitam uma boa síntese da problemática do paciente. Há uma voracidade e uma curiosidade excessivas, *atuadas* em um caso e reprimidas no outro. O mecanismo de contra-identificação projetiva com o paciente desempenha um papel importante nestas variações do proces-

*Entrevistas para a aplicação de testes* 55

so psicodiagnóstico. Se o paciente tenta evitar fobicamente o psicólogo ou se tenta absorvê-lo e instalar-se em uma relação perdurável com ele, pode mobilizá-lo a contra-identificar-se, através de condutas tendentes a encurtar ou a prolongar o vínculo. Com sua capacidade de pensar atacada, o psicólogo sente que não entende o paciente e opta por prolongar o vínculo ou reduzi-lo mais do que é conveniente, transformando-se em um mau continente, porque não metaboliza o que o paciente lhe dá, não discrimina, acumula ou, pelo contrário, pede pouco material por temor que o invadam.

## *Planejamento da bateria*

### Planejamento geral da bateria

Para planejar uma bateria é necessário pensar em testes que captem o maior número possível de condutas (verbais, gráficas e lúdicas), de maneira a possibilitar a comparação de um mesmo tipo de conduta, provocada por diferentes estímulos ou instrumentos e diferentes tipos de conduta entre si. É muito importante discriminar a seqüência em que serão aplicados os testes escolhidos. Ela deve ser estabelecida em função de dois fatores: a natureza do teste e a do caso em questão. O teste que mobiliza uma conduta que corresponde ao sintoma nunca deve ser aplicado primeiro (um teste verbal a um gago, ou um teste de inteligência a uma pessoa que consulta por causa de dificuldades intelectuais, ou um desiderativo a um depressivo, esquizofrênico, moribundo ou velho, para quem a vivência de morte é algo tão presente). Utilizar estes testes em primeiro lugar supõe colocar o paciente na situação mais ansiógena ou deficitária sem o prévio estabelecimento de uma relação adequada. Incorrer neste erro pode viciar todo o processo psicodiagnóstico ou imprimir um tom persecutório que impeça a emergência dos aspectos adaptativos. Recomendamos como regra geral reservar os testes mais ansiógenos para as últimas entrevistas, de tal modo que o paciente não utilize toda sua energia para controlar a perseguição assim incrementada. Há instrumentos que são ansiógenos por sua própria construção, seja qual for a problemática do paciente em que são aplicados, tal como acontece com o desiderativo. Suas instruções contêm um ataque à identidade que pode converter-se em um elemento traumático, o qual, somado ao sintoma egodistônico, impede uma boa reorganização e dirige o processo. Assim, não se deve colocar o desiderativo nem como primeiro nem como último teste. (Como primeiro teste faria com que o paciente enfrentasse a morte desde o início; como último teste poderia interferir na elaboração depressiva implicada na separação.)

Os testes gráficos são os mais adequados para começar um exame psicológico, a menos que o paciente apresente sérios transtornos orgânicos, graves alterações do esquema corporal, dificuldade no uso das mãos, etc. Vejamos quais são as razões pelas quais consideramos esses testes apropriados para começar a bateria. Por abarcarem os aspectos mais dissociados, menos sentidos como próprios, permitem que o paciente trabalhe mais aliviado. Outro elemento que os torna recomendáveis para a inclusão no começo da bateria é o fato de serem econômicos quanto ao tempo gasto em sua aplicação. Salvo raras exceções, o paciente pode cumprir em poucos minutos a primeira tarefa que lhe é pedida. O fato de haver saído ileso desta primeira prova alivia o paciente, modifica as fantasias com que chegou a respeito do exame psicológico (geralmente muito persecutórias) e deixa como saldo favorável a disposição de estabelecer um bom *rapport* com o psicólogo. A conduta gráfica guarda uma estreita relação com aspectos infantis da personalidade e, de acordo com o tipo de vínculo que o paciente mantém com estes aspectos, sentir-se-á tranqüilizado ou irritado com a tarefa proposta. Se essa conduta foi normal na infância, a reação será de alívio ou agrado. Se a associa com dificuldades de algum tipo, reagirá com comentários de autojustificação, autocríticas ou críticas ao psicólogo. Pode expressar-se, sem verbalizar seu desagrado, com associações nas quais mostra seu mal-estar, ou reagir com um bloqueio total ou um negativismo aberto e declarado. Na maioria dos casos, a solicitação de um teste gráfico significa para o paciente enfrentar uma tarefa conhecida que já realizou em algum momento. A simplicidade do material contribui para tranqüilizá-lo (papel em branco e lápis). Consideramos necessário incluir, entre os testes gráficos, diferentes conteúdos em relação ao tema solicitado, começando pelos de temas mais ambíguos até chegar aos mais específicos. Por exemplo: desenho livre, figura humana (Machover), casal (Bernstein), casa-árvore-pessoa (Hammer e Buck), família (Porot, García Arzeno-Verthelyi).

Neste sentido, se quisermos extrair dos testes gráficos toda a riqueza que oferecem, é importante aplicá-los sucessivamente, constituindo um todo que nos permita a comparação intertestes, sem a interferência de estímulos que mobilizem outros tipos de condutas e de associações (como podem ser o desiderativo ou o Phillipson). Esta comparação constitui um elemento diagnóstico e prognóstico muito importante em nível de conduta gráfica, já que são estes testes que, em diferentes investigações, foram indicadores de incipiente patologia e detectores de remissões tardias. Através da seqüência de testes gráficos podemos verificar se o sujeito se organiza ou se desorganiza cada vez mais. Os testes gráficos refletem os aspectos mais estáveis da personalidade, os mais difíceis de serem modificados. Este é mais um elemento a favor de não se incluírem somente testes gráficos na bateria, porque uma patologia muito intensa nos gráficos pode aparecer mais moderada nos testes verbais. Por isso recomendamos que não se fique exclusivamente com uma mostra da conduta gráfica do paciente.

A comparação da produção do paciente nos diferentes testes gráficos é um recurso que oferece elementos diagnósticos e prognósticos adicionais em relação ao que cada teste dá separadamente. Dentro dos testes com instruções fechadas, recomendamos incluir o H.T.P., porque permite explorar diferentes níveis de projeção da personalidade: a projeção de aspectos mais arcaicos está na figura da árvore, e os menos arcaicos na pessoa. Também recomendamos fazer a comparação entre os gráficos e as verbalizações espontâneas ou induzidas pelo psicólogo. Referimo-nos às verbalizações dos testes gráficos correlacionadas entre si e com os testes verbais. Podemos sutilizar ainda mais correlacionando aquelas produções com as de testes verbais que utilizam um estímulo visual (Phillipson, Rorschach, C.A.T.) e com as que utilizam um estímulo verbal (desiderativo, minhas mãos, etc.). Desta maneira pode-se explorar no sentido de ver quais as fantasias que emergem, quais as associações que o paciente expressa verbalmente e qual é seu comportamento perceptivo, conforme o tipo de teste: exclusivamente gráfico, exclusivamente verbal ou que combine as duas técnicas. Isto também é válido no caso de serem incluídas técnicas ou testes lúdicos na bateria. Assim poderemos fazer uma correlação entre os três tipos de conduta. A inclusão destes testes (teste da casa de A. Aberastury, por exemplo) permite explorar o manejo do espaço tridimensional, aspecto não incluído nos outros tipos de testes.

## A bateria-padrão

Como expressamos anteriormente, pensamos que, numa bateria-padrão, devem ser incluídos, entre os testes projetivos, aqueles que promovam condutas diferentes. Portanto, a bateria projetiva deve incluir testes gráficos, verbais e lúdicos. Quanto aos testes de inteligência, embora não sendo nossa especialidade, fazemos afirmações similares: sua inclusão na seqüência da bateria não pode ser arbitrária, pois corre-se o risco de trazer conseqüências desfavoráveis tanto para o diagnóstico quanto para a relação psicólogo-paciente. Preferimos, dadas as suas características, colocá-los no final da bateria de testes projetivos pois:

*a*) O material apresentado ao paciente não é ambíguo (como nos testes projetivos), mas de conteúdo preciso (pontos, desenhos geométricos, etc.), com o que fica estabelecida uma primeira diferença diante da qual as reações do paciente são importantes para o diagnóstico e prognóstico. Deve-se levar em conta que, se depois de um teste de inteligência damos as instruções de um teste projetivo, pode ser difícil para o paciente reacomodar-se a estímulos tão indefinidos como uma prancha de Rorschach, Phillipson ou C.A.T.

*b*) As instruções dos testes de inteligência implicam uma atitude mais ativa por parte do psicólogo, que propõe um tipo de tarefa diferente das outras e estabelece um limite de tempo mais definido do que nos testes projetivos (estipulado, inclusive, pelo próprio teste, para garantir a validade dos resultados).

*c*) O registro da prova também difere. Em geral, o psicólogo não escreve tudo o que acontece e muitas vezes é visível para o paciente que o que registra são sinais positivos ou negativos a respeito de suas respostas.

*d*) Alguns testes de inteligência incluem interrogatórios que diferem dos interrogatórios dos testes projetivos por serem menos ambíguos e mais específicos e diretivos.

*e*) A relação psicólogo-paciente muda a partir do momento da verbalização da instrução e da mostra do material. O paciente percebe que está sendo avaliado em relação a algo muito específico, que tem ligação com a inteligência. Nos testes projetivos diminui sua sensação de responsabilidade e a ansiedade persecutória concomitante pode aumentar ou diminuir, segundo o caso. Se o sintoma que o paciente traz é justamente uma dificuldade intelectual, a quantidade de ansiedade aumentará notavelmente e, mais ainda, se colocarmos o teste de inteligência em primeiro lugar. Mas o que está "neutralizado" é o que suscita menos ansiedade. Pode acontecer, então, que um esquizóide, com sólidas defesas de intelectualização, não experimente ansiedade e respire aliviado se lhe apresentarmos um teste de inteligência, já que "encaixa" melhor com o tipo de defesa que mais utiliza ante a ansiedade.

Pensamos, então, que um teste de inteligência não deve ser o primeiro teste. O momento exato de sua inclusão deve ser decidido de acordo com o caso. Quando se trata de vários testes de inteligência e/ou maturidade, é preferível incluí-los todos juntos no final da bateria. Se se trata de um só, pode ser intercalado com os testes projetivos, mas aplicado no final de alguma das entrevistas. (Por exemplo, um Bender pode ser colocado no final do grupo de testes gráficos, dado que se pede ao paciente uma conduta gráfica, mas se enfatiza a necessidade de que copie o modelo o mais fielmente possível.) Se se quiser avaliar as partes adaptativas em relação com a inteligência, torna-se adequada a aplicação de um Weschler (dedicando-lhe toda uma entrevista) intercalado com os testes projetivos. Em geral preferimos deixar o Phillipson para o final da bateria a fim de avaliar os aspectos relativos à separação. As técnicas e os testes projetivos permitem avaliar qualitativamente (e quantitativamente de forma aproximada) aspectos gerais da inteligência que têm ligação com algumas capacidades adaptativas do ego. Se aplicarmos um Rorschach poderemos apreciar o potencial e a eficiência intelectual do paciente, o tipo de inteligência predominante, em que medida e forma os fatores emocionais acrescentam, enriquecem, empobrecem ou bloqueiam a inteligência. O que não podemos fazer é falar sobre o Q.I., sobre o percentil ou classe de inteligência do paciente, nem sobre outros dados que somente os testes de inteligência (Raven, Anstey, etc.) oferecem.

O Weschler é o teste que melhor pode nos ajudar no sentido de uma boa avaliação destas capacidades adaptativas e que, como o Bender, é suscetível de uma interpretação projetiva complementar da avaliação quantitativa, com que poderemos integrar melhor estes resultados dentro da bateria. Se o caso requer uma avaliação rica, detalhada e precisa do nível e do funcionamento intelectuais, devemos recorrer aos testes específicos anteriormente mencionados.

No caso de aplicação de uma bateria completa a um adulto ou a um adolescente recomendamos a seguinte seqüência:

*1.ª entrevista:*
Testes gráficos: desenho livre, duas pessoas, teste da família e H.T.P. (*House, Tree, Person*). Caso haja suspeita de problemas de maturidade ou lesão orgânica, pode-se aplicar em seguida o Bender.

*2.ª entrevista:*
Rorschach e desiderativo, finalizando com o pedido de uma recordação ou de um sonho para não despedir o paciente com tudo o que este último teste mobilizou.

*3.ª entrevista:*
Teste de relações objetais de H. Phillipson.

Caso se trate de uma criança, a bateria completa constaria de:

*1.ª entrevista:*
Hora de Jogo diagnóstica.

*2.ª entrevista:*
Testes gráficos: os mesmos que para o caso de adolescentes ou adultos.

*3.ª entrevista:*
Rorschach e desiderativo, finalizando da mesma maneira e pela mesma razão explicitada no caso de adultos ou adolescentes.

*4.ª entrevista:*
Teste de apercepção temática para crianças (C.A.T.) ou Phillipson em crianças maiores com tendência à intelectualização e rejeição de estímulos mais infantis. Para investigações complementares algumas vezes se aplica o C.A.T. ou o teste de Blacky. Preferimos substituir o C.A.T. pelo Phillipson quando ocorrem as condições especificadas acima ou no caso de fobias aos animais.

## Bibliografia

Abt e Bellak, *Psicología proyectiva*. Buenos Aires, Paidós.
Anderson e Anderson, *Técnicas proyectivas del diagnóstico psicológico*. Madri, Rialp.
Anzieu, D., *Los métodos proyectivos*. Buenos Aires, Kapelusz.
Bell, J., *Técnicas proyectivas*. Buenos Aires, Paidós.
Bernstein, J., *Introducción al Manual del Test de Apercepción Temática (T.A.T.) de H. Murray*. Buenos Aires, Paidós.
Hammer, E., *The Clinical Application of Proyective Drawings*.
L'Abatte, L., *Principios de psicología clínica*. Buenos Aires, Paidós.
Rapaport, D., *Tests de diagnóstico psicológico*. Buenos Aires, Paidós.
Schafer, R., *The Clinical Application of Psychological Tests*. Nova York, International University Press Inc.

# Capítulo IV
## *O questionário desiderativo*

# 1. Força e fraqueza da identidade no teste desiderativo

María L. S. de Ocampo e María E. García Arzeno

As instruções deste teste provocam no paciente um ataque à integridade do seu ego.

Definimos a força do ego como a possibilidade de pôr em funcionamento mecanismos que, sem negar maniacamente a morte nem sucumbir a ela, permitam ao sujeito manter sua coesão e sobrepor-se ao impacto das instruções. No nível da conduta manifesta do paciente, isto se evidencia quando consegue responder ao que o teste lhe pede, não se agarra a escolhas consistentes nas diferentes versões da identidade humana ("espírito", "Batman", "uma fada", "um mago", "um ser bom", "não ser ladrão"), nem se limita a responder com evasivas ("não sei", "não sendo pessoa não quero ser nada").

Um ego muito fraco e sem defesas fica paralisado diante da situação de morte fantasiada proposta pelas instruções. Entra num estado de aniquilação real e não pode responder ao teste, porque não pode discriminar entre a morte real e a fantasia de morte.

Um ego menos fraco comporta-se de maneira diferente: consegue se reorganizar graças a uma negação maníaca da angústia de morte, negando a própria possibilidade de morrer. A intensidade deste mecanismo nos dará a medida da fraqueza do ego, mecanismo que se manifesta nas escolhas que este tipo de paciente realiza: "Baobá, porque vive mais de cem anos", "Papagaio, porque vive muito", "Pedra, porque quase não se gasta e eu não morreria nunca", etc.

Um ego fraco, mas que não chega a sentir-se aniquilado pelas instruções nem obrigado a recorrer a uma negação maníaca da morte, também pode realizar o teste. Quando examinamos detidamente suas escolhas e suas respectivas racionalizações, descobrimos o grau de fragilidade que possui. Alguns exemplos como: "Gostaria de ser um canário. Vive numa gaiola, dão-lhe comida, cuidam dele", "Gostaria de ser um jarro de cristal", "Uma orquídea por sua delicadeza", mostram catexias* caracterizadas pela fragilidade, debilidade ou aspecto indefeso dos objetos[1] mencionados.

Um ego com um grau de força adequado não fica aniquilado pelas instruções, nem recorre a negações maníacas, e, além disso, não apela para escolhas como as que acabamos de exemplificar. Em todo caso, objetos que possuam como traços essenciais a fragilidade, a debilidade ou a falta de defesa aparecerão no protocolo como catexias negativas, isto é, como aspectos do mundo interno que o próprio paciente rejeita. Vejamos alguns exemplos: "Gostaria de ser um pardal porque sabe buscar seu alimento, vive livre, sabe se defender", "Ser um carvalho, que é uma árvore forte, de madeira nobre, dá boa sombra", "Gostaria de ser uma casa grande, onde viva muita gente, uma casa forte que os proteja".

Referimo-nos, até agora, exclusivamente às escolhas para investigar e exemplificar o grau de força ou de fraqueza do ego do paciente.

O tempo de reação (T.R.) é outro indicador digno de ser levado em conta para investigar esse aspecto da identidade.

..............

\* O termo catexia é usado pelas autoras para denominar as escolhas que supõem um deslocamento de energia. (N. do E.)

1. Entenda-se por "objeto" tudo aquilo que funciona como correlato do pensamento do paciente em sua busca de uma resposta às instruções, seja animal, vegetal ou inanimado.

Tal como fazemos em outros testes, marcaremos o tempo que transcorre entre o enunciado das instruções e a emergência da primeira resposta do paciente. Não incluiremos as primeiras verbalizações, já que podem consistir em palavras desconexas, balbucios ou comentários que cumprem a finalidade de "se dar um tempo" sem se comprometer completamente com uma resposta. Nas catexias 1+ e 1– costuma aumentar o tempo de reação. A primeira catexia positiva supõe que o sujeito se sobreponha ao impacto das instruções, avalie o aspecto interno que mais se deseja proteger da morte e a associação deste com algo do mundo externo que melhor condense e transmita o resultado do balanço que as instruções o obrigam a realizar. Na 1– a situação de teste já não é nova e o paciente deve discriminar o que é mais desagradável em seu mundo interno e escolher algo do mundo externo que condense e expresse esse elemento rejeitado. Este processo parece, à primeira vista, tão custoso quanto o primeiro (1+), mas, em termos gerais, temos notado que, para o paciente, é mais fácil localizar e expressar aquilo que rejeita do que aquilo que aceita. O benefício secundário que pode ser obtido pelo paciente que realiza este teste é maior em 1– do que em 1+. O teste oferece ao paciente uma saída que tem ligação com a realização mágica de seus desejos. Pode pôr aquilo que é mau e perigoso fora de si e rejeitar toda relação de pertinência disso que é mau e perigoso com sua própria personalidade, mediante o simples recurso de dizer "como isso não quero ser", ou "isso não quero ser", isto é, "isso não me pertence, eu não quero ser isso, portanto não sou isso".

Um T.R. muito elevado (trinta segundos ou mais) indica que o impacto das instruções foi intenso e que o ego reage lentamente. Quando o T.R. é muito elevado podemos pensar que as instruções provocaram um choque no paciente, mas, como sucede em outros testes (Rorschach, por exemplo), o choque pode aparecer deslocado nas catexias 2+, 3+ ou 2– , 3– . Nestes casos falamos de um ego que, além de ser facilmente vulnerável, reage com efeito retroativo. Em tal caso, a rapidez ou soltura com que tenha dado a resposta 1+ não deve ser tomada como prova cabal de solidez do ego se, no resto do protocolo, aparecerem traços que indicam o contrário.

Estes aumentos do T.R. em 2+, 3+, 2– ou 3– podem ser devidos, além do que já foi mencionado, à área específica associada à categoria do objeto evocado. A primeira tática defensiva escolhida pelo paciente, nestes casos, será procurar evitar uma escolha de algo pertencente a tal categoria. Por exemplo, não aparecerá nenhuma escolha espontânea "de algo inanimado", e somente se dará ao trabalho de escolhê-lo se o psicólogo induzi-lo a isso. Nessa oportunidade, pode aparecer um aumento notável do T.R. Se a escolha de algo inanimado lhe é extremamente conflitiva, o paciente fracassará em sua tentativa de dar uma resposta (dirá: "Gosto de todos – animais, plantas ou objetos –, não posso escolher nenhum em especial").

Uma redução excessiva do T.R. é índice de força precária do ego. Em tais casos diremos que o paciente utiliza mecanismos maníacos opostos aos mecanismos de evitação que caracterizariam os pacientes com T.R. elevado. Um T.R. muito breve (de 1 a 5 segundos) supõe um ego que tenta desembaraçar-se rapidamente de toda fonte de angústia (as instruções, neste caso). Procura cumprir com o trâmite solicitado, mas, examinando cuidadosamente sua produção, acharemos escolhas que supõem superficialidade, uso de lugares-comuns, de respostas-clichê, etc. O componente intelectual da personalidade desempenha aí um papel importante. Um paciente de bom nível intelectual e de inteligência rápida, ágil, reagirá também com mais agilidade (a menos que os componentes afetivos interfiram seriamente) do que um paciente que seja menos inteligente ou de inteligência lenta. É claro que, se a lentidão ou a rapidez das respostas se deve ao fator intelectual e não a conflitos na área afetiva, tal lentidão ou excessiva rapidez se manterão constantes ao longo de todo o protocolo. Toda a variação dentro deste padrão intra-individual deve ser tomada como índice de que algo afetivo (agradável ou desagradável) foi estimulado ou removido pelo teste e, portanto, é significativo.

Se um paciente tem T.R. elevado nas catexias positivas e reduzido nas negativas, cabe pensar que lhe é mais fácil distinguir o que lhe inspira desagrado ou rejeição, o que é mau e perigoso para ele. Em compensação, não pode estabelecer com a rapidez adequada técnicas que o defendam destes aspectos rejeitados. É importante ver se o mecanismo é predominantemente evacuativo ou se realmente há discriminação. Isto costuma transparecer no êxito ou no fracasso das racionalizações do paciente. Se aceita tudo "porque me agrada" ou rejeita tudo "porque não me agrada", vemos que fracassa em suas racionalizações e, portanto, suas possibilidades de discriminar se reduzem notavelmente. O paciente parece ter claro aquilo de que se defende, mas parece ter dúvida quanto ao modo de se defender.

Tomemos agora o caso contrário: um T.R. breve nas catexias positivas e longo nas negativas. Nestes casos podemos diagnosticar que o ego destes pacientes sabe como pode se defender, mas é-lhe difícil, complicado e muito conflitivo estabelecer aquilo de que está se defendendo. Isto se torna mais claro ainda quando o paciente fracassa diretamente em sua tentativa de dar respostas, tanto negativas quanto positivas. Em tais casos, pensamos que está atravessando um estado confusional que lhe impede de realizar a discriminação mais elementar. Isto se manifesta não só pela ausência de respostas, mas também pela mistura de catexias positivas e negativas recolhidas como produção espontânea do paciente. Vejamos, por exemplo, a seguinte resposta: "O que eu mais gostaria de ser? Eu não gosto dos animais, mas escolheria um cachorro. Mas se fosse um cachorro poderia morrer raivoso, e é uma morte horrível. Mas, por outro lado, dizem que o cachorro é o melhor amigo do homem. Sim, poderia ser um cachorro." Neste exemplo aparecem aspectos idealizados e depreciados misturados, a ponto de dificultar uma boa identificação projetiva. Em outros casos aparecerá a indiscriminação não dentro de uma mesma resposta mas em respostas sucessivas referentes à mesma catexia ou a catexias diferentes. Vejamos um exemplo: "O que eu mais gostaria de ser? Um macaco, porque se ri dele. Um cavalo de corrida sim, destes 'puro-sangue', são bonitos. Jamais escolheria um pássaro porque estão sempre expostos a serem mortos." Nestes exemplos vemos como fracassa a tentativa de utilizar com êxito o mecanismo de discriminação e dissociação entre aspectos bons e reparadores e outros maus e perigosos, ou, sob outro enfoque, como fracassa a discriminação entre aquilo de que é preciso defender-se e a técnica defensiva mais apropriada. Quando tal indiscriminação se apresenta nas catexias negativas, consideramo-la menos patológica, porque nos achamos diante de um ego que não sabe detectar o que lhe produz mais angústia e não diante de um ego que não sabe se um mecanismo de defesa serve para ele se defender ou acabará aniquilando-o (caso da indiscriminação nas catexias positivas).

Um ego forte deve demonstrar que sabe e pode usar com êxito a defesa adequada para cada situação. O caso do paciente que dá as três catexias positivas e nenhuma negativa é menos patológico do que o caso contrário, pois indica uma carência total de recursos defensivos.

Outro critério para determinar a força da identidade do ego é um grau adequado de fixação ou adesão de suas identificações. As identificações projetivas sucessivas que o teste lhe pede são seguras e as respectivas racionalizações evidenciam coerência entre as qualidades atribuídas ao objeto na fantasia do paciente e as que ele possui na realidade objetiva. Isto indica que o ego está bem adaptado à realidade.

Um ego fraco realiza identificações fracas ou lábeis, muda de idéia ou dá respostas alternativas, razão por que deve ser solicitado a escolher o que mais o convence ou o que prefere. Apega-se rigidamente a uma determinada escolha ou não há concordância entre os atributos dados ao objeto em sua fantasia e os que existem na realidade objetiva.

Alguns pacientes fazem escolhas valiosas como símbolos desiderativos, mas na racionalização correspondente fazem uma descrição pobre ou reparam em traços secundários do objeto escolhido. Por exemplo: "Gostaria de ser uma ave Fênix porque seria algo raro." Nesta escolha o paciente repara no que há de exótico no animal escolhido, busca certamente se destacar, evita cair em lugares-comuns, mas não leva em conta o mais importante, que faz com que uma ave Fênix não se confunda nunca com nenhum outro animal exótico: o fato de ser símbolo da vida que renasce dentre as cinzas da morte. Em sua racionalização este paciente não justifica sequer o porquê de sua escolha de animal, dado que este "algo raro" pode ser encontrado na categoria dos vegetais e dos seres inanimados. Trata-se, portanto, de uma identificação projetiva completamente débil, superficial. Cabe reconhecer, contudo, algo em favor do paciente, ainda que seja a título de prognóstico: se escolheu um símbolo tão rico de significado, é provável que existam aspectos latentes de sua identidade totalmente escotomizados e "desperdiçados" que podem emergir até integrar-se com a identidade manifesta do paciente, enriquecendo-a.

Tomemos outro exemplo para ilustrar o caso das escolhas alternativas: "Gostaria de ser um pássaro pela liberdade que tem; também um chimpanzé pela inteligência; um cachorro também, porque é considerado um fiel amigo do homem." Inferimos a debilidade do ego deste paciente pela incapacidade de centrar-se na identificação com um objeto total. Um recurso para saber se o paciente se sente capaz de dar este passo adiante é perguntar-lhe qual dessas escolhas (neste caso, animais) o convence mais, isto é, por qual optaria se só pudesse ser um dos que mencionou. Se conseguir decidir em favor de um, devemos tomá-lo como um índice favorável. Se não, confirma-se nosso diagnóstico sobre uma identidade fraca e fragmentada.

Vejamos agora um exemplo de escolhas caracterizadas pela rigidez: "Quero ser um leão. Se não puder ser um leão não quero ser mais nada." Neste caso a identificação projetiva efetuou-se sem rodeios, sem dúvidas, sem confusão. Mas o paciente adere a ela sem poder escolher mais nada. O mecanismo de identificação projetiva ficou bloqueado, com a conseqüente solidificação da identidade. Em outros casos encontraremos bloqueio na expressão desiderativa ou então racionalização. Por exemplo: 1+ "Gostaria de ser um pássaro porque gosto deles", 2+ "Gostaria de ser uma rosa porque gosto delas", 3+ "Um relógio porque gosto". Todas as racionalizações que consistem em: "eu gosto", "porque sim", "porque é lindo" evidenciam a debilidade da identificação projetiva que o paciente realizou, ratificada pela rigidez da racionalização.

Examinaremos agora outro critério que também é útil para o estudo da identidade, tal como aparece no desiderativo. As instruções incluem a expressão: "O que você mais gostaria de ser", com que o próprio examinador induz o paciente a recorrer a outro mecanismo defensivo: a idealização.

Examinando o grau de idealização teremos outro indicador da força ou da fraqueza do ego do paciente. Entendemos aqui por idealização a carga de onipotência em relação à bondade com que se reveste o objeto aceito. Quanto maior for a idealização, menor a força do ego.

Em casos extremos, o paciente recorre à escolha de objetos que possuem, em graus extremos, um determinado atributo que lhe dá força, poder, domínio ou sedução sobre os outros, situação que aparece como a que ele mais valoriza.

A segunda parte das instruções interroga sobre o que menos gostaria de ser. Induz, portanto, ao uso de outro mecanismo: a depreciação. Examinando o volume de depreciação, teremos outro indicador (complementar ao anterior) da força ou da debilidade do ego. A quantidade de depreciação é dada pela carga de onipotência em relação à maldade que se atribui aos objetos rejeitados. Quanto maior for a quantidade desta, menor a força do ego. O paciente efetua, em casos extremos, escolhas de objetos que possuem um determinado atributo no mais alto grau, o qual lhes outorga força, domínio, poder ou sedução com um matiz destrutivo, submisso ou ameaçador e que ele revaloriza pelo que é persecutório, isto é, lhe atribui o valor de uma catexia negativa.

Vejamos um exemplo: 1– "Rato. Tenho tanto nojo deles (gesto de repugnância). Terror também. Eu me impressiono só com o fato de vê-los, são tão imundos e, além disso, vivem em esgotos. Fico impressionado só em pensar."
Da distância entre o grau de idealização e o grau de depreciação, inferimos que: quanto maior for a distância, menor a força do ego. Por exemplo: 1+ "Baobá, porque é forte, nada pode destruí-lo", e 1– "Erva daninha, porque todos a pisam".

O aparecimento de elementos rejeitados nas catexias positivas e de elementos aceitos nas negativas indica uma falha na discriminação entre o idealizado e o persecutório. Se, apesar da indiscriminação, aparecerem escolhas claramente idealizadas ou depreciadas, poderemos aplicar os critérios expostos mais acima, acrescentando algo mais: talvez possamos discriminar a intensidade do estado confusional ou a utilização de defesas obsessivas. Uma resposta que exemplifica aproximadamente o primeiro caso é a seguinte: "Se não fosse pessoa?, não... sim... algo lindo... mas não... um cachorro... mas não, porque mordem, eu gostaria de continuar sendo pessoa... não me ocorre, algo forte, um leão porque é forte, mas todos fogem dele..." Exemplificaremos agora o segundo caso, a resposta como produto de uma dúvida obsessiva: "Gostaria de ser uma planta carnívora, porque é rara, claro que é muito daninha, mas chama a atenção de todos, desperta incredulidade e admiração, mas também inspira rejeição." Outro exemplo é o seguinte: "Não quero ser um porco porque é sujo, claro que a carne é muito apreciada, mas dá nojo ver como vive e o que come, o couro também é útil e valioso, mas é um animal asqueroso."

Além do que é verbalizado pelo paciente, sua expressão, o tom de sua voz, o ritmo com que fala, etc., dar-nos-ão elementos para decidir se se trata de um estado confusional ou de defesas de tipo obsessivo mal instrumentadas ou malsucedidas.

A estrutura do objeto escolhido como símbolo desiderativo e os traços do mesmo enfatizados pelo paciente na expressão desiderativa permitem-nos inferir dados que se referem tanto à força do ego quanto à imagem do próprio esquema corporal.

Não é a mesma coisa o paciente escolher, dentro da categoria "animais", ser "uma tartaruga" ou "uma girafa", "um peixe" ou "uma ave", "um papagaio" ou "uma ave do paraíso", "uma galinha" ou "um faisão". Paralelamente à racionalização que acompanha cada uma destas escolhas, desprendem-se características distintivas do símbolo desiderativo quanto à elegância, feiúra, torpeza, agilidade, tamanho, defesas naturais ou carência delas, graus de inteligência de acordo com sua colocação na escala zoológica, habilidade para defender-se dos outros, independência para procurar alimentos e abrigo, hábitos mais interessantes, etc.

Dentro da categoria correspondente aos "vegetais", é significativo que o paciente escolha ser uma orquídea (flor de luxo e delicada) ou uma flor silvestre, uma planta que dá flores ou uma filifolha, uma rosa (geralmente associada com feminilidade) ou um copo-de-leite (que é morfologicamente bissexual). Não é a mesma coisa a escolha de um nardo (flor de mortos) ou de uma margarida (associada à sorte no amor), de um "salgueiro-chorão" (que transmite a imagem de uma decadência melancólica) ou de um álamo elegante. A escolha de "trepadeira" e de plantas parasitas é um índice claro de um ego fraco, de um estilo de vida dependente, de uma relação objetal na qual o vínculo consiste em buscar o outro para apoiar-se ou parasitá-lo, assim como é também índice de um esquema corporal sentido pelo próprio paciente como fraco ou necessitado de apoio, por carecer de suporte vital suficiente. Escolhas tais como "*clavel del aire*"\* ou "camalote" evidenciam o desejo de evitar toda relação que suponha fixação. Sob o ponto de vista da relação objetal, contêm medo de estabelecer um vínculo de dependência com outros e a fantasia de auto-abasteci-

---

\* Planta que se fixa em outra mas que se alimenta do ar e não da seiva da planta que lhe serve de suporte. (N. do E.)

mento. De acordo com o panorama oferecido pelo resto do protocolo e pela história do caso, a escolha do "camalote" pode indicar também certa fraqueza da personalidade, que faz com que se deixe levar "para onde vai a corrente". A racionalização que a acompanha será também, sem dúvida, um elemento valioso para a interpretação desta catexia.

Dentro da categoria "objetos", um paciente pode escolher ser "uma pedra porque não se gasta", e outros, "um giz" ou "um cigarro" ou "um lápis", porque se consomem rapidamente. É muito diferente quando escolhe ser "um diamante porque é duro" ou "argila porque é maleável", ou "cristal" (aparência dura, mas sujeito a ser convertido em estilhaços ao menor golpe). Tomando este último exemplo diríamos que no primeiro caso trata-se de um ego que aparenta força e que é, também, internamente forte (pelo menos nesta catexia). No segundo, trata-se de um ego internamente fraco e que também se mostra manifestamente fraco. No terceiro, por outro lado, o ego procura aparecer como duro e forte, mas é tão fraco que não pode suportar o menor golpe, e, por falta de plasticidade para adaptar-se a situações diferentes, fica totalmente fragmentado (*splitting*).

Outro critério é considerar o atributo do objeto, enfatizado na racionalização correspondente. Isto constitui um índice sobre a área superestimada (nas catexias positivas) e subestimada (nas catexias negativas) pelo paciente.

Vejamos alguns exemplos:
1+ "Queria ser um animal inteligente, um chimpanzé, que aprende coisas que às vezes surpreendem."
2+ "Uma flor, um '*pensamiento*'\*, gosto deles pelo colorido."
3+ "Um livro famoso porque todos me leriam."
Omitimos as catexias negativas para simplificar nosso trabalho. Neste exemplo é evidente que o paciente superestima

............

\* Amor-perfeito. O nome da flor em espanhol remete a um outro significado (pensamento). (N. do E.)

tudo que se relaciona com o mental. Escolhe um animal mas com a condição de manter a característica humana que mais valoriza e não quer perder: a inteligência, a faculdade de pensar. Escolhe algo vegetal, uma flor que, por sua denominação, faz alusão, coerentemente, ao aspecto valorizado na escolha anterior: o pensamento. Na escolha de algo inanimado mantém-se dentro do contexto das escolhas anteriores: um objeto que serve como portador da cultura, algo que serve para fazer as pessoas pensarem.

Outro exemplo:
1+ "Um gato, porque é suave, sempre é acariciado e carregado no colo, poderia ser também um cachorrinho de colo."
2+ "Gostaria de ser uma rosa porque é suave, pura, tem um delicioso perfume e lindas cores."
3+ "Um vestido, porque estaria sempre sobre o corpo de alguém e andaria de um lado para o outro como se tivesse vida, estaria muito perto de alguém."
Neste caso predomina aquilo que está relacionado com o corporal e o sensual.

Outro exemplo:
1+ "Gostaria de ser um cachorro porque é companheiro do homem."
2+ "Uma flor qualquer, flores multicoloridas, alegres, para alegrar a vista de todos os que vivem nessa casa."
3+ "Um relógio, porque todos precisam controlar o tempo, todos apreciariam meu trabalho, sobretudo se fosse um bom relógio".
Neste caso a ênfase recai na possibilidade de manter contato com os outros, isto é, no âmbito das relações com o mundo externo.

Se estudarmos a ordem em que aparecem as escolhas, poderemos ver também como o ego se transforma em relação a seu esquema corporal.

Vejamos alguns exemplos:
1+ "Ser um leão porque é forte e sabe se defender."
2+ "Uma rosa porque é linda, suave, mas também sabe se proteger com os espinhos."
3+ "Areia porque está junto do mar."
Se levamos em conta a seqüência, vemos que o paciente começa escolhendo algo forte e acaba com algo desintegrado. Se levamos em conta a racionalização respectiva, observamos o mesmo processo: escolhe o leão precisamente pela força e pela possibilidade de autodefesa e acaba escolhendo "areia", simplesmente por sua proximidade em relação a outro que possui força no plano do inanimado (o mar).

Vejamos agora outro exemplo:
1+ "Escolheria ser uma minhoca, porque quando vê um perigo pode enfiar-se debaixo da terra."
2+ "Uma papoula, pelo colorido alegre que tem."
3+ "Uma casa grande e forte, de tijolos, com telhado de telhas e janelas amplas."
A seqüência deste exemplo é oposta à do exemplo anterior. O paciente começa escolhendo algo tão insignificante e fraco como uma minhoca, e termina identificando-se com uma casa forte e grande. É evidente a sensação de afirmação, expansão e uma maior força que se desprende da leitura da seqüência.

Este panorama deve completar-se e correlacionar-se com o que as seqüências negativas oferecem. Pode acontecer que se repita o mesmo tipo de seqüência ou que se dê o tipo inverso. O aumento do grau de força egóica desde a primeira até a terceira catexia positiva está relacionado com a diminuição da ansiedade persecutória mobilizada pelas instruções. Isso é o que esperamos que aconteça em uma pessoa "normal". Nos exemplos anteriores, o paciente que começa escolhendo ser leão e termina escolhendo ser areia experimentou um elevado grau de ansiedade persecutória que pôde controlar na primeira e na segunda catexia, mas que invadiu seu ego na terceira, a ponto de identificar-se com algo pouco coeso. No exemplo seguinte, a ansiedade persecutória também foi grande, mas o ego deste paciente conseguiu se reorganizar ao chegar à terceira catexia.

O aumento ou a diminuição da ansiedade persecutória em cada catexia depende também do nível ou do aspecto a recuperar (nas catexias positivas) ou a perder (nas catexias negativas). Assim, quando no teste avançamos da primeira catexia para a segunda, o paciente sente o espectro de possibilidades de escolha cada vez mais restrito. Por outro lado, sente-se obrigado a escolher algo (como aceito ou como rejeitado), para cumprir as instruções. Em pacientes com um ego fraco, o incremento da ansiedade persecutória é inevitável, e se traduz como uma sensação de encurralamento. Nestes casos o modelo de seqüência (mais usual) seria: em 1+ um grau intermediário de ansiedade persecutória (A.P.) que vai aumentando até 3+, logo diminui em 1– e volta a aumentar até 3– (Tipo 1).

Caso se trate de um ego mais forte esperamos que a seqüência seja: em 1+ um grau intermediário de A.P. que diminui em direção a 3+, logo aumenta um pouco em 1– e volta a diminuir em 3–. Isto se explica porque um ego plástico e forte é capaz de se reorganizar e sobrepor-se ao impacto recebido (Tipo 2).

Pode acontecer que a ansiedade persecutória desça de 1+ em direção a 3+ e que se mantenha neste nível em 1– mas volte a aumentar em direção a 3– (Tipo 3). Diremos então que os aspectos mais temidos do mundo interno deste paciente vão surgindo à medida que se aproxima o final do teste, possivelmente associados com a morte, tal como ocorre em protocolos que terminam da seguinte maneira: "Não quero ser madeira porque me transformaria em um ataúde."

Diferente é o panorama oferecido pelos protocolos em que a ansiedade persecutória se apresenta inicialmente em um nível baixo, aumenta em direção a 3+, continua elevada em 1– e começa a diminuir em direção a 3– (Tipo 4). Nestes casos parece que o paciente expressou sua melhor defesa ante a ansiedade persecutória em 1+ e que a partir dali teve que fazer grandes esforços para se livrar das dificuldades que o teste lhe antepõe, fato que aumenta sua ansiedade persecutória até o momento em que começa a perceber (por aprendizagem do número de catexias) que o mesmo vai chegando ao fim. Também poderíamos explicar estas diferentes curvas de distribuição de A.P. atribuindo-as a diferentes ritmos incorporativos (catexias positivas, aquilo que deseja conservar) e evacuativos (aquilo que deseja perder nas negativas).

Outro caso é o dos protocolos nos quais a curva de distribuição praticamente se transforma em uma linha reta, porque o nível de A.P. se mantém constante, seja baixo ou alto (Tipos 5 e 6). Se o nível constante é baixo, esta quase ausência de A.P. deve ser considerada como patológica e produzida por uma negação maníaca da seriedade da situação do teste ou por outro tipo de processos patológicos transitórios ou permanentes (por ex.: debilidade mental). A manutenção de um nível alto de A.P. indica, por outro lado, a carência total de mecanismos que a controlem e um estado de crise de tipo paranóide. Em tais casos convém averiguar se o paciente não estará atravessando um momento existencial no qual a morte (própria ou de uma figura significativa) seja uma fantasia cuja materialização pode ser próxima no tempo. Se se trata de uma criança, um adolescente ou um adulto gravemente enfermo, ou de velhos, a possibilidade de negar a morte real e lidar apenas com a fantasia de morte é remota. Na maioria destes casos é impossível aplicar este teste, e caso se consiga fazê-lo, é provável que se obtenha um protocolo do tipo 6. As exceções serão, sem dúvida, pessoas que puderam elaborar bem os lutos que enfrentaram na vida, puderam tirar proveito dos aspectos reparadores da existência, aceitando a morte como o corolário da vida e não como um ataque dissimulado para cercear projetos, fantasias e ilusões ainda não alcançados.

A curva de distribuição da A.P. nos protocolos que apresentam somente catexias positivas ou negativas (protocolos cortados) pode assumir quatro formas: se há somente catexias positivas, a A.P. pode ser leve em 1+ e elevar-se em 3+ até o ponto em que o paciente não pode continuar o teste (Tipo 7); pode começar em 1+ com um grau elevado de A.P. que vai descendo em direção a 3+ e o teste se interrompe ali pelo medo intenso de enfrentar o que é perigoso em seu mundo interior (Tipo 8). Se há somente catexias negativas, pensamos que a A.P. foi máxima ao obrigar o paciente a defender-ser dela, mas não pôde fazê-lo, e o protocolo começa agora em 1–. Pode acontecer então que as fantasias evacuativas o ajudem a desembaraçar-se do perigo, que o nível de A.P. desça notavelmente e se eleve outra vez em direção a 3–, quando o paciente percebe que está sendo obrigado a continuar descobrindo aspectos perigosos (Tipo 9). Mas pode acontecer também que em 1– evacue, em dose maciça, tudo o que é perigoso, e se alivie, sendo por isso que o nível de A.P. será alto em 1– e descerá em direção a 3– (Tipo 10).

Em relação à elaboração de lutos há outro indicador sumamente valioso: o modo como o ego recupera as perdas a que o teste o submete. As instruções atuam como desencadeadoras que mobilizam ansiedades. A ansiedade é, fundamentalmente, ante a situação de morte (fantasiada) colocada pelo teste. Cabem, pois, duas possibilidades: *a*) aflorarem predomi-

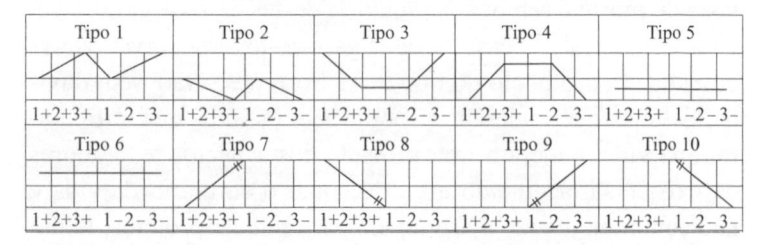

| Tipo 1 | Tipo 2 | Tipo 3 | Tipo 4 | Tipo 5 |
|---|---|---|---|---|
| 1+2+3+  1–2–3– | 1+2+3+  1–2–3– | 1+2+3+  1–2–3– | 1+2+3+  1–2–3– | 1+2+3+  1–2–3– |
| Tipo 6 | Tipo 7 | Tipo 8 | Tipo 9 | Tipo 10 |
| 1+2+3+  1–2–3– | 1+2+3+  1–2–3– | 1+2+3+  1–2–3– | 1+2+3+  1–2–3– | 1+2+3+  1–2–3– |

Guia de interpretação do teste de apercepção infantil (C.A.T.-A) de L.

nantemente ansiedade e culpa persecutórias; b) aflorarem predominantemente ansiedade e culpa depressivas.

Quando o paciente sente a situação de teste como um ataque ao ego, aflora a ansiedade persecutória. Aceitar tal situação preocupa-o em razão daquilo que ele mesmo quis que acontecesse a seu ego durante a prova: aceitar a instrução é aceitar, então, em fantasia, a morte de seus aspectos egóicos.

Desta maneira, surge, em determinados pacientes, a ansiedade persecutória (o paciente se sente atacado pelo teste) e a culpa persecutória concomitante (pelo que ele faz a seu ego ao aceitar o teste: que ataquem seu ego, havendo conseqüentemente a perda de seus aspectos egóicos).

Em alguns casos o paciente escuta as instruções, internaliza-as mas não consegue sobrepor-se à morte de tais aspectos. As perdas sucessivas a que o teste o submete lhe são irremissíveis. Sente que seu ego vai se empobrecendo até chegar, em alguns casos, ao aniquilamento total. No nível transferencial sente que o psicólogo lhe preparou uma cilada e que caiu nela, ficando totalmente vazio (morto). Todo esse panorama supõe um ego muito fraco.

Em outros casos, o paciente consegue sobrepor-se ao impacto, mas, ao realizar cada identificação projetiva, sente que vai restituindo determinados aspectos ao ego (os especificados em cada catexia). Por isso, se o ego reintrojeta de forma maciça tudo que perdeu ao aceitar as instruções, surgem protocolos em que cada escolha ressalta múltiplos aspectos de um mesmo objeto ou escolhas alternativas (como as que exemplificamos a propósito da falha no mecanismo da dissociação entre o idealizado e o depreciado).

Esta vivência da possibilidade de restituir ao ego certos aspectos (os mais valiosos, nas catexias positivas) e livrá-lo de outros (os mais daninhos, nas negativas) alivia a culpa persecutória que o paciente experimentou ao iniciar o teste. Sente que tem uma oportunidade de recuperar o que foi perdido e atenua a imagem persecutória do psicólogo que, ao permitir-lhe recuperar algo de si, lhe devolve o que é seu.

Uma menor integridade e força da identidade egóica e pouca ou nenhuma capacidade para elaborar lutos são características leves ou intensamente patológicas, de acordo com o caso.

Quando o paciente oferece outro tipo de constelação dinâmica, sente as instruções não mais como um ataque ao ego, mas como um ataque ao vínculo que estabeleceu com seus objetos (internos e externos). Deixar de ser pessoa, que é o que as instruções lhe pedem, significa para ele perder todo o contato com esses objetos. É isto que pode mobilizar ansiedade e culpa depressivas. Aceitar o teste é como aceitar que tais vínculos fiquem perdidos (ainda que seja apenas momentaneamente e na fantasia). Pode acontecer, então, que o paciente não saiba como recuperar os objetos e restabelecer o vínculo que tinha com eles. Em tal caso, depois de meditar, pode ser que responda: "Não, se não posso ser uma pessoa não gostaria de ser nada." Esta resposta, dentro deste contexto, indica que se trata de um ego fraco que teme perder a atual relação de objeto que, ainda que frágil, parece-lhe segura. É como se fantasiar outras identidades diferentes da humana implicasse um dano irreparável a seus objetos queridos. O psicólogo é vivido então como aquele que põe em grave risco a sobrevivência de suas atuais relações de objeto.

Um ego mais forte sente que, apesar de aceitar a situação colocada pelas instruções, pode preservar seus objetos e defendê-los dos ataques destrutivos das mesmas (e do psicólogo). Optará, então, por escolhas desiderativas que tendam a restabelecer tais relações de objeto, centradas agora em uma nova identidade, não humana, mas equivalente a ela. No nível transferencial, o psicólogo põe a prova sua capacidade para estabelecer e manter suas relações objetais atuais sem chegar a danificar seu ego, nem destruir seus objetos internos.

A presença da culpa depressiva manifesta uma maior (ou ótima) possibilidade de elaborar bem os microlutos que o teste lhe impõe e uma maior força e integridade da identidade.

É significativa a seguinte modalidade de resposta: "Gostaria de ser um cachorro porque cuidariam de *mim*" ou "um cachorro porque cuidariam *dele*". No primeiro caso, não há distância entre o ego que está fantasiando a metamorfose da identidade e a pseudo-identidade escolhida, e tal perda de distância está muito ligada com o incremento da ansiedade persecutória. Uma verbalização do segundo tipo, por outro lado, (por ex.: "Gostaria de ser um cachorro porque lhe dão banho, cuidam dele, fazem uma caminha para ele e, às vezes, chegam a querê-lo tanto que o consideram como uma pessoa da família") está centrada no objeto como um passo prévio para a aceitação da identificação projetiva do mesmo. Há uma maior distância entre o ego que fantasia a metamorfose e a pseudo-identidade adquirida ao emitir a catexia.

Um elemento muito importante para o diagnóstico e para o prognóstico da força ou da fraqueza da identidade do paciente é constituído pelas suas possibilidades de mudança. Nesse sentido, o desiderativo oferece também um material muito rico.

Assim, definimos como índice favorável a presença de catexias positivas que impliquem um movimento interno no sentido de um desenvolvimento para a integração: a expansão, a melhora de condições atuais, a reestruturação positiva e a produção de elementos que suponham a transcendência da própria existência e a realização (filhos, obras, etc.), a superação da existência individual sem renúncias altruístas (empobrecimento da própria identidade, à custa da qual outros poderiam obter benefícios).

Alguns critérios para explorar este ponto podem ser os seguintes:

1º) Presença de escolhas adequadas à definição detalhada anteriormente, ratificadas por uma racionalização que explicita os elementos ali incluídos como positivos. Isto constitui um indicador de possibilidades atuais e futuras de mudanças essenciais, vividas como enriquecedoras.

2º) Presença de escolhas de acordo com o critério anterior, mas cuja racionalização é pobre, inadequada ou até contraditória em relação aos traços essenciais daquilo que foi escolhido. Nestes casos, a riqueza do símbolo escolhido não basta e pode ser atribuída ao paciente só a título de bagagem potencial, cujo desenvolvimento parece estar bloqueado ou com interferência de outros fatores.

3º) Presença de escolhas que implicam um movimento aparente mas não supõem mudança interna. Alusões a movimentos do tipo "carrossel" ou "pião" não supõem predisposição à mudança, mas sim permanência no *status quo*. São escolhas encobridoras.

4º) O tipo de mudança implicado nas respostas pode referir-se a aspectos nucleares ou superficiais do ego. ("Árvore frutífera porque cresce, dá frutos, dá sombra, é útil", alude à possibilidade de mudanças nucleares. "Uma casa, eu seria pintada, eu seria consertada", alude a mudanças mais superficiais.)

5º) A direção da mudança pode ser facilmente detectada. O paciente pode escolher símbolos que exercem efeitos modificadores para fora (aloplástico) ou símbolos que recebem influências modificadoras e absorvem-nas (egoplástico). Este é um índice para se diagnosticar se se trata de um ego promotor de mudanças intra e extrapsíquicas ou de um ego passivo receptor de influências externas ("Ser uma árvore frutífera que dá sombra, frutos, etc." é um exemplo do primeiro, enquanto: "Uma casa porque me consertam, me pintam" ou "Uma cadeira porque se sentam em cima" são exemplos do segundo caso).

6º) A qualidade da mudança implícita é outro elemento importante. O paciente pode fazer escolhas que suponham mudanças reparadoras e gratificantes ou perigosas e destrutivas. Isto nos indica se o paciente sente a mudança como algo que o aproxima da morte, que o põe em perigo real de morte ou de loucura (como acontece nos *borderline*) ou como uma defesa diante da morte no sentido de lhe permitir uma maior confiança no impulso de vida.

7º) A fantasia básica em relação à mudança é um elemento fundamental, não excludente dos aspectos antes mencionados, que pode ser inferido fazendo-se uma síntese dos critérios

1, 4, 5 e 6. Neste critério consideramos o que significa para cada paciente mudar, o que é que tem que mudar, quais são as conseqüências que tal mudança acarreta, qual é o preço que se deve pagar.

8º) Outro critério surge da comparação entre as possibilidades de mudança expressas no teste com o momento evolutivo que o paciente atravessa. Neste sentido é possível esperar menos alusões a mudanças quando o paciente atravessa períodos críticos de sua vida. Por esta razão é tão importante realizar o diagnóstico não apenas considerando todas as catexias e o resto da bateria aplicada, mas também comparando esta produção com a idade e a situação vital particular.

## 2. Fantasias de morte no teste desiderativo[1]
Hebe Friedenthal e María L. S. de Ocampo

A versão do teste desiderativo que empregamos para este trabalho corresponde a uma modificação do teste original dos psiquiatras Pigem e Córdoba, de Barcelona, feita pelo professor Jaime Bernstein, de Buenos Aires. Os primeiros perguntam ao sujeito: "O que você gostaria de ser se tivesse que voltar a este mundo não podendo ser pessoa? Você pode ser o que quiser. De tudo o que existe, escolha o que deseja. O que gostaria de ser?"

Sobre uma idéia do psicólogo holandês Van Krevelen, que adaptou o teste para crianças, acrescentando a pergunta: "O que você menos gostaria de ser?", Bernstein estruturou um questionário de seis perguntas destinadas a recolher três escolhas e três rejeições: "O que você mais gostaria de ser se não pudesse ser uma pessoa?" (1ª escolha). Nem pessoa nem... (animal, planta e objeto, de acordo com o que foi escolhido na 1ª: 2ª escolha). Nem pessoa nem... (tirando-se as duas categorias correspondentes às duas escolhas anteriores: 3ª escolha). Da mes-

---

1. Este trabalho foi apresentado pelas autoras no II Congresso Argentino de Psicologia, realizado em S. Luis, Argentina, 1965, e é publicado aqui sem alterações por considerar-se que o que foi formulado na época continua válido hoje.

ma forma, e com sinal inverso, escolhem-se os três elementos rejeitados. Cada escolha é acompanhada de sua respectiva explicação. As instruções utilizadas para crianças pequenas não variam substancialmente quanto à maneira de organizar as escolhas positivas e negativas, exceto na formulação das mesmas, substituindo "pessoa" por "criança ou menina" ou "criança ou menino", de acordo com o sexo do pequeno paciente e as preferências do psicólogo.

A instrução original: "O que você desejaria ser se tivesse que voltar a este mundo não podendo ser pessoa...?" foi substituída pela pergunta: "O que você mais gostaria de ser não podendo ser pessoa?", como forma de atenuar o impacto da expressão "se tivesse que voltar a este mundo", que faz alusão explicitamente à morte.

A pergunta corrigida, contudo, sugere igualmente ao sujeito que se aniquile imaginativamente como pessoa para se pensar como outro ser não humano. Para realizar o teste, o sujeito tem que, implicitamente, imaginar-se morto. Por isso, consideramos que o teste desiderativo constitui um instrumento indicado para explorar a angústia, fantasias e defesas em torno da morte. Apesar da possibilidade de explorar outras fantasias no rico material que esta prova oferece, em nossa exposição nós nos centraremos nas relações com a morte.

A alusão à morte nas instruções pode provocar diversas reações: uma inibição para responder, uma paralisação ou bloqueio, uma micromorte no examinado: "Não me posso imaginar – diz – não posso pensar." Há sujeitos muito rígidos, com grande temor da morte e paralisação da identificação projetiva, que não podem realizar este teste, ainda que possam fazer outros da bateria. Outra reação é negar parte das instruções: diante da angústia pela perda imaginária da existência implicada nas instruções ("se não pudesse ser pessoa"), o sujeito reage respondendo "homem", "mulher" (sexo oposto), "rico" (atributo humano), "super-homem" (ser antropomórfico), como se lhe tivessem perguntado "o que você mais gostaria de ser?".

Nestas respostas pode haver uma elaboração maníaca através da escolha de algo imortal (super-homem) que continua conservando as características de vida humana, ou de algo muito distante da morte como é, numa defesa regressiva, escolher "um menino", retornar ao começo da vida. Outra reação é aquela em que se explicita a idéia de morte e a angústia que esta provoca. Uma jovem de 17 anos responde: "Ah, nada!", manifestando que ser pessoa é realmente ser nada. Na resposta *nada* está a referência à morte. Em seguida, estes sujeitos se adaptam ao pedido e elaboram a reação, expressando, geralmente, na primeira resposta, a alusão à morte. Esta mesma jovem continua: "Queria ser uma planta, *se me cuidassem bem.*" Outra mulher, de 30 anos, exclama: "Cada pergunta que você me faz!" E outra em sua primeira resposta: "Um ser humano de novo porque vive, sente, sei lá, tem vida" (m. 20 a.). Outros pacientes não verbalizam o impacto, mas referem-se a ele em respostas como "animal, cachorro, porque tem vida"; ou "papagaio, porque viverá 150 anos ou mais".

Na maior parte, os casos respondem diretamente ao teste sem comentários sobre ele, e sem alusões diretas à morte.

Mas a estrutura das instruções, com sua reiteração de perguntas, vai encurralando o examinado ao pedir-lhe que despreze sucessivamente sua identificação com o animal, a planta ou o objeto, submetendo-o a novas perdas, que são como novas mortes imaginárias. Então, se não sofreu impacto diante da primeira pergunta, reage diante da última com uma alusão à morte. Uma mulher de 28 anos dá como última resposta negativa: "Não gostaria de ser madeira para fazer um ataúde, porque tem um fim triste." É justamente o final do teste, e o fim triste faz alusão situacionalmente ao teste triste. Uma menina de 14 anos, muito doente fisicamente, já moribunda, e a cujo material logo nos referiremos, rebate no final: "Ser um papel, porque se move e não suporta nada." Poder-se-ia pensar aqui em uma identificação plena com o papel no qual a examinadora anota, e o papel é então ela mesma que não suporta sua angústia, sua doença mortal e, conseqüentemente, o teste. Uma menina de dez anos dá como última resposta que "não queria ser uma metralhadora porque mata as pessoas". A metralhadora é, transferencialmente, a examinadora, que a criva com suas perguntas, matando imaginariamente suas identificações com pessoas. Estas alusões transferenciais implicam uma carga emocional para o psicólogo, suplementar àquelas mobilizadas por outros instrumentos.

Nossa experiência docente revelou-nos que, se o examinador não tem *insight* desta situação, comete uma série de erros na aplicação e na interpretação do teste.

As mortes sucessivas, que as perguntas do psicólogo fazem o paciente imaginar, equivalem, nas respostas dadas por este, a uma série ordenada de aspectos a serem mortos, uma escala de valoração que abrange desde o que se deseja conservar acima de tudo (primeira escolha positiva) até o que se deseja perder acima de tudo (primeira rejeição). A primeira escolha corresponde à fantasia que se tem sobre o que é morrer ou, em outras palavras, o que se perde de mais valioso ao se perder a vida. Os valores podem ser: *movimento, atividade*: "queria ser um carro que corresse" (h. 18 a.); *liberdade*: "pássaro, porque é livre" (muito freqüente); *papel sexual*: "rosa, flor bonita, significativa, símbolo do amor" (m. 26 a.); *filhos*: "árvore que dá frutos" (muito freqüente); *conhecimento*: "livro, para que me leiam, para ensinar" (freqüente); *valorização do corpo, das sensações*: "rosa, porque tem um delicioso perfume", "quadro, para que seja olhado", "cereja, porque é saborosa", "açúcar, porque é doce"; *utilidade e reparação*: escolha de móveis, ferramentas; *poder*: forças da natureza, ouro, armas, etc.

Estes valores que aparecem no conteúdo manifesto correspondem a fantasias relacionadas com o ideal de ego e com aspectos valorizados do ego real: o que se desejaria ser ou ter, e o que mais se valoriza do que se é e do que se tem. Representam a solução existencial diante da morte; o sentido que se dá à vida. Os valores vitais podem ser aceitos e realizados, se for aceito que a vida também tem conflitos. Uma mulher de 20 anos escolhe "um ser humano de novo, porque vive, *tem problemas mas vive*, sente, sei lá, tem vida". Por outro lado, aquele que se sente indefeso diante dos conflitos deseja a morte e se mata internamente com seus aspectos vitais. Um rapaz de 20 anos diz: "Queria ser pedra entre outras pedras, porque assim o frio, a água e o calor não me incomodariam." A alusão à pedra entre outras pedras responde à necessidade de negar os aspectos aniquiladores, aniquilando outros (pedras) para evitar toda a comparação com o que é vivo. O frio, a água e o calor representam as sensações e os afetos intoleráveis que quer matar dentro de si. A culpa pelos aspectos egóicos perdidos o faz acrescentar: "Claro que assim não se pode mover" (e resolve o conflito magicamente através de uma repressão maníaca, pondo-se em mãos de outro) "e além disso, sendo pedra, pode ser que a mão do homem a pegue e construa algo útil: um dique, um edifício." No exemplo anterior deseja-se matar a própria vida, porque os estímulos vitais são intoleráveis. Estes são casos de pacientes com personalidade esquizóide. Outros, melancólicos ou depressivos, sentem que o mal, o intolerável, não é o estímulo proveniente do exterior, mas sim eles mesmos, como o garoto de 14 anos que diz: "Quero ser uma cerâmica de barro porque quebra e vira pó." Estas respostas, desvio das respostas comuns, de acordo com nossa experiência, implicam uma mutilação de aspectos do ego nas escolhas positivas, que se expressam em menor grau e de forma mais normal nas rejeições das respostas negativas comuns – que são os aspectos rejeitados pelo ego e também pela sociedade. Referem-se à agressividade de caráter oral, anal, fálico ou uretral, em símbolos como vaso sanitário, latas de lixo, armas de fogo, répteis, etc. Outros elementos rejeitados são as alusões ao sexo e, em alguns casos, ao papel sexual, como a jovem de 24 anos que não deseja ser uma cadeira "por causa da função da cadeira". Por outro lado, outra paciente de 20 anos, que aceita seu papel, diz: "Desejo ser divã, porque, em última instância, deitar-se-iam seres humanos."

Vejamos agora fantasias de morte, relacionadas não mais com a morte ativa e simbólica que o sujeito realiza sobre seu ego, mas com a morte inevitável e temida, a morte real. Diante da morte implicada nas instruções e que provoca ansiedade, o teste proporciona uma saída mágica, uma realização de desejos: durante a prova o sujeito pode fantasiar que está superando a morte. A primeira defesa favorecida pelo teste é, então, a negação onipotente da morte, feita com base na dissociação mente-corpo e na conservação de um dos elementos (exemplo: "seria um espírito" [h. 17 a.]). Um paciente de 18 anos, que crê na reencarnação, quer ser um "silfo: gênio ou espírito do ar, segundo os cabalistas, sempre inteiro, na harmonia inteira da inteligência, das manifestações do espírito... estando livre do tempo, do espaço e do corpo material, que é muito incômodo". Outras vezes conserva-se o corporal, em identificações com forças da natureza vistas como eternas: vento, ar, montanha, terra.

Outra forma onipotente de negar a morte é identificar-se com ela mediante a identificação com o agressor temido, destinado a encobrir o quanto o paciente se sente indefeso: "Queria ser um leão, porque é forte" (muito freqüente) ou "um animal monstruoso, porque assim não me matariam facilmente", diz uma criança de dez anos, que rejeita, por outro lado, "ser uma planta fininha, delgada, porque é facilmente cortada".

Outra defesa é imaginar-se como algo quase eterno: "pinheiro, porque é imortal"; "papagaio, porque viverá 100 anos ou mais"; "feto*, porque tem sensação de novo, nunca murcha"; "árvore, porque é durável; uma grande árvore milenar, histórica"; "um grande livro, para deixar testemunho".

Outras vezes, à fantasia de eternidade se junta o desejo de controlar o mundo onipotentemente: uma mulher escolhe "relógio, porque todos dependem dele"; um jovem de 23 anos "queria ser um super-homem para abarcar um pouco mais este mun-

---

\* Planta do grupo pteridófito ao qual pertencem as samambaias. (N. do E.)

do reduzido em que se vive". Acrescenta ao controle a defesa maníaca do desprezo do mundo: a vida a perder; um rapaz de 19 anos escolhe "formiga, porque poderia estar em lugares onde uma pessoa não pode chegar". Neste exemplo, vemos como o controle aumenta até abranger o mínimo, possivelmente por fracasso da defesa.

Outras vezes escolhe-se sacrificar uma parte, defendendo-se ativamente ante o que se teme sofrer passivamente e, ao mesmo tempo, como castigo menor ou preço para continuar vivendo. A menina moribunda quer ser "salgueiro-chorão do qual caem todos os galhos" (é como se dissesse que ficam o tronco e a raiz).

Nas escolhas negativas aparecem vários mecanismos, principalmente a rejeição da identificação com a morte e a agressão concomitante: não queria ser "qualquer animal feroz, ou revólver, porque matam" (muito freqüente); "não queria ser hiena porque é desagradável, alimenta-se de restos e de cadáveres".

Outras vezes, vê-se a sensação de impotência diante da morte: "não queria ser barata, porque é suja, se arrasta e pode-se despedaçá-la facilmente" (h. 29 a.), "não queria ser vidro porque é frágil" (m. 26 a.), "não queria ser uma planta fraca, porque tem vida curta" (h. 16 a.). Um paciente paranóico diz: "Não queria ser mosca porque te matam facilmente, mas sim montanha porque é isolada, deixar-me-iam tranqüilo, é uma coisa grande, eu os engoliria, não poderiam me agarrar." Um menino de 10 anos rejeita ser "formiga, porque me jogam veneno e morro, além do mais me pisam; porque não posso mais comer frango nem batatas fritas".

Costuma-se rejeitar, por deslocamento, aspectos associados com a morte e com a situação de ser enterrado: "não queria ser ataúde, é muito fúnebre, não sei por que não gostaria, não me agrada" (m. 27 a.), "não queria ser pasto, porque as formigas me pisam e me comem" (h. 10 a.). Aqui, pasto e ataúde são deslocamentos para o detalhe da situação de ser enterrado.

Quanto mais global é a fantasia de morte – não mais deslocada para detalhes – maior é a sensação de perda de identidade que implica, e mais intensa é a idéia de ficar submetido, exposto aos outros, a perder a identidade humana. "Não queria ser água porque se transforma em vapor e gelo, e usar-me-iam para beber sem pedir licença."

A elaboração bem-sucedida é a que permite ao examinado transcender em um objeto total, separado dele, mas que ele criou ou pode criar: filhos, obras, etc. Um exemplo é a escolha freqüente: "árvore, porque dá frutos". Surge também, às vezes, o medo de não poder conseguir esta separação. Uma mulher de 28 anos "não queria ser madeira para ser um ataúde, porque tem um fim triste".

Como exemplo final assinalaremos a elaboração da morte iminente em uma menina de 12 anos com câncer de ovário. Escolhe primeiro "galinha, para comer carne, porque a carne de galinha é saborosa, para pôr ovos". Aqui, o mais importante seria ser absorvida pelos demais como comida, continuar vivendo nela e pôr ovos para prolongar-se em filhos. É uma identificação com uma mãe boa. Na segunda escolha prefere "uma árvore, um salgueiro-chorão, dos quais caem todos os galhos, porque são muito lindos, porque dão sombra". Vemos a depressão por sua própria perda, seguida por negação e idealização: sua sombra continuará linda. A última escolha é "mesa, para que almocem em mim, para que me pintem". Mostra seu desejo de continuar com os vivos e de ser restaurada por eles. Ante as rejeições, diz: "um doente, porque não queria estar doente". Aqui nega parte das instruções, ante a angústia de não se poder desprender de sua situação pessoal e, em seguida, aparecem fantasias de sua doença com traços orais: "não queria ser cobra porque picam e são muito venenosas", "palmeiras porque são muito altas, têm umas folhas que espetam, provavelmente algum galho seria cortado", "serrote porque enferrujaria, quebraria, e gastaria essas coisas que tem, os dentes".

## 3. Índices diagnósticos e prognósticos no teste desiderativo a partir do estudo das defesas[1]

María C. de Schust e Elza Grassano de Piccolo

### Introdução

A prática clínica cria a necessidade de aprofundarmos, dentro do processo psicodiagnóstico, o estudo dos instrumentos projetivos, a fim de conseguirmos uma sistematização das respostas aos mesmos e estabelecermos índices diagnósticos relacionados com entidades nosográficas.

Por outro lado, a atividade em instituições assistenciais torna indispensável contar com testes projetivos confiáveis e econômicos quanto ao tempo de aplicação.

Em função destas necessidades, surgiu a investigação sobre o teste desiderativo, dado que este oferecia possibilidades diagnósticas e prognósticas não suficientemente aproveitadas pela falta de categorização do material obtido.

Neste trabalho tomamos como vetor de análise as condutas defensivas e nos propomos, através de uma sistematização

.............

1. Este trabalho faz parte de uma pesquisa sobre o teste desiderativo que foi organizada pela cadeira de Técnicas Projetivas da UNBA, no ano de 1966. Professor titular: Jaime Bernstein. Professora adjunta: María L. S. de Ocampo. Foi publicado com algumas mudanças na *Revista Argentina de Psicología*, ano 1, n.º 3, março de 1970.

das respostas, estabelecer índices diagnósticos, relacionados com as entidades nosográficas, e critérios prognósticos, de acordo com o grau de integração egóica.

## Origem do trabalho

A dificuldade para diagnosticar as defesas e o grau de integração do ego na interpretação clássica do teste desiderativo levou-nos a desenvolver uma abordagem diferente do mesmo.

Começamos por considerar a produção desiderativa no contexto vincular promovido pelas instruções, no seguinte sentido:

As instruções pedem ao examinado, de maneira explícita e direta, que renuncie à sua identidade humana e lhe oferecem a possibilidade de assumir outras identidades não humanas.

Implicitamente, defrontam-no com a morte, em especial com a própria morte. O entrevistador é o portador da morte, o objeto de quem provém a ameaça.

Levando em conta esta situação vincular, tornou-se evidente para nós que as dificuldades para diagnosticar as defesas residiam no fato de que estas não apareciam isoladas no teste, mas que toda a verbalização expressa a organização defensiva ante o ataque implícito nas instruções.

Através das respostas, verbais e corporais, que o examinado nos oferece, podemos observar o esforço defensivo do ego para se recuperar e absorver o impacto sofrido e sua modalidade defensiva prevalecente.

O ego e seus objetos estão ameaçados de morte na situação de teste; portanto, mobilizam-se recursos defensivos: o sujeito, através das catexias* positivas, explicita as fantasias inconscientes das defesas, descreve simbolicamente seu modo de evitar os perigos inerentes à ameaça fantasiada.

--------
\* Ver N. do E. a pp. 66.

Toda a verbalização das catexias positivas contém a fantasia inconsciente da defesa; é como se o examinado respondesse: "quando tenho medo (e agora tenho) faço tal coisa".

Ou seja, "diante do medo (por si mesmo e por seus objetos), o ego tenta reforçar determinados aspectos e evacuar outros, ou aprofundar ou evitar o vínculo com determinados objetos".

A verbalização das catexias negativas expressa:

*a*) tanto a fantasia daquilo que o ego teme que lhe aconteceria caso não pudesse apelar para os recursos defensivos que mostrou nas positivas;

*b*) quanto as conseqüências negativas que o uso específico dessas defesas tem sobre seu ego. Isto é, a percepção interna de quais aspectos instrumentais do ego são cerceados pela defesa.

A nova abordagem revelou-nos a eficácia deste teste para o diagnóstico das fantasias inconscientes defensivas predominantes em cada sujeito.

A partir disso, confrontamos os diagnósticos obtidos com os derivados da aplicação de outros testes.

Posteriormente, investigamos a relação entre modalidades de resposta ao teste desiderativo e quadros nosográficos. Isto nos permitiu determinar quais são as características dos símbolos e das racionalizações desiderativas nas organizações defensivas inerentes a cada quadro, como veremos posteriormente.

Por outro lado, o teste desiderativo oferece índices que podem ser referidos não só a um quadro psicopatológico, como também ao grau de integração conseguido pelo ego, pois oferece-nos a possibilidade de ver as seqüências defensivas organizativas ou desorganizativas. Os critérios utilizados para tal fim serão desenvolvidos na parte relativa ao prognóstico.

Pensamos que o desiderativo oferece outras possibilidades de investigação, que estamos desenvolvendo neste momento, tais como: diferenças de produção por idades e relação entre acontecimentos da biografia de cada sujeito e a escolha de símbolos condensadores destes.

| Quadros | Defesas | Características dos símbolos negativos |
|---|---|---|
| **Esquizóides**<br><br>Está acentuado:<br>1) O outro não está incluído explicitamente.<br>2) São objetos afastados espacialmente da terra. | *Dissociação*<br>(Geralmente escolhem primeiro objeto ou vegetal.) | Escolha de símbolos:<br>1) Afastados, *fixos*, inalcançáveis, que podem estar colocados na posição de "observar o mundo", de cima. Ex.: estrelas, Sol, Lua, satélites, etc.<br>2) Idéias abstratas. Máquinas eletrônicas, computadores, etc. |
| | *Megalomania* | Mantém as características da defesa anterior quanto a afastados, inalcançáveis, etc., mas estão mais acentuadas as características de onipotentes e indestrutíveis. Predominam fantasias onipotentes em nível de pensamento mágico (Deus, um Santo, uma Fada, Superman, Batman). |
| | *"Split" maciço* | Faltam as características anteriores do distante e inalcançável e a acentuação do *olhar*. Escolha de objetos já desagregados (p. ex.: areia) ou que possam desagregar-se (p. ex.: cristal). |

## Depressivos

| | | |
|---|---|---|
| 1) O outro está explicitado na verbalização.<br>2) Escolha de objetos que estão em contato direto (físico) com pessoas.<br>3) *Tipo de vínculo:* aproximando-se do outro e apaziguando-o, mostrando-lhe que o ego só tem amor e bondade.<br>4) Escolha de objetos passivos, receptivos, próximos, mas sem movimento (salvo quando predominam defesas maníacas). (Geralmente escolhem defesas maníacas). (Geralmente escolhem primeiro animais.) | *Identificação projetiva no objeto interno*<br>(Identificação introjetiva patológica.) | Escolha de símbolos baseados no seguinte:<br>*a)* Que estejam em contato com o interior de (pessoas ou continentes para serem, ou porque assim são, cuidados, protegidos, etc.).<br>*b)* Que os objetos escolhidos contenham dentro de si aspectos ou objetos bons.<br>*c)* Que o símbolo escolhido conote em si mesmo o bom, o não-agressivo, o não-daninho. |
| | *Defesa maníaca*<br><br>Escolha de objetos com movimento. Caracterização deste movimento: é um movimento estável, permanente, para distrair o outro. | Escolha de símbolos:<br>1) Porque (ou para): ajudar, alegrar, dar aspectos bons e reparadores a *outros*. (Tentativas onipotentes de reparação.)<br>2) Porque é alegre, simpático, divertido.<br>3) Objetos em movimento, que estabelecem muitos contatos, p. ex.: *mariposa* ou *beija-flor* – que, além da conotação histérica, implicam um ritmo maníaco ou vitrola, catavento, pião, etc.<br><br>*Descompensação:*<br>1) O grotesco, tipo palhaçada (p. ex.: o macaco).<br>2) Ou os que incomodam e zumbem (abelha, insetos, moscas). Predomina o movimento de revoar em redor do outro, enjoando-o, confundindo-o e depositando-lhe a atenção. |

| Quadros | Defesas | Características dos símbolos negativos |
|---|---|---|
| Obsessivos | | |
| 1) O outro está presente.<br>2) Escolhem o que é útil, arrumado, limpo, honesto e sem agressão.<br>3) São objetos que servem como instrumentos para serem usados por outro com fins de reparação: "O usável."<br>4) Objetos sem movimento.<br>5) Baixa proporção de afetos. | Anulação | Detecta-se pela qualidade de toda a produção: predomina o bloqueio afetivo e da capacidade de fantasiar. São descritivos mas, diferentemente da repressão, são escolhas de baixo nível simbólico. Máquinas, objetos afastados mas fechados e imóveis (não predomina o olhar esquizóide mas sim "o ser usado por"). |
| | Isolamento | 1) Os mesmos símbolos dados nas positivas são rejeitados nas negativas.<br>2) Em uma mesma catexia positiva, são dadas várias possibilidades: ser isto ou aquilo, mas sem desenvolver a fantasia desiderativa. Devido ao ataque da capacidade de síntese, não pode escolher um símbolo definido e desenvolvê-lo. |
| | Formação reativa | Em primeiro lugar:<br><br>1) Animais ou vegetais, domésticos, quietos, que são de utilidade para o outro, sendo usados como instrumento.<br>2) Que são bons, suaves, não daninhos.<br>3) Difíceis de desorganizar: "São sempre de uma determinada maneira." |

| Fóbicos | | |
|---|---|---|
| 1) Objetos em movimento de afastamento do outro ou de confrontação corajosa.<br>movimento ⟨ em direção a / a partir de<br>2) Acentuam o movimento autônomo.<br>3) Geralmente preferem objetos ou animais, e não vegetais, por serem estáticos e arraigados à terra. | *Evitação* | Escolhas porque (ou para):<br><br>1) Afastar-se, mover-se, estar em liberdade, ir onde quiser, etc.<br>2) Em função de uma vida tranqüila, sem perigos.<br><br>Por ex.: 1) e 2) "andorinha, porque pode estar onde mais lhe agrada. São inteligentes e sabem escolher o clima. Estão sempre serenas, sabem que, se algo não lhes agrada, podem procurar outra coisa". |
| | *Contrafobia* | Objetos que são: valentes, arriscados, fortes. Defendem-se e enfrentam o perigo (diferentemente da psicopatia).<br><br>*a*) O acento se coloca na possibilidade de enfrentar sozinhos e sem medo o perigo, e não tanto em meter medo em um terceiro, e<br>*b*) há uma maior coerência entre o símbolo e o simbolizado e maior ajuste ao enquadramento.<br><br>Exemplo de: *A*) evitação e *B*) contrafobia.<br><br>*A*) Gostaria de ser um barco porque poderia percorrer lugares, ir de um lugar para o outro, procurando sempre o que for o mais tranqüilo para mim, e |

| Quadros | Defesas | Características dos símbolos negativos |
|---|---|---|
| | | *B)* além do mais, porque poderia enfrentar tempestades, bem, gostaria de ser um barco grande. |
| *Histeria* | *Repressão* *Conversão* | 1) Detecta-se através de toda a produção como dificuldade para desenvolver a fantasia desiderativa. 2) Diferentemente do isolamento, são escolhas com um alto nível simbólico que implica um alto grau de condensação. Por ex.: estrela-do-mar ou libélula, porque gosto, ou porque é bonita. |
| 1) O outro está presente. 2) Vínculo: o outro é um espectador deslumbrado. Aparece recebendo um impacto estético. 3) São escolhas que ressaltam as características formais, a cor e o movimento expressivo. | *Sedução* | Escolha de símbolos que implicam: 1) Movimento, cor ou forma agradáveis de serem vistos pelo outro e que provocam nele um impacto estético (para gostar, porque são bonitos, atrativos, etc.). Esta necessidade pode aparecer: 1) explicitada na catexia, por ex.: verbalizando e descobrindo a forma, a cor, o movimento do objeto escolhido e a reação do outro diante deste |

| Psicopatia | |
|---|---|
| | ou a finalidade (para ser admirado, olhado, elogiado, etc.); ou
2) não explicitada mas contida implicitamente no símbolo escolhido. Por ex.: estrela-do-mar, borboleta, libélula, etc., porque gosto, porque é bonita. A possibilidade de explicitação ou não do desejo de ser admirado, unido às características do movimento expressivo do objeto, permitiria detectar o interjogo entre sedução e repressão. Quanto maior a repressão, menor a possibilidade de verbalização do que se refere a movimentos corporais que ficam apenas retidos implicitamente no símbolo. |
| *Identificação projetiva evacuativa ou indutora* | |
| 1) Aparece o outro como depositário do modo, da idéia, etc. Depositário do aspecto sensível do próprio ego.
2) Vínculo: "Penetrando no outro para."
3) Dificuldades de ajuste às instruções e invasão com perguntas ao entrevistador.
4) Onipotência manifesta.
5) Incapacidade para fazer síntese.
6) Incoerência entre o símbolo escolhido e o que lhe é atribuído. Generalização a partir de elementos parciais. | 1) Através de objetos que são poderosos, onipotentes e provocam pânico e submissão nos outros, etc. Predomina como vínculo a submissão do outro através do medo; p. ex.: "Leão, porque todos os animais se aterrorizam com seus rugidos. Bem, por algum motivo é ele o rei."
2) Ou então se explicita através de símbolos, inócuos em si, a técnica de penetração no outro. Por ex.: Gostaria de ser uma *trepadeira de um galho só*, parece mentira como se estende, penetra e envolve tudo, uma coisa aparentemente tão peque- |

| Quadros | Defesas | Características dos símbolos negativos |
|---|---|---|
| 7) Objetos em movimento evacuativo (acentuando a força e o poder invasor do objeto). | | na pode dominar, gosto da facilidade de crescer que ela tem, me deslumbra porque ninguém pode imaginar que isto, tão pequenininho, tão frágil, possa tanto.<br>3) Nos movimentos ou nas funções corporais são propensos a inocular idéias ou sentimentos no outro, a fim de paralisá-los e dominá-los. Por ex.: o rugido do leão no primeiro exemplo ou o crescimento da planta trepadeira no segundo.<br><br>Em produções psicopáticas podem aparecer rejeições dos mesmos símbolos escolhidos nas catexias positivas. Geralmente, isto surge num clima de onipotência e dissimulação, e tem por finalidade (diferentemente da neurose obsessiva) confundir o entrevistador e atacar projetivamente sua capacidade de compreensão e síntese. |

# O questionário desiderativo

O quadro seguinte mostra, para uma escolha (por exemplo: pássaro) mantida constante, o que é acentuado em cada estrutura.

| Estrutura | Tipo de vínculo predominante |
|---|---|
| *Esquizóide* | Porque voa alto e pode ver tudo. Acentuando a distância do O. (predomínio de percepção visual). |
| *Depressivo* | Geralmente pássaros domésticos, porque cuidam deles, porque gostam deles, porque alegram. Acentuando a proximidade e o cuidado do O. (predomínio de sensações de periferia corporal). |
| *Obsessivo* | Pássaros úteis, por ex.: nas colheitas. Acentuando o fato de o O. ser útil. |
| *Fóbico* | Porque pode ir aonde quer, está em liberdade, ou pássaro forte que sobrevive a... Acentuando o afastamento do O. do lugar. |
| *Histérico* | Porque é lindo na forma, na cor, na plumagem, no movimento. Acentuando o deslumbramento pelo O. |
| *Psicopata* | Geralmente pássaro de rapina porque é forte, temido e domina. Acentuando a invasão e o submetimento. |

| Estrutura | Características dos símbolos negativos |
|---|---|
| *Esquizóide* <br><br> a) Se as defesas falham, o que se tem é: ser invadido, manipulado, privado de autonomia, o que equivale a ser destruído e morto. <br> b) Como conseqüência da dissociação extrema, surge o temor de ficar só, vazio, isolado, seco. | 1) Objetos que são manuseados ou manipulados sem preocupação pela sua conservação física. <br> 2) Objetos impotentes, expostos à morte ou a ataques externos (por ex.: o pasto porque é pisado, exposto às tormentas, é queimado pelo sol, etc.). <br> 3) Objetos isolados e secos (cardo no deserto, etc.). |

| Estrutura | Características dos símbolos negativos |
|---|---|
| *Comumente*<br>Rejeitam-se: 1) Os objetos que são imóveis mas que perderam a distância adequada do objeto,<br>*a*) ou que estão à mercê do objeto, mudos e expostos ao ataque. Ex.: pasto, porque é pisado.<br>*b*) ou que estão absolutamente fora do contato e do controle humano. Ex.: "asteróide perdido no espaço" (esta escolha estaria mais correta com objetos bizarros).<br>2) Ou objetos que foram desagregados, areia, por exemplo. | 4) Objetos usados e logo evacuados, por ex.: "papéis porque são usados, sujados, rasgados e jogados fora".<br>5) Impulsos orais de incorporação sádica do objeto. Ex.: plantas carnívoras, piranhas, etc. (aparece mais o medo pelo eu do que a preocupação pelo outro; o sadismo assumido pelo próprio examinado).<br>"São objetos que são machucados." |
| *Depressivos*<br>Se as defesas falham, teme-se:<br>1) Emergência de fantasias sádico-orais. Diante disso, dão-se duas situações temidas:<br>*a*) Temor ante o superego que critica a agressão: isto se expressaria através de atitudes implicitamente moralistas do examinado, que rejeita os objetos daninhos ou agressivos e preocupa-se em mostrar que ele é diferente.<br>*b*) Temor pelo estado em que ficaria o ego invadido pela agressão e sentindo-se culpado; por ex.: rejeitar ser "um rato, porque é um roedor imundo, sujo", "ser lixo". | 1) Objetos que picam, mordem, destroem, machucam, envenenam, etc.<br>2) A ênfase dada a "objetos que causam danos ao outro", mas acentuando a distância entre o objeto daninho e o próprio examinado. |
| *Obsessivos*<br>Se as defesas falham, teme-se: desordem, confusão interna e sujeira, inutilidade. Temor de ser invadido por conteúdos sádico-anais.<br>Conseqüências temidas pela defesa: falta de mobilidade interna, rigidez, estereotipia, rotina. | 1) Objetos sujos, viscosos, desordenados, agressivos (porco, barro, petróleo, armas de fogo em geral).<br>2) Objetos que têm uma vida pobre, rotineira, que fazem sempre a mesma coisa, que não sentem, que são instrumentos de outros, etc. Ex.: "Não quero ser uma máquina de escrever porque vibra só porque as pessoas pressionam as teclas." |

|  Estrutura | Características dos símbolos negativos |
|---|---|
| **Fóbicos**<br><br>Se as defesas falham, teme-se:<br>1) Ficar imobilizado, privado de movimento corporal. Conseqüências temidas pelo uso das defesas:<br>a) não se arraigar em nada;<br>b) aderência maciça a um objeto.<br>Geralmente os mais rejeitados são os vegetais porque aderem à terra.<br>Para determinar se a ansiedade é claustrofóbica ou agorafóbica, determinar se o que é comum entre os objetos escolhidos, por um lado, e o que é comum entre os rejeitados, por outro, corresponde ao que está dentro ou ao que está fora, respectivamente. | 1) Objetos que não podem se mover autonomamente, que dependem de outro. Pode tanto ser um objeto fechado como exposto a ataques, mas estes não têm conotação de destrutividade tão intensa como no esquizóide. Por ex.: "pedra, porque não pode se mover", ou rejeita "qualquer vegetal porque está preso na terra; de todos os vegetais só gostaria de ser um: o *clavel del aire\**, o único que tem alguma liberdade" ou "raiz, porque está tão enfiada que se alguém quiser transplantá-la, ela pode morrer".<br>2) Objetos que não se arraigam em nada (evitação maciça), por exemplo (ainda que não se ajuste às instruções é significativo): "andarilho porque não tem casa, vai sempre de um lugar para o outro". |
| **Históricos**<br><br>Se as defesas falham, temem:<br>a) ser invadidos por fantasias genitais;<br>b) ser atacados genitalmente pelo objeto.<br>As conseqüências temidas pelo uso das próprias defesas: bloqueio, incapacidade de sentir e fantasiar, inibição e restrição do ego. | Rejeitam:<br>1) Objetos feios na forma, cor, perfume, etc.<br>2) Animais, pelo aspecto instintivo (através de expressões de repulsa ou asco).<br>3) Simbolismos fálicos ameaçadores.<br>4) O que é frio, que não sente, o impenetrável ou o que impede a corrente ou a passagem de algo; por ex.: muralha, dique, rocha, gelo, etc. |

..............
\* Ver N. do E. a pp. 74.

Observamos como índices diferenciais entre produções neuróticas, psicopáticas e psicóticas as seguintes características:

1) *Nas neuroses:* O outro está implícito na verbalização, o ego busca "o melhor para si mesmo" (o que é exigido pelo objeto idealizado) para recuperar o objeto: por exemplo, "ser lindo, bom ou útil para que o objeto me proteja".

2) *Nas psicopatias:* O outro não está presente como objeto idealizado, mas sim o ego é o objeto idealizado para evacuar o próprio ego empobrecido no outro. Exemplo: "ser uma fonte bonita, cheia de flores e pássaros para que todos passem, olhem-me e admirem quantas coisas bonitas eu posso ter".

3) *Nas psicoses:* Bloqueios totais ou escolhas positivas de objetos sádicos, destrutivos ou destruídos (ex.: uma planta carnívora ou um iguana).

## *Prognóstico-critérios*

*1)* Em função do diagnóstico através das defesas.
*2)* Dentro de cada quadro: determinar se predominam *a)* defesas esquizóides ou *b)* defesas maníacas.

2*a*) *Defesas esquizóides*

Definimos assim qualquer defesa que tende a manter dissociados e controlados os aspectos idealizados e persecutórios para evitar a desorganização egóica. Deposita um dos aspectos dissociados, seja na mente, no corpo ou no mundo externo, e controla tal aspecto depositado para evitar que o ego o integre e se desorganize (teme-se, fundamentalmente, pelo ego; portanto, são defesas mais regressivas). Enumeraremos as defesas esquizóides correspondentes aos diferentes quadros e a área em que se faz o depósito e o controle posterior.

*Esquizoidia:* Dissociação (mente)
*split* maciço
*Depressão:* Dissociação (como regressão) (mente)
*Neurose obsessiva:* Isolamento (mente)
Anulação
*Fobia:* Evitação (mundo externo)
*Histeria:* Repressão (mente)
Conversão (corpo)
*Psicopatia:* Identificação projetiva (mundo externo)
Indutora ou evacuativa (mente do outro)

*2b) Defesas maníacas em cada quadro*

Tomamos como ponto central da defesa maníaca a intenção do ego de transformar-se no objeto idealizado, depositando no outro os sentimentos que o próprio ego não tolera. O que varia em cada quadro são as características ou os aspectos do objeto que se idealiza. Mantém-se a dissociação de base.

Por exemplo:

Todos os objetos são onipotentes, mas em cada quadro acentua-se um traço idealizável do objeto.

Na *esquizoidia:* Indestrutibilidade. Pensamento mágico do objeto.
*Depressão:* Capacidade onipotente de reparação.
*Neurose obsessiva:* Justiça, honorabilidade, limpeza.
*Fobia:* Valentia, ousadia, coragem do objeto.
*Histeria:* Capacidade de sedução do objeto.
*Psicopatia:* Arbitrariedade e domínio do objeto.

De acordo com isto, as defesas maníacas próprias de cada quadro são:

*Esquizoidia:* Megalomania
*Depressão:* Defesa maníaca
*Neurose obsessiva:* Formação reativa
*Fobia:* Contrafobia
*Histeria:* Sedução
*Psicopatia:* Impostura

3a) Grau de força, rigidez ou fragilidade do ego e grau de caracteropatização da defesa: refere-se à intensidade da defesa, graus de repressão ou isolamento, etc., em função do símbolo e da racionalização desiderativa. (Por ex.: Diferença entre rejeitar ser um dique, uma caixa-forte, que mostra uma possibilidade de entrar vencendo-se a repulsa, um muro ou uma rocha, que conotam uma maior impenetrabilidade.)

Portanto, os critérios são: a) Em função das características do símbolo escolhido. Características polares e absolutas do objeto ou características modificáveis ou reversíveis do mesmo; b) Grau de reafirmação da mesma defesa nas diferentes catexias (a uma maior reafirmação corresponde um maior compromisso caracterológico).

3b) Grau de estereotipia ou variabilidade das defesas: maiores possibilidades prognósticas quando o ego conta com uma gama maior de defesas, correspondentes a diferentes áreas.

*Critério:* Variação ou permanência da mesma defesa nas diferentes catexias (em relação com *3a*).

3c) Grau de força dos símbolos escolhidos (força do ego).
Características reais dos objetos escolhidos:
1) Objetos facilmente destrutíveis: cristal, barata.
2) Objetos onipotentemente indestrutíveis: Deus, Batman.
3) Frágeis e desagregados: areia.
4) Moderadamente fortes mas plásticos: vime.

*4)* Predomínio de processo secundário: capacidade de simbolização, de diferenciação entre fantasia e realidade, etc.
*Critérios:*
1) Coerência entre o símbolo escolhido e as características a ele atribuídas.
2) Grau de onipotência da defesa: metas que o ego se propõe através da fantasia defensiva:
   – próximas à realidade (por ex.: "ser cuidado"),
   – afastadas da realidade (por ex.: "dominar o mundo").
   Através das características do símbolo escolhido, a racionalização desiderativa.
3) Possibilidade de ajuste às instruções e capacidade de fantasiar (dependente da possibilidade de diferenciar morte real de fantasiar ou brincar com a morte).
4) Capacidade de síntese, possibilidade de escolher símbolos e de desenvolver a fantasia desiderativa.
5) Possibilidade do ego de metabolizar a situação microtraumática (instruções) e realizar uma aprendizagem durante a aplicação do teste: na medida em que a situação de morte se repete três vezes nas positivas, se o ego utiliza defesas realmente instrumentais, a ansiedade paranóide deveria diminuir ao longo do teste. Neste sentido, na 3.ª catexia positiva apareceriam defesas egóicas mais organizadas (tentativas de reparação maníaca e de preservação do objeto), diminuição de ansiedade em nível fenomenológico.

Se, progressivamente, as defesas se tornam mais primárias, trata-se de um ego mais frágil que enfrenta a situação traumática negando-a de início e desorganizando-se depois (enquista as situações traumáticas em lugar de metabolizá-las).

## 4. Identificação projetiva e mecanismos esquizóides no teste desiderativo[1]
Alberto Brodesky, Nidia Madanes e Diana Rabinovich

Na identificação projetiva combina-se a dissociação de uma parte do ego e a projeção de tal parte sobre ou, melhor dizendo, em outra pessoa ou objeto-pessoa. É um mecanismo básico e constitutivo do psiquismo.

As instruções do desiderativo são, essencialmente, desencadeadoras de identificações projetivas, impulsionadas tanto pela ação da agressão ou da angústia de morte (relação com um objeto perseguidor) como pela ação da libido (busca do objeto ideal ou de partes do ego ideal). Mas, assim como desperta ansiedade de morte, pode também ser vivida de maneira positiva, na medida em que permite, através das identificações projetivas, a busca de objetos ideais, ou presta-se a recuperar, mágica ou ludicamente, as partes que se sentem como perdidas ou sepultadas nos objetos. (Este último aspecto aplica-se apenas às catexias positivas.) Ou seja, deve-se sempre considerar no desiderativo dois aspectos dados através da identificação projetiva: "LIVRAR-SE DE" e "RECUPERAR", que podem estar a serviço da agressão ou da libido.

..........
1. Este trabalho foi realizado em um seminário de Técnicas Projetivas I, sendo titular da cadeira Jaime Bernstein, em 1966. A sua publicação é uma homenagem a um de seus autores, Alberto Brodesky, recentemente desaparecido.

*Exemplos de livrar-se de:*

Nas catexias negativas: "Vaca, porque seria sacrificado."
Nas catexias positivas: "Planta tropical, porque o clima não as castiga." "Montanha, porque nunca morreria."

*Exemplos de recuperar:*

Nas catexias positivas: "Berço, porque acomodaria muitas crianças." "Cachorro, por sua nobreza."
Esta distinção permitiria avaliar se a primazia corresponde ao objeto bom idealizado ou vice-versa.
Poder-se-ia confeccionar um quadro de dupla entrada:

|  | *Agressão* | *Libido* |
|---|---|---|
| *Evacuação* |  |  |
| *Recuperação* |  |  |

## Diferenciação entre a identificação projetiva neurótica e psicótica

*Psicótica:*

1) Fracasso das defesas obsessivas neuróticas.
   a) Projeção direta do impulso. Ex.: "Planta carnívora, porque poderia destruir tudo que me incomoda" (catexia positiva).
   b) Paralisação da reintrojeção (e às vezes também da reprojeção). Ex.: "Montanha, porque ficaria sozinho lá em cima, enquanto as pessoas em baixo trabalham" (catexia positiva).
   c) Identificação projetiva motivada pela inveja: ser o outro pelo que ele tem ou representa, sem se preocupar com

seu destino ulterior. Isto se manifesta porque o outro não aparece de forma alguma na racionalização, ou, então, aparece, mas é usado como depositário, é desprezado, etc., sem nenhum intento de sedução (veja-se mais adiante a explicação deste termo).

*Neurótica:*

a) Bom controle obsessivo (diferenciação Eu-Outro). O outro aparece como pessoa.
b) Formação reativa. Denominamos assim o resultado da identificação projetiva que funciona assim: o que se deseja não é ser o outro, mas sim deixar de ser o que se é, colocando num rival aquilo que se rejeita em si. Este aspecto projetado é específico daquilo que ele pode acusar de tudo quanto não poderia se acusar sem acarretar condenação e perda do ser amado. Nas amostras "normais" de desiderativos, o que foi dito constitui o seguinte traço:
c) A identificação projetiva motivada por ciúmes. É o que denominamos anteriormente de atitude de sedução: ser bom permite triunfar sobre o mal; para conseguir o amor de um terceiro estabelece-se então um vínculo implícito ou explícito em que a defesa obsessiva adequada permite manter a clivagem entre o que é projetado e identificado no outro (mal) e o que é bom atribuído a outro. Exemplos de identificação projetiva motivada pela inveja:
1) "Céu, porque estaria por cima de tudo."
2) "Planta carnívora..." (já dado).
E, em geral, todas as escolhas em que se procura a identificação com aspectos ou objetos destrutivos ou quando a identificação com o que é bom é autodirigida. Ex.: "Piano, porque me deleitaria com as minhas próprias mãos."
A identificação projetiva motivada pelo ciúme apareceria em todas aquelas assimilações de aspectos bons que, explícita ou implicitamente, estabelecem a diferenciação com a contraparte má. Cremos que isto pode ligar-se com

o que foi dito a respeito do aspecto positivo das instruções, no sentido de permitirem uma realização de desejos: o triunfo sobre o rival mau em nível lúdico.

Outro aspecto a ser considerado dentro do *continuum* neurótico-psicótico da identificação projetiva é a diferença entre a verbalização "se eu fosse" e "eu sou", que evidencia diferentes graus de dissociação. Ver-se-ia o "eu sou" nas positivas por uma rejeição agressiva da contraparte do que foi escolhido, ou quando não há justificação (ex.: "pássaro, porque voa, não é como os outros animais que só ficam enjaulados"). É a realização mágica do desejo mediante a identificação projetiva. Nas negativas, quando se dá a rejeição sem especificação alguma (ex.: "víbora, porque não as suporto"). Como valor prognóstico isto nos indicaria, além do mais, as possibilidades de *insight* e de flexibilidade (capacidade para reintrojetar) do sujeito.

Com relação às caracteropatias, encontramos a seguinte característica: todas as catexias positivas são assimiladoras (tendentes a recuperar partes ideais) do tipo "eu sou", e as negativas são evacuadoras, representando o que era encoberto pelas assimiladoras positivas.

Sob outro ponto de vista, é útil levar em conta dois aspectos da identificação projetiva, quando se analisam desiderativos.

1) Aspecto estrutural (conteúdo).
   *a*) Superego (moral-ideal).
   *b*) Ego (funções).
   *c*) Id (impulsos).
   *d*) Objeto.
2) Objetivo ("para que" ou finalidade), sendo os tipos mais freqüentes:
   *a*) preservadora (do objeto ou do ego);
   *b*) evacuadora (do objeto ou do ego).

A identificação projetiva preservadora do objeto interno pode realizar a preservação através da união com um objeto (defesa maníaca), ou através da libido, evacuando uma parte do ego. Pode tanto ser num contexto depressivo quanto num esquizo-paranóide.

A identificação projetiva preservadora do objeto interno se dá sempre num contexto paranóide.

Cremos que, quando há muita preocupação pela preservação do ego ou do objeto, estamos diante de uma pessoa que oscila entre a depressão neurótica e os traços esquizo-paranóides, sendo tal preocupação o único indício do desiderativo que poderia assinalar possibilidades de ansiedade depressiva.

Com relação à evacuação, é importante levar em conta os aspectos estruturais do que foi evacuado. Quando se evacuam aspectos estruturais diferentes da estrutura preservada, podemos avaliar o que é que o indivíduo mais teme de si mesmo. Quando o que se evacua é estruturalmente igual ao que se preserva, encontramos os mecanismos de dissociação dentro de uma mesma estrutura.

*Bibliografia*

Bell, J., *Técnicas proyectivas*. Buenos Aires, Paidós.
Bernstein, J., "Apéndice". In: H. Murray, *Manual del Test de Apercepción Temática (T.A.T.)*. Buenos Aires, Paidós.
——, "Análisis e interpretación del Cuestionario Desiderativo". Trabalho apresentado no I Congresso Argentino de Psicologia, San Luis, 1965.
Ocampo, M. L. S. de, García Arzeno, M. E., Califano, V., Baringoltz, S. e Leone, L., *Identidad en el desiderativo*. Publicação interna da cadeira de Técnicas Projetivas, UNBA.
Pigem e Córdoba, *La prueba de expresión desiderativa*. Barcelona, 1949.

# Capítulo V
## O teste de relações objetais de Herbert Phillipson

María L. S. de Ocampo e
María E. García Arzeno

O teste de relações objetais (T.R.O.) de Herbert Phillipson data de 1955 e começou a difundir-se em nosso meio dez ou doze anos depois. Incorporamo-lo à nossa bateria de testes pois consideramos que oferece uma série de vantagens em relação ao seu antecessor: o T.A.T. de H. Murray. Além das que provêm do material-estímulo que foi criado pelo autor, oferece a enorme vantagem de uma ampla e detalhada fundamentação teórica baseada na teoria das relações objetais de M. Klein e Fairbairn.

Neste capítulo trataremos de comunicar o que pensamos deste instrumento projetivo, tão rico para os que desejam investigar a personalidade humana à luz da psicologia kleiniana. O que colocamos a seguir é contribuição nossa, produto de um trabalho desenvolvido tanto na prática particular e hospitalar como na atividade docente.

Dentro das técnicas projetivas cabe situar o T.R.O. entre as técnicas de estimulação visual e produção verbal.

Os testes projetivos que mais se aproximam do T.R.O. por seu valor no diagnóstico clínico são o T.A.T. de H. Murray e o Rorschach. Vejamos as características comuns e diferenciais entre eles.

1. O T.A.T. é um teste que sugere, mediante alto grau de dramatização, o que cada prancha explora. (Por exemplo, a pran-

cha 5 mostra uma mulher que segura a porta com intenção de abrir ou de fechar, mas esta ação é induzida diretamente pelo estímulo, assim como também o é a ação de espiar, olhar ou procurar algo.)

O Rorschach apresenta pranchas de absoluta neutralidade temática. Em qualquer prancha podem ser vistas ou não figuras fazendo algo que pode ter ou não um tom persecutório. O que o paciente vê depende do que ele mesmo projeta.

O T.R.O. concilia ambas as tendências. (Por exemplo, a prancha B3 (4) mostra uma figura recortada em preto em primeiro plano à direita que pode ser visualizada como uma pessoa espiando, olhando, conversando como espectador passivo ou que pode também ser vista como uma sombra, uma estátua ou uma cortina.)

2. O T.A.T. põe a ênfase na seqüência temporal do drama: o que vem antes, agora e depois, de uma forma que poderíamos qualificar de balanceada.

O Rorschach não pede uma história nem explora a historicidade do percepto do paciente. Está centrado no aqui e agora da percepção.

O T.R.O. explora a seqüência temporal do drama associado à percepção, mas dá ênfase especial ao presente, sobre o qual pede ao paciente que entre mais em detalhe.

3. O T.A.T. sugere um alto grau de movimento humano. (Por exemplo, na prancha 17 RH é muito improvável que o paciente não veja o homem subindo ou descendo pela corda ou descansando antes de continuar. Qualquer uma destas variações implica movimento humano.)

O Rorschach apresenta manchas que não sugerem explicitamente nenhum movimento humano, mas permitem projetá-lo. Devido à desestruturação das pranchas pode aparecer movimento humano, animal ou movimento de seres inanimados. Daí a enorme importância da aparição de movimento humano (M) no teste, ao qual Rorschach atribui um especial valor diagnóstico e prognóstico.

O T.R.O. também concilia estas duas tendências. Em suas pranchas o movimento humano não é claramente sugerido, mas pode ser projetado. Isto depende do paciente (não da prancha), que pode ver figuras humanas estáticas ou em movimento, animais estáticos ou em movimento (ainda que seja muito menos freqüente do que no Rorschach) ou seres inanimados estáticos ou em movimento.

4. No T.A.T. o conteúdo humano está claramente apresentado, pelo menos nas pranchas da primeira série. Em qualquer uma destas pranchas é impossível não ver figuras humanas. Pode ser que o paciente as distorça, mas a identidade humana não pode ser negada e impõe-se ao paciente pelas características do estímulo. Se a angústia provocada pela prancha é intensa, surgem bloqueios ou franca resistência a fazer o que o psicólogo solicita. Por isso, a visualização de figuras humanas no T.A.T. não constitui um índice de saúde, como ocorre nos outros testes. Ao contrário, ver animais ou objetos onde outros vêem pessoas constitui um índice de séria patologia.

O Rorschach tampouco sugere diretamente figuras humanas. O paciente pode projetá-las e, se o consegue, toma-se isto como indicador diagnóstico e prognóstico significativo, conforme as características que o paciente atribua às figuras que vê, o lugar onde as localize, etc. (Por exemplo na prancha 7, chamada "da mãe", alguns vêem: "duas mulheres dançando", outros "cachorros e coelhinhos", outros "nuvens de tempestade", "pedaços de pedra", etc.)

O T.R.O. apresenta pranchas onde é muito fácil visualizar figuras humanas (a C3 por exemplo), outras onde é provável que sejam visualizadas, mas que permitem variantes (A1) e outras, finalmente, que admitem a possibilidade de ver figuras humanas, animais ou seres inanimados com a mesma facilidade. (Assim ocorre com a AG em que alguns vêem: "algumas pessoas no cemitério", outros, "pingüins na neve", e outros, "é uma tempestade de neve com muito vento".) Isto é, este teste permite diferentes graus de humanização e desumanização da projeção, da mesma maneira que o Rorschach.

5. O T.A.T. utiliza, na maioria das pranchas, um estímulo francamente estruturado, facilitando assim a descrição e a intelectualização como defesa. Algumas (a 16, por exemplo) determinam que o psicólogo seja vivido como um agressor, o que expõe o paciente a uma situação altamente persecutória, dadas as características da prancha mostrada.

O Rorschach utiliza um estímulo não estruturado mas facilmente estruturável pela maioria dos sujeitos. Foi isto que levou o autor a selecionar essas dez manchas entre milhares e a optar por fazê-las simétricas. Permite, portanto, que o paciente ponha em jogo outras defesas, e se aparecem as mencionadas no caso do T.A.T., sua significatividade será muito maior.

No T.R.O., o estímulo apresenta um grau de estruturação intermediário. São pranchas menos estruturadas que as do T.A.T. e mais do que as do Rorschach. O teste consta de três séries de diferentes graus de estruturação, o que permite apreciar a reação do sujeito ante estas mudanças, dentro do mesmo teste. A variável particularmente importante neste sentido é a de Conteúdo de Realidade, que varia fundamentalmente de uma série para outra.

6. Entre os testes comparados, o T.A.T. é o de menor saturação projetiva. Dá lugar ao uso freqüente de histórias-clichê. Histórias totalmente inusitadas supõem, portanto, uma grande distorção que leva a presumir um alto grau de patologia.

O Rorschach é o teste que possui o maior grau de saturação projetiva. Os bloqueios que costumam aparecer provêm do impacto das qualidades formais das manchas (forma, claro-escuro, cor, simetria, etc.). A ação do estímulo é desencadeadora de qualquer conteúdo.

O T.R.O. possui um alto grau de saturação projetiva. Os bloqueios são raros, dado que o paciente pode modificar o estímulo com maior liberdade que no T.A.T., sem tomar consciência do grau de enfermidade que uma distorção séria supõe. Podem aparecer bloqueios ou outros tipos de reações similares aos choques do Rorschach, pelas características formais das pranchas.

7. O T.A.T. é, predominantemente, um teste de conteúdo. Interessa mais o drama do que a própria percepção.

O Rorschach é um teste de forma. O que determina a projeção do paciente é o interjogo de fatores formais. Não se fala aqui de texto e contexto. O caráter banal das respostas é determinado com base na maioria estatística.

O T.R.O. é um teste de conteúdo e de forma. Na interpretação do material, Phillipson incluiu diferentes critérios, dando importância a ambas as variáveis.

8. O T.A.T. é um teste dramático. O Rorschach é um teste dinâmico. O T.R.O. é dramático e dinâmico.

9. O T.A.T. recolhe a projeção através da fantasia acionada pelas instruções, que pedem ao sujeito que diga o que aconteceu antes, o que está acontecendo e o que acontecerá depois.

O Rorschach recolhe a projeção através da percepção, e por isso solicita ao paciente que diga o que vê. Podem surgir associações livres com dramatizações reais ou fantasiadas, mas trata-se de fenômenos especiais.

O T.R.O. recolhe a projeção através de ambos os comportamentos. É tão significativo o que o paciente vê como o tipo de história que elabora ao dar historicidade à percepção e conectar os diferentes elementos percebidos.

10. No T.A.T. a influência cultural é importante porque em todo o teste o conteúdo de realidade está altamente estruturado (inclusive nas roupas dos personagens). A única exceção é a primeira prancha da segunda série. É evidente que se trata de um teste do ano de 1930.

O Rorschach não acusa um grau tão alto de influência do cultural, mas há algumas respostas que chegaram a ser populares e que estiveram determinadas pelo cultural, como, por exemplo, o "cogumelo atômico" que se costuma ver na prancha 9.

No T.R.O. a incidência cultural é escassa, exceto em duas pranchas: a C3 e a C12. (Na C3 é comum que se veja uma sala de jantar em que se toma o clássico *five o'clock tea*. Na C12, na Inglaterra, é comum ver-se uma casa de campo. Em nosso meio, a imagem do que é uma casa de campo é diferente, pois aparece mais freqüentemente a resposta "o apartamento de um boêmio, o ateliê de um pintor, um apartamento conjugado, uma casa humilde"... Podemos também incluir a CG: às vezes o paciente elabora uma história sobre o encouraçado Potemkin que é, na realidade, a temática na qual o autor se baseou para esta prancha.)

As figuras humanas apresentadas nas pranchas do T.R.O., diferentemente das do T.A.T., não têm rosto, nem sexo, nem idade, nem movimentos, nem vinculações, nem expressões, nem tempo, e estão num cenário com pouco conteúdo de realidade. Isto implica a possibilidade de projetar o que se refere à relação transferencial. Emergem conflitos com diferentes figuras parentais e fraternas, com o grupo de semelhantes, com situações atuais, passadas e futuras, através de diferentes tipos de fantasias: arcaicas (na série A), mais evoluídas (na série B) e com mais afetos (na série C), equivalentes à textura (c), claro-escuro (K) e cor (C) do Rorschach.

Os estímulos utilizados pelo T.R.O. apresentam as seguintes vantagens sobre os do T.A.T.:

1. Utiliza estímulos ambíguos: os personagens humanos, os objetos e o clima emocional. O fundo não aparece como estímulo primordial. No T.A.T. o fundo é usado como estímulo e é apresentado com bastante detalhes e estruturação. (Por exemplo nas pranchas 3, 8 e 15 há objetos que servem diretamente como estímulos.)

2. A manipulação do espaço é diferente: em algumas pranchas do T.R.O. deve-se preenchê-lo.

3. Não introduz respostas de movimento humano nem de outro tipo; se estes aparecem é porque o paciente necessita colocá-los (em especial, movimento humano e inanimado).

4. Não há traços culturais.

5. O conteúdo agressivo é menor e, portanto, dá lugar a uma maior labilidade transferencial.

6. Introduz a utilização da textura, da cor em duas modalidades (intrusiva e difusa) e das gradações do preto (branco, cinza e preto).

*O teste de relações objetais de Herbert Phillipson*

O T.R.O. amplia o Rorschach, já que dispõe de figuras humanas (não indiscriminadamente, mas sim de modo controlado) para explorar as reações do paciente diante de pranchas de um só personagem, de dois, de três e de grupo. Dá oportunidade para avaliar muitos dos critérios do Rorschach no material perceptivo que oferece e permite, além disso, a exploração dos conteúdos do drama que o paciente elaborou.

Em relação ao primeiro poderíamos fazer as seguintes comparações:

| *Rorschach* | *T.R.O.* |
| --- | --- |
| *Critérios de localização* | |
| G (globais) | Corresponderia a uma percepção completa de todas as figuras humanas presentes na prancha e do conteúdo de realidade em seus diferentes graus. |
| | Corresponderia a respostas em que o paciente percebe parte destas figuras humanas e/ou do conteúdo de realidade, coincidentes com o que a maioria destaca dentro do conjunto de cada prancha. |
| D (respostas de grande detalhe ou detalhe comum) | Se o paciente vai "recortando" porções da prancha, incluindo-as depois em uma situação total, teríamos uma conduta equivalente à W aditiva do Rorschach. |
| Dd (pequeno detalhe ou detalhe raro) | O T.R.O. não é adequado para recolher respostas de pequenos detalhes, mas podem aparecer nas séries B e C especialmente. Quando o paciente sente o impacto do estímulo e utiliza os Dd da prancha, é para colocar em marcha uma conduta descritiva que lhe serve como defesa diante do claro-escuro ou à cor. As pranchas C3 e C1 são as que mostram isso com mais freqüência. Em geral é patológico. |

| Rorschach | T.R.O. |
|---|---|
| S (respostas de espaço em branco) | O T.R.O. não é adequado para apreciar a reação do paciente diante dos espaços em branco e nem para dar-lhes um significado determinado. Não obstante, em algumas pranchas, como na BG, em que o contraste de branco e preto é manifesto, registram-se algumas respostas S, como por exemplo: "Esta é a plataforma de uma estação de trem" (franja branca oblíqua). Na BG e na B3 recolhem-se, às vezes, críticas ao sombreado por suas aparentes incoerências, conduta comparável à que no Rorschach chamamos "crítica de objetos". |
| *Determinantes* | |
| C e combinações (respostas de cor pura e combinada com elementos formais) | Correlaciona-se com ver e interpretar as cores do T.R.O. |
| K e combinações (respostas de claro-escuro puro e combinado com elementos formais) | Correlaciona-se com ver e interpretar o claro-escuro. |
| M e m (movimento humano e inanimado) | Podem aparecer no T.R.O., mas o paciente deve impô-las do mesmo modo que no Rorschach e, diferentemente do T.A.T., M é mais comum, e m pode aparecer com menor freqüência, já que o movimento animal (FM) é quase incomum. Na prancha AG podem aparecer respostas como: "pingüins caminhando". |
| F, F+ e F– | Assim como no Rorschach, e diferentemente do T.A.T., o paciente deve impô-las. Em suas descrições (espontâneas ou solicitadas) do que vê, pode ser apreciado seu nível de precisão formal, *grosso modo*. |
| *Conteúdo* | |
| H e Hd (respostas de conteúdo humano e de detalhe humano) | Correlaciona-se com o que no T.R.O. chamamos de "Mundo humano". |

*O teste de relações objetais de Herbert Phillipson*

| Rorschach | T.R.O. |
|---|---|
| A e Ad (respostas de conteúdo animal e de detalhe animal) | É absolutamente incomum aparecerem e, em geral, supõem uma conduta perceptiva patológica. |
| Objetos | Relaciona-se com o "Conteúdo de realidade" do T.R.O. |
| Paisagens | Idem. |
| Fogo, sangue, etc. | Correlaciona-se com o "Contexto de realidade" do T.R.O. Na prancha C2 inglesa é freqüente a inclusão de "sangue" por causa do vermelho, estímulo que na versão argentina é marrom, e por isso recolhem-se mais alusões à fumaça, sujeira, etc. |

Assim como o Rorschach, o T.R.O. tem uma seqüência estabelecida por seu autor para a apresentação das pranchas. A ordem é arbitrária, mas as alterações da seqüência, além de complicarem a tarefa de interpretação do material, porque a produção assim obtida não pode ser comparada com os "clichês", criam interferências na relação transferencial com o paciente que, inconscientemente, percebe a ansiedade, a contrariedade, o temor, etc., que o psicólogo transmite de maneira verbal ou pré-verbal. Uma vez estabelecidos os padrões interindividuais, ou seja, uma vez padronizado o teste, a seqüência deve ser respeitada, para que a comparação da produção do paciente com as do resto da população seja válida. Isto ocorre também com o C.A.T., mas não com o T.A.T., cujo autor aceita a seleção de pranchas e a escolha da seqüência, de acordo com o critério do psicólogo em cada caso.

Outro elemento comum entre o Rorschach e o T.R.O. é a forma de registro do material e os passos na aplicação do teste. Phillipson também considera importante registrar toda a produção verbal e pré-verbal do paciente, seus tempos de reação em cada prancha, etc. Depois da primeira mostra das pranchas, realiza, como no Rorschach, um interrogatório para completar, especificar ou elucidar o que o paciente deixou incompleto, ambíguo, confuso ou contraditório. Por último, Phillipson também inclui um exame de limites, para casos em que o paciente não levou em conta algumas das variáveis dos critérios de interpretação, ou o tenha feito, mas de uma forma inusitada (por exemplo: não ver seres humanos em algumas pranchas, não incluir a cor para nada, bloqueio, diante de determinadas pranchas, que não cede no interrogatório, ausência de inclusão do passado, presente e futuro, ausência de conflito ou de soluções do conflito, etc.).

Em termos gerais, podemos dizer que um Rorschach é insubstituível quando se deseja um diagnóstico preciso da estrutura subjacente do caso, com possibilidades de estabelecer um diagnóstico diferencial e de traduzir estes conceitos em fórmulas e números. Um Phillipson é imprescindível para explorar a dinâmica do mundo interno do paciente, a natureza de seus relacionamentos objetais inconscientes, a possibilidade de modificação de vínculos patológicos, os diferentes tipos e níveis de organização de vínculos e sistemas defensivos diante de diversas situações (três séries com um, dois, três e vários personagens)

Phillipson incluiu, assim como Murray, uma prancha em branco, mas esta inclusão tem características diferentes no T.R.O. Ocupa o último lugar na seqüência e, por esta razão, explora as fantasias de doença e cura, os recursos com que o paciente conta para fantasiá-las e as possibilidades de realizar o que fantasia. Deste modo, permite, junto com as outras, recolher mais material sobre a relação transferencial. Por esse motivo, Murray incluiu-a e decidiu colocá-la no meio da segunda série. Phillipson, em compensação, colocou-a no final, para explorar como o paciente se despede do teste e do psicólogo.

O T.A.T. e o T.R.O. têm instruções semelhantes, embora Phillipson enfatize o presente, enquanto Murray dá o mesmo valor aos três componentes da seqüência temporal. Phillipson pede para o paciente o seguinte: "Em primeiro lugar deverá dizer como imagina que esta situação surgiu (isto pode ser feito em uma ou duas frases). Depois imagine o que está acontecendo na situação e conte-me com mais detalhes. Por último, imagine o que acontecerá depois ou como termina (isto também pode ser feito com uma ou duas frases)." Por seu lado, Murray solicita: "Vou mostrar-lhe uma série de figuras. Você tem que me fazer um relato sobre cada uma delas. Tem que me dizer qual é a situação que a prancha mostra, que acontecimentos a provocaram e qual será o resultado da mesma, descrevendo os sentimentos e pensamentos dos personagens. Gostaria que inventasse um argumento, não uma história literária muito trabalhada. Quero escrever o que você expressar, se possível ao pé da letra. Por isso peço que não se apresse."

## Fundamentação teórica do teste

Esta é uma breve síntese do que expõe o autor do T.R.O. A hipótese básica é a seguinte: a pessoa percebe dinamicamente o mundo que a rodeia. Esta percepção é coerente com sua forma de se conduzir em qualquer situação humana que enfrente. Portanto, em qualquer tipo de interação com seu meio (diante de uma prancha de T.A.T., Rorschach ou T.R.O.) refletirá também os processos dinâmicos através dos quais expressa e regula as forças conscientes e inconscientes que operam em sua interação com a situação.

H. Phillipson utilizou, para fundamentar seu teste, a teoria kleiniana e fairbaniana das relações objetais. A pessoa se conduz com outra de acordo com uma longa aprendizagem, produto das relações com seus objetos mais arcaicos (os pais), de quem depende para a satisfação de suas necessidades primárias. Existe um alto grau de isomorfismo entre a forma como se realizam as relações objetais em termos de pessoas e a forma como se expressa a interação com diferentes elementos de seu mundo (perceber, aprender, trabalhar, etc.). O modo de se relacionar com pessoas e coisas e a maneira de perceber respondem a uma tentativa de conciliar dois sistemas de objetos muito amplos e, em diferentes graus, superpostos:

1) Formas inconscientes reprimidas de se relacionar que foram fantasiadas como maneiras gratificantes ou de ataque quando o indivíduo era frustrado além de seu grau de tolerância possível nos primeiros anos. Estas relações inconscientes e conflituais permanecem continuamente ativas e procurando resolver-se em comportamentos irracionais ou infantis, incompatíveis com as relações sociais.

2) A experiência de relações mais conscientes acumuladas depois de um longo período, durante o qual as repetidas provas de sua consistência e validade têm como resultado uma consolidação dos padrões de interação e dos valores ligados a eles.

As tentativas de conciliar ambos os sistemas determinam o comportamento típico. Quando as formas inconscientes de se relacionar se satisfazem no presente, deteriora-se a qualidade da relação: perderá flexibilidade, haverá menos intercâmbio (o dar e receber), confundir-se-á o outro com partes do próprio *self*, emergirá a percepção errônea, incompleta, periférica, enfatizar-se-á o ódio e, ao mesmo tempo, o medo das conseqüências. O produto é algo mais ilógico, mal balanceado, que requer muito esforço para manter o equilíbrio.

Os fatores que determinam a medida na qual as forças inconscientes atuam são:

*a*) *No indivíduo:* Pressão e força com que suas relações de objeto inconscientes dominantes buscam gratificação, em equilíbrio com a extensão e flexibilidade das formas concretamente fundamentadas da interação com as pessoas, equilíbrio do qual o indivíduo disporá em uma determinada situação.

*b*) *No marco ambiental:* 1) A medida em que a situação total, incluindo sua história, coincide, de modo dinâmico, com a situação de relação de objeto de uma fantasia inconsciente, em algum ou em ambos os aspectos frustrantes ou evocativos.

O encaminhamento do paciente ao psicólogo reativa a situação edipiana; 2) coincidência de situações-estímulo com situações de relação de objeto inconsciente; situações objetais da prancha com a relação transferencial; 3) presença ou ausência de objetos do meio físico (conteúdo de realidade) que podem entrar em contradição ou não com seus aspectos inconscientes, e 4) o clima emocional provocado pelo T.R.O., surgido do uso da cor, do claro-escuro e do cinza esfumaçado, que determinam diferentes sentimentos: afeto, ódio, proteção, tensão, etc.

Por isso, o T.R.O. utiliza:

*a*) Situações de relações objetais de 1, 2, 3 e vários personagens (grupo), como matrizes nas quais se realizaram as aprendizagens de relações interpessoais e que são o núcleo de relações objetais no presente.

*b*) Quantidade variável de conteúdo de realidade através de distintos objetos do mundo físico.

*c*) Quantidade variável de clima emocional que evocam diferentes tipos e níveis de sentimento. Isto permite explorar também o clima emocional na relação transferencial.

**Descrição do material**

O teste consta de treze pranchas: três séries de quatro pranchas cada uma e uma prancha em branco. Em cada série há uma prancha com um personagem, com dois, três e finalmente com um grupo de pessoas de quantidade nem sempre determinada claramente (seis na BG e na AG e um grupo impreciso na CG). Dadas suas diferentes tonalidades (predomínio do cinza esfumaçado na série A, do contraste de claro-escuro na B e da cor na C), cada série distingue-se das demais pelos diversos graus de estruturação do ambiente físico e pelo clima emocional que desperta. Estas pranchas operam como estímulos que tendem a evocar relações interpessoais altamente conflitivas, mas não as sugerem como ocorre no T.A.T.

*Série A:* O mundo humano é vago, apenas delineado, o sombreado é claro e o ambiente que mostra carece de detalhes.

Poderíamos comparar esta série com a prancha 7 do Rorschach. Explora as primeiras relações de objetos de dependência e sua relação com o contato físico e sensitivo. As pranchas sugerem pouco e deixam a imaginação do paciente muito mais liberada.

*Série B:* Apresenta o contraste de branco e preto e os matizes de cinza. Os traços são definidos. Em sua grande maioria, os elementos desta série estão perfeitamente delineados, os objetos mostram uma estrutura definida no que se refere ao conteúdo de realidade; isto faz com que o paciente tenha pouca liberdade para interpretar a prancha. O sombreado é muito semelhante ao preto-cinza das pranchas mais escuras do Rorschach, mas sem sua profundidade nem difusão. Esta série enfatiza o clima de ameaça e indiferença.

*Série C:* O mundo humano apresentado nesta série é mais realista, o ambiente mais rico de detalhes e a apresentação menos definida do que na série B, porém, mais do que na A. A cor é utilizada com duas modalidades: intrusão (o globo vermelho da C3) ou esfumaçado para reduzir o desafio emocional que a sua inclusão implica. Em geral, as cores desta série sugerem: calor (vermelho), indiferença (esverdeado), temor ou irritação (vermelho), doença (azul), dano ou animação (em nosso meio a prancha C2 apresenta uma tonalidade marrom em lugar do vermelho esfumaçado original, podendo surgir, então, associações com sentimentos diante da sujeira). O branco das pranchas CG (que é mais marcado nas pranchas inglesas do que nas nossas) aumenta a tensão e os sentimentos agressivos que a prancha provoca entre o indivíduo e o grupo.

## Análise e descrição de cada prancha

*Prancha A1 (1)*

Propõe uma situação nova. O paciente mostra-nos como reage ao enfrentá-la. As perturbações inferidas da produção diante desta primeira prancha devem ser relacionadas justamente com tudo o que mobiliza a situação de teste (se é o primeiro da bateria) ou, pelo menos, com o temor ante o desconhecido (a primeira prancha). Em 90% dos casos visualiza-se aqui uma figura masculina. Com menor freqüência, uma segunda figura, que pode ser vista como feminina, utilizando-se, para localizá-la, os traços cinza-escuros da zona inferior da prancha. Esta prancha (e em maior medida a branca, sem excluir as demais) dá-nos elementos para investigar como o paciente vive a situação de exame psicológico e qual o tipo de relação transferencial predominante que estabeleceu com o psicólogo.

Sua temática responde a este começo: "Se estou diante de algo novo que me deixa ansioso eu..."

*Prancha A2 (2)*

Não se trata mais de uma situação nova porque é a segunda prancha e pertence à mesma série A, mantendo-se o cinza esfumaçado um pouco mais pronunciado do que na prancha A1. A novidade desta prancha está na apresentação de dois personagens, isto é, do par. Geralmente vê-se a figura da esquerda como feminina e a da direita como masculina. Esta prancha estimula a projeção da imagem interna de um par (amoroso, fraternal, filial, amistoso, etc., sendo mais freqüente a primeira), unido em um determinado vínculo (namorados, conversando, discutindo, amando-se, brigando, andando, etc.). O leve sombreado que aparece acima no centro estimula a projeção de um ambiente no qual está colocado o par e pode servir também para a elaboração de situações futuras (o par aparece fazendo projetos). O paciente pode tomar maior ou menor distância diante da problemática que a prancha estimula. Às vezes ele se inclui, dizendo que um dos dois personagens é ele, o que supõe uma perda de distância em relação ao estímulo. Outras vezes ele se exclui do par visualizado e relata-nos a história de um par ante o qual se sente como espectador. Se a distância é excessiva, pode levar a uma história simples, nada significativa, pobre. Se a distância é mais saudável, o paciente poderá elaborar uma história rica, sem confundir-se com um dos personagens nem afastar-se demasiadamente deles, e assim a projeção funcionará mais livremente. Diremos, então, que se identifica com ambos os personagens, projetando diferentes aspectos de si mesmo.

A medida em que o paciente se inclui na história pode ser claramente inferida de suas verbalizações. Assim, pode dizer-nos: "este sou eu com minha noiva", ou "um casal de namorados que está passeando", ou "aqui vejo um casal; vejo-os caminhando e me parece que a mulher quer se aproximar carinhosamente do homem". Neste último exemplo o paciente se inclui como um espectador que relata o que o par faz. Outra maneira de se incluir seria no nível perceptual; nesse caso, o paciente vê um par e acrescenta um terceiro personagem, que, geralmente, é uma criança colocada entre as duas figuras, embaixo. Vejamos um exemplo: "É um casal, parece haver uma criança no meio, pode ser o filho." De uma forma ou de outra aparecem projetados certos aspectos infantis do paciente que o impedem de ver o par unido.

É importante considerar também o uso do conteúdo de realidade que o paciente faz nesta prancha, o continente que procura para este par: estão fora ou dentro, em um ambiente com características realistas ou fantasmáticas, etc., o que nos permite inferir como o paciente se estrutura e se inclui no espaço.

## Prancha C3 (3)

Introduz vários elementos novos. Em primeiro lugar, a cor: aparece o vermelho intrusivo (globo vermelho) e difuso; em segundo lugar aparecem três figuras claramente diferenciadas; por último, o conteúdo de realidade é, pela primeira vez, mais povoado e mais preciso e assinala uma situação de dentro (interior de uma biblioteca ou sala de jantar).

Esta prancha mobiliza os sentimentos relacionados com o conflito edipiano. Se a comparamos com as outras pranchas de três personagens (B3 e A3) podemos ver que o marco é mais acolhedor devido ao conteúdo de realidade e ao calor que o vermelho difuso sugere. Por outro lado, mobiliza afetivamente o paciente muito mais do que as outras, pela presença da cor em geral, e pelo globo vermelho em particular, que opera como um verdadeiro desafio. É muito interessante comparar a história anterior com esta, sobretudo quando o paciente incluiu o terceiro personagem na prancha de dois. O vermelho desta prancha, comparado com o da prancha 2 do Rorschach, é menos violento, por ocupar uma área menor e aparecer dentro de um contexto mais amplo; contudo, isto não impede que sejam utilizados critérios de interpretação próximos. Os indivíduos emocionalmente perturbados não incluirão a cor, mas talvez sua forma de visualizar e o conteúdo da história, unidos às suas reações verbais, informar-nos-ão sobre a maneira como tratou esse aspecto do estímulo: pode-se registrar um tempo de reação prolongado ou produzir-se uma longa pausa mais adiante. Pode ser que o sujeito comece a verbalizar sua surpresa ("não imaginava isto, o que pode ser?") ou seu franco desagrado ("se não fosse por esse vermelho aqui eu diria que..."; "o que não entendo é para que este vermelho aqui...").

Esta última conduta é semelhante ao que, no Rorschach, é denominado "crítica de objeto". Alguns pacientes reparam mais no conteúdo de realidade do que no contexto de realidade e exclamam: "Esta é mais fácil!" porque podem apelar para defesas como a descrição, com que evitam encarar o contexto de realidade ou fazem-no só depois de terem levado um tempo para incorporá-lo e incluí-lo na história. Um indivíduo que inclui, sem entraves, a cor, e o faz com êxito, que visualiza de forma correta os três personagens, que inclui bem o conteúdo de realidade e pode cumprir os demais requisitos explicitados nas instruções, é uma pessoa que possui uma boa adaptação de seus afetos e impulsos ao mundo externo e interno, que tem um grau adequado de controle racional sobre os mesmos e que possui uma boa capacidade para elaborar a situação triangular.

Pode aparecer a oralidade como vínculo entre os personagens ("estão comendo, tomando chá ou café"...). O matiz afetivo do vínculo pode ser apreciado através de outros esclarecimentos que o paciente faz ("discutem, são amigos, um está doente, o doutor visita, conversam sobre negócios, os pais estão dando bronca no filho", etc.).

*Prancha B3 (4)*

Esta é a primeira prancha da série B que mostramos ao paciente. O ambiente torna-se menos acolhedor: o branco, o cinza e o preto mostram-se com contornos nitidamente demarcados. Em relação à prancha anterior, o conteúdo de realidade diminui notavelmente em quantidade e muda quanto à qualidade: torna-se menos detalhado e mais austero. O que se mantém é a situação triangular, ainda que com uma variante: agora aparece um par claramente unido e uma terceira pessoa afastada do par. Este personagem pode funcionar dentro da história como terceiro excluído ou incluído e excludente de algum dos membros do par. Quando a ansiedade é muito elevada, alguns pacientes tendem a negar o terceiro personagem, homologando esta prancha com outra já conhecida (A2), e a elaborar a história de um par. O que deveria ser um terceiro personagem se transforma então em uma cortina, uma estátua, uma sombra, etc. Esta distorção perceptual obedece à necessidade de controlar a intensa ansiedade persecutória que mobilizaria a inclusão, no nível perceptual, do terceiro personagem com características humanas (não meras estátuas e sombras). Em outros casos, a intolerância à situação de terceiro excluído faz com que o paciente veja três personagens na figura central, onde, habitualmente, se vêem dois. Interpreta então uma pequena curva no centro não como o ombro da mulher do par, mas sim como a cabeça de um filho (bebê de colo ou filho já maior) colocado entre a mãe e o pai. Deste modo, referindo-se ou não ao personagem do primeiro plano como alguém que também está presente (alguém que observa a cena, por exemplo), o paciente projetou certos aspectos infantis no personagem incluído entre o par, recorrendo a uma adição perceptual. O personagem situado no primeiro plano pode ser visualizado como o filho mais velho que observa a cena. A inclusão antes mencionada permite-nos pensar que esse paciente ainda utiliza algumas condutas para sentir-se "entre" papai e mamãe reclamando atenção como quando era bebê. O bebê diminuiria a culpa que poderia surgir no paciente ao atribuir a um filho mais velho a possibilidade de interceptar as relações entre pai e mãe.

O impacto desta primeira prancha da série B na seqüência do teste pode ser comparado com o impacto produzido pela prancha 5 do Rorschach por sua saturação de preto. Em geral, a resposta do paciente indica-nos sua capacidade para enfrentar aspectos sombrios, angustiantes ou decepcionantes da vida. O tipo de vínculo que é projetado com freqüência nesta prancha é o de olhar e ser olhado. Inclui também a contraparte agressiva de espiar e ser espiado, invadido ou controlado através do olhar. A inveja pode aparecer no olhar daquele que se torna o terceiro excluído. Em alguns casos, o paciente se identifica, predominantemente, com um dos membros do par e projeta na terceira figura aspectos superegóicos. Por exemplo, o casal de noivos que se despede enquanto a mãe da moça espia, exercendo funções censoras.

*Prancha AG (5)*

É a terceira prancha da série A que mostramos ao paciente. Estimula angústia mais atenuada e de tipo predominantemente depressivo. Explora a capacidade do paciente de tolerar o dano infligido aos objetos queridos, aceitar a ansiedade depressiva e elaborar perdas. Indica-nos, além disso, como sente essas perdas e permite expressar a possibilidade de rearmar-se diante dos lutos reais ou fantasiados, incluindo os microlutos da vida cotidiana. Se o paciente não pode sentir depressivamente a situação que a prancha coloca, costuma surgir como defesa a ansiedade confusional ou a idealização extrema, que, se não funciona, dá lugar à perseguição extrema. As histórias não se referem, então, a situações de perda ou enterros e sim, por exemplo, a espíritos reunidos no céu ou figuras demoníacas e ameaçantes. Convém analisar estas defesas dentro de uma constelação na qual intervêm a culpa depressiva e a culpa persecutória. Podem aparecer bloqueios quando há impossibilidade de elaborar esta situação de perda: em tal caso, comparamos esta produção com a que se obtém na prancha A3 (8), entre as quais esperamos achar uma relação de complementaridade.

*Prancha B1 (6)*

O efeito de claro-escuro desta prancha é comparável ao da prancha 4 do T.R.O. e da 4 e a da 5 do Rorschach. Esta única figura também é geralmente visualizada como masculina. Alguns pacientes incluem uma segunda figura que "está na cama e não se vê". É muito importante relacionar as duas pranchas em que o paciente defrontou-se com a situação de solidão e ver a história que elaborou antes e a que elabora agora. Neste caso não se trata mais da primeira prancha e, portanto, a ansiedade e as defesas que podem surgir são atribuíveis a componentes mais estáveis da personalidade. A inclusão de um segundo personagem indica, agora mais claramente, a impossibilidade de estar a sós consigo mesmo, pelas conotações persecutórias de seu mundo interno, e busca um acompanhante de quem seja dependente, que possa manipular, alimentar, submeter, etc. Em geral, a produção diante desta prancha é um índice de como está vivendo o teste e do seu grau de plasticidade.

Alguns pacientes elaboram uma história em torno de um personagem que encontra o quarto desarrumado e arruma-o antes de sair. Isto poderia ser índice de uma situação de desordem interna diante da qual o paciente recorre a defesas obsessivas, relativas à ordem. Também pode acontecer o inverso, isto é, história nas quais tudo está arrumado no começo, mas acaba desarrumado. Isto é importante como dado prognóstico e como indicador sobre a relação transferencial. Esta prancha evidencia os conflitos que existem com relação à própria identidade. O quarto é interpretado como sendo, por exemplo, pertencente a uma casa de família (da própria família ou de parentes do personagem central), a uma pensão, hotel, hospital, etc. O personagem teve acesso a ele porque é seu, alugou-o, emprestaram-no ou vai visitar outro que é o dono da casa, etc. Isto é, o vínculo que o paciente estabelece entre o personagem e o quarto é um índice que permite avaliar o modo como sente sua própria identidade. O personagem pode ser visualizado subindo ou descendo a escada. Isto, unido às características que o entrevistado atribua ao interior do quarto, fala-nos de como ele fantasia seu próprio interior, em que medida se aproxima (sobe) para conhecer-se melhor e permite ao psicólogo o acesso, ou se afasta (desce) do mesmo e impede que o psicólogo possa penetrar. Esta atitude de aproximar-se ou afastar-se do interior do quarto representante do mundo interno pode ser comparada com a maneira como o paciente distribui o que é perigoso: o perigo está dentro e o personagem entra; está fora e o personagem sai; está dentro e o personagem sai ou está fora e o personagem entra. Tudo isto nos permite elaborar um diagnóstico e um prognóstico sobre as possibilidades com que o paciente conta para ter um *insight* de seus conflitos, qual o grau de perigo que atribui a estes, que defesas põe em funcionamento ante a possibilidade de ter um *insight* e em que medida permitirá ao futuro terapeuta um livre acesso a seu mundo interior. A história que o paciente oferece nessa oportunidade serve também para explorar suas possibilidades de readaptação, por exemplo, quando está para receber alta depois de uma internação. Se o paciente elabora uma história em que o personagem sai e conduz adequadamente aquilo que se propõe a fazer (sair para fazer compras, trabalhar, estudar, ir para casa, etc.), podemos supor que está em condições de enfrentar a separação da instituição que até então cumpriu as funções de um continente protetor, planejar a maneira como vai empregar seu tempo, ganhar a vida ou, inclusive, reintegrar-se às suas tarefas habituais. Esta prancha possibilita, além disso, a manifestação de aspectos exibicionistas e voyeuristas. Por exemplo: "Uma mulher distraída que dormiu com a porta aberta e um homem que passa, como se fosse entrar para dizer-lhe que feche a porta ou talvez para atacá-la" (resposta de um adolescente a uma psicóloga).

Em geral, coloca uma situação mais próxima do ego do paciente devido ao aspecto cotidiano do conteúdo de realidade e porque coloca uma situação em um interior. Por isso é útil, especialmente em casos em que devem ser diagnosticadas as possibilidades de readaptação de um paciente a condições de vida "normal".

Na prancha, a cama pode ser visualizada em desordem ou arrumada e com algo em cima (uma toalha, uma roupa da pessoa que está ali, etc.). De acordo com a forma de sua inclusão pode servir para projetar fantasias eróticas, de doença ou de sentimentos de abatimento e depressão ("o homem esteve deitado na cama"...). Serve também para projetar algumas das defesas diante dessas fantasias e suas ansiedades concomitantes, tais como as obsessivas (descrever a cama minuciosamente, enfatizando o fato de que está "feita" e evitando toda alusão à desordem).

Quando a repressão das fantasias e dos desejos sexuais é muito severa, o paciente pode evitar cuidadosamente qualquer referência à cama. O quadrado situado sobre a cômoda é interpretado, às vezes, como um espelho, e outras, como um quadro, dando lugar à projeção, no primeiro caso, de aspectos narcisistas do paciente.

*Prancha CG (7)*

Esta prancha, assim como a 5, coloca uma situação grupal, mas com uma temática diferente: grupo *versus* indivíduo com traços de autoridade. Na prancha 5 há seis figuras e, apesar de poderem ser agrupadas de acordo com seu tamanho e localização, de acordo com as necessidades do paciente, a prancha em si não estimula a mobilização do vínculo que a prancha 7 promove. A distribuição das figuras no espaço e a presença de cores e listras horizontais, como se fossem degraus, faz com que a prancha CG (7) seja muito útil para explorar a reação do paciente com a autoridade externa e interna (esta produção pode ser correlacionada com a da prancha 4 do Rorschach). Este aspecto do vínculo é visto através da possibilidade de discriminar aspectos estruturais internos (id, ego e superego) em luta, negada explícita ou implicitamente, com possibilidades de conciliação ou não, de acordo com as características psicológicas do paciente. Por exemplo, uma história em que a figura de cima é "um senhor que desce as escadas para ouvir o que querem dizer os que estão embaixo, que são seus empregados...", fala-nos da projeção de aspectos superegóicos pouco severos, permissivos, permeáveis às demandas do id. Neste outro caso: "Os de baixo querem subir mas não se atrevem. Querem reclamar de algo para o que está em cima, mas não se animam...", indica-nos a presença de uma forte barreira repressora, pouco permeável.

Em certa medida, o paciente, no momento de elaborar a história, está exercendo as funções egóicas de equilíbrio entre esses dois aspectos estruturais em luta (id e superego), e a maneira como resolve o conflito colocado na história mostra-nos quem triunfa, finalmente, nessa luta interna. Em pacientes psicóticos a dose de agressão mobilizada por esta prancha costuma ser muito intensa e difícil de controlar com mecanismos defensivos adequados. Em nível perceptual isto se manifesta mediante severas distorções e histórias nas quais aparecem personagens tremendamente cruéis ("Estão para executar alguém, condenaram-no à forca, o povo vocifera..."). Em outros casos, recorrem à desumanização para controlar a agressão ("É uma parede, há plantas embaixo. Por cima da parede aparece parte

de uma planta que está do outro lado e cresceu até aqui...").
Esta mesma paciente, uma mulher de 25 anos, respondeu na prancha 1 do Rorschach: "Uma parede (o branco) com reboque faltando em algumas partes (o cinza); a parede está rachada, está caindo."

Do ponto de vista adaptativo, esta prancha estimula a projeção de sentimentos agressivos competitivos que, em certa medida e dentro de um contexto sadio, determinam a capacidade de "determinação", o nível de aspirações e o desejo de progresso do paciente. Por isso, a história elaborada pelo paciente é muito útil para diagnosticar suas possibilidades de manifestar suas capacidades potenciais (funcionais, educacionais, familiares, etc.). O mais comum é visualizar "um grupo que pede alguma coisa para um senhor que está em cima". Se o personagem acede a essas demandas, pode ser interpretado como um índice a favor da possibilidade de se verificarem mudanças. O sentido da mudança estará determinado pelo tipo da reivindicação que os de baixo fazem ao de cima e o que esta concessão implica. A resposta do personagem de cima pode indicar um enfraquecimento do superego, um aumento de sua severidade (deslocada pelo ego para ser sentida como uma demanda do id), ou uma autêntica manifestação de permeabilidade e entendimento de ambas as partes. Quando as histórias terminam com uma negativa categórica às demandas expressas pelos de baixo, podemos pensar que existe uma resistência muito acentuada à mudança e um desejo de manter o *status quo* atual, cujo significado real dependerá da natureza do pedido e do alcance da negativa do outro personagem.

Há casos em que se visualiza "uma piscina de natação, vêem-se as raias e gente na margem gritando; o nadador está disputando uma competição..." ou "as raias de uma quadra de esportes onde se disputa um campeonato, as pessoas gritam entusiasmadas...". Os pacientes psicóticos mostram sérias distorções e incluem elementos bizarros tanto nesta prancha como na AG (de acordo com as amostras realizadas); por isso, estas pranchas são chaves para fazer um diagnóstico. Os pacientes mais adaptados, por seu lado, utilizam esta prancha para expressar mecanismos de reivindicação no ego diante do superego.

*Prancha A3 (8)*

Apresentamos novamente ao paciente uma prancha da série A, isto é, em cinza-claro e esfumaçado. Pela primeira vez lhe apresentamos a situação triangular à luz de suas ansiedades mais primitivas ou arcaicas. Em relação a isso, Phillipson diz: "A meia distância, à direita, duas silhuetas que quase se tocam; a da esquerda é ligeiramente mais alta ou está um pouco mais adiantada que a outra. Estas figuras estão rodeadas por um leve sombreado que vai escurecendo apenas até o nível dos pés. À esquerda da prancha está a terceira figura, levemente destacada do sombreado. Da direita para a esquerda, em diagonal, o sombreado faz um efeito que, freqüentemente, é interpretado como um caminho ou um regato que separa o par da terceira figura."[1] Quando, mais adiante, Phillipson apresenta dados normativos, diz-nos que, dentro de uma amostra de 50 pessoas, todas vêem três personagens (isto é, a omissão de um ou mais personagens é altamente significativa) e, com relação à identidade sexual dos mesmos, a maioria se inclina para a interpretação de "três homens".

Em nossa amostra, o tema que aparece com maior freqüência é o da separação em relação aos pais. Nesta prancha não há realidade suficiente para fornecer um bom suporte para a cena. O personagem que aparece separado dos outros dois é freqüentemente interpretado como repreendido, desprezado, ignorado, criticado, abandonado, etc. pelos outros, sentidos como casal paterno e como autoridade. Esta prancha serve também para que o paciente consiga resolver, de uma forma ou de outra, o conflito com a autoridade que não se resolveu na

---

1. Phillipson, H., *Test de relaciones objetales*. Buenos Aires, Paidós, 1965, pp. 33 e 92.

prancha 7 (CG). Permite-nos, também, avaliar como o paciente manipula a culpa (culpa por se separar dos pais, por atacá-los na fantasia, etc.). Quando a alusão à perda dos pais (direta ou deslocada para outras pessoas) não aparece na prancha 5, costuma aparecer aqui.

*Prancha B2 (9)*

Nesta prancha há ausência total do branco. Mostra um par em um ambiente exterior, que é geralmente interpretado como sendo uma praça. Pode mobilizar histórias de desproteção do par diante das circunstâncias externas de perigo, privações, etc., ou de exclusão de todo conforto, proteção, resguardo, amparo, etc. Às vezes, isto é compensado com fantasias gratificantes (histórias de casais que ainda não se casaram e sonham em ter a casa própria e fazem planos para o futuro). Neste sentido, a casa funciona como um terceiro que rejeita, protege, ameaça, inclui ou exclui. Se é vivida como um interior perigoso, sinistro ou em ruínas, o par pode aparecer fugindo e buscando proteção fora. Em casos de pacientes *borderline* aparecem referências a uma casa que pode cair a qualquer momento. É interessante ver se o paciente situa a cena durante a noite e a casa aparece iluminada, às escuras ou se, pelo contrário, de dia. Em alguns casos o claro-escuro intenso determina o uso de mecanismos defensivos maníacos que operam no nível perceptual ou da fantasia. Um exemplo do primeiro: "Árvores muito verdes, há flores na praça, é uma tarde bonita e, no céu, vêem-se as cores do entardecer." Um exemplo do segundo: "Na casa há uma festa..." ou "Na praça tem muita gente e muita agitação, é um dia de festa e todo mundo saiu..." A inclusão de cores supõe um alto grau de patologia.

*Prancha BG (10)*

Aparecem novamente o branco, o cinza e o preto com uma proporção de branco mais destacada que nas demais. Isto faz com que alguns pacientes interpretem mais detidamente as porções brancas, sobretudo a franja oblíqua que, às vezes, é vista como a plataforma de uma estação. As arcadas induzem histórias em torno do tema de uma visita a ruínas, museus, etc. Outros optam por referir-se aos elementos do cenário de uma peça de teatro representada ou a ser representada. Em geral, estas são as interpretações mais freqüentes do conteúdo de realidade desta prancha.

Do ponto de vista da quantidade de personagens aparece outra vez a referência ao grupo, bastante semelhante ao da prancha CG (7). Um dos indivíduos aparece claramente diferenciado em relação ao resto, mas sem a conotação de autoridade que a localização espacial induz na CG: nesta prancha, a figura separada está no mesmo nível que as restantes. Geralmente, as figuras são visualizadas como masculinas (adultos e crianças). A prancha encara a situação de solidão diante do grupo, a exclusão do grupo de amigos. Explora sentimentos de aceitação, rejeição ou indiferença que o paciente projeta no grupo. O personagem excluído pode ser interpretado como isolado por castigo, por desejo próprio, por diferenças de *status*, por rejeição do grupo em relação a ele ou dele em relação ao grupo, por não pertencer ao mesmo e não existir nenhuma ligação entre eles, etc. As histórias giram em torno dos seguintes temas: "Um professor que leva seus alunos para visitar ruínas, o professor é o que está de costas, adianta-se para explicar-lhes..." ou ... "o professor é o mais alto do centro (dos cinco) e este que está separado é um aluno que se comportou mal e foi castigado pelo professor" ... ou "é um aluno que se adiantou para ver alguma coisa melhor" ... "é alguém que está passando casualmente" ... "é gente que está esperando um trem, não tem nada em comum" ... "são rapazes que estavam jogando, este perdeu (o que está só) e estão dizendo que prenda vão lhe dar".

As histórias recolhidas na AG, BG, e CG são um bom índice para examinar as possibilidades de inclusão do paciente em uma terapia de grupo. Da mesma forma, são importantes quando o paciente tem de ingressar em outros tipos de grupos escolares, profissionais, de trabalho, etc.

*Prancha C2 (11)*

Trata-se de uma prancha de dois personagens que permite a omissão de um deles (o que está na cama). A cama e a cor amarela em seus barrotes (que às vezes são vistos como velas) induzem a pensar em situações de morte, doença, velhice. Pode aparecer também o tema de uma união sexual. O quadrado que aparece em cima da cômoda tem uma coloração avermelhada na edição inglesa, o que facilita temas de incêndio, brigas ou cenas de sangue. Na edição argentina a coloração é marrom, e por isso obtêm-se referências a "fumaça que pode vir da cozinha", sujeira e desarrumação (conteúdos ligados à analidade). Geralmente, a figura que está em primeiro plano é vista em atitude de entrar no quarto ou olhar para ele. É freqüentemente visualizada como homem, outras vezes como uma velha. A outra figura é vista na cama, de duas maneiras: as pregas seriam a cabeça e o cabelo ou os pés. Quando as ansiedades em torno da perda do objeto são excessivas, aparecem fenômenos confusionais. O conteúdo da história indicará se o luto se refere predominantemente ao passado do paciente (luto pelos objetos primários) ou a situações presentes e futuras, no sentido de projetos existenciais aos quais renuncia. Podem ser apreciados, desta forma, os sentimentos de culpa, as possibilidades egóicas de reparação pelo dano causado aos objetos amados, a deficiência ou incompletude da elaboração deste processo, com surgimento de defesas maníacas.

*Prancha C1 (12)*

A cor aparece sob as duas formas indicadas na prancha C3: a cor intrusiva aparece no vermelho das listras daquilo que, habitualmente, é interpretado como pano de prato. A cor difusa é dada em tonalidades avermelhadas e marrons. O conteúdo de realidade costuma ser interpretado como o interior de uma casa humilde, o ateliê de um boêmio ou o apartamento, de uma só peça, de uma pessoa ou de uma família modesta. Só esporadicamente encontramos a interpretação de uma casa de campo que, na amostra de Phillipson, é muito freqüente. A presença de elementos de conteúdo de realidade muito diversos faz com que esta prancha se preste para projetar ansiedades, aspectos, tendências, fantasias, etc., de diversos tipos. Em primeiro plano, a mesa, a cadeira, e o que há sobre a mesa permitem externalizar o que tem relação com a oralidade. A máquina de costura, a torneira e a pia que normalmente são visualizadas à direita da prancha, assim como o que sugere a tampa de vaso sanitário à esquerda e o tom marrom desta área, permitem incluir ou enfatizar conteúdos anais. É raro que se interprete algum elemento do conteúdo de realidade em função de conteúdos genitais, mas, se as ansiedades ligadas a estes conteúdos ocupam o primeiro plano, elas serão sobre-impostas pelo paciente, que interpretará como cama alguma das formas retangulares que a prancha apresenta. A cor vermelha pode mobilizar conotações agressivas ou de calor. Em relação ao conteúdo humano, a prancha apresenta uma figura esboçada atrás da janela. Presta-se a ser interpretada como alguém da casa, um conhecido que chega ou que sai, um estranho que ronda, um ladrão que quer roubar, etc.

A relação do personagem com o ambiente (casa, quarto) e o papel que desempenha na história mostram com clareza o que o paciente supõe que aconteceu entre ele e o psicólogo ao longo da aplicação do teste: se o psicólogo é alguém sentido como um aliado colaborador, alguém indiferente com quem está por acaso, um intruso que se mete onde não deve, se mete dentro dele para fazer-lhe algo cujo efeito pode aparecer fantasiado como benéfico ou prejudicial. Em esquizóides, com sua habitual valorização do mundo interno, são freqüentes as fantasias de roubo ou de ficar vazio. Permite, além disso, observar como se despede do psicólogo e do teste: a figura pode aparecer afastando-se porque não encontrou ninguém (no caso pensaremos que não se sentiu acompanhado e compreendido pelo psicólogo), como o dono da casa que sai porque a solidão de sua casa o angustia (como angustia o paciente ficar a sós consigo mesmo e com o psicólogo que procura penetrar em seu mundo interno), como um amigo do dono da casa que vem visitá-lo (uma expressão do desejo de estabelecer um bom vínculo com o psicólogo e de receber ajuda), etc.

## Prancha em branco (13)

Esta prancha é precedida de uma breve instrução introdutória a fim de informar ao paciente sobre a nova situação: a carência total de estimulação visual. Se não há esclarecimento algum, observam-se reações de surpresa, desconcerto, medo de que o psicólogo tenha se enganado de material, agressão, etc. Se, apesar do esclarecimento do psicólogo, o paciente se bloqueia e não pode dar nenhuma resposta, podemos pensar que a estimulação visual foi utilizada até agora como um ponto de referência indispensável para mobilizar a projeção e que, na sua ausência, o paciente se sente desprotegido e angustiado ante a perda de limites. Em termos gerais os bloqueios são raros. Esta prancha serve para recolher uma história que funcione como controle das anteriores, como exploração da relação transferencial estabelecida com o psicólogo e com o teste. Em certos casos é a história-chave para a formulação do prognóstico, pois o paciente elabora algo assim como um projeto existencial.

## *Um método para a análise das histórias*[2]

Parece-nos importante descrever o método para a análise das histórias tal como o próprio autor o publicou em seu artigo antes citado. A partir de nosso contato com a publicação de

............
2. Extraído de *Una breve introducción a la técnica de las relaciones objetales* de H. Phillipson, traduzido por Ricardo Sheffick para nossa cadeira de Técnicas Projetivas da UNBA, Buenos Aires, 1968.

Phillipson, trabalhamos com estes critérios de interpretação porque nos parecem adequados, já que se dá importância ao perceptual e fixam-se critérios dinâmicos e compatíveis com os objetivos do teste para o estudo da história. O método está em íntima relação com a fundamentação do teste, na medida em que dá atenção a três características essenciais na produção das histórias:
*A.* A percepção da situação da prancha.
*B.* As pessoas incluídas nas histórias e suas relações.
*C.* A história como estrutura e como realização (trabalho).

## *A.* A percepção da situação da prancha

Uma distinção entre percepção cognitiva e apercepção de uma situação é, dinamicamente, uma falsa dicotomia. Contudo, uma tentativa de separar os dois processos mostrar-nos-á que a dinâmica que determina a escolha de detalhes ou de outras propriedades do estímulo e sua organização no processo perceptual relacionam-se com o significado que o sujeito dá à situação de relações objetais (R-O).

Percepção cognitiva:
I) O que vê.
II) Quais são as principais omissões (por exemplo: figuras humanas, detalhes principais, uso dos determinantes do clima emocional).
III) O que está pouco ou muito enfatizado.
IV) Quais são as percepções e elaborações pouco comuns (utilizando os dados normativos e o próprio julgamento, baseado na experiência, como modelo para avaliar a coincidência da percepção com os detalhes reais do estímulo).

Apercepção:
Interessam-nos nesse caso os significados que o sujeito dá aos elementos do estímulo que ele selecionou para construir sua figura.

I) Em que medida é usual ou não (este julgamento é feito com base na informação normativa e na própria experiência, para saber se o significado dado está dentro do espectro de interpretações habituais e, se não está, quando se afasta).

II) No caso em que a resposta é pouco usual, que direção adota (por exemplo: representa uma negação do significado comumente atribuído; como no caso em que a prancha AG seja percebida como a cena de um alegre piquenique; representa alguma gratificação particular, compensação oral para equilibrar sentimentos de perda; é parte do processo de negação, etc.).

III) Que possibilidade de reorganização e flexibilidade o sujeito pode conseguir ao elaborar um significado para sua história.

IV) O que se acrescenta ao que há na prancha.

### B. As pessoas incluídas nas histórias e sua relações

A seleção e a avaliação de dados neste capítulo estarão baseadas, em grande parte, nos princípios de análise de conteúdo desenvolvidos na tradição do T.A.T. por Murray, Wyatt, Henry e Bellak. Interessam-nos principalmente as formas como o sujeito vê a si mesmo em suas relações com outros, em cada uma das situações de R-O apresentadas. Diferentes facetas de sua experiência de relações objetais serão atribuídas aos distintos personagens na história; assim será possível observar suas principais identificações.

As descrições e conceitos correspondentes aos subtítulos seguintes derivarão estreitamente da análise das percepções de acordo com o que será detalhado:

I) Que tipo de pessoas são vistas, omitidas, acrescentadas.

II) Em que medida podem ser nitidamente diferenciadas como pessoas (grau de humanização).

III) Em que medida está descrita a interação dos personagens; de que forma interagem (o que procuram fazer, evitar, fazer um ao outro, em relação com as chaves dadas pela prancha).

IV) Qual é o tema de R-O inconsciente na interação; a que nível do desenvolvimento da personalidade.

V) Quais são as principais ansiedades relacionadas com estas relações fantasiadas.

VI) Que ansiedades são expressas, negadas, evitadas ou manejadas.

VII) Quais são os principais meios de defesa utilizados para reconciliar as R-O inconscientes com a realidade social mais consciente.

## C. A história como estrutura e como realização

Interessa-nos aqui a produção da história como trabalho. As motivações para cumprir as instruções dependem não só das relações sujeito-psicólogo, mas também das oportunidades criativas ou defensivas inerentes à situação de R-O da prancha que o sujeito enfrenta.

I) Preenche os requisitos que estabelecem três partes (onde está a omissão, se aparece)?

II) Dá atenção equilibrada às partes, de acordo com as instruções?

III) A história tem um conflito (pois cada prancha representa uma situação conflitual de R-O implícita)?

IV) A construção da história é lógica? Se não, de que forma e quão ilógica é a seqüência; quais são os pontos de encaixe exatos (para a possível interação), onde há um corte ou uma seqüência ilógica?

V) Há, na história, uma tentativa de resolver o problema ou o conflito?

VI) Há uma tentativa de resolver o problema ou o conflito na ação da história? O sentimento é apropriado à história escolhida pelo sujeito?

VII) Qual a solução conseguida: é positiva ou negativa? Está baseada na realidade ou é uma solução totalmente fantasiada?

Este método de análise inclui grande parte da disciplina essencial para a técnica. Pensamos que as idiossincrasias perceptuais e a organização aperceptiva mostrarão um alto grau de coerência com as relações objetais descritas na história e que a organização e a estrutura da história levarão, por seu lado, a marca do tipo e da qualidade das relações obtidas.

É possível, então, para obter uma coerência interna, analisar os dados do teste de acordo com os três títulos vistos acima. Se a análise sugere, por exemplo, que se conseguiu uma história muito boa apesar de uma percepção inadequada e pouco exata da situação, ou, pelo contrário, com personagens pouco diferenciados e com falta de interação, um reexame da fase III da análise geralmente revelará imperfeições que passaram despercebidas na história como trabalho. Por outro lado, o fato de se conseguir uma história tão convincente informa sobre as capacidades do sujeito para dissimular incertezas em suas relações interpessoais.

O tipo de construção do teste faz com que seja conveniente registrar por escrito a análise dos dados, numa tabela de quatro por três, que represente as situações de uma, duas, três pessoas e grupais nas três séries A, B, C. Este método de tabulação possibilita o rápido reconhecimento das principais características da percepção, relações interpessoais e estrutura da história em relação às situações de R-O, na medida em que variam em termos de realidade, conteúdo e clima emocional.

Uma análise da seqüência é um passo essencial para conseguir uma visão total da personalidade, e é especialmente útil para oferecer informações sobre as defesas do sujeito e sua eficiência.

## *Indicadores de boa adaptação em cada série, nas três séries e em cada prancha*

A inclusão destes critérios responde à nossa necessidade de realçar, em um psicodiagnóstico, tanto o psicopatológico como o adaptativo. Embora, no nosso meio, a ênfase tenha recaído sobre o primeiro aspecto, consideramos fundamental o conhecimento dos recursos adaptativos do ego, para qualquer avaliação que inclua diferentes estratégias terapêuticas.

## Indicadores em cada série

*Série A:* Quando, nesta série, aparecem predominantemente ansiedades de tipo depressivo, podemos pensar em um índice positivo de adaptação. A possibilidade de elaborar lutos não deve estar referida apenas à série A, mas também a uma boa interação com a série C.

A possibilidade de se deprimir coincide com uma diminuição da onipotência das defesas (os mecanismos de controle e reparação onipotente são substituídos pelos de controle obsessivo e reparação autêntica, realçando-se aspectos mais integrados do ego).

A prancha AG mobiliza basicamente ansiedades depressivas (projetam-se situações que têm ligação com a morte, por exemplo, cenas de cemitério). Nela podem ser apreciados dois tipos de culpa: persecutória e depressiva, seguindo os critérios de L. Grinberg. Não é fácil encontrar uma qualidade depressiva *in toto*; pode haver certa qualidade depressiva, pode aparecer culpa persecutória dissociada e projetada em um dos personagens. De qualquer forma, deve ser diferenciado de um ego comprometido em uma negação onipotente que funciona em nível de percepção e de fantasia (como no caso das cenas luminosas, de festa, piqueniques, em que as defesas maníacas impedem uma aproximação mais real ao estímulo).

*Série B:* Mobiliza os controles egóicos mais maduros e, em sujeitos muito perturbados, é possível que nos dê índices de aspectos que ainda mantêm uma certa adaptação. É particularmente importante para o prognóstico considerar esta série. Se a produção diante da série A e da série C mostra indicadores de psicose e na série B, apesar daquilo que é restritivo ou empobrecido, é mantido um bom contato com a realidade, podemos supor dentro do prognóstico ou quando inferimos dados sobre a conduta manifesta que o paciente ainda tem possibilidades de uma adaptação mediana (realizar tarefas domésticas ou trabalhos que não mobilizem uma quantidade intolerável de ansiedade).

Se, por exemplo, o paciente pode fazer na prancha B1, em que se defronta consigo mesmo, uma descrição adaptada à realidade, embora à custa do empobrecimento da produção, e não vê as características do estímulo como muito ameaçadoras, podemos esperar um mínimo de adaptação que deverá manter-se, contanto que não seja superexigido pelos estímulos ambientais.

O claro-escuro desta série mobiliza sentimentos de solidão e indiferença expressos num certo nível de maturidade, certa independência do objeto, diferentemente da série A, na qual prevalece a relação de dependência do objeto. Se este vínculo mais maduro não é possível, mantêm-se, na série B, as características de dependência da série A.

Em relação às defesas correspondentes a ansiedades persecutórias ou depressivas, elas adotariam, na série B, um caráter neurótico, enquanto na A evidenciariam o grau de dissociação e os aspectos psicóticos da personalidade.

*Série C:* Na série C a cor aparece de forma intrusiva e difusa. Estas duas modalidades do estímulo permitem-nos perceber a qualidade do vínculo emocional que o paciente estabelece com seus objetos. É importante destacar que a cor intensa aparece pela primeira vez na relação triangular (C3). Ao mesmo tempo, nesta série, temos elementos do estímulo que possibilitam o surgimento de mecanismos de controle através de um conteúdo de realidade rico e diferenciado. Esta variável é muito importante porque permite diferenciar os tipos de controle cognitivo fundamentais do ponto de vista diagnóstico e prognóstico, que vão desde o controle adaptativo até o controle onipotente. O adaptativo é inferido de uma boa integração dos elementos da realidade com as emoções mobilizadas pela cor, sobretudo a intrusiva. Negá-lo, como no caso de descrições sem vínculo ou que acentuam os mínimos detalhes, supõe um controle de tipo onipotente que empobrece o ego e o impede de sentir.

## Indicadores comuns às três séries

Vejamos, em primeiro lugar, o que se refere à variável "percepção". Consideramos aqui os acréscimos, omissões e distorções. O propósito dos acréscimos é incluir novos vínculos que reduzam a dependência em relação a um único objeto, possibilitando distribuir a ansiedade intensa que ele mobiliza. Esta distribuição pode ser uma defesa muito útil para o ego no que se refere à sua adaptação, uma vez que permite projetar em diferentes objetos os vínculos e ansiedades que estavam originalmente dirigidos a um único objeto. Os acréscimos implicariam, desse ponto de vista, a busca de novos objetos. O importante é analisar a qualidade desses novos objetos: se são objetos bons que reforçam e protegem o ego, se a qualidade persecutória é tão grande que acrescenta novos objetos persecutórios, falhando a tentativa que pode ter sido de adaptação. A qualidade e a quantidade dos acréscimos podem constituir-se em elementos prognósticos da conduta manifesta do paciente, quanto ao modo de se relacionar com outras pessoas.

As distorções, de acordo com o grau e a qualidade, supõem uma maior inadaptação do ego em sua relação com a realidade. É importante avaliar se a distorção é efetuada de acordo com os traços essenciais do objeto, ainda que alguns aspectos sejam anulados e outros enfatizados, ou se não se respeita, absolutamente, a natureza do objeto, transformando-o em algo radicalmente diferente. Seria um exemplo do primeiro caso perceber como "estátua" ou como "espírito" o que deveria ser percebido como uma pessoa. Um exemplo do segundo caso seria perceber plantas, pedras, animais ou objetos em vez de pessoas, descartando por completo a possibilidade de serem humanizados. As distorções supõem graus de patologia diferentes, segundo a série: as distorções da série A não são tão significativas como as da série C, e, inclusive, dentro da própria série, as distorções numa prancha como a C3, com um conteúdo de realidade rico e diversificado, revestem-se de maior importância.

A negação pode funcionar como recurso adaptativo (protetor contra estímulos cuja inclusão pode desencadear graves perturbações) ou como mecanismo encobridor de uma distorção que só poderia ser explicitada no interrogatório. Do ponto de vista aperceptivo, os ajustes ao clichê indicam uma maior adaptação, que inclui, em todo caso, a patologia da sociedade da qual os clichês foram extraídos. Ajustar-se ao clichê supõe ajustar-se a uma norma, mas pode implicar também o uso de um certo pensamento ou forma de se vincular com o mundo, rígida e estereotipada. O ajuste à norma pode ser flexível e permitir o reconhecimento da individualidade, ou pode ser rígido e converter-se em um modelo da maneira como pensa e sente a maioria (adaptação muito rígida à patologia social).

Quanto à variável "pessoas na história", veremos cada um de seus itens. A respeito das "pessoas vistas, omitidas ou acrescentadas", cabe interpretar o material aplicando as mesmas considerações teóricas relativas à "percepção". Com relação ao "grau de humanização", uma boa adaptação incluirá o fato de que todos os estímulos humanos sejam vistos como pessoas. As desumanizações que incluem "silhuetas", "fantoches", "estátuas", "fotografias", etc., mostram uma necessidade de evitar identificações projetivas e conteúdos muito persecutórios. O fato de ver pessoas não significa por si mesmo uma boa identificação com o outro. Um bom grau de humanização implica:

1) Riqueza na descrição dos personagens.
2) Vínculos explicitados entre os personagens.
3) Vínculos que permitam a projeção dos aspectos bissexuais da personalidade. Por exemplo, fazer uma identificação de maior peso da parte masculina ativa, mas, ao mesmo tempo,

vincular-se com os aspectos maternos, criadores e ricos de sua própria parte feminina.

4) Inclusão das identificações com diferentes aspectos de sua própria evolução vital, isto é, infantis, adolescentes, adultos, assim como a capacidade de projetar-se no futuro com tudo o que a morte implica como interrupção muito frustrante ou como transcendência (ligada ao sentimento de realização). Isto é particularmente importante no tratamento de pacientes que atravessam sérias crises evolutivas (menopausa, doenças somáticas graves) e em tratamentos geriátricos. Sobre esse aspecto, são as pranchas AG e C2 que oferecem melhor informação.

Quanto ao tipo de vínculo, podemos discriminar os vínculos pessoais e os estabelecidos com os elementos não humanos da prancha. Aqui apareceriam as relações de amor e ódio com os pais, irmãos, parceiro, amigos, etc. Podem manifestar-se também em outras realizações vitais (por exemplo, o amor ao trabalho, à profissão, à arte, à natureza), como vínculos amorosos ou destrutivos que são estabelecidos com o mundo e que têm muito a ver com a qualidade das relações objetais internas. A adaptação a um vínculo estaria centrada numa boa discriminação. No pólo oposto está a confusão, o tipo de vínculo simbiótico ou narcisista no qual os objetos são exclusivamente partes do sujeito e não podem ser bem diferenciados. Outra característica adaptativa dos vínculos é que sejam estabelecidos, predominantemente, com objetos totais; isto implica ambivalência e, portanto, emergência do conflito mobilizado pela prancha, que deve ser captado e, de alguma maneira, resolvido. Se a solução se dá num nível depressivo e genital, estaríamos diante de um nível de adaptação ótimo. É importante que a vivência do conflito implique luta por parte do ego, que deve ser tomada como um indicador positivo para um futuro trabalho terapêutico. O contrário significa o submetimento passivo do ego a elementos ameaçadores sentidos como próprios ou projetados, que paralisam e evitam lutar, utilizando a capacidade do ego de perceber alarmas e de se defender. Numa boa adaptação, as ansiedades são predominantemente depressivas e não persecutórias ou confusionais (ainda que as ansiedades confusionais sejam as que, muitas vezes, detectam a capacidade de luta e a tentativa de sair de uma situação muito persecutória). Vejamos agora o que esperamos encontrar como índice de uma boa adaptação no que se refere às defesas. Em termos gerais, as defesas neuróticas devem prevalecer especialmente nas séries C e B. Damos importância especial à repressão, que funciona estabelecendo uma boa clivagem entre o consciente e o inconsciente. Sua manipulação inadequada supõe uma excessiva fraqueza ou labilidade que levaria à invasão dos conteúdos do processo primário. O controle do sadismo é outro mecanismo defensivo que se torna adaptativo quando incluído dentro da constelação depressiva, a serviço da proteção do objeto. O controle onipotente estaria dentro da defesa maníaca (controlar o objeto, por exemplo, através da identificação projetiva). Um grau discreto de idealização, no sentido de ponderar as bondades do objeto doador, é um indicador de boa adaptação; a idealização extrema, por outro lado, mostraria uma relação na qual o objeto idealizado paralisa o ego, mantendo-o num vínculo muito dependente. Esta idealização costuma fracassar pelo incremento de inveja que aciona, e o fracasso traz acoplada a emergência da perseguição subjacente.

Com relação ao nível de evolução em que se dão as relações objetais, o T.R.O. é provido de estimulações importantes em todos os níveis. Um índice de boa adaptação seria a emergência – sob o estímulo da prancha – de fantasias coerentes com o nível de evolução psicossexual. Ao mesmo tempo, é importante que as diferentes fantasias convirjam para um nível de integração genital, por exemplo, pranchas de par e de conflito edipiano.

Passando agora à variável "a história como trabalho", esperamos que se ajuste às instruções, que seja coerente, lógica, que inclua os três tempos com acentuação do presente e que procure resolver o conflito específico que cada prancha coloca. É importante que não haja descentralização do conflito. Isto poderia ocorrer, por exemplo, quando a prancha coloca uma situação grupal e o paciente elabora o conflito em nível de par.

**Indicadores em cada prancha**

A1. É a primeira prancha e coloca o paciente diante da sua solidão numa situação regressiva de dependência. Podemos nos perguntar se é possível, através desta prancha, extrair elementos úteis considerando-se uma possível relação terapêutica, uma vez que coloca o paciente ante sua solidão, com situações regressivas, ameaçadoras, etc. A situação de dependência criada pelo estímulo permite-nos explorar a relação transferencial através das alusões que possam aparecer na inclusão de um segundo personagem. Aparecem também fantasias de doença e cura. É a primeira prancha que o faz enfrentar a solidão, sua saúde, sua doença, seus aspectos adaptativos e patológicos, e através dela podem ser explicitados certos recursos de cura, de eventual adaptação ou de submetimento à situação com saídas mais ou menos extremas. Há histórias em que se vê claramente que a única saída nesse momento é o suicídio ou o *acting* psicopático. À medida que progride a aplicação do teste e que elabora intensas ansiedades persecutórias, já não incluirá defesas desse tipo. Aparecerão na prancha em branco, por exemplo, fantasias sobre seu futuro, com um melhor grau de adaptação que na prancha A1. Isto seria, até certo ponto, a situação experimental de como um paciente se "arranja" na sua viagem à interioridade, olhando para dentro e, ao mesmo tempo, em contínua relação com o que está fora, o que ocorre durante toda essa viagem: se vislumbra a possibilidade de seguir adiante ou de voltar e ficar detido, se se enriquece e se fortalece durante o processo ou se, pelo contrário, suas defesas vão diminuindo e parece muito mais fraco do que quando começou.

A2. As histórias de par que a prancha estimula podem ser analisadas de diferentes ângulos, já que nem sempre o par da história aparece como relação com um objeto externo. Este seria um nível de análise; o outro é interpretar o par como projeção da própria relação interna bissexual, ou um par mais primitivo em relação com o vínculo atual (por exemplo, um par materno-filial com fantasias orais). Este tipo de vínculo pode ser comparado com outros pares que aparecem no teste em situações de maior realidade, como por exemplo na B2. O índice de adaptação de um conflito manifesto está relacionado com a modalidade em que este se apresenta, uma vez que a explicitação não é, necessariamente, um bom índice de adaptação. De acordo com a modalidade em que apareça, a explicitação pode ser uma negação maníaca daquilo que é subjacente e que é, evidentemente, a verdadeira patologia. Por exemplo, o acréscimo de um terceiro personagem por intolerância ante a situação de par, uma criança no meio, uma gravidez, um projeto de gravidez, podem ser fantasias de reparação maníaca do par, que encobrem um vínculo deteriorado, arruinado, estéril, frustrante, etc. Esta prancha costuma provocar uma sensação de alívio para aqueles que estão muito assustados pela situação de solidão ou de doença e pelas fantasias que a A1 mobilizou e que foram incluídas. O fato de ter um objeto acompanhante dado pelo estímulo (e não produto de uma adição pessoal) tranqüiliza. Nesta prancha de par pode aparecer um vínculo de tipo fóbico no qual o par serve para negar, mascarar ou evitar o que apareceu na primeira prancha.

A3. Esta prancha promove vínculos que enfatizam a separação, a despedida ou a chegada, mobilizando fantasias sádicas, carregadas de morte, que não se expressavam tão claramente em outras pranchas de situações triangulares: o componente amoroso está menos acentuado. A solução do conflito edipiano tem uma maior carga sádica pelas fantasias de morte que são mobilizadas especificamente por esta série A e não pela presença explícita de cenas de conteúdo sádico. Evoca situações irreversíveis e irreparáveis de separação: o filho que se afasta muito arrependido, mas que não volta mais, que faz os pais adoecerem, que os deixa chorando para sempre. Na B3, por exemplo, a situação está centrada em alguém que espia um par em atitude amorosa; as fantasias situam-se mais no terceiro excluído, ante um par que se mantém unido. Na A3, em compensação, pode aparecer o dano feito ao par, cobrindo um espectro que vai desde uma constelação de tipo esquizo-paranóide a outra predominantemente depressiva. Consideramos como bom indício o paciente mostrar maior carga de sadismo nesta prancha do que nas situações triangulares das outras séries.

AG. Mobiliza, predominantemente, ansiedades depresssivas que podem levar a elaborações melancólicas ou maníacas, como antípodas. É importante que apareçam a culpa e os afetos relacionados com a própria depressão (a tristeza e o penar pelo objeto perdido). A contraposição dos dois grupos permite que possamos ver, no mesmo ego, os aspectos destruídos e os reparadores. Há uma parte do ego que sofre pelo objeto perdido (elaboração típica do cemitério). Outra maneira de enfrentar a prancha seria ver um piquenique, gente tomando sol, uma festa, etc. (típica elaboração maníaca). Também costumam ser mobilizadas defesas maníacas vinculadas a uma estrutura mais esquizóide, tal como ver um parque com estátuas, exemplo que implica desumanização e coisificação com "congelamento" dos afetos. Outro tipo de elaboração maníaca é aquela em que predomina a idealização onipotente através de personagens imortais (deuses, anjos) ou que já superaram a morte física e renascem para outra vida, agora eterna (espíritos, almas, santos, etc.).

Outra constelação é aquela em que predominam o sadismo e a ansiedade e culpa persecutórias: cenas de julgamentos, inquisição, Ku Klux Klan, condenações a morte cruéis, suplícios, etc. Nestas elaborações o ego sucumbe diante de um superego muito cruel, e caberia caracterizá-las como paranóides e melancólicas.

O mais adaptativo seria a possibilidade de perceber o conflito ante o luto e utilizar defesas depressivas com diminuição do sadismo. Mesmo quando, na história, houver elaboração parcial, é importante que pelo menos uma parte do ego esteja comprometida através da inclusão de um personagem, por exemplo, que se ocupe do pranto e da perda, apesar de outros permanecerem indiferentes.

Às vezes, o paciente capta o clima depressivo sem poder elaborá-lo em nível de drama humano. Ele é deslocado para uma paisagem gelada, onde não há dor, porque seus habitantes (focas, pingüins, etc.) vivem neste ambiente e o gelo não os faz sofrer, já que é seu *habitat*: negação maníaca da capacidade de sofrer pelas perdas, ainda que adaptada à realidade.

As histórias em torno de piqueniques ou festas implicam o predomínio da elaboração maníaca com menor adaptação à realidade. Esta prancha serve de marco para ser comparada com os lutos mobilizados pelas outras séries, basicamente pela prancha C2, onde aparece a situação depressiva em nível adulto, a perda de uma parte do ego ou a perda do par. O tratamento da cor é muito semelhante ao da série A, e a cor predominante é o azul. O terceiro termo de comparação seria a prancha em branco.

Através deste trabalho poderíamos apreciar a capacidade de reparação em diferentes níveis: como elabora a perda do psicólogo e quais são suas fantasias – uma vez que suas perdas foram revividas através do seu vínculo com ele – reparatórias explicitadas nos desenlaces. Comparar diferentes níveis de elaboração de lutos é um ponto-chave no psicodiagnóstico: permite prever possíveis resultados terapêuticos, abandonos de tratamentos, ou boas adaptações aos mesmos, assim como mudanças adaptativas sem recursos terapêuticos.

Assumir a depressão que a prancha AG mobiliza supõe a possibilidade de uma certa capacidade de elaboração da situação de luto, que se expressa através da própria história, de sua riqueza, do conteúdo de seus vínculos, das defesas utilizadas e da capacidade egóica de reparação. A perda e a culpa pela morte do objeto que aparecem na história não desfazem nem castigam o ego a ponto de paralisá-lo e impedir seu funcionamento. Deve ser detectado, além disso, o tipo de ansiedade predominante (dizemos predominante porque ansiedades depressivas não aparecem, necessariamente, em bloco); podem coexistir com ansiedades confusionais que representem uma passagem para a reparação ou o fortalecimento da constelação esquizo-paranóide. Estas vicissitudes ocorrem na história desta ou de outras pranchas.

B1. Diante desta prancha, o paciente pode reconhecer-se só, num ambiente hostil, frio, desprovido de calor, pobre. Nós lhe oferecemos muito poucas possibilidades para que se defenda da sensação de estar só consigo, dado que os poucos objetos são simples e austeros para não favorecer a permanência na própria interioridade. A descrição não é uma defesa bem-sucedida; o estímulo favorece o franco deslocamento para um "fora" do que é projetado. Ocupar-se com o que ocorre ao voltar para dentro tem implicações para um futuro terapêutico; por exemplo: o paciente pode verbalizar se é capaz de ficar dentro e não escapar. Há muitos examinados que, quando chegam a esta prancha, fantasiam estar num quarto de hotel, num quarto de pensão, num lugar de curta permanência, o que mostraria uma incapacidade de assumir a identidade de forma permanente e a sensação de entrar em algo emprestado, alugado, alheio. Em certos casos, é mencionado um quarto de hospital ou sanatório, mostrando como "entrar" tem relação especial com a doença e a busca de um continente apropriado para a cura.

Outro item importante refere-se à fantasia de como sair dali (dando cumprimento à parte das instruções que alude ao futuro): se sai com medo, com vontade de voltar, depois de ter sentido que realizou algo, que entrou em contato consigo mesmo, com real curiosidade, ou se, pelo contrário, entra e sai rapidamente ou entra apenas para dormir, evitando entrar em contato com o que existe dentro. Entrar implica, também, todas as fantasias de encontro com o que existe dentro (fantasias de desordem, de confusão, de roubo, de descuido ou, pelo contrário, de ordem rígida). Esta última possibilidade poderia ser considerada uma dificuldade no futuro tratamento, na medida em que implica romper o *status quo*, coisa que, para o paciente, pode significar o caos.

Quanto a sair – que poderia ser assimilado à capacidade de reorganização do ego posterior à regressão –, pode aparecer nesta prancha mediante: negação do ocorrido através do sono (o protagonista vai dormir e quando desperta vai para o trabalho); projeção no que está fora do que não pode ser aceito dentro (situações perigosas ou sinistras na rua); defesa maníaca (na casa do protagonista há uma festa familiar, sobe para se trocar e se incorpora à festa).

B2. Esta prancha coloca uma situação de par com certas características: a árvore, como conteúdo de realidade, é um elemento geralmente vivido como protetor, e são atribuídas conotações importantes à casa. É uma prancha de par, na medida em que são dois seres humanos bem discriminados; no entanto, aparece sempre um terceiro que inclui e contém, ou, pelo contrário, exclui e mantém de fora (por exemplo, a casa pode converter-se num mau continente para o par, que não pode entrar nela). A casa pode mobilizar, assim, fantasias de ataque ao par que, na relação transferencial ou no vínculo terapeuta-paciente, são importantes. O estímulo possibilita a projeção de fantasias de futuro e união (o que se pode construir junto) e, por outro lado, fantasias de separação. É importante ver, numa situação "de fora", qual é o conteúdo que se dá ao "de-dentro" e qual o grau de dissociação com relação ao "de-fora" ou vice-versa. O "de-fora" pode ter características idealizadas, de grande proteção e apoio, de grandes ilusões, servindo a casa como depositária de todos os elementos negados, projetados e não tolerados do par. Fora há um par idílico, confiante e dentro há uma mãe ou um pai que não permitem, que tiranizam, etc. Aparecem também fantasias relacionadas com a atividade sexual e, neste sentido, podem estar dissociados um "fora" permissivo ou, inclusive, cúmplice (freqüente nos pares adolescentes) e um "dentro" atacante ou repressor que obriga o par a refugiar-se num "fora" permissivo.

É importante comparar a dissociação estabelecida nesta prancha com a da B1. O par de fora também está nos mostrando a força do mundo externo, conquanto significa apoio, privação ou ataque. O par que aparece na fantasia é, normalmente, um par adulto, fato importante do ponto de vista prognóstico, que nos permitirá apreciar os vínculos adultos de um possível par terapeuta-paciente, requisito importante no planejamento tanto de uma terapia longa como de uma terapia breve, mas, fundamentalmente, desta última (aliança terapêutica, parte adulta da personalidade).

B3. Do ponto de vista do conteúdo de realidade, esta prancha apresenta a situação de um continente duplo: estar fora de algo (quarto, sugerido pelo setor branco com a porta), mas dentro de outro algo que o inclui (contorno mais escuro em primeiro plano). O drama não acontece na rua, por exemplo, mas sim no *hall* de um prédio de apartamentos ou de um teatro, num corredor, num hospital, etc. (não é o caso da prancha B2, na qual a situação externa e a relação interno-externo é claramente visualizável). No que se refere ao conteúdo humano, esta prancha facilita a fantasia de exclusão do terceiro em termos de relações espaciais: um personagem em primeiro plano espia dois que estão no fundo. A exclusão do terceiro na prancha C3 pode ser feita incluindo, fundamentalmente, o tempo, pelas características do estímulo: é alguém que está indo, é alguém que vai ser abandonado, deixado, ou é alguém que está brigando com outro e vai embora. Aqui, é um que está longe dos outros dois, em relação aos quais está separado por um espaço. Através dessa especialidade pode-se unir toda uma série de fantasias, não só de exclusão, mas também de inclusão. Na percepção é freqüente que o par seja convertido em três: um bebê nos braços, uma mulher grávida ou um garoto no meio. A intolerância à exclusão espacial faz com que o terceiro fique em primeiro plano, mas, ao mesmo tempo, se inclua ou se meta dentro do par (utilizando a margem arredondada superior esquerda).

Outro caso seria aquele em que tolera estar fora, mas, ao mesmo tempo, inclui-se no par como um bebê. Outra variante costuma ser não incluir-se no meio, mas sim fazer par com um dos pais e excluir o outro, que fica em primeiro plano. Pode-se também coisificar o terceiro, convertendo-o numa estátua.

Haveria outras alternativas possíveis: dissocia-se incluindo uma parte regressiva dentro do par (bebê no colo ou gravidez) e outro aspecto, mais adulto, fica como terceiro em primeiro plano (esta inclusão é feita com base na manutenção de uma imagem de casal unido). A terceira alternativa, que consideramos como menos adaptativa, consiste na inclusão de um filho mais velho junto aos pais, o que implica uma dissociação especular com fortes componentes narcisistas, como uma solução de compromisso diante da exclusão.

Do ponto de vista prognóstico, o mais adequado seria a elaboração da situação de exclusão, a presença do terceiro diante de um par unido.

Em geral, nesta prancha e em todo o teste, existe a possibilidade de que o paciente nos mostre os diferentes vínculos interatuando. Quanto maior a exclusão ou a negação aperceptiva, maior o temor às identificações projetivas e maior a dificuldade para as reintrojeções posteriores. Estas dificuldades poderão ser comprovadas tanto na devolução como numa futura terapia.

BG. Esta prancha coloca uma exclusão em relação a um grupo de pares.
Através do conteúdo de realidade coloca-se, como na B3, a situação de exclusão espacial. Neste caso há um exterior e um

continente que, embora não sendo completo, permite projetá-lo como um continente inteiro, sem forçar demais o estímulo. As fantasias aludem a ruínas, convento, estação, hospital, etc. Assim como na B1, aparecem fantasias de continente transitório (estação) ou estável (convento, escola, etc.) e também fantasias de doença e cura.

Em nossa experiência, esta é uma prancha muito útil para compreender a dinâmica dos sentimentos do paciente em relação a uma possível alta. A conformação do estímulo faz com que, nesta ocasião, o espacial reforce o pedido incluído nas instruções com relação à seqüência temporal: o paciente pode fantasiar os sentimentos do personagem que fica dentro e atrás e do que fica fora e adiante. Isto nos permite entender seus recursos internos diante de suas expectativas de reintegração ao meio. Ou seja, o que vai embora pode olhar para aquilo que deixa e perde, com inveja, com nostalgia, com desprezo, com agradecimento e/ou estar aberto para um futuro, dado no estímulo por essa espécie de caminho. Por exemplo, há pacientes que, diante da perspectiva de alta, estranham e não podem tolerar o percurso (na fantasia) desse trecho entre a entrada e o caminho, ou seja, entre o passado e o futuro. Estão no meio da rua ou do caminho e não podem mais tolerar ficar ali. É tão grande sua sensação de solidão, de insegurança, de não se sentirem fortes para encarar o futuro, que olham o grupo que ficou dentro como o que lhes dá maior segurança, apesar de ser um grupo doente. Torna-se paradoxal que, enquanto estão dentro, mostram uma profunda inveja pelo sadio que está fora (o médico, o psicólogo, as enfermeiras, as visitas) e que pode entrar e sair; ao mesmo tempo, quando estão fora como sadios, invejam a segurança do que ficou dentro do hospital que é vivido como continente seguro. É o que acontece quando não podem fazer a passagem, quando não conseguem elaborar a perda que a melhora significa.

Para o doente mental e o delinqüente esta é uma prova de realidade a respeito das condições internas em que se acham para funcionar novamente fora do hospital ou da prisão; muitas vezes estão saindo e as fantasias referem-se à volta. A recaída já está presente, porque, internamente, não se sentem fortes para poderem se arranjar sozinhos. Para um prognóstico adequado devem ser ponderadas a força ou a fraqueza em função do resto do material que o teste oferece.

Esta prancha possibilita também o aparecimento de fantasias de exclusão do grupo relacionadas com temores homossexuais, condutas agressivas impulsivas, que devem ser levadas em conta quando se pensa em encaminhar para uma terapia grupal. Costumam aparecer também, em pacientes com características esquizóides, temores diante do contato (ninguém tem ligação com ninguém, são pessoas reunidas esperando um trem ou algum veículo). A situação de indivíduo-grupo pode ser distorcida e transformar-se em um par rodeado de outros indivíduos (um personagem isolado formando um par com o mais alto do grupo de cinco: dois professores que conduzem um grupo de alunos). Uma maneira de atenuar as ansiedades paranóides suscitadas diante da exclusão em relação ao grupo é outorgar ao excluído um papel de líder, que controla a ação do grupo. Quando não se consegue isto, o grupo aparece confabulando ou conspirando contra o excluído.

Os adolescentes freqüentemente projetam com clareza temores de violação, de ataque, por parte de um grupo vivido como patota, ou, inversamente, é o grupo que, diante da confusão, ajuda, controla, esclarece (ajudando alguém que está perdido).

C1. Esta prancha, por suas características e por ser a número 12, condensa tudo o que o paciente pensa e sente em relação à despedida do psicólogo. Implica também, portanto, a identificação projetiva com o psicólogo através da qual nos mostra como ele se vê, como ficou depois da prova e com que recursos conta para enfrentar a despedida, o término do teste e, eventualmente, o começo de um tratamento. Pelas características do estímulo podem aparecer fantasias em diferentes níveis da evolução psicossexual: orais, anais e, eventualmente, genitais. Esta prancha permite entender o que o paciente sente em relação a olhar e ser olhado pelo psicólogo. Se aceita olhar-se, evidentemente aceitará que o olhem: isto é a precondição de uma ação terapêutica. Para poder ajudar e ver o que acontece dentro, deve-se contar primeiro com a anuência daquele que necessita ser olhado. Se isto não acontece, achar-nos-emos ante uma série de resistências que irão se opor à intervenção terapêutica. Saberemos, em primeiro lugar, quais as possibilidades de uma intervenção a esse nível e, também, o que é característico do conteúdo dessa aceitação ou dessa resistência a que o olhem.

É a prancha que apresenta maior conteúdo de realidade. A ênfase pode recair em elementos acessórios, e inclusive bizarros, ou naqueles que realmente ressaltam e mobilizam a fantasia na maior parte dos pacientes. A presença da cor intrusiva (diferente do vermelho intrusivo da C3) converte-se, às vezes, no elemento dissonante que pode mobilizar confusão. Estimula a crítica projetada, isto é, a crítica de objeto mais que a crítica de sujeito, em termos de Rorschach. Podemos comparar o pano de prato ou a toalha desta prancha com a da B1. Nesta a toalha serve como sinal de que a cama está desfeita, ou está bem-feita, mas algo ficou de fora, em desordem, colocando tanto nesse elemento como no da C1 a necessidade de controle.

Esta prancha permite a projeção de aspectos de calor humano, de vida, criadores, tanto em nível de alimento como em outros níveis. Em nossa experiência esta prancha mostrou-se importante – sobretudo em mulheres – porque são projetadas aí fantasias de esterilidade ou capacidade de procriar; nos homens, permite-nos ver de que modo está elaborada a fase feminina, como é vivido o interior do corpo da mãe que possui elementos de todos os tipos, que guarda a possibilidade de todos os conteúdos.

Em geral, as mulheres com muitos problemas com a capacidade de procriar, as mulheres estéreis ou as que fantasiam que o são ou que o serão, percebem um quarto onde não há vida, onde não há nada para fazer, exceto limpar (típico controle obsessivo das fantasias anais ou das fantasias de cloaca, básicas para compreender a psicologia feminina).

Nesta prancha há um dentro e um fora. Existe a possibilidade de projetar na figura que está fora – a sombra – ou fantasiar o que pode tomar para si um sujeito no continente ou o dentro. Por outro lado, aparecem as possibilidades da relação entre o que está fora e o de dentro: o que faz ali dentro, o que sente (reaparecem as fantasias de B1 de entrar e sair rapidamente, de entrar e ficar num lugar acolhedor, entrar para limpá-lo ou entrar para roubar). Podem-se ver as diferentes modalidades de ficar contido em algo. Do ponto de vista prognóstico supõe também compreender qual é a vivência do continente terapêutico.

Se o que está fora não é percebido, o paciente está omitindo a parte de si que viu, projetada no psicólogo, e que não pode aceitar. Esta negação está relacionada com fantasias muito destrutivas a respeito de olhar e ser olhado. A aceitação de olhar e ser olhado implica uma fantasia reparatória nesse vínculo que conduz a uma atitude de aceitação da intervenção terapêutica e, portanto, constitui um índice de bom prognóstico.

C2. Esta prancha estimula fantasias de perda, com maior conteúdo de realidade que a AG, e permite uma comparação dos diferentes níveis de elaboração do luto. É uma prancha muito interessante para investigar, nos jovens, a relação que estabelecem entre o futuro e a própria existência. Nos pacientes adultos maduros e idosos podemos apreciar a relação do par diante da separação, da doença e da morte.

Os sentimentos depressivos, que podem aparecer em qualquer idade, nos jovens ou adolescentes, centram-se em torno da morte dos pais. O personagem que se aproxima é portador de fantasias reparatórias (vem ajudar, curar, aliviar, cuidar), destrutivas e ameaçantes (vem roubar, atacar, assustar, etc.) ou fantasias de fracasso da reparação, ligadas a sentimentos de desesperança (chega tarde e enfrenta a morte consumada). Em relação a esta última possibilidade, é importante ver que tipo de vínculo mantém com o objeto. Quanto mais longe o sujeito se situa em relação ao objeto morto que provoca culpa, mais difícil se torna a possibilidade de vivenciar e elaborar a situação depressiva.

A morte pode aparecer negada (não vê a pessoa que está dentro) e deslocada para o conteúdo de realidade ou para o contexto de realidade: casa triste, arruinada, suja, que está para incendiar-se ou incendiando-se. A prancha C2 pode ser convertida, então, em outra B1, caso não se possa suportar um aspecto do estímulo que implica tolerar a morte ou a doença do objeto. Será contada uma história de solidão semelhante à da B1, em que a relação de par, com seu componente de reparação ou de destruição, fica cindida. As elaborações de melhor prognóstico são as do esposo que vai ajudar, do filho que vem cuidar, do médico que vem curar. A gravidade da doença, seu prognóstico e a irreversibilidade da situação mostram as possibilidades reparatórias que o ego do paciente se reserva. Quando o paciente atravessou uma situação de perda real, esta prancha permite-nos avaliar como se deu a vivência da perda de partes do ego, num nível diferente daqueles casos em que a perda é apenas fantasiada.

O modelo de elaboração da C2 é diferente da AG, não só pelo conteúdo humano como também, e basicamente, pelo conteúdo de realidade, que permite uma maior inclusão de elementos adultos que os da AG.

Em geral, há coerência entre uma elaboração de luto na AG e na C2. Quando isto não ocorre, devemos pensar que está colocado na C2 um elemento mais atual em relação com uma perda de objeto, real ou fantasiada, ou com a perda de aspectos narcisistas, vinculada a uma situação crítica (crise de maturidade, menopausa), ou uma combinação de ambas (casamento de filhos, etc.). Nestes casos podem aparecer elaborações mais maníacas na C2 do que na AG (à menopausa podem contrapor, por exemplo, a necessidade de novos filhos, aparecer histórias referentes a promiscuidade sexual, identificações com personagens muito jovens que começam a viver de novo, o que implica a não-aceitação de sentir como perdido o que foi vivido). Por isso é importante avaliar, através das diferentes pranchas da série, as capacidades potenciais para elaborar os lutos.

O tratamento da cor vermelha difusa nesta prancha permitiria o aparecimento de emoções cálidas, de proteção, que contribuiriam para moderar as ansiedades paranóides derivadas de uma má elaboração depressiva (velas amarelas).

Em nossa experiência com a edição argentina, em que o vermelho é quase um marrom, a qualidade paranóide das ansiedades fica reforçada.

C3. Do ponto de vista do contexto de realidade, é importante levar em conta as duas formas em que aparecem as cores: intrusiva e difusa. O vermelho intrusivo mobiliza fantasias de ataque projetadas em forma de crítica de objeto ("não entendo isto", "isto é incoerente", "isto está fora de lugar", etc.). O difuso, por seu lado, mobiliza emoções cálidas, de proteção, através dessa semipenumbra que, em última instância, ajudaria e tranqüilizaria atenuando os efeitos do choque.

Esta é a primeira prancha que coloca o paciente diante de uma situação de três num interior continente com um conteúdo de realidade rico e discriminado, e com um contexto de realidade cujas características já mencionamos. É importante que um dos três personagens, vistos como adultos, seja percebido como mulher, de maneira clara. A partir desse personagem (distorcido ou não) estabelece-se o triângulo, contando com uma figura em pé, visualizada como masculina. A inclusão ou exclusão do terceiro é determinada por uma figura sentada de costas, a quem podem ser atribuídas diferentes características (adulto, criança, homem, mulher, passivo, ativo, inclusive ausente). Por isso, esta prancha permite a projeção de partes adultas da personalidade, importantes numa avaliação diagnóstica e prognóstica. Pela configuração espacial do estímulo, a exclusão deve dar-se mais no nível aperceptivo do que perceptual.

Na A3 e na B3, por outro lado, é mais simples excluir o terceiro, através do tratamento do espaço, do jogo de sombras e luzes, uma vez que está separado dos demais. Aceitar a situação colocada pelo estímulo implica expressar e, ao mesmo tempo, controlar as fantasias e emoções que acompanham a projeção da situação triangular.

Se estas fantasias e emoções são expressas num nível genital, o ego mostra sua possibilidade de integrar e discriminar, ocupando o ciúme um lugar importante no drama. Esperamos também o aparecimento de fantasias pré-genitais (orais) dentro do contexto do genital. Por outro lado, consideramos mais difícil o aparecimento de fantasias menos discriminadas, de par combinado.

Os mecanismos de defesa que costumam ser utilizados quando se torna altamente conflitivo enfrentar a situação triangular são, por exemplo: a negação, que implica perceber as três pessoas como sendo do mesmo sexo e de idades semelhantes ("amigos conversando e tomando café"); converter um dos personagens em criança para retroceder a situação edipiana à infância. (Se a criança é vista no personagem que habitualmente é visto como mulher – a figura mais à esquerda, sentada –, achamo-nos diante de uma distorção mais grave.) Nesta ordem está também a distorção que consiste em perceber a poltrona ou a mesa como uma cama, observada no protocolo de psicóticos.

CG. É uma das que favorece as distorções perceptuais. O tema é: autoridade *versus* grupo, ou vice-versa. Pela sua distribuição espacial, esta prancha permite, como nenhuma outra, incluir variáveis: "acima", "abaixo"; deslocar-se: "subir", "descer". Este "acima" e "abaixo" permite-nos entender toda uma série de dissociações (além da já colocada: líder *versus* grupo); por exemplo: mente-corpo, superego-ego e id, mundo interno-mundo externo, fantasia-realidade, etc., e também o grau de contato entre os aspectos mais ou menos dissociados. Por isso, é possível avaliar como funcionam a dissociação e a repressão. Num paciente que possa reprimir com êxito, dá-se a possibilidade de que se contatem os aspectos superegóicos ou de controle egóico postos na figura de cima com os mais impulsivos ou corporais projetados no grupo de baixo. Uma pessoa com fortes mecanismos de dissociação não conseguirá, em compensação, que ambos os aspectos projetados entrem em contato. Por isso, em muitas histórias, referem-se ao que está embaixo dizendo: "Isto é a sombra de alguma coisa, mas realmente não tenho idéia do que é." Ou seja, o reprimido está muito mais próximo da consciência e é possível que apareça com clareza no interrogatório. É de bom prognóstico que o conteúdo humano seja visto nos dois elementos, que não apareça a idealização extrema no de cima e o grande poder destrutivo, perseguidor, no de baixo (grupo), ou vice-versa, sem possibilidade de união. Isto acontece em histórias em que o grupo assume todas as características reivindicatórias do ego (por exemplo: é um grupo maltratado, submetido a trabalhos forçados, estudantes que protestam, etc.), e o personagem de cima é o que de alguma forma produziu o dano, isto é, que está caracterizado como objeto perseguidor que ataca, que causa danos ao ego. É importante ver como o examinado une os dois elementos e a solução que dá para o conflito.

Se o de cima escutará as demandas dos de baixo, se o grupo vai levar em conta o de cima, se a destruição vai ser total, se ficam aspectos resgatáveis que podem transcender ou não: nesta interação é importante analisar o que é salvo, que aspecto é reparado ou se, pelo contrário, não fica nada porque a aniquilação é completa.

A prancha permite que, diante da aniquilação total, sejam mobilizadas fantasias de reparação maníaca com conteúdo messiânico. Na edição argentina não se nota com clareza o branco brilhante da edição inglesa que, como assinala Phillipson, seria um elemento a mais para marcar a separação espacial (em cima, embaixo). Uma distorção, que nos parece importante, é negar aquele que está em cima como alguém que se desloca para baixo, transformando-o em alguém que se desloca lateralmente, por exemplo, um nadador ou um corredor, rompendo assim com o vínculo estimulado pela prancha, que é muito conflitivo.

Prancha em branco. Nela a investigação centra-se na situação de separação, e é importante avaliar como o paciente ficou, como sente que fica sua relação com o psicólogo, se este funcionou como depositário ou se, pelo contrário, representou um bom continente de suas identificações projetivas. As fantasias concomitantes são: o que eu tenho, agora que me separo, para enfrentar a minha doença, meus problemas, meu futuro, minha solidão. Serve para compreender todos os afetos que são mobilizados com a situação de perda, e as possibilidades de recuperação diante dela. Talvez, o mais importante seja isto: como saiu dali e que capacidade tem de instrumentalizar o que fez, se a experiência lhe serviu ou se quer negar tudo o que foi visto. O primeiro supõe uma elaboração depressiva, o segundo uma elaboração maníaca. A elaboração depressiva supõe a aceitação do sofrimento que implica estar doente, precondição para iniciar qualquer tipo de tratamento e aceitar ajuda. A elaboração maníaca é uma negação, como defesa ante tudo o que é mobilizado pela separação ou uma desvalorização do processo, para negar a dependência em relação ao psicólogo. Outra possibilidade é aceitar a dependência num nível muito regressivo, onde o psicólogo aparece como aquele que abandona. Freqüentemente estes pacientes experimentam sensações de esvaziamento, roubo, ataque, etc., mostrando um predomínio da culpa persecutória. Desejamos destacar a importância de comparar a produção desta prancha não só com as restantes, mas especificamente com a prancha 1 (A1). As comparações permitem-nos analisar os altos e baixos através da seqüência e apreciar se houve possibilidades de retificar determinadas fantasias, cumprindo-se um processo de elaboração progressiva.

## Bibliografia

Bohm, C., *Manual de psicodiagnóstico de Rorschach*. Barcelona, Científico-Médica.

Friedenthal, H., "Recomendación de psicoterapia a partir del diagnóstico psicológico", *Acta Psiquiátrica y Psicológica de América Latina*, n.º 14, 1968, p. 149.

Klopfer, B., *Técnica de psicodiagnóstico de Rorschach*. Buenos Aires, Paidós.

Murray, H., *El Test de Apercepción Temática*. Buenos Aires, Paidós.

Phillipson, H., *Manual del Test de Relaciones Objetales*. Buenos Aires, Paidós.

——, "Una breve introducción a la técnica de las relaciones objetales", trabalho traduzido e publicado para uso interno pela cadeira de Técnicas Projetivas, UNBA.

Schafer, R., *The Clinical Application of Psychological Tests*. Nova York, Int. Univ. Press, 1959.

Verthelyi, Renata Frank de (Compil.) *et al.*, *El Test de Relaciones Objetales de H. Phillipson: Actualización, aportes clínicos, de investigación y normativos*. Buenos Aires, Nueva Visión, 1976.

*Capítulo VI*
**O teste de apercepção infantil
(C.A.T.) de L. e S. Bellak**

# Guia de interpretação do teste de apercepção infantil (C.A.T.-A) de L. Bellak

Sara Baringoltz de Hirsch

Este trabalho surge da necessidade – estabelecida através da experiência de vários anos na cadeira de Técnicas Projetivas da UNBA – de modificar parcialmente alguns dos esquemas de aplicação e de interpretação do C.A.T.

Como se sabe, historicamente, deve-se ao Dr. Kris a idéia de que é mais fácil para as crianças identificar-se com animais do que com pessoas, assinalando a dificuldade que um instrumento como o T.A.T. criava nesse sentido. Bellak assume esta idéia e dedica-se à confecção de um material diferente do T.A.T. e do Symonds, já que o primeiro é mais adequado para adultos e o segundo só pode ser utilizado com adolescentes.

L. e S. Bellak escolhem uma série de dez pranchas compostas por personagens especificamente animais e outros ligeiramente antropomórficos. Os autores consideram que o C.A.T. é um teste aplicável a crianças de três a dez anos, de ambos os sexos. Surge com o objetivo de facilitar a compreensão das tendências da criança e suas relações com as figuras mais importantes. Assim, as pranchas exploram: problemas de alimentação, rivalidade entre irmãos, complexo de Édipo e cena primitiva, agressão, medos, masturbação, hábitos de limpeza, etc.

As instruções originais do teste são: "Brincaremos de contar histórias. Você as contará olhando umas pranchas e nos dirá o que acontece, o que os bichos estão fazendo."

Bellak propõe uma análise interpretativa em função de dez variáveis: 1) tema principal; 2) herói; 3) as figuras são visualizadas e, ante elas, a criança reage como...; 4) o herói se identifica com...; 5) figuras, objetos e circunstâncias externas introduzidas; 6) objetos ou figuras omitidas; 7) natureza das ansiedades; 8) conflitos significativos; 9) castigo por um crime; 10) desenlace. Acrescenta um item adicional: nível de maturação.

Desenvolverei, em seguida, algumas considerações esclarecendo e modificando a aplicação e a interpretação do teste, que foram úteis na experiência e que estão mais adequadas aos esquemas conceituais hoje vigentes entre os psicólogos em nosso país.

Deter-me-ei, primeiro, na aplicação, já que desta depende muitas vezes a possibilidade de uma boa interpretação. As instruções originais favorecem duas situações: 1) que, pelo uso da primeira pessoa do plural, a criança peça que o entrevistador comece contando uma história; 2) que, ao pedir-lhe ações ("fazendo"), deixem-se de lado outros aspectos, por exemplo, o que os personagens podem estar pensando ou sentindo.

Em conseqüência, proponho a seguinte formulação (que se foi estabelecendo como a mais útil na prática dos docentes da cadeira): "Vou mostrar para você algumas pranchas; queria que você me fizesse uma história com cada uma delas, onde você me diga o que aconteceu antes, o que está acontecendo agora, e o que acontecerá depois." Se se trata de crianças muito pequenas (pré-escolares), pode-se pedir a seqüência temporal no momento propício, perguntando-lhes: "E o que aconteceu antes?", "E o que acontecerá depois?" Se a criança fica na mera descrição da prancha, sugere-se que, além disso, imagine uma história. O entrevistador pode intervir com perguntas que esclareçam mais o que foi dito, que funcionem como estímulo para que a criança se estenda mais ou que tenham por finalidade obter uma resposta mais completa possível, em relação às instruções. Essas perguntas não podem, de modo algum, sugerir situações determinadas. Em geral, salvo com crianças muito pequenas, basta interrogar suficientemente na primeira prancha. Logo, se nas pranchas seguintes aparecem alterações em relação às instruções, estas alterações devem ser consideradas como dado significativo.

Quanto à interpretação, proponho que sejam seguidas estas pautas:

1) Que animais vê e como os vê. Omissões, acréscimos e distorções. Percepções e elaborações pouco usuais em relação à identidade dos animais.

2) Que outros elementos não animais são vistos na prancha e de que maneira. Omissões, acréscimos e distorções no conteúdo de realidade. Comparação entre pranchas com um *habitat* característico do homem e aquelas que apresentam um cenário natural adequado à vida dos animais.

3) Possibilidade de dar passado, presente e futuro à história.

4) Seqüência lógica ou ilógica na construção da história.

5) Tipo de linguagem utilizado (riqueza, exatidão, adequação à idade, etc.).

6) Possibilidade de fantasiar, capacidade criativa.

7) Tipo de interação entre os personagens em nível descritivo. Colocação da problemática.

8) Qual é o tema das relações objetais inconscientes na interação. Principais ansiedades associadas às relações fantasiadas. Principais meios de defesa.

9) Tentativa de resolver ou não o problema ou conflito na história. Tipo de solução obtida em função dos desejos, medos e defesas utilizadas. Como o mundo de objetos internos é conciliado com a realidade social mais consciente.

Estas pautas cobrem as três áreas utilizadas por Phillipson[1] em seu método para a análise das histórias: *A*) Percepção da situação; *B*) Pessoas (nesse caso "animais") incluídas e suas relações; *C*) A história como estrutura e como realização.

...........

1. Herbert Phillipson, "Una breve introducción a la técnica de las relaciones objetales", publicado pela cadeira de Técnicas Projetivas I, UNBA.

A idéia não é aplicar mecanicamente as pautas que ele menciona ao C.A.T. (que se torna impossível pela diferença entre os dois testes desde sua origem) mas sim aproveitar sua valiosa contribuição adaptando-a a este teste. Explicarei, a seguir, as pautas anteriormente mencionadas.

*Pautas 1 e 2:* Procura-se saber em que medida o preceito está adequado à descrição e às respostas típicas de cada prancha do C.A.T. Neste sentido cabe destacar que, muitas vezes, a adequação ou inadequação perceptiva e aperceptiva ao estímulo permite evitar dificuldades de diagnóstico diferencial. Em certos casos, a intensa inadequação perceptual pode ser um dado para a verificação do diagnóstico de uma psicose (por exemplo, grande quantidade de omissões e acréscimos). No caso das distorções, cabe levar em conta se se trata de verdadeiras distorções perceptuais (de origem puramente emocional) ou erros na utilização da linguagem (cuja causa é, às vezes, um baixo nível sociocultural ou um déficit intelectual). De qualquer forma, dado que se trata de um estímulo muito estruturado (diferente, por exemplo, do Phillipson), a freqüência das distorções perceptuais é muito significativa, quanto a tipo e grau de patologia.

É útil detectar a atribuição de identidades animais diferentes das típicas, que pode estar relacionada com uma imagem confusa de sua própria identidade ou com outros significados evidenciados através do teste. Com freqüência, é difícil distinguir se o percepto está alterado ou a palavra mal usada, dificuldade que torna arriscada, às vezes, a formulação de hipóteses sobre a atribuição de identidades incomuns. Como o conteúdo de realidade também é muito estruturado, a sua omissão ou distorção rígida constituem dados significativos sobre a patologia do caso. Pode ser útil consignar a medida em que o conteúdo de realidade é incluído ou excluído quando se trata de cenários típicos do homem ou do meio natural dos animais. Este dado deve ser relacionado com o tratamento diferencial dado às figuras mais ou menos antropomorfizadas. (Por exemplo, muitas crianças ante interiores e figuras mais antropomorfizadas mostram-se reticentes em imaginar, defendendo-se de um estímulo que sentem como muito próximo à própria existência; outras, pelo contrário, perdem a distância e identificam-se projetivamente de forma maciça.)

*Pautas 3, 4 e 5:* Referem-se à estrutura da história: tempo, coerência lógica e linguagem. Na 3 interessa ver como o sujeito se localiza na dimensão temporal. São significativas as omissões repetidas de passado, presente e futuro, assim como a rigidez na adaptação à ordem temporal.

A omissão repetida do passado parece estar relacionada com a impossibilidade de aceitar os fatos dessa época e capitalizá-los na experiência: a dissociação e a repressão desempenham um papel importante. A omissão do futuro costuma aparecer nas crianças mais velhas que estão atadas aos fatos do passado que determinam, fundamentalmente, seu presente e permitem poucas ilusões sobre o futuro. A adequação rígida à ordem temporal através das dez pranchas aparece em sujeitos com traços obsessivos que procuram cumprir fielmente as instruções dadas. Na 4 podemos ver a coerência do pensamento e detectar, especificamente, alterações da forma do pensamento. Relacionando este item com os seguintes, podemos comparar forma e conteúdo do pensamento. Na 5 recolhemos dados importantes sobre o tipo de linguagem utilizado e sua relação com padrões evolutivos (se é adequado à sua idade ou não e, neste último caso, buscar as causas nos itens posteriores. É importante ver em que sentido se desvia dos padrões evolutivos: riqueza, exatidão, etc.).

*Pauta 6:* Investigamos fundamentalmente dois aspectos: *a*) Se o sujeito é capaz de expressar verbalmente suas fantasias (algumas histórias mostram uma grande riqueza neste sentido e outras são o que chamamos de "produções chatas"); *b*) Se, no caso em que tenha essa capacidade, pode organizá-la de maneira criativa, conseguindo, mediante um esforço vitorioso, a estruturação de uma história que, sem se afastar da resposta típica, tenha aspectos originais.

*Pauta 7:* Refere-se ao modo como se dá a interação entre os personagens, que modalidade tem (por exemplo: interatuam agredindo-se), e a que problemática básica responde (por exemplo: ciúme).

*Pauta 8:* O objetivo deste item é enriquecer a interpretação tradicional do C.A.T., introduzindo conceitos da teoria das relações objetais. Desta maneira tentamos detectar não só o sistema de necessidade-pressão do sujeito, mas também sua integração com o tipo de vínculos objetais predominantes: quais são as relações fantasiadas, as ansiedades ligadas às mesmas e os meios de defesa utilizados (de que se defende, como se defende).

*Pauta 9:* Trata-se de conseguir, em alguma medida, uma síntese das pautas anteriores. O sujeito tenta resolver o problema ou não? Qual a solução escolhida? Como utiliza suas defesas em função do que deseja e do que teme? É importante detectar se predominam na solução aspectos adaptativos, se é uma solução que enriquece ou coarta o ego, se está baseada na realidade ou se é uma solução totalmente fantasiada. Pode ser interessante relacionar o tipo de solução que o sujeito tenta com os conceitos de Müller[2] sobre o tipo de necessidades, especificamente aquelas que denomina "construtivas" e "destrutivas".

Tratarei, em seguida, de exemplificar a utilização destas pautas em um caso concreto:

Diana, sete anos. Vive com seu pai, sua mãe e um irmão de quatro anos. Epilepsia medicada. Boa escolaridade, ciúme do irmão, embora sem agressividade manifesta.

**Prancha 1**

"Era uma vez três pintinhos que eram muito travessos... A mamãe galinha foi buscar a comida... Trouxe-a e foi fazer as

---

2. Müller, Philippe, "Le C.A.T., recherches sur le dynamisme enfantin", bibliografia citada.

compras... Disse-lhes: 'Esperem, crianças... Não se sirvam sozinhas'... Então, como eram muito travessos, comeram tudo sozinhos... mas o que era mais travesso era o do meio... E o que aconteceu?... Ouviram na porta que a mãe estava chegando... foram para o quarto deles... a mãe veio... viu que não havia mais comida... e deu-lhes uma grande palmada... e assim aprenderam que não deviam se servir sozinhos."

1) Três pintinhos travessos. A mamãe galinha. Adequado à resposta típica.

2) Comida. Adequado à resposta típica, embora sejam omitidos alguns elementos.

3) Adequação às instruções já que contêm os três tempos: passado, presente e futuro.

4) Seqüência lógica.

5) Linguagem adequada à idade. Precisão nas palavras utilizadas.

6) Possibilidade de fantasiar e de criar uma história que, sem se afastar muito das habituais, tem certa originalidade.

7) Os personagens interatuam em função da comida. A mãe é a provedora. Os filhos não podem esperar e se servem sozinhos. A problemática gira em torno da necessidade de receber alimento e da grande dificuldade para a espera. A voracidade conduz a uma situação onde a figura materna se irrita e age em represália: "palmada". Além disso, aparece a rivalidade entre os irmãos ("o que era mais travesso era o do meio") em relação às necessidades orais.

8) Diana se identifica com os três pintinhos, ainda que mais intensamente com o do meio, "o que era mais travesso". "Ser travesso" implica, aqui, ser voraz. A relação fantasiada é o estabelecimento de um vínculo oral-sádico com um objeto parcial; o vínculo valorizado não é com a figura "mãe" total, mas sim com a fonte de alimentação que é esvaziada para satisfazer a voracidade. A figura materna está dissociada num aspecto "bom", que se deixa roubar pelos filhos como um peito que se deixa esvaziar, e num aspecto "mau", persecutório, que

ameaça e castiga a voracidade dos filhos. A rivalidade fraterna incrementa a voracidade e o sentimento de carência; a fantasia inconsciente é de que o vínculo oral-sádico esvaziou o objeto e uma severa represália sobrevirá. A culpa e o medo pela relação fantasiada leva-a, num momento da história, a se defender procurando eliminar a figura materna (negação) afastando-a da cena, e, em outro momento, a fugir (evitação) para não sofrer o castigo. Finalmente, produz-se a identificação projetiva com um objeto superegóico que reprime os impulsos agressivos, sentindo como própria uma regra parental: "Assim, aprenderam que não deviam se servir sozinhos."

9) A problemática colocada conduz a uma situação na qual o castigo tem o papel principal. A intensa voracidade, incrementada pela rivalidade fraterna, leva à represália do objeto que foi danificado. As defesas apontam, num primeiro momento, para a evitação tanto da culpa quanto do perseguidor irritado, para depois, quando estas defesas já não são bem-sucedidas porque o castigo é inevitável, para a identificação introjetiva com o objeto superegóico castigador. Assim, para conciliar seu mundo interno com a realidade social e não sofrer o castigo externo, busca uma solução na qual ela mesma controla sua necessidade de receber da mãe, a fim de não danificá-la e ser castigada.

Creio que vale a pena recordar algumas frases de M. Klein, em sua obra *Psicanálise de crianças*, que caracterizam perfeitamente o material desta primeira prancha e das restantes:

"O conflito de Édipo e o superego aparecem, creio, sob a supremacia dos impulsos pré-genitais, e os objetos que foram introjetados na fase oral-sádica formam o começo do superego primitivo. Além disso, o que origina a formação do superego e governa seus estágios primitivos são os impulsos destrutivos e a ansiedade que eles despertam (...) e, embora este superego seja muito cruel, formado sob a supremacia do sadismo, toma sempre a defesa do ego contra o instinto destrutivo e já é, nesses primeiros estágios, a força da qual procedem as inibições instintivas."

## Prancha 2

"Era uma vez a dona ursa e o seu urso... que queriam puxar para ver quem tinha mais força para levantar esse cascalho cheio de mel... e acontece que atrás do pai estava o filhinho... e como a mãe não o via... então o pai ganhava... e então a dona ursa foi embora muito triste... e enquanto isso... o filho e o pai levantavam o cascalho... foram para uma caverna e comeram todo o mel." (Esclarecimento: o cascalho é o que comumente é visualizado como monte, cabo, promontório.)

1) Dona ursa e senhor urso. Filhinho. Vê-os puxando para ver quem tem mais força. (*Idem*, prancha 1.)

2) Cascalho cheio de mel. (Não há referência direta à corda, ainda que a veja e ponha o acento no "cascalho cheio de mel".)

3) *Idem*, prancha 1.

4) *Idem*, prancha 1, embora não esteja clara a relação entre puxar a corda e levantar o cascalho.

5) *Idem*, prancha 1. Parece que se referia a "favo de mel" quando disse "cascalho"; é a única inexatidão encontrada no texto.

6) *Idem*, prancha 1.

7) Pai e mãe provam sua força para depois ficar com o cascalho cheio de mel. O filhinho ajuda o pai, mas escondido atrás dele. A mãe, triste porque perdeu, vai embora. O filhinho deleita-se com o pai comendo o mel. O conflito propõe que nossa paciente quer ajudar o pai para depois desfrutar junto com ele o que foi conseguido ("mel"), mas não quer que a mãe perceba. Trata-se de uma problemática puramente edipiana: competição com a mãe e vínculo amoroso ("mel") com o pai.

8) A identificação com o filhinho facilita a projeção da problemática. É claro, nesta prancha, o conceito kleiniano de Édipo primitivo, já que o vínculo é com a figura parental do sexo oposto e conseguindo uma gratificação oral, o que estaria relacionado com a fantasia de "copulação oral" (M. Klein)... "o filhinho e o pai... comeram todo o mel"... Em sua fantasia com-

pete com a mãe para conseguir o vínculo de amor com o pai, deixando-a excluída e vencida. A culpa por haver deixado a mãe como terceiro excluído na situação de competição triangular e o medo pela represália leva-a a se esconder, a dissociar e projetar a culpa de maneira que... "a dona ursa foi embora muito triste"... Finalmente, a projeção da culpa, a negação da situação triangular, a onipotência que a leva a um vínculo idealizado de gratificação com o pai, configuram um triunfo maníaco.

9) Diante da problemática colocada pelos desejos edipianos e a culpa persecutória com relação à figura materna, tenta uma solução que, em termos de Phillipson, estaria baseada mais na fantasia do que na realidade. Apela para defesas maníacas, que a levam a excluir a mãe da relação triangular sem culpa e a unir-se ao pai num vínculo no qual fica satisfeita a fantasia de "prazer sexual de tipo oral" (M. Klein) que invejava em seus progenitores.

**Prancha 3**

"Que é isso?... É um rei... um senhor rei que era um leão que estava muito aborrecido porque em todo o seu palácio havia todos os buracos de ratos e cada vez que iam servir-lhe a comida os ratos a comiam... então pegou seu cachimbo e ficou fumando... e então viu uma comida e acontece que quando foi agarrar o prato estava vazio porque os ratos tinham chegado mais antes e comeram primeiro... acontece que colocaram um montão de queijo nos buracos ('quem?') não sei... então rei e ratos ficaram amigos... e então quando o rei ia comer ele dava um pedaço de queijo para o rato." (Visualiza rei fumando e rato.)

1) Senhor rei leão. (*Idem*, prancha 1.)
2) Cachimbo. Buraco de rato. (Omissão de alguns elementos.)
3) *Idem*, prancha 1.
4) *Idem*, prancha 1.

5) Linguagem adequada à idade. Piora quando emprega a frase: "Chegaram mais antes."
6) *Idem*, prancha 1.
7) O leão está aborrecido porque os ratos comem sua comida. Necessita distribuir comida entre todos para salvar a situação. A figura paterna não é vista como poderosa (recorrência com a prancha 2, onde o pai é ajudado pelo filho) e os filhos conseguem ser mais astutos. A voracidade é um tema recorrente; aqui pai e filho competem pelo alimento. A problemática está na quantidade de necessidades orais que leva a competir com o pai e a roubar-lhe o alimento.
8) Fantasia de um vínculo oral-sádico de roubo e esvaziamento da fonte de alimentação para satisfazer a voracidade (recorrência com a prancha 1), rivalizando com a figura paterna em relação a um peito-mãe; conseqüente temor à agressão da figura paterna como represália. Os meios defensivos aos que apela são os seguintes: negação do poder da figura paterna (não faz referência ao bastão, diz "ficou fumando"), e pejoração (é uma figura boba de quem os menores tiram a comida). Os ratos, em compensação, atingem onipotentemente seus fins. Como esta situação é conflitiva, já que os filhos tiram dos pais, aparece um terceiro ("colocaram queijo"), no qual projeta a idealização e a onipotência; um terceiro capaz de solucionar o problema trazendo uma quantidade inesgotável de alimentos, que dê para todos. Finalmente os impulsos vorazes convertem-se – transformação no contrário – em generosidade e amizade, e o vínculo paterno-filial é idealizado.
9) Diante do conflito de competição com a figura paterna pelo poder (nesse caso de satisfazer necessidades orais), tenta-se uma solução em que aparece uma fonte messiânica, com a qual todos satisfazem sua voracidade e mantêm um vínculo ideal. Novamente a solução é trabalhada no plano da fantasia.

**Prancha 4**

"O que é isto? Um canguru... Era uma vez a dona canguru que saiu para passear com seus filhos canguruzinhos... foram para o campo... e acontece que cada vez que dona canguru corria caía o chapéu... então... a bolsa de comida que ela tinha na mão estava pesando e estava para cair... e quando chegaram ao campo contentes... dona canguru, enquanto segurava o chapéu, procurava um lugar para campar... e acontece que já o encontraram... e antes de tudo foram se banhar... a mamãe e seu filho canguru mais velho... e o pequenininho ficou e comeu toda a comida... então chegou a mamãe canguru e lhe deu uma boa palmada e assim ele nunca mais comeu a comida que todos tinham que comer."

1) Dona canguru e filhos canguruzinhos (filho mais velho e pequenininho) passeando. (*Idem*, prancha 1.)

2) Chapéu que cai. Bolsa de comida. (Adequado à resposta típica; omissões não significativas.)

3) *Idem*, prancha 1.

4) *Idem*, prancha 1.

5) Linguagem adequada à idade. Diz "campar" em vez de "acampar"; é a única inexatidão do texto.

6) *Idem*, prancha 1.

7) A senhora canguru e seus filhos canguruzinhos saem para passear e encontram um lugar onde acampar. A mamãe e o filho mais velho vão se banhar; o pequenininho fica e come toda a comida. Recebe uma boa palmada e nunca mais volta a repeti-lo. A problemática colocada é de ciúmes em relação ao irmão a respeito da alimentação; a avidez do pequenininho frustra suas necessidades orais. Cabe notar que nesta prancha coloca-se também o conflito entre crescer e não crescer: crescer significa ser como a mãe e, portanto, ter que suportar responsabilidades e encarregar-se dos esforços, enquanto ser pequeno é poder dar rédea solta aos impulsos e satisfazer as necessidades sem adiamento.

8) Recorrente com as pranchas 1 e 3, o vínculo desejado é a satisfação da avidez oral. As ansiedades relacionadas com esse vínculo são de tom paranóide, já que teme o roubo da fonte de alimentação por parte de irmãos ou o castigo pela própria avidez por parte da figura materna. (Recorrência com a prancha 1.) Os principais meios de defesa são: diante da sua própria avidez e do medo do castigo, dissociar e projetar no irmão seus impulsos orais de esvaziamento, identificando-se introjetivamente com a mãe ("foram se banhar"... ela toma banho como a mãe para ter a mãe). Deste modo, uma parte dela, a mais necessitada e infantil, fica projetada no irmão e outra é como a mãe que castiga a voracidade (recorrência com a prancha 1). O ciúme em relação ao irmão desencadeia outras defesas: sente que seu irmão é um "peso" que ela suporta, mas projeta-o na mãe, deslocando da bolsa do canguruzinho para a bolsa de comida (a "bolsa de comida" pesa para a mãe). Desloca também da bolsa do canguruzinho para o chapéu seu desejo de que o canguruzinho caia, aparecendo "um chapéu que estava para cair". Cabe assinalar também que as referências repetidas a coisas que estão para "cair" podem ter ligação com o medo do fracasso das defesas dando lugar à irrupção dos impulsos.

9) A solução consiste numa tentativa de identificação introjetiva com o aspecto superegóico da figura materna que mantenha seus aspectos infantis vorazes dentro dos limites. Deste modo consegue também ser mais mãe e menos irmã no vínculo fraterno, castigando a avidez do menor.

**Prancha 5**

"Quem estará deitado na cama?... Ursos... Era uma vez quatro famílias que estavam dormindo em uma casa porque caía muita neve... e como os pais não podiam dormir porque os filhinhos estavam... falam que falam... tapavam a cabeça... e como um falava para o outro não percebiam... que a neve estava para cobrir toda a casa... E o que aconteceu?... Quando era de manhã quiseram abrir a porta e não puderam... e de manhã viram pela janela, o ursinho e a ursinha, que a casa estava toda enterrada... e avisaram ao papai e à mamãe... e quando o papai tocou na maçaneta morreram todos congelados."

1) Quatro famílias ursos. Mamãe e papai tapando a cabeça na cama. Filhos: ursinha e ursinho falando. (*Idem*, prancha 1.)

2) Cama, janela, porta, maçaneta. (Adequado à percepção típica; omissão significativa: berço.)

3) Não está explícito o passado. Presente e futuro bem descritos.

4) O final da história não é lógico.

5) Adequado à idade. Diz quatro famílias em vez de quatro ursos.

6) Possibilidade de expressar verbalmente a fantasia. O matiz original desta história deve ser relacionado com a falta de lógica dos fatos. O desenlace patológico da história deve-se ao fato de que as idéias e seu nexo acham-se fortemente perturbados pelo conflito emocional.

7) A mãe e o pai não podem dormir porque os filhos "falam que falam". Durante a noite a neve cobre a casa. De manhã os ursinhos percebem e avisam a mãe. O pai toca a maçaneta e todos morrem congelados. O tema básico parece girar em torno da cena primitiva, a masturbação e o castigo.

8) A frase de M. Klein: "As fantasias de masturbação têm como núcleo as primeiras fantasias sádicas centradas em seus pais em copulação. São estes impulsos destrutivos, conjugados com os libidinais, que obrigam o superego a utilizar defesas contra as fantasias de masturbação" ... está perfeitamente exemplificada nesta prancha. Diante da situação de choque que o estímulo lhe causa, Diana tenta negar a cena primitiva: ... "quem estará deitado na cama?"; faz referências depois a "famílias" para não falar das "pessoas" cuja interação lhe causa ansiedade. A fantasia de masturbação constitui um ataque sádico aos pais em cópula... "os pais não podiam dormir porque os filhinhos falavam que falavam". O deslocamento da mas-

turbação para outra zona erógena (oral) facilita o não-ouvir, com o que se reforça a negação da cena primitiva. Contudo, o sentimento de culpa pelas fantasias masturbatórias, unidas a fantasias sádicas contra as figuras parentais, promove ansiedades persecutórias e conduz a um desenlace trágico com a fantasia de que, junto à destruição do pai e da mãe, ela se destruirá. A "neve" parece representar, simbolicamente, a presença de um superego sádico que reprime severamente a sexualidade: congelando, matando.

9) A problemática em torno da cena primitiva não encontra uma solução satisfatória, já que está unida a uma intensa culpa persecutória. A fantasia de ataque às figuras parentais provoca ansiedades de morte e destruição diante das quais o papel que as defesas desempenham não tem muito êxito.

**Prancha 6**

"Quantos ursos!... Era uma vez três famílias que estavam dormindo... mas o que menos estava dormindo era o ursinho... estava olha... olha... que olha para a neve*... até que gostou tanto que fugiu... e acontece que a manhã chegou e os pais não tinham percebido que o filho tinha fugido... e foi para uma caverna que tinha uma porção de mel... então se assustaram e foram procurá-lo... até que chegaram a um buraco que era uma armadilha... entraram e ficaram congelados."

1) Três famílias ursos. Pais ursos dormem, ursinho acordado. (*Idem*, prancha 1.)
2) Neve. (Afasta-se do conteúdo de realidade habitual.)
3) *Idem*, prancha 1.
4) *Idem*, prancha 5.
5) Adequada à idade. Utiliza "três famílias" em vez de "três ursos".

---

* No original: *"... estaba dele... dele... mirar la nieve..."* (N. do T.)

6) *Idem*, prancha 5.
7) Enquanto os pais ursos dormem, o ursinho está acordado olhando a neve. Foge e vai buscar mel em uma caverna. Os pais se assustam, vão buscá-lo e caem numa armadilha onde se congelam. A temática desta prancha coloca novamente a dificuldade de aceitar a sexualidade dos pais e a própria sexualidade.
8) A expressão admirativa (!) inicial implica que esta prancha retoma a temática da anterior. Utiliza outra vez a palavra "famílias" para negar a situação triangular. Inveja o casal unido, apelando, de forma compensatória, à masturbação... "estava olha que olha"... Fugir é uma forma de desviar uma situação que lhe provoca ansiedade e satisfazer-se sozinha com uma atividade auto-erótica acompanhada de fantasias de gratificação oral ("mel"). Relacionando esta prancha com a 2, pensamos que a fantasia: através da masturbação, realiza uma "cópula oral", como as figuras parentais. O final da história mostra a concretização das fantasias sádicas incluídas na masturbação. Ataca seus pais matando-os; a palavra "congelados" parece estar intimamente ligada com esfriar e matar a sexualidade deles e dela.
9) Diante do conflito despertado pela união do casal parental, escolhe como solução a masturbação com fantasias de gratificação oral. Assim, não necessita dos pais e pode se satisfazer como eles alimentando-se e destruindo a união sexual que a excluía.

**Prancha 7**

"Era uma vez um tigre que era muito mau e acontece que os macaquinhos também... foram pegar sua comida... então estava para comer o macaquinho e o macaquinho se assustou... e acontece que quando o tigre foi agarrá-lo enganchou o rabo numa árvore... se irritou até que se virou e não viu nada... então mordeu ele mesmo... foi embora para casa todo mordido."

1) Um tigre mau. Um macaquinho também mau e assustado. (*Idem*, prancha 1.)

2) Árvore. (*Idem*, prancha 1.)
3) *Idem*, prancha 1.
4) *Idem*, prancha 1.
5) Adequada à idade.
6) *Idem*, prancha 1.
7) A interação se processa entre um perseguidor e um perseguido assustado. O primeiro encontra obstáculos para chegar a comer o segundo, e termina se auto-agredindo. Conflito centrado na agressão.
8) O vínculo sádico entre perseguidor e perseguido se dá em torno da voracidade de ambos. O desejo de conseguir a satisfação das necessidades orais intensas leva-a a dissociar-se, identificando-se tanto com o tigre-perseguidor quanto com o macaquinho-assustado (teme então ser atacada, e teme seu próprio ataque).

Identificada com o macaquinho, mostra um vínculo com a figura paterna muito marcado por ansiedades paranóides; a fantasia é de que o papai quer destruí-la por sua voracidade e defende-se projetando-lhe seu sadismo oral ("mordeu ele mesmo"...) de tal maneira que ele se destrua. Identificada com o agressor, o impulso volta-se contra si mesma, destruindo-a (pode-se relacionar isto com os ataques epilépticos). A culpa pelo ataque sádico leva-a à própria destruição.

9) A voracidade é tão destrutiva que pode matar o outro; prefere, então, dirigir o ataque contra si mesma.

**Prancha 8**

"São macacas? Era uma vez quatro famílias... que foram ao dentista... e como tiveram que esperar tanto... deram-lhe uma xícara de café... estavam fala... fala... fala que fala*... no fim veio um macaquinho... que lhes avisou que já iam chamar eles...

---

\* No original: *"estaban dele... dele... dele... hablar..."* (N. do T.)

entraram... e como duas macacas eram tão tagarelas... então emdeve (quer dizer "em vez de") cortar-lhe o dente furado... cortaram-lhes a língua e tinham que fazer gestos porque não podiam falar."

1) Três macacas tagarelas e um macaquinho. (*Idem*, prancha 1.)
2) Xícara de café. (Omissão de alguns elementos.)
3) Não está clara a referência ao futuro.
4) *Idem*, prancha 1.
5) Linguagem adequada à idade, mas com algumas verbalizações incorretas. Diz "famílias" em vez de "pessoas ou macacos". Há também uma palavra na qual as sílabas estão alteradas e uma letra omitida: "emdeve".
6) *Idem*, prancha 1.
7) Macacas vão ao dentista; falam excessivamente esperando o dentista. Macaquinho anuncia-lhes que é sua vez. Cortam-lhes a língua por serem tagarelas. A problemática gira em torno da masturbação e a castração como castigo.
8) Diana parece identificar-se em parte com as macacas (identificação predominante), em parte com o macaquinho e com o dentista. A identificação predominante com as macacas mostra uma imagem de si mesma como mulher com características fálicas. A masturbação aparece deslocada para outra zona erógena (oral): "... fala que fala...". As fantasias que acompanham a masturbação parecem ser sádicas: destrói "falando". Por isso, identifica-se também com o macaquinho e com a figura não visualizada do dentista como superego cruel que castiga castrando a língua-pênis.
9) A solução escolhida consiste na identificação com uma figura feminina à qual cortaram o pênis-língua para que seja calada e boa.

## Prancha 9

"Havia um coelhinho que estava morrendo de frio porque o abandonaram e deixaram a porta aberta... como havia neve estava quase congelando... mas estava muito assustado... e vieram a senhora loba e o pegou... e lhe deu leite... e acontece que o coelhinho virou grande [*vino grande*]... e teve cria... então voltou a sua casa de volta... foi um lar feliz... procuraram um papai... se casaram."

1) Coelhinho abandonado assustado. (*Idem*, prancha 1.)
2) Porta aberta. (Omissão de alguns elementos.)
3) *Idem*, prancha 1.
4) *Idem*, pranchas 5 e 6. Primeiro tem cria e, depois, procura um pai e se casa.
5) Linguagem adequada à idade. Utiliza um verbo no plural com sujeito no singular: "vieram a senhora loba"; uma palavra evidentemente demais: "mas", e um modismo: "virou grande" [*vino grande*].
6) *Idem*, pranchas 5 e 6.
7) Coelhinho abandonado, assustado, é alimentado por uma loba. O coelhinho cresce e tem cria. Volta para casa, procura um pai, se casa. Problemáticas básicas: *a*) sentimento de abandono e carência afetiva, *b*) competição com a figura materna; necessidade de ser uma mãe, embora a identidade seja confusa, tanto como identidade sexual quanto como identidade infantil-adulta.
8) Desejo de vínculo com uma figura materna que a alimente e a faça crescer. Desejo de ser uma mãe que se relacione com o pai (vínculo edipiano). Medo do abandono, de ficar desprotegida. Os meios de defesa utilizados são: idealização de um vínculo com uma figura onipotente que gratifique sua avidez. Trata-se de uma figura idealizada e persecutória: "loba". Repressão de impulsos sexuais paralela a uma identificação com o papel materno (..."e teve cria... ... se casaram").
9) Tentativa de solução maníaca através de um vínculo idealizado e persecutório que a gratifique oralmente e lhe permita crescer com a condição de que a genitalidade fique em segundo plano e seja dada prioridade a um vínculo familiar idealizado.

**Prancha 10**

"Que lindo! Era uma vez três famílias que tinham um filhinho menor que cada vez que ia ao banheiro derrubava tudo... mordia as toalhas... quebrava o bidê... e uma vez veio a mamãe... viu-o... agarrou-o e lhe deu uma palmada... e o papai deu outra... e o meteram na cama... e lhe deram uma grande injeção... a agulha era de 40 metros... e assim nunca mais fez desastres no banheiro." (Não vê o pai.)

1) Filhinho. Mamãe. (*Idem*, prancha 1, embora não fique muito claro se se trata de cachorros.)

2) Banheiro. Toalha. Bidê.

3) *Idem*, prancha 1.

4) Seqüência lógica, salvo certa incoerência no final.

5) Linguagem adequada à idade. Utiliza "famílias" em vez de "pessoas" ou "cachorros".

6) *Idem*, prancha 1, embora a introdução do elemento "injeção" na prancha torne as características da história semelhantes às das pranchas 5, 6 e 9.

7) O filhinho derruba, morde, quebra. A mãe e o pai castigam-no. A problemática gira em torno da agressão e do castigo.

8) O vínculo de destruição oral e anal ("mordia", "derrubava") origina o medo da retaliação das figuras parentais e, especificamente, medo da agressão fálica paterna. Projeta o conflito triangular (adicionando o "papai"), embora se trate de uma prancha típica da relação mãe-filho; ao mesmo tempo, como em outras pranchas, converte as pessoas em "famílias". O ataque sádico, pelo qual sobrevém o castigo, implica o fracasso do controle interno. Castigam-no por não haver reprimido a agressão. Finalmente, introjeta a norma transgredida.

9) Por não poder impedir que surja o ataque destrutivo, procura o castigo severo e o posterior controle rígido da agressão.

**Síntese**

A criança mostra uma adequação às percepções típicas da prancha tanto com relação aos animais quanto aos outros elementos vistos. Até mesmo a maneira como os personagens e os elementos são percebidos responde à norma. A identidade dos animais é correta. Com relação aos elementos não animais das histórias, pode-se notar: certas omissões, um acréscimo (prancha 2) e uma distorção (prancha 6). Em geral, a percepção do estímulo é boa, não aparecendo alterações importantes (as poucas existentes não se referem aos personagens). Em síntese, não há sinais patológicos sérios em nível de percepção. A interpretação das pautas posteriores trará mais luz sobre o conteúdo dinâmico das histórias.

Em geral, a localização temporal é boa; com exceção de duas pranchas (5 e 8), as restantes têm referência às três instâncias temporais. Na prancha 5 o passado não está explícito, o que parece relacionar-se com a negação da cena primitiva e a culpa pela masturbação. Na prancha 8 a referência ao futuro não está clara, omissão que se podia esperar, já que o desenlace do problema é o castigo: castração. Pode-se dizer que, sem se prender rigidamente à dimensão temporal dos fatos, consegue respeitá-la, aparecendo somente certa incidência emocional determinada pela sua problemática.

A seqüência das histórias é: lógica em cinco histórias, com um final ilógico em três (pranchas 5, 6 e 9) e com elementos de logicidade duvidosa em conexão com o resto da história em dois casos (pranchas 2 e 10). Em geral, não é evidente uma alteração formal do pensamento; a aparição de certa ilogicidade torna-se clara se vinculamos esta pauta com a 6.ª (fantasia).

A linguagem utilizada é adequada à idade, bastante rica e exata quanto aos termos. As inexatidões são escassas. Algumas alterações na formação de frases e modismos são aceitáveis, dada sua idade. O mais significativo é, possivelmente, o aparecimento do "emdeve" e a omissão do "a" em "campar", o que pode ser relacionado com o problema orgânico. A utilização inexata da palavra "família", de forma repetida, parece estar relacionada com o conteúdo emocional das histórias. Seu aparecimento nas narrações em que se estrutura a situação edipiana faz pensar que converte os personagens em "famílias" para evitar o triângulo conflitivo. Parece ocorrer o mesmo com a palavra "cascalho" em lugar de "favo de mel" na prancha 2 (relacionado com a agressão).

A maioria das pranchas (1, 2, 3, 4, 7, 8 e 10?) mostra a possibilidade de fantasiar e de criar histórias que, sem afastar-se muito das habituais, têm certa originalidade. Isto evidencia a capacidade da menina de comunicar-se com os outros sem afastar-se demais das normas socialmente aceitáveis, assim como a capacidade de dar um tom pessoal e original às coisas. Contudo, cabe assinalar que, em determinadas circunstâncias (pranchas 5, 6 e 9), a subjetividade dá um nexo ilógico às idéias, substituindo, então, a originalidade pela ilogicidade. Isso vincula-se diretamente com seu conflito: sexualidade.

De acordo com a recorrência temática, colocam-se em ordem de importância as seguintes problemáticas:

1) Voracidade: necessidade de receber e dificuldade de esperar (pranchas 1, 3, 4, 7 e 9); rivaliza com o pai e com o irmão para receber mais "comida" da mãe. A problemática típica de ciúme estimulada pela prancha 4 está diretamente vinculada à frustração das necessidades orais pelo aparecimento do irmão.

2) Manipulação da agressão (pranchas 7 e 10): tem uma conotação muito destrutiva nas histórias. Sente que pode tomar três direções: *a*) dos outros para ela, *b*) dela para os outros, *c*) dela para si mesma.

3) Dificuldade para a elaboração da situação triangular e assunção da identidade. Busca de um vínculo com o pai excluindo a mãe (pranchas 2 e 9); agressão diante da cena primitiva (pranchas 5 e 6); problemas no processo de identidade (pranchas 4, 8 e 9).

Estas três problemáticas estão nitidamente relacionadas entre si, em nível das relações objetais inconscientes, já que aparece um conflito edipiano primitivo muito marcado pelo sadismo oral.

A necessidade de receber é muito intensa e não admite demoras. Fantasia um vínculo que seja uma fonte idealizada de provisões. A fome é tal que necessita esvaziar o objeto doador, danificando-o; assim, já não é fome e sim voracidade. Tal voracidade é incrementada pela competição fraterna e pela figura paterna, já que todos querem receber da mãe. Logo, teme tanto a represália da figura materna que foi esvaziada, como a do irmão e do pai que foram roubados. Quando a competição se dá na relação com o fraterno, o medo do castigo materno leva-a a introjetar normas que mantenham a voracidade dentro dos limites, a fim de não danificar e ser castigada. Quando a competição é com a figura paterna, o problema torna-se mais difícil, já que estão misturados aí os impulsos edipianos: então, a solução é apelar para a fantasia de um messias que possa gratificar a todos, ou unir-se maniacamente à figura paterna excluindo a mãe (com fantasias de gratificação oral). O vínculo com a figura paterna caracteriza-se pela busca de um "prazer sexual de tipo oral". As fantasias masturbatórias satisfazem esse prazer, sendo, ao mesmo tempo, o produto da inveja pela cena primitiva e um ataque sádico aos pais unidos. Esta fantasia está ligada a uma intensa culpa persecutória: teme que a retaliação a destrua.

Quanto às soluções apresentadas, distinguem-se três possibilidades:

1) A introjeção de normas superegóicas que controlam a agressão (pranchas 1, 4 e 10).

2) Soluções fantasiadas difíceis de conciliar com a realidade: fantasias de gratificação oral em vínculo com um objeto inesgotável, e fantasias de estabelecer um vínculo edipiano no qual se encontre também uma provisão oral (pranchas 2, 3, 6 e 9).

3) Soluções nas quais o desenlace implica a destruição de si mesma: castração e morte (pranchas 5, 7 e 8).

Como epílogo deste trabalho, gostaria de lembrar ao leitor que um esquema de orientações interpretativas como este tem suas vantagens e desvantagens. É evidente que organiza o trabalho interpretativo e torna-se um guia útil, sobretudo para o psicólogo que está iniciando. Contudo, vale a pena destacar que um esquema é sempre um esquema, e que deixa de fora muitos dados significativos que são difíceis de integrar numa síntese. Muitas hipóteses interpretativas escapam a qualquer esquema orientado, mas nem por isso deixam de ser valiosas num informe final.

## Bibliografia

Anderson e Anderson, *Técnicas proyectivas del diagnóstico psicológico*. Madri, Rialp, 1963.
Bell, J., *Técnicas proyectivas*. Buenos Aires, Paidós, 1964.
Bellak, L. e S., *Test de apercepción infantil (C.A.T.)*. Buenos Aires, Paidós, 1966.
Hirsch, Sara Berngoltz, Verthelyi, Renata F. e Rodrigues, Florêncio, M., *El C.A.T. en el psicodiagnóstico de niños*. Buenos Aires, Nueva Visión, 1979.
Klein, M. e outros, *Desarrollos en psicoanálisis*. Buenos Aires, Hormé, 1964.
——, *Nuevas direcciones en psicoanálisis*. Buenos Aires, Paidós, 1965.
Klein, M. e Rivière, J., *Las emociones básicas del hombre*. Buenos Aires, Nova, 1960.
Klein, M., *Relato del psicoanálisis de un niño*. Buenos Aires, Paidós, 1961.
——, *Psicoanálisis de niños*. Buenos Aires, Hormé, 1964.
Müller, Philippe, *Le C.A.T., recherches sur le dynamisme enfantin*. Hans Huber e Presses Universitaires de France, 1958. (Há versão castelhana de García Arzeno, M. E. e Zengotita, H., publicação da cadeira de Técnicas Projetivas, Dpto. de Psicologia, UNBA, 1970.)
Phillipson, Herbert, *Test de relaciones objetales*. Buenos Aires, Paidós, 1965.
——, *Una breve introducción a la técnica de las relaciones objetales*, publicação da Faculdade de Filosofia e Letras da UNBA.
Rabin A. e Haworth, M., *Técnicas proyectivas para niños*. Buenos Aires, Paidós, 1966.

*Capítulo VII*
**A hora de jogo diagnóstica**

# 1. A hora de jogo diagnóstica
Ana María Efron, Esther Fainberg, Yolanda Kleiner,
Ana María Sigal e Pola Woscoboinik

## Introdução

A hora de jogo diagnóstica constitui um recurso ou instrumento técnico que o psicólogo utiliza dentro do processo psicodiagnóstico com a finalidade de conhecer a realidade da criança que foi trazida à consulta.

A atividade lúdica é sua forma de expressão própria, assim como a linguagem verbal o é no adulto. Trata-se, então, de instrumentalizar suas possibilidades comunicacionais para depois conceituar a realidade que nos apresenta.

Ao oferecer à criança a possibilidade de brincar em um contexto particular, com um enquadramento dado que inclui espaço, tempo, explicitação de papéis e finalidade, cria-se um campo que será estruturado, basicamente, em função das variáveis internas de sua personalidade.

Nesta situação, expressa somente um segmento de seu repertório de condutas, reatualizando no aqui e agora um conjunto de fantasias e de relações de objeto que irão se sobrepor ao campo de estímulo. Por isso recorre-se, complementarmente, a outros instrumentos ou métodos de investigação.

Achamos conveniente esclarecer uma diferença básica entre a hora de jogo diagnóstica e a hora de jogo terapêutica, pois é muito comum a confusão entre as duas.

A primeira engloba um processo que tem começo, desenvolvimento e fim em si mesma, opera como uma unidade e deve ser interpretada como tal.

A segunda é um elo a mais em um amplo *continuum* no qual novos aspectos e modificações estruturais vão surgindo pela intervenção do terapeuta. (A respeito da participação do psicólogo na hora de jogo diagnóstica, falaremos detidamente no tópico "papel do entrevistador".)

Como se pode perceber, existe muita semelhança com a entrevista diagnóstica livre do adulto.

Vejamos agora algumas diferenças.

Numa a fantasia é mediada pelas verbalizações; na atividade lúdica o mediador é, predominantemente, o brinquedo oferecido, que expressa o que a criança está vivenciando no momento.

Na verbalização a fantasia aparece depurada pela maior influência do processo secundário; a localização temporal da fantasia expressa através da linguagem, do uso apropriado dos verbos e das leis do pensamento lógico-formal torna-se mais clara. No brincar, por sua vez, há uma comunicação de tipo espacial, na qual são incluídos mais elementos do processo primário através de princípios como os de condensação, atemporalidade e deslocamento, atuados no próprio brincar.

Por outro lado, a hora de jogo diagnóstica é precedida das entrevistas realizadas com os pais (que correspondem ao conceito de pré-entrevista dos adultos).

Nelas o psicólogo elabora com os pais instruções que serão dadas à criança por eles. Como pode haver interferência de diferentes fatores para que esta informação chegue de modo adequado ou não, cremos ser necessário reformular para a criança, num primeiro contato, tais instruções de forma clara e precisa.

Cada hora de jogo diagnóstica significa uma experiência nova, tanto para o entrevistador como para o entrevistado. Implica, a nosso ver, o estabelecimento de um vínculo transferencial breve, cujo objetivo é o conhecimento e a compreensão da criança.

## Sala de jogo e materiais

Consideramos que os aspectos formais da hora de jogo diagnóstica interferem no conteúdo da mesma, já que o enquadramento e as condições do âmbito de trabalho configuram uma *Gestalt* que responde a nosso marco referencial teórico. Por isso, passaremos a detalhar as condições gerais nas quais tal processo deve se desenvolver.

A sala de jogo será um quarto não muito pequeno, com mobiliário escasso (uma mesa, duas ou três cadeiras e quadro-negro), a fim de possibilitar liberdade de movimentos à criança. É preferível que as paredes e o piso sejam laváveis, o que permitirá que o entrevistador não se preocupe com a conservação do lugar de trabalho.

É conveniente oferecer à criança a possibilidade de brincar com água, se desejar, permitindo-lhe fácil acesso à mesma.

Os elementos devem estar expostos sobre a mesa, ao lado da caixa aberta. Convém que estejam distribuídos sem corresponder a nenhum agrupamento de classes, dando ao pequeno paciente a possibilidade de ordenação que corresponda às suas variáveis internas, em função de suas fantasias e/ou de seu nível intelectual. Não obstante, deve-se evitar um panorama caótico através de um amontoamento indiscriminado de brinquedos. A caixa ou cesto deve estar presente, porque pode funcionar como um elemento lúdico a mais e porque será o continente depositário da produção que o entrevistado deseje deixar ao final da hora. A apresentação dos brinquedos sobre a mesa, fora da caixa, evita o incremento da ansiedade persecutória que pode surgir no primeiro contato diante de um continente-caixa-desconhecido, fechado (compartilhamos neste caso o critério de outros autores). Com relação aos brinquedos a serem incluídos, há diversas modalidades que correspondem ao marco teórico adotado pelo entrevistador. Erikson, por exemplo, da escola norte-americana, postula a necessidade de discriminar diferentes áreas da problemática da criança. Por esta razão, seleciona os brinquedos em função das respostas específicas que provocam: de tipo sensório-motor, de integração cognitiva, do funcionamento egóico, etc.

Além disso, introduzindo outro critério, o da funcionalidade do brinquedo, propõe a inclusão de elementos de diferentes tamanhos, texturas e formas. Assim, para facilitar o jogo agressivo, inclui revólveres, espadas de borracha, sacos de areia; para estimular a área comunicativa, telefones, lápis de cor, etc. Procura representar em miniatura todos os objetos do mundo real circundante.

Consideramos desnecessária uma quantidade excessiva de material porque distrai e confunde o entrevistado.

No que diz respeito à escola inglesa, de orientação kleiniana, não há um critério unificado. Seguindo Bick, insiste-se na utilização de material não estruturado: madeiras de formas e tamanhos diferentes, tinta, barbante, lã, pedaços de pano, tesoura, fitas elásticas, copo, etc.

As críticas que podem ser feitas a este tipo de enfoque, antagônico em relação ao anterior, é de que permite interpretar símbolos que não correspondem ao que a criança realmente deseja transmitir.

Nós aderimos a um critério intermediário, oferecendo à criança materiais de tipos diferentes, tanto estruturados quanto não estruturados, possibilitando a expressão, sem que a experiência se torne invasora.

Propomos que seja incluído na caixa de brinquedos o seguinte material:

papel tamanho carta,
lápis pretos e de cor,
lápis de cera,

*A hora de jogo diagnóstica*

tesoura sem ponta,
massas de modelar de diversas cores,
borracha,
cola,
apontador,
papel glacê,
barbante,
dois ou três bonequinhos (com articulações e de tamanhos diferentes),
famílias de animais selvagens,
famílias de animais domésticos,
dois ou três carrinhos de tamanhos diferentes que possam funcionar como continentes,
dois ou três aviõezinhos com as mesmas propriedades,
duas ou três xícaras com seus respectivos pires,
colherinhas,
alguns cubos (aproximadamente seis) de tamanho médio,
trapinhos,
giz e
bola.

É importante que o material seja de boa qualidade para evitar fáceis estragos, situação que pode criar culpa na criança e fazê-la sentir que o entrevistador pode ser facilmente destruído por seus impulsos agressivos, os quais ela tem pouca capacidade para conter e manipular. Deve-se evitar a inclusão de material perigoso para a integridade física do psicólogo ou da criança (objetos de vidro, tesouras com ponta, fósforos, etc.). O material deve estar em bom estado, já que, caso contrário, a criança pode ter a sensação de estar em contato com objetos já usados e gastos.

## Instruções

Quando a criança entra no consultório, o psicólogo deve manifestar, de forma breve e numa linguagem compreensível, uma série de informações que configuram as instruções:

definição de papéis,
limitação do tempo e do espaço,
material a ser utilizado e
objetivos esperados.

Isto significa que se esclarece para a criança que pode utilizar, como quiser, o material que está sobre a mesa, que observaremos sua brincadeira com o propósito de conhecê-la e de compreender suas dificuldades para uma ajuda posterior, tudo isto num tempo determinado e nesse lugar.

Além disso, serão explicitados os limites gerais quanto à realização de ações que sejam perigosas para a integridade física, tanto do entrevistador quanto do entrevistado, da sala e do mobiliário, caso isto seja necessário, e no momento indicado.

## Papel do psicólogo

O papel que o psicólogo cumpre durante o processo psicodiagnóstico é um papel passivo, já que funciona como observador, e ativo na medida em que sua atitude atenta e aberta (atenção flutuante) permite-lhe a compreensão e a formulação de hipóteses sobre a problemática do entrevistado.

Pode acontecer que a criança requeira nossa participação, fazendo-nos desempenhar um papel complementar. Pode surgir, inclusive, a necessidade de uma sinalização (por exemplo, quando a criança se bloqueia ou manifesta sua rejeição através da inibição da atividade lúdica). Entendemos por sinalização a explicitação de aspectos dissociados manifestos da conduta.

Em hipótese alguma devem ser incluídas interpretações, já que estas apontam para o latente.

Outro tipo de participação é o estabelecimento de limites, caso o paciente tenda a romper o enquadramento.

Neste sentido, toda a participação do entrevistador tem como objetivo criar as condições ótimas para que a criança possa brincar com a maior espontaneidade possível, uma vez que esta, como qualquer outra situação nova, provoca ansiedade. A função específica consiste em observar, compreender e cooperar com a criança.

## Transferência e contratransferência

Uma hora de jogo diagnóstica significa uma experiência nova tanto para o entrevistado quanto para o entrevistador. Neste sentido, além de refletir o interjogo das séries complementares de cada um, implica, a nosso critério, o estabelecimento de um vínculo transferencial.

Antes do primeiro contato já existe uma imagem mútua, resultante da informação que os pais transmitem. Isto condiciona determinadas expectativas que devem ser reajustadas na primeira entrevista, através do vínculo real e concreto com a criança.

A transferência na hora de jogo e em todo o processo diagnóstico adquire características particulares que respondem, por um lado, à brevidade do vínculo e, por outro, ao fato de que o meio de comunicação sejam os brinquedos oferecidos pelo psicólogo, o que permite que a transferência se amplie e se diversifique para estes objetos intermediários. Neles o paciente depositará parte de seus sentimentos representantes de diferentes vínculos com objetos de seu mundo interno.

É tarefa específica do psicólogo recuperar esse material para integrá-lo, junto aos elementos verbais e pré-verbais, na totalidade do processo.

A contratransferência é um elemento que pode ajudar a compreensão da criança, se for conscientemente integrada pelo psicólogo. Este deve discriminar suas próprias motivações e impulsos, para que não interfiram na análise compreensiva da conduta lúdica da criança.

## Indicadores da hora de jogo diagnóstica

Quando nos dedicamos à tarefa de analisar uma hora de jogo diagnóstica, deparamos com a não-existência de uma padronização deste material. Isto faz com que a tarefa se torne difícil e a produção não seja bem aproveitada.

Portanto, propusemo-nos elaborar um guia de pautas que ofereçam um critério sistematizado e coerente para orientar a análise, comparar diversos materiais dentro do processo psicodiagnóstico e obter inferências generalizadoras.

Este método de investigação permite obter, além disso, um guia interno repartido e objetivado, enriquecedor da visão de conjunto.

Não se pretende com ele esgotar toda a riqueza e a complexidade das possibilidades a serem consideradas na hora de jogo, mas sim considerar os itens mais importantes para fins diagnóstico e prognóstico, apontando tanto para o dinâmico quanto para o estrutural e econômico.

## Análise dos seguintes indicadores:

1) escolha de brinquedos e de brincadeiras,
2) modalidades de brincadeiras,
3) personificação,
4) motricidade,
5) criatividade,
6) capacidade simbólica,
7) tolerância à frustração e
8) adequação à realidade.

## Escolha de brinquedos e de brincadeiras

De acordo com as características individuais, a modalidade de abordagem dos brinquedos pode assumir estas formas:
1) de observação à distância (sem participação ativa),
2) dependente (à espera de indicações do entrevistador),
3) evitativa (de aproximação lenta ou à distância),
4) dubitativa (pegar e largar os brinquedos),
5) de irrupção brusca sobre os materiais,
6) de irrupção caótica e impulsiva e
7) de aproximação, tempo de reação inicial para estruturar o campo e, em seguida, desenvolver uma atividade.

Deve-se levar em conta também o tipo de brinquedo escolhido para estabelecer o primeiro contato, de acordo com o momento evolutivo e com o conflito a ser veiculado (observar se a criança se dirige a brinquedos de tipo escolar, brinquedos representativos de diferentes modalidades de vínculos – oral, anal, fálico e genital –, brinquedos não estruturados ou de significado agressivo manifesto).

Quanto ao tipo de jogo, é necessário ver se tem princípio, desenvolvimento e fim, se é uma unidade coerente em si mesma e se os jogos organizados correspondem ao estágio de desenvolvimento intelectual correspondente a sua idade cronológica (nesta avaliação seguimos os critérios genéticos evolutivos propostos por Jean Piaget).

De uma criança de três anos é possível esperar um jogo de tipo egocêntrico, centrado em si mesma. Pode pedir ajuda ou fazer perguntas sobre os objetos, mas não toma o entrevistador como participante ativo na brincadeira. Sua atividade lúdica, além disso, não se ajusta a nenhum plano prévio, é espontânea e lábil. Isto determina que passe com facilidade de um jogo para outro, sem terminar nenhum. A atenção está centrada, fundamentalmente, na investigação do objeto, em suas funções e no prazer que lhe proporciona o exercício e a manipulação do mesmo.

Seu sentido de realidade ainda é restrito e, por isso, a funcionalidade dos objetos é determinada subjetivamente. (Por exemplo, pode fazer que os carros andem pelo ar.)

Dos quatro aos sete anos há uma maior aproximação ao real, com crescente preocupação pela veracidade da imitação exata. Isto pode ser apreciado na atividade gráfica, nas construções e nas associações verbais.

Por outro lado, o desenvolvimento do processo de socialização permite à criança reconhecer cada vez mais o outro como co-participante de sua brincadeira. Deste modo, pode dirigir-se ao psicólogo não somente para que ele a ajude, mas também para que assuma um papel ativo, discriminado e real, complementar ao seu.

Nos desenhos, passa da garatuja própria dos três anos a uma imitação mais realista do objeto representado, incluindo cada vez mais elementos do mesmo. Com relação à construção com cubos, aos quatro anos interessa-se por empilhar com equilíbrio, mas sem objetivo prévio e sem maior continuidade: pode interromper para passar a outra coisa.

Aos cinco ou seis anos, começa a incluir a intencionalidade: o propósito explícito de realizar uma determinada tarefa com uma margem mais ampla de constância em relação a seus objetivos.

Posteriormente, de sete a onze anos, encontramos já estabelecidos os esboços de regras: pode atribuir e assumir papéis explicitados de antemão e próximos à realidade (vendedor, professor, aluno). Tem noção da brincadeira mútua e consciência da alteração da regra; pode dramatizar cenas cotidianas.

Outro elemento importante é o uso que a criança faz da linguagem, sua ligação com a brincadeira que desenvolve e com a idade.

## Modalidades de brincadeiras

É a forma em que o ego manifesta a função simbólica. Cada sujeito estrutura o seu brincar de acordo com uma modalidade que lhe é própria e que implica um traço caracterológico. Entre tais modalidades podemos detectar:
a) plasticidade,
b) rigidez e
c) estereotipia e perseverança.

Quando a criança pode apelar para uma certa riqueza de recursos egóicos para expressar situações diferentes com um critério econômico, através da via do menor esforço, mostra-nos plasticamente seu mundo interno.

Esta plasticidade pode se manifestar de diferentes maneiras: expressando a mesma fantasia ou defesa através de mediadores diferentes, ou uma grande riqueza interna por meio de poucos elementos que cumprem diversas funções.

No primeiro caso citaremos o exemplo de Pablo, de sete anos, que ao longo de toda a hora de jogo mostra sua onipotência como defesa, identificando-se num primeiro momento com figuras fortes (salta com o guarda-pó colocado como capa, dizendo que é o Zorro e combatendo os soldados), enquanto, mais tarde, começa a encher um jarrinho afirmando que vai alimentar todos os animaizinhos que há no cesto. (Identifica-se agora, também de modo onipotente, com um peito inesgotável.) Expressa, então, de forma plástica, uma mesma defesa maníaca, com variedade de recursos.

No segundo caso vemos outra modalidade da plasticidade: a expressão de uma gama de situações através de áreas diferentes de conflito que se desprendem como núcleos organizadores do seu brincar. O psicólogo sente, ao terminar a hora de jogo, que a criança expressou um amplo espectro de sua vida emocional, que se manifestou de forma integrada, numa seqüência fluente, e sem a necessidade de recorrer a mecanismos de isolamento ou de controle obsessivo.

A terceira situação mostra a possibilidade de um mesmo objeto mudar de função, veiculando diversas fantasias de maneira adaptativa, sem produzir respostas tão originais que se tornem incompreensíveis para o entrevistador ou impeçam a comunicação e a expressão do que realmente deseja transmitir.

Suzana, cinco anos, utiliza uma xícara para dar de comer a sua boneca, expressando assim uma fantasia oral. Pouco depois, a xícara adquire outro significado: colocada de cabeça para baixo serve de assento para sua boneca. Vemos a capacidade da criança para modificar a função dos objetos, adequando-os às suas necessidades de expressão.

Tal plasticidade converter-se-ia em labilidade patológica se a mudança fosse a tal ponto brusca e constante que os objetos não conservassem, nem por um momento, os atributos que lhes são conferidos.

Estas modalidades de expressão da plasticidade não são excludentes e podem estar presentes num mesmo paciente ao longo de uma hora de jogo, complementando-se entre si.

Outra modalidade clara e oposta à anterior é a rigidez no brincar, geralmente utilizada diante de ansiedades muito primitivas para evitar a confusão. Neste caso, a criança adere a certos mediadores, de forma exclusiva e predominante, para expressar a mesma fantasia. Esta caraterística pode tanto ser vista nos brinquedos quanto nas seqüências, verbalizações e gestos, e tem como objetivo controlar a identificação projetiva no depositário, conservar os limites e manter a dissociação, dado que qualquer situação nova desorganiza-a e provoca confusão. Esta defesa empobrece o ego e dá como resultado uma brincadeira monótona e pouco criativa.

É uma modalidade não adaptativa que é vista, fundamentalmente, em crianças neuróticas.

Para exemplificar, relatamos o caso de Daniel, de dez anos. Durante vinte minutos da hora de jogo faz quadrados num papel glacê, e começa, depois, a fazer um gradeado com as tiras que cortou do papel, entrelaçando-as. Tarefa que lhe tomou toda a hora pelo cuidado extremo que tinha, o que é diferente de um brincar repetido e sem sentido, próprio de uma modalidade estereotipada.

A rigidez costuma se expressar também através da impossibilidade de modificar os atributos outorgados ao objeto. Por exemplo: Suzana, de cinco anos, pega quatro xicrinhas iguais e atribui a cada uma delas uma função com base em uma pequena diferença. Durante trinta minutos realiza um jogo, conservando rigidamente os papéis e com um grande cuidado para não confundir as xícaras. Vê-se que está preocupada com isso. Quando uma das xícaras fica escondida, entra em pânico e começa a chorar, acalmando-se quando a entrevistadora lhe mostra. Recomeça então a brincadeira, quando supera a paralisação produzida pela sua entrada em confusão.

Como modalidades mais patológicas de funcionamento egóico podemos caracterizar a brincadeira estereotipada e a perseverante. Nelas manifesta-se uma desconexão com o mundo externo cuja única finalidade é a descarga; repete-se uma e outra vez a mesma conduta e não há fins comunicacionais.

Este brincar é típico das crianças psicóticas e com lesões orgânicas.

Juan Carlos, de nove anos, recortou durante a hora de jogo um mesmo elemento multiplicado sem introduzir nenhuma variável.

## Personificação

Quando falamos de personificação, referimo-nos à capacidade de assumir e atribuir papéis de forma dramática.

Em cada período evolutivo a capacidade de personificação adquire diferentes características. Em crianças muito pequenas a realização de desejos se expressa de maneira mais imediata e a identificação introjetiva é utilizada como mecanismo fundamental. Assume o papel do outro, fazendo seu o personagem temido ou desejado.

Estela, de dois anos e meio, que foi levada para a consulta por apresentar crises de choro cada vez que seu irmão, de seis anos, vai para a escola, pega sua pasta na hora de jogo e, dentro dela, coloca lápis de cera e uma folha.

Numa etapa posterior as personificações se enriquecem com figuras imaginárias, tais como fadas, monstros e bicho-papão, dissociando e projetando nestas figuras diferentes imagos.

A criança começa também a atribuir papéis e a tornar mais explícito o vínculo que mantém com estas imagos (se submete, vence, domina, ataca ou é atacada, é o perseguidor ou o perseguido), mostrando alternâncias sucessivas desses papéis, como expressão da labilidade das identificações.

No período de latência, a criança tende a dramatizar papéis definidos socialmente, com menor expressão da fantasia, em função do aumento da repressão. Amplia seu campo de conexão com o meio ambiente, tende a brincar, por exemplo, de polícia e ladrão, de professora, de vendedor, com menor alternância de papéis e maior apego a suas identificações.

No brincar de pré-púberes observa-se uma inibição desta capacidade porque torna-se possível a *atuação* real de suas fantasias.

Para dar-lhes curso, escolhe objetos mais afastados do meio familiar através de um deslocamento, que se expressa, fundamentalmente, na área simbólica.

Na adolescência a personificação adquire importância novamente e é utilizada como meio de expressão.

A personificação, como elemento comum a todos os períodos evolutivos normais, possibilita a elaboração de situações traumáticas, a aprendizagem de papéis sociais, a compreensão do papel do outro e o ajuste de sua conduta em função disso, o que favorece o processo de socialização e de individuação.

Devemos levar em conta que a passagem de um período a outro não se realiza de forma linear nem brusca, mas que implica sucessivas progressões e regressões.

A análise do conteúdo da personificação leva-nos a avaliar, através da qualidade e da intensidade das diferentes identificações, o equilíbrio existente entre o superego, o id e a realidade, elemento de fundamental importância diagnóstica e prognóstica. Este equilíbrio é conseguido quando o superego se torna mais permissivo e reflete com maior realidade as figuras de autoridade real e, portanto, com menor sadismo, permitindo ao ego a satisfação de desejos e impulsos, sem entrar em conflito com a realidade.

As instruções incluem uma explicitação de papéis que implica a observação do psicólogo e a atividade lúdica da criança. Se, durante a hora de jogo, a criança nos pede para assumir determinados papéis, achamos que é necessário que ela nos explique claramente as características do papel atribuído, para que fique bem definido e responda às fantasias projetadas.

## Motricidade

Este indicador permite-nos ver a adequação da motricidade da criança à etapa evolutiva que atravessa.

Em cada período há pautas previsíveis que respondem, por um lado, ao desenvolvimento neurológico e, por outro, a fatores psicológicos e ambientais.

Os problemas motores podem corresponder a qualquer desses fatores com predominância de alguns deles e/ou a uma inter-relação entre os mesmos.

Através da hora de jogo o psicólogo pode observar a falta de funcionalidade motora, apesar de que, para poder especificar a qualidade, a intensidade e a origem do problema, será necessária a aplicação de instrumentos mais sensíveis.

Consideramos desnecessário fazer uma descrição das linhas de evolução do desenvolvimento motor, pois existe uma ampla bibliografia a respeito; apenas queremos mostrar que é importante levar em conta o estágio evolutivo da criança que estamos examinando para inferir qualquer conclusão acerca do tema, assim como ver também as recorrências que podem ser encontradas dentro do processo psicodiagnóstico. A manipulação adequada das possibilidades motoras permite o domínio dos objetos do mundo externo e a possibilidade de satisfazer suas necessidades com autonomia relativa, já que as dificuldades provocam frustrações e incrementam tensões em nível intra e interpessoal.

A comunicação gestual e postural enriquece a mensagem e pode mostrar aspectos dissociados que se manifestam como uma discordância entre o que se diz e o que se expressa corporalmente.

Um bom uso do corpo produz prazer e resulta num fortalecimento egóico que permite o alcance de novos ganhos e facilita a sublimação, quando a criança está preparada para isso.

Alguns aspectos dignos de serem observados dentro deste indicador são:

1) deslocamento geográfico,
2) possibilidade de encaixe,
3) preensão e manejo,
4) alternância de membros,
5) lateralidade,
6) movimentos voluntários e involuntários,
7) movimentos bizarros,
8) ritmo do movimento,
9) hipercinesia,
10) hipocinesia e
11) ductibilidade.

Para exemplificar alterações motoras vistas numa hora de jogo, citaremos o caso de Carlos, de sete anos, que apresenta dificuldades na escrita. Na hora de jogo o psicólogo percebe que, uma vez iniciada a ação, há dificuldade para inibir o movimento e este material é recorrente na expressão gráfica, que também se vê alterada. É solicitada uma consulta neurológica para fazer o diagnóstico diferencial, e são encontradas algumas alterações no traçado eletroencefalográfico.

Existiam também, indubitavelmente, importantes fatores psicológicos superpostos, mas a observação dos elementos motores deu-nos uma pista importante para detectar o problema e permitir que fosse acionado um tratamento conjunto.

Este sintoma passou inadvertido para a família, que via Carlos como uma criança boba: a alteração dava-se em nível de movimento mais delicado.

Para citar um exemplo em que o componente fundamental era produto de um problema psicógeno, mencionaremos o caso de Sebastián, um menino de nove anos, trazido para consulta por apresentar sérios problemas de conduta. Na hora de jogo produz muito material de conteúdo psicótico e, com relação à motricidade em particular, realiza caretas grotescas, que desfiguram sua expressão facial, desconectadas do material produzido no momento. Os movimentos bizarros que começam em seu rosto finalmente aparecem comprometendo todo seu corpo.

Devemos levar em conta o terceiro fator citado como possível causador da disfunção motora: a falta de estimulação ambiental. É freqüente que os centros assistenciais hospitalares sejam consultados por crianças com dificuldades no início da escolaridade. A imaturidade ou a dificuldade em nível motor costumam responder a uma falta de estimulação ambiental no momento da aquisição das funções, manifestada depois na falta de jeito nos movimentos delicados (problemas na escrita).

## *Criatividade*

Criar é unir ou relacionar elementos dispersos num elemento novo e diferente. Isso exige um ego plástico capaz de abertura para experiências novas, tolerante à não-estruturação do campo.

Este processo tem uma finalidade deliberada: descobrir uma organização bem-sucedida, gratificante e enriquecedora, produto de um equilíbrio adequado entre o princípio do prazer e o princípio de realidade. A criança age sobre os elementos à sua volta (brinquedos) para conseguir os fins propostos.

A nova configuração tem uma conotação de surpresa ou de descobrimento para a criança e é acompanhada de um sentimento de satisfação.

A dinâmica interna deste processo expressa-se através do interjogo entre a projeção e a reintrojeção do projetado, agora modificado, transformado em um produto qualitativamente diferente, promotor do crescimento e da mudança estrutural que se transforma num incremento da capacidade de aprendizagem.

Esta conotação de "deliberado", "a serviço do ego" e "com fins comunicativos" é o que caracteriza a criatividade, diferenciando-a da "produção original" do psicótico, que cumpre fins de descarga do id.

Para exemplificar citaremos a atividade lúdica de um menino de oito anos: quer pintar e não encontra o pincel nem as tintas. Constrói então um pincel, cortando pequenos pedaços de barbante, unindo-os por uma extremidade, colocando depois um palito na ponta; pega a ponta de um lápis de cor, a desfaz e coloca água, obtendo assim os materiais que desejava, utilizando-os com êxito.

Cláudio, de nove anos, mostra o fracasso de sua possibilidade de criar porque não consegue uma função adequada para os materiais escolhidos. Pega uma bola de massa e amarra-a a um barbante, convertendo-a num ioiô, e fantasia que faz figuras complicadas com ele.

Procura conseguir uma nova configuração, mas fracassa, e a frustração leva-o a uma conduta do tipo alucinatório.

A tolerância adequada à frustração permite que se forme a representação mental do objeto, na ausência deste. Resulta no incremento da função simbólica e antecipa sua conexão com o mesmo.

A alteração desta função pode se dar em duas direções opostas:

*a)* uma submissão extrema à realidade desagradável, indicadora de elementos altamente destrutivos e masoquistas. A excessiva tolerância determina pobreza interna e falta de ganhos adequados no mundo externo;

*b*) uma absoluta intolerância à frustração e o afeto concomitante que ela desperta, característica de um ego imaturo que não pode adiar os desejos insatisfeitos, leva a evacuar através da *atuação* ou de uma desconexão com o meio, e a concomitante satisfação narcisista de necessidades (auto-abastecimento). São aqueles sujeitos que, para não se frustrarem e sofrerem, evitam as situações de prova realista, mantendo sua onipotência.

## Tolerância à frustração

A tolerância à frustração é detectada, na hora de jogo, pela possibilidade de aceitar as instruções com as limitações que elas impõem (o estabelecimento de limites e a finalização da tarefa) e pelo desenvolvimento da atividade lúdica (pela maneira de enfrentar as dificuldades inerentes à atividade que se propõe a realizar).

A avaliação correta de tal função é importante em nível diagnóstico, mas, principalmente, quanto ao prognóstico. Torna-se fundamental diferenciar onde a criança situa a fonte de frustração: se deriva de seu mundo interno (desenhar algo que vai além de suas capacidades) ou se a localiza de preferência no mundo externo (desejar algo que não está presente), assim como a reação ante ela: encontrar elementos substitutivos (sinal de boa adaptação) ou desorganizar-se, começar a chorar (atitude negativista).

A capacidade de tolerar a frustração está intimamente relacionada com o princípio de prazer e de realidade. Instintivamente, a criança tende à descarga e à satisfação dos desejos, e o princípio de realidade é o que regula tal satisfação através das funções egóicas. Produz-se assim uma frustração necessária dos elementos desprezados em função da aquisição de novas possibilidades e, portanto, do crescimento da criança, o que resulta num equilíbrio emocional adaptativo e maturativo do ego.

## Capacidade simbólica

O brincar é uma forma de expressão da capacidade simbólica e a via de acesso às fantasias inconscientes.

Uma quantidade adequada de angústia é a base necessária para a formação de símbolos. A expressão direta das situações conflitivas pode inibir, total ou parcialmente, a conduta lúdica, pois provoca um *quantum* de ansiedade intolerável para o ego.

Portanto, a criança consegue, pelo brincar, a emergência destas fantasias através de objetos suficientemente afastados do conflito primitivo e que cumprem o papel de mediadores: apela para as suas possibilidades de elaboração secundária para expressar a fantasia.

O símbolo deve estar suficientemente próximo do objeto primário simbolizado para permitir sua expressão deformada. Quanto mais elementos a criança utiliza para expressar seu mundo interno, maiores possibilidades egóicas revela, no sentido de refletir na realidade toda uma série de significados adquiridos mediante um processo de capacitação para simbolizar.

Na capacidade simbólica valorizamos não só a possibilidade de criar símbolos, mas analisamos também a dinâmica de seu significado, tema que não incluiremos aqui, a fim de evitar um reducionismo a simbologias universais.

Cada símbolo adquire sentido no contexto no qual se expressa.

À medida que a criança cresce, aumenta a distância entre o símbolo e o simbolizado.

Produzem-se sucessivos deslocamentos e o princípio de realidade vai se impondo. A gratificação das fantasias primárias tende a ser desprezada cada vez mais.

Por isso, encontramos grandes diferenças entre as atividades lúdicas de crianças muito pequenas, que seguem as leis do processo primário, predominando, no período de latência, o processo secundário.

Quanto maior o deslocamento, menor é a resistência que o ego opõe.

Outro elemento a ser levado em conta é a relação entre o elemento mediador que expressa a fantasia e a idade cronológica. M. Klein, ao se referir à capacidade simbólica, diz que "o simbolismo constitui não só o fundamento de toda fantasia e sublimação, mas é sobre ele que se constrói a relação do sujeito com o mundo exterior e a realidade em geral".

Resumindo, através deste indicador podemos avaliar:

### A) A riqueza expressiva

1. A busca que a criança faz, à sua volta, de suportes materiais (significantes) que veiculem, de forma adequada, suas fantasias e conflitos (significados).
2. Uma nova busca, quando através das formas anteriores de simbolização não consegue os fins comunicacionais.
3. A coerência da concatenação dos símbolos, isto é, a possibilidade de transmiti-los através de um nexo lógico.

### B) A capacidade intelectual

Durante a hora de jogo e através dos símbolos que utiliza, a criança evidencia uma discriminação e uma manipulação da realidade que estão de acordo ou não com sua idade evolutiva. A maneira como o faz nos dá a indicação do estado em que se acha o processo de simbolização; se se desenvolve sem inibições na área da aprendizagem.

Este processo sofre uma evolução; parte da equação simbólica própria da etapa oral, na qual não há distância em relação ao objeto, para o desprendimento paulatino do suporte material que começa a se manifestar na posição depressiva, diante da consciência cada vez maior da ausência do objeto.

À medida que a criança cresce, aumenta a distância entre o significante e o significado, adquirindo o primeiro uma conotação cada vez mais compartilhada no âmbito social, cuja manifestação é, por excelência, a linguagem.

## C) A qualidade do conflito

Este ponto alude aos aspectos do conteúdo da capacidade simbólica. Os símbolos que a criança utiliza remetem-nos à compreensão do estágio psicossexual que atravessa e sua modalidade de expressão.

Isto é, em suas brincadeiras, o pequeno entrevistado pode expressar fantasias de tipo oral, anal, uretral, fálico ou genital, e o faz de uma determinada maneira, em função de suas técnicas habituais de manipulação.

A intensidade do conflito é variável. Um indicador do mesmo pode ser inferido através da reiteração de determinada fantasia, assim como pela forma de expressão escolhida.

## *Adequação à realidade*

Um dos primeiros elementos a serem levados em conta ao se analisar uma hora de jogo é a capacidade da criança de se adequar à realidade. Manifesta-se, neste primeiro momento, pela possibilidade de se desprender da mãe e atuar de acordo com sua idade cronológica, demonstrando a compreensão e a aceitação das instruções.

Tal adequação à realidade permite-nos avaliar possibilidades egóicas, embora ela possa adaptar-se ou não aos limites que esta situação lhe impõe:

*a*) aceitação ou não do enquadramento espaço-temporal com as limitações que isto implica;

*b*) possibilidade de colocar-se em seu papel e aceitar o papel do outro.

Estas situações são observáveis ao longo de toda a hora de jogo e em cada um dos indicadores.

Exemplo de desvio da primeira situação: um menino joga bola no consultório e utiliza-a como se estivesse num campo de futebol; não adapta sua motricidade ao âmbito geográfico em que está se movendo nesta situação particular, e corre o risco de quebrar algo, de se machucar ou de machucar o psicólogo.

Outro exemplo de dificuldade de adequação ao enquadramento espacial é a criança que insiste em utilizar a sala de espera como prolongamento do consultório.

A dificuldade de se adaptar temporalmente à situação pode ser vista na estruturação de brincadeiras tão prolongadas que impedem uma finalização, com a frustração conseqüente, mostrando uma defasagem entre o realizado e o planejado.

Quanto à segunda situação, pode aparecer: a não-aceitação do papel que o psicólogo designou para a criança quando explicitou as instruções (por exemplo, negar-se a brincar) ou o não-reconhecimento do outro como pessoa diferente e desconhecida (a criança que tenta tirar o psicólogo do papel, não o aceitando como observador não participante).

No começo da hora de jogo podem aparecer condutas pouco adequadas, por ser o primeiro contato que estabelece com o psicólogo; necessitará, então, de um tempo de adaptação, que será diferente para cada indivíduo. A capacidade de se reorganizar é um elemento fundamental para o prognóstico, assim como a capacidade de se readaptar diante de novas provas do processo diagnóstico. Se a criança, uma vez adaptada à nova situação, não pode aceitar as novas instruções e insiste na conduta lúdica, está nos proporcionando material importante para sua interpretação.

Não poder se adequar à realidade implica um déficit na discriminação ego-não-ego.

## *O brincar da criança psicótica*

A dificuldade para brincar é o índice mais evidente das características psicóticas presentes numa criança seriamente perturbada.

É importante destacar que, em termos estritos, não se trataria de uma brincadeira no sentido de atividade lúdica, já que brincar implica a possibilidade de simbolizar. No psicótico, significante e significado são a mesma coisa (equação simbólica).

Não obstante, devemos levar em conta que a criança pode ter partes de sua personalidade mais preservadas ou que conseguiram uma organização não psicótica, e a possibilidade de expressar seu conflito dependerá da quantidade, da qualidade e da inter-relação destas partes.

Esta dificuldade vai desde a inibição total ou parcial do brincar até a desorganização da conduta.

É importante distinguir, num diagnóstico diferencial, situações em que se estrutura uma "pseudobrincadeira", condutas ou séries de condutas em que a criança aparenta brincar, mas onde há uma ausência total ou parcial de simbolização. Nestes casos a criança só descarrega uma fantasia.

Tal é o caso de Juan, que durante uma hora de jogo começa a girar no solo usando sua cabeça como eixo e repetindo em voz alta: toc, toc, toc, identificando-se com um relógio. Poderíamos pensar que o menino está brincando, mas na realidade não é assim. É uma pseudobrincadeira na qual *atua*, corporalmente, uma fantasia; não brinca de ser relógio, mas sim "é" o relógio. Perdeu a distância e a possibilidade de simbolizar, desaparecendo o "como se" próprio das brincadeiras de crianças normais e neuróticas.

A estrutura psicótica evidencia-se nos diversos indicadores. Assim, a criança psicótica não pode se adequar à realidade, na medida em que ela se manipula com predomínio do processo primário, distorcendo a percepção do mundo externo e, na situação diagnóstica, a relação ou o vínculo com o psicólogo.

A capacidade simbólica fica relegada pela predominância de equações simbólicas, como vimos no exemplo descrito anteriormente. Os personagens extremamente cruéis *atuados* pela criança psicótica estão em correspondência com um superego primitivo de características terroríficas e sádicas, o qual, segundo Melanie Klein, é um dos fatores básicos do transtorno psicótico. Concomitantemente, encontramo-nos diante de um ego desorganizado, cujos mecanismos de defesa primitivos são a identificação projetiva maciça e o *splitting*.

Outros elementos significativos costumam ser a perseverança ou estereotipia na conduta verbal e pré-verbal, ainda que não sejam características exclusivas do brincar de quadros psicóticos, mas que se apresentem também em orgânicos ou em neuroses graves.

São freqüentes as organizações originais, os neologismos, as atitudes bizarras e as dificuldades de adequação à realidade, tolerância à frustração e aprendizagem.

Com relação ao prognóstico, é importante considerar no desenvolvimento da hora de jogo diagnóstica os elementos que impliquem uma possibilidade de conexão com o psicólogo e/ou com o objeto intermediário.

## *O brincar da criança neurótica*

Observamos, em geral, a possibilidade de expressão lúdica com reconhecimento parcial da realidade, áreas livres de conflito coexistentes com escotomas que encobrem situações conflitivas.

A gama e a variação dos conflitos em nível neurótico são muito amplas; portanto, descreveremos um perfil comum que nos permita caracterizar o brincar da criança neurótica.

Encontramos, diferentemente do que acontece com a criança psicótica, a capacidade simbólica desenvolvida, o que lhe possibilita a expressão de seus conflitos no "como se" da situação lúdica, sendo capaz de discriminar e de evidenciar um melhor interjogo entre fantasia e realidade, assim como as alterações significativas em áreas específicas. É importante, portanto, levar em conta o grau e a qualidade da comunicação com o psicólogo e com os brinquedos, manifestados através do deslocamento de seu mundo interno.

A dinâmica do conflito neurótico se dá entre os impulsos e sua relação com a realidade. Utiliza, então, uma série de condutas defensivas que resultam num empobrecimento egóico, cujas características dependerão das áreas afetadas. O quadro nosográfico é determinado, por seu lado, pela predominância de certos tipos de defesas.

Nestas crianças há, pois, uma adequação relativa à realidade, cujo grau depende dos termos do conflito; há uma tentativa de satisfazer o princípio de prazer que, por seu lado, gera culpa não tolerada pelo ego, que desloca o impulso para objetos substitutivos afastados do original.

Este deslocamento, a serviço da repressão, provoca um círculo vicioso pelo qual não se consegue a satisfação e deve-se recorrer a novos deslocamentos que, mais uma vez, evidenciam o conflito.

Deste modo, vêem-se limitadas a capacidade de aprendizagem e as possibilidades criativas que dependem de uma síntese egóica adequada.

Outra característica diagnóstica é o baixo limiar de tolerância à frustração ou a superadaptação em certas áreas, que são, ambas, manifestações da fraqueza egóica do neurótico que está em íntima relação com as características severas de seu superego e os termos do conflito.

Estas crianças dramatizam personagens mais próximos aos modelos reais, com menos carga de onipotência e maldade.

## *O brincar da criança normal*

Devemos levar em conta que a hora de jogo diagnóstico está incluída dentro do processo psicodiagnóstico total, e é muito importante detectar as diferentes respostas da criança diante de situações que vão desde a grande desestruturação dada pelas instruções da hora de jogo, até situações mais dirigidas do resto do processo.

A comparação dos diferentes momentos nos permitirá estabelecer diferenças diagnósticas e prognósticas.

Procuramos, nos diferentes indicadores, fundamentar parâmetros aproximados de uma conduta adaptativa.

É fundamental ter em mente que o conflito não é sinônimo de doença; em cada período evolutivo, a criança atravessa situações conflitivas inerentes a seu desenvolvimento.

O equilíbrio estrutural permite à criança normal a superação destes conflitos e permite que ela saia enriquecida, isto é, a situação conflitiva opera como motor e não como inibidor do desenvolvimento.

A confiança em suas possibilidades egóicas e um superego benévolo tornam possível atravessar estas situações de crise que supõem a elaboração das perdas e novas aquisições próprias do crescimento.

A liberdade interna oferecida pelo equilíbrio ótimo entre fantasia e realidade, suas possibilidades criativas e, portanto, reparatórias, enriquecem-na permanentemente, permitindo-lhe aprender da experiência.

Quanto à personificação no brincar, os modelos atuais aproximam-se dos objetos reais representados, a criança dá livre curso à fantasia, atribuindo e assumindo diferentes papéis na situação de vínculo com o psicólogo, ampliando as possibilidades comunicativas.

A hora de jogo diagnóstica de uma criança pode apresentar momentos alternantes com diferentes qualidades ou características. Da normalidade à psicose, passando pela neurose, estabelece-se um *continuum*, dentro do qual estes matizes determinam as diferenças quantitativas e qualitativas.

| | PSICÓTICA | NEURÓTICA | NORMAL |
|---|---|---|---|
| ADEQUAÇÃO À REALIDADE | Carece de adequação por falta de discriminação da realidade como tal. | Reconhecimento parcial; escotomas em função do conflito. | Boa capacidade de adaptação. |
| ESCOLHA DE BRINQUEDOS E DE BRINCADEIRAS | Responde a uma intencionalidade de estruturação psicótica. | Determinada pela área conflitiva. | Em função de necessidades e interesses próprios da idade. |
| CAPACIDADE SIMBÓLICA | Equação simbólica. *Atuação* direta das fantasias. | Compulsão à repetição. | Possibilidade de expressar as fantasias através da atividade simbólica com maior riqueza. |
| MODALIDADE DE BRINCADEIRAS | Estereotipia-perseverança-rigidez-etc. | Alternância em função das defesas predominantes. | Rico-fluido-plástico. |

| | PSICÓTICA | NEURÓTICA | NORMAL |
|---|---|---|---|
| MOTRICIDADE | Movimentos ou gestos bizarros. Mudanças bruscas sem relação com o contexto. Inibição-autismo. | Variável. | Adequada. |
| CRIATIVIDADE | Não existe como possibilidade egóica. Produção original. | Diminuída; depende do grau de síntese egóica. | Boa, em função de sua liberdade interna. |
| PERSONIFICAÇÃO | Personagens cruéis e terroríficos ou com grande carga de onipotência. | Personagens mais próximos à realidade, mais discriminação que o psicótico. Rigidez na atribuição de papéis. | Maior fluidez. Possibilidade de trocar papéis. Assumir e designar. |
| TOLERÂNCIA À FRUSTRAÇÃO | Predomina o princípio de prazer. Mínima. | Baixo limiar, ou superadaptação. | Capacidade de tolerar, modificação da realidade sem submetimento. |

## Bibliografia

Aberastury, A., *Teoría y técnica del psicoanálisis de niños*. Buenos Aires, Paidós, 1962.

Allen, Frederick H., *Psicoterapia infantil*. Buenos Aires, Paidós, 1945.

Bleger, José, *La entrevista psicológica*. Buenos Aires, edición de O.P.F.Y.L. (Dpto. de Public. de la Fac. de Filosofía y Letras).

Gessell e Amatruda, *Diagnóstico y desarrollo normal y anormal del niño*. Buenos Aires, Paidós, 1969.

Heimann, P., *Idem*, cap. IV: "Algunas funciones de introyección y proyección de Edipo. Las etapas tempranas".

——, *Idem*, cap. IV: "Algunas funciones de introyección y proyección de la temprana infancia".

Isaac, S., *Idem*, cap. III: "Naturaleza y función de la fantasía".

Kanner, Leo, *Psiquiatría infantil*. Buenos Aires, Paidós, 1966.

Klein, M., *Contribuciones al psicoanálisis*. Buenos Aires, Paidós, 1965.

——, *Idem*, "La personificación en el juego de los niños".

——, *Idem*, "La importancia de la formación de símbolos en el desarrollo del yo", 1930.

——, *Idem*, "El complejo de Edipo a la luz de las ansiedades tempranas", 1945.

——, *El psicoanálisis de niños*. Buenos Aires, Paidós, 1961.

——, *Relato del psicoanálisis de un niño*. Buenos Aires, Paidós, 1961.

——, *Idem*, cap. I: "La técnica psicoanalítica del juego: su historia y su significado".

——, *Idem*, cap. VI: "Algunas conclusiones teóricas sobre la vida emocional del lactante".

——, *Idem*, cap. IX: "Nota sobre algunos mecanismos esquizoides".

——, *Idem*, cap. XIII: "Sobre la identificación".

Klein, M. e outros, *Desarrollos en psicoanálisis*. Buenos Aires, Paidós, 1945.

——, *Nuevas direcciones en psicoanálisis*. Buenos Aires, Paidós, 1965.

Laplanche e Pontalis, *Vocabulaire de la psychanalyse*. Paris, P.U.F. (Há versão em português: *Vocabulário da psicanálise*. São Paulo, Martins Fontes.)

Liberman, David, *La comunicación en terapéutica psicoanalítica*. Buenos Aires, Eudeba, 1962.

Munro, L., *Idem*, cap. VI: "Pasos en la integración del yo observador en un análisis de juego".

Pavlovsky, Eduardo, *Psicoterapia de la niñez y la adolescencia*.

Piaget, Jean, *Psicología de la inteligencia*. Buenos Aires, Psique, 1955.

——, *La formación del símbolo en el niño*. México, F.C.E., 1961.

——, *Idem*, cap. IV: "El nacimieto del juego".

——, *Idem*, cap. V: "La classificación de los juegos y su evolución a partir de la aparición del lenguaje".

——, *Idem*, cap. VI: "La explicación del juego".

——, *Idem*, cap. VII: "El simbolismo secundario del juego, el sueño y el simbolismo inconsciente".

——, *Idem*, cap. VIII: "El paso de los esquemas sensorio-motores a los esquemas conceptuales".

——, *Idem*, cap. IX: "De las categorías prácticas a las categorías representativas".

Rabin e Harworth, *Técnicas proyectivas para niños*. Buenos Aires, Paidós, 1965.

Rodrigué, E. e Rodrigué G. de., *El contexto del proceso psicoanalítico*. Buenos Aires, Paidós.

——, *Idem*, cap. IV: "La naturaleza y función de los símbolos".

——, *Idem*, cap. V: "Sobre la formulación de la interpretación".

——, *Idem*, cap. VI: "El cajón de juguetes del niño y el cajón de fantasía del adulto".

——, *Idem*, cap. VIII: "La interpretación lúdica: una actitud hacia el juego".

Rodrigué, E., *Idem*, cap. VII: "El análisis de un esquizofrénico de tres años com mutismo".

## 2. Por um modelo estrutural da hora de jogo diagnóstica[1]

Analía Kornblit

Durante o nosso trabalho com crianças na equipe do Centro de Salud Mental N.º 1 de la Municipalidad de Buenos Aires, pudemos detectar as dificuldades que médicos e psicólogos, que se estão iniciando na especialidade, enfrentam para entender a hora de jogo de uma criança. Paralelamente, observamos também que as pessoas de mais experiência tinham dificuldades para transmitir seus conhecimentos sobre a forma de interpretar o material na hora de jogo. Diante de uma mesma sessão diagnóstica, pessoas com certo conhecimento chegavam a conclusões semelhantes, mas era-lhes difícil sistematizar os caminhos pelos quais haviam chegado a essas conclusões, precisamente aquilo que os profissionais com menos experiência desejavam aprender. Com base nestas considerações, decidimos formar uma equipe de trabalho para tentar organizar certos elementos de análise da hora de jogo. Com tal fina-

...........
1. A parte clínica do trabalho e a análise e elaboração do material contaram com a colaboração da Dra. Isabel Barreiro, as psicólogas Berta de Baza, Marta Bendersky e Cecina D. de Schere, e a Dra. Silvia Rascovsky. Numa parte do trabalho acompanhou-nos também a psicóloga María Cristina Foscarini. A investigação realizou-se como parte da tarefa de investigação da equipe que trabalha com crianças do Centro de Salud Mental N.º 1 de la Municipalidad de Buenos Aires.

lidade estudamos quinze pacientes entre seis e onze anos, sobre os quais reunimos o seguinte material:
1) história clínica levantada com os pais,
2) hora de jogo,
3) desiderativo e
4) H.T.P.

De acordo com o modelo usado no serviço, o psicólogo levantava a história clínica, realizava a hora de jogo numa sessão e os testes em outra.

Utilizamos em todos os casos o mesmo material de jogo, que consistia numa caixa com os elementos empregados tradicionalmente para diagnóstico.

O ideal teria sido que todos os casos tivessem sido entrevistados pelo mesmo psicólogo. Isto não foi possível, mas tentamos reduzir ao máximo a variável pessoal, estabelecendo instruções comuns, pautando a conduta a ser seguida pelo entrevistador durante a hora de jogo, tomando precauções para que tanto sua localização como a do material fossem a mesma, etc.

O registro de cada hora de jogo era apresentado depois, numa reunião da equipe de trabalho, na qual o entrevistador dizia somente o sexo e a idade do paciente, passando a relatar a hora de jogo e as sensações contratransferenciais que o material lhe despertara. Qualquer outra informação era adiada até a leitura da história clínica.

Depois de analisada a hora de jogo e tirada uma conclusão diagnóstica provisória a respeito do paciente, apresentavam-se os testes. Comparados os materiais, líamos a história clínica e considerávamos em que medida os dados históricos estavam relacionados com o diagnóstico estrutural.

Dos testes aplicados, tomamos especialmente o desiderativo como critério de validação, porque consideramos que é o teste que mais se aproxima da *dramatização* da estrutura e do conflito psicológicos que se atinge com a hora de jogo.

Apesar de exigir um grau maior de simbolização, no desiderativo também se dramatiza, "brinca-se", de modo mais claro que nos outros testes projetivos, tanto com os conflitos como com as defesas que a criança desenvolve ante eles. Neste sentido, pensamos que o teste avalia os mesmos aspectos que sobressaem na hora de jogo, enquanto o H.T.P., por exemplo, mede, além disso, outros aspectos (identidade sexual, nível intelectual, etc.). Portanto, tomamos o material do H.T.P. como complemento do material dado pela hora de jogo e pelo desiderativo, e comparamos *entre si* o que os dois últimos evidenciam.

Neste sentido, encontramos um dado interessante (que desenvolveremos depois): ocorrem seqüências semelhantes na hora de jogo e no desiderativo. Nas "neuroses" em que a ansiedade não invade a criança inibindo suas possibilidades de dramatização, seguem esta ordem:

1) defesas mais habituais;

2) conflitos atuais mais importantes;

3) defesas ante eles, ou o grau em que tais conflitos invadem o ego.

Na maioria dos casos, as conclusões da hora de jogo coincidiam amplamente com as do desiderativo, eram completadas pelo H.T.P. e compreendidas evolutivamente com base nos dados da história clínica.

Em muitos casos formulávamos hipóteses, a partir da hora de jogo, sobre algumas características possíveis do mundo externo e da história evolutiva do paciente que eram depois corroboradas pela leitura da história clínica. Apesar de isso não implicar nenhuma descoberta, foi de muita utilidade para nós, para podermos confiar em nossa capacidade de compreensão e na precisão da hora de jogo como instrumento diagnóstico.

Adotar uma ordem inversa da que normalmente se segue no diagnóstico infantil para o estudo do material foi um importante exercício clínico para nós. Permitiu-nos comprovar que:

1) Uma análise detalhada da hora de jogo, ainda que prescindindo de outro material ou às cegas, permite:

*a*) conceituar o principal conflito *atual* do paciente;

*b*) evidenciar suas principais técnicas de defesa ante a ansiedade e a quantidade dela;

*c)* avaliar o tipo de *rapport* que a criança pode estabelecer com um possível futuro terapeuta e o tipo de ansiedade que pode despertar nele contratransferencialmente;

*d)* tornar manifesta a fantasia de doença e de cura do paciente e, concomitantemente, a fantasia sobre o próprio tratamento.

2) Os *testes psicológicos*, em especial os gráficos, proporcionam material a respeito:

*a)* do grau de estruturação egóica que, apesar de se manifestar através da hora de jogo, cremos que aparece mais sistematizadamente nos testes;

*b)* dos indicadores do *prognóstico* do paciente, na medida em que hierarquizam áreas de conflito e áreas preservadas, o que possibilita estabelecer uma estratégia terapêutica.

3) Os dados da *história clínica* permitem:

*a)* avaliar também o grau de compromisso egóico no conflito;

*b)* o prognóstico da terapia, quanto à atitude dos pais diante do tratamento;

*c)* a medida em que a doença da criança é expressão de conflitos familiares e sua possível redistribuição em função da terapia, assim como o grau em que estas mudanças poderão ser toleradas.

## Critérios de análise da hora de jogo

Quando começamos o trabalho, nossa orientação em relação à interpretação do material era, com maior ou menor quantidade de erros, com maior ou menor riqueza, a que habitualmente se emprega na psicanálise de crianças, tal como vem se desenvolvendo em nosso meio, com base, fundamentalmente, no marco teórico dado por M. Klein e A. Aberastury.

Apesar de ninguém poder colocar em dúvida a profundidade destas contribuições na compreensão da dinâmica psicológica infantil, observamos que, muitas vezes, caíamos no erro de tornar manifestos os conflitos latentes da criança, suas ansiedades e defesas, de um modo tal que se tornava difícil detectar o grau de enfermidade, os pontos de urgência e os déficits específicos de cada paciente. Curiosamente, nossas crianças ficavam muito parecidas, de acordo com nossos informes.

Isto, por outro lado, é essencialmente verdadeiro se recordamos que as situações básicas de ansiedade, o conflito edipiano e os mecanismos de defesa constituem os elementos universais da configuração saúde-doença.

Como, geralmente, nossas apreciações sobre dinâmica psicológica profunda da criança coincidiam e trabalhávamos com base em conhecimentos comuns, resolvemos tentar um outro enfoque da hora de jogo que, sem nos afastar de nossa forma habitual de compreensão, permitisse-nos categorizá-la de modo a ter uma visão global e diferente de cada paciente e tornar possível sua comparação com os demais.

Para isto decidimos retroceder a uma perspectiva fenomenológica, resgatando também os elementos do senso comum que, muitas vezes, se perdem na análise segmentar de significados.

Pensamos, assim, que poderíamos entender a hora de jogo como uma história argumental da criança, fabricada em resposta a uma situação de estímulo (em parte estruturada e em parte não), avaliando, então, o modo como ela se inclui em tal situação.

Embora isto possa parecer óbvio, permitiu-nos levar em consideração aspectos que muitas vezes esquecíamos, preocupados, como estávamos, em inferir conteúdos inconscientes através do uso do material de jogo. Incluímos, assim, indicadores que chamamos "formais", em oposição aos indicadores "de conteúdo". Alguns destes indicadores eram: a forma de abordar os brinquedos; a atitude no começo e no final da hora de jogo, como se localiza no consultório, a atitude corporal, a utilização do espaço (deslocamentos da criança e dos brinquedos), etc.

Estes dados nos deram uma imagem da criança que complementava a interpretação da atividade lúdica em si. Contudo, não deixavam de ser um complemento à linha central de interpretação, que continuava sendo a análise das fantasias inconscientes, a partir da atividade lúdica.

Demo-nos conta, então, de que, embora as fantasias inconscientes últimas sejam universais, estávamos tomando também os brinquedos como significantes universais, isto é, que tínhamos como certo que as crianças colocavam em jogo mecanismos de identificação projetiva tomando como substrato da projeção objetos que, para nós, deviam constituir uma base adequada para a projeção de determinada imago, e não outra. Por exemplo: vaca igual a figura materna, leão igual a figura paterna agressiva, boneco igual a nenê. Em certas ocasiões, era tal o condicionamento que, ao registrar uma hora de jogo, os personagens já eram vertidos no código do entrevistador; e assim, colocar o nenê ao lado da mãe era a expressão usada para denotar que a criança tinha posto o boneco ao lado da vaca.

Aqui, o senso comum nos chamou à reflexão quanto aos significados distintos que a própria situação da hora de jogo poderia ter (para uma criança muito pobre era, talvez, um "oferecimento" de brinquedos, aos quais depois, supostamente, atribuía um conteúdo latente).

Nosso próximo passo foi pensar que uma variação diante da análise do que a criança faz era pensar no que deixa de fazer. Esta é a posição estruturalista que afirma que um elemento de um sistema adquire significado em função do resto dos elementos que compõem esse sistema, e que "as relações definem os termos"[2]; e mais ainda, segundo Laplanche e Leclaire, "se o significante remete ao significado não é senão pela mediação do conjunto do sistema significante. Não há significante algum que não remeta à ausência dos outros e que não se defina pela sua posição no sistema"[3].

............
2. Fagés, J. B., *Para comprender el estructuralismo*. Buenos Aires, Galerna, 1967, p. 12.
3. Laplanche, J. e Leclaire, S., "El inconsciente: un estudio psicoanalítico". In: *El inconsciente freudiano y el psicoanálisis francés contemporáneo*. Buenos Aires, Nueva Visión, p. 53.

Seguindo este modelo, tentamos analisar a hora de jogo sob um ponto de vista semiológico, ou seja, atendendo mais às formas significantes do que à semântica, no tocante ao estudo dos significados (neste caso, fantasias inconscientes).

Na análise da relação significante (brinquedos)-significado (fantasia inconsciente), cometeu-se o erro de atribuir aos significantes o mesmo caráter que aos signos da língua. De Saussure diferencia a língua da fala, sendo que a língua é o aspecto social da linguagem, resultado de convenções compartilhadas, que fazem dela um código. A fala, por outro lado, é a função pessoal da linguagem, onde cada sujeito seleciona seu próprio modo de expressão, combinando palavras e frases do sistema lingüístico, que oferece alternativas diferentes para expressar o mesmo significado.

Pode-se pensar que há língua na linguagem do brincar, assim como na do sonho? Evidentemente, há fala, na medida em que se transmitem mensagens; mas o código de sinais não deriva de convenções, e sim de um mundo interno nutrido de significados universais (na medida em que assumimos que as protofantasias têm um substrato biológico); por isso, atribuir a um ato do brincar o mesmo valor significante que à palavra falada pode levar a um reducionismo que atente contra a riqueza da compreensão e sobreponha um código a uma mensagem que não foi emitida nesse mesmo código. Um exemplo grosseiro: pode-se atribuir a um choque de dois carrinhos que a criança provoca quando brinca o mesmo valor como significante que à expressão "mamãe e papai têm relações sexuais"?

O brincar seria uma linguagem sem língua em que cada dramatização pode remeter a vários significados, mas os elementos desta linguagem em si não remetem a significados. O leão não será, necessariamente, pai mau; *denotará*, em primeiro lugar, outro significado (por exemplo, posso pegar esse animal de brinquedo e simbolizar com ele um aspecto do que está acontecendo comigo), ou mais brevemente: pode simbolizar, ao mesmo tempo, que pode *conotar* o arquétipo pai mau ou outro.

Nossa impressão é que, muitas vezes, deixa-se de lado o denotado, analisando-se, exclusivamente, o conotado, que é tomado como aquilo a que o significante remete de um modo fixo. Isto implica uma atitude de "tradução simultânea", em que determinados momentos adquirem especial importância por seu simbolismo.

Mas existe outro modelo de análise, ao qual Laplanche e Leclaire chamam "atitude de atenção livremente flutuante", que "não privilegia nenhum conteúdo, privilegia a todos, e considera o *conjunto* do discurso como um texto suscetível de ser traduzido para a linguagem inconsciente"[4].

Por outro lado, o brincar é uma linguagem em que, como diz Fagés, as imagens estão coladas a seu significado", e "para encontrar os poderes de significação e de interpretação... devem desenvolver em nível do 'discurso' o que lhes falta em nível das estruturas elementares"[5].

Na hora de jogo o "discurso" é dado pela *seqüência* das brincadeiras, que foi, precisamente, o que tentamos abordar segmentando a conduta da criança durante a sessão em unidades.

Categorizamos como unidade de jogo toda a conduta da criança que permita que a significação apareça, desde um gesto até um ato complexo em que se usam diferentes elementos, mas para emitir uma mensagem única, por exemplo, construir uma casa.

A importância da análise das seqüências aparece assinalada, se bem que em outro contexto, na obra de Lacan, para quem a unidade de significação adquire sentido em relação à cadeia de significantes: "Os significantes devem ser considerados como se estivessem articulados." "Existe uma coerência teórica do conjunto como conjunto e também a articulação é significante."[6]

---

4. *Idem*, p. 22.
5. Fagés, *op. cit.*, p. 121.
6. Palmier, J. M., *J. Lacan, lo simbólico y lo imaginário*. Buenos Aires, Proteo, 1971, p. 53.

O significante da articulação entre o que chamamos de unidades de jogo é o tipo de atividade que é suscitada pela atividade anterior. Assim, por exemplo, o fato de que depois de haver rasgado um boneco a criança arrume o material expressaria que a primeira atividade evocou uma ansiedade que se traduziu na atividade de arrumar, como defesa ante ela. Portanto, pensamos que os elementos categorizáveis na hora de jogo, segundo esta perspectiva, são, fundamentalmente:

1) condutas que revelam um "argumento" psicológico, isto é, que dramatizam fantasias;

2) condutas que manifestam mecanismos defensivos ante a ansiedade provocada pela emergência de fantasias.

Usamos o termo fantasia, em seu sentido mais amplo, como aquilo que a criança expressa mediante o brincar, coisa que ocorre toda vez que aquilo que a criança faz evoca, no entrevistador, uma representação mental correspondente a um conteúdo inconsciente. Por exemplo, se a criança brinca de dar de comer aos animais, evoca no psicólogo a situação básica de alimentação na dupla mãe-criança. Se, por outro lado, pega os brinquedos e os larga em seguida, sem armar nenhuma brincadeira com eles, está indicando que sofre uma inibição de sua fantasia, uma defesa ante a ansiedade que aquilo que reprime lhe evoca.

Conseqüentemente, o que tomamos como significados aos quais remetemos os significantes não são conteúdos inconscientes, mas sim o que a criança *faz com eles*.

Com relação a isso, podem apresentar-se as seguintes possibilidades:

1) mostra-os dramatizando-os através do brincar;
2) mostra mecanismos defensivos diante desses conteúdos inconscientes, do tipo de:
   *a*) inibição: paralisação da atividade;
   *b*) controle: arruma, toca nos brinquedos ou em outros objetos;
   *c*) conversão: morde os lábios, retorce as mãos, etc.

Registramos, pois, para cada criança, as seqüências de fantasias e defesas, tal como foram caracterizadas.
Consideramos também como indicadores:
1) o número total de unidades de jogo;
2) o ritmo das seqüências;
3) o número do que chamamos subsistemas dentro do sistema total da hora de jogo, seqüências em que mantém um mesmo sentido (por exemplo, amassar e fazer, com a massa, objetos relacionados entre si, seria um subsistema separado de outro, em que a criança constrói uma torre com cubos);
4) o grau em que a ansiedade transborda das medidas defensivas e se manifesta abertamente (por exemplo, crises de choro);
5) a perseverança nas unidades de jogo;
6) o momento de aparecimento no decorrer da sessão do que chamamos de "clímax", isto é, a mensagem que aparece como privilegiada no contexto do discurso, pela sua maior dramaticidade (por exemplo, um animal é atropelado por um carro);
7) a possibilidade de a criança lidar com os tipos de elementos que estão à sua disposição, que chamamos "figurativos" (os animais, bonecos, etc.) e "não-figurativos" (massa, cubos, material de desenho). Registramos também o tipo de elemento utilizado primeiro;
8) a quantidade de material empregada pela criança (usa-o todo, só uma parte, só um objeto);
9) a quantidade de elementos que utiliza em cada unidade de jogo.

Passaremos agora a enunciar certas proposições gerais a que chegamos através da análise dos quinze casos estudados com base na consideração dos indicadores expostos acima. Queremos assinalar que não consideramos este trabalho excludente em relação à interpretação habitual da hora de jogo, mas sim que pode constituir outra via de acesso ao diagnóstico psicológico infantil.

As pautas que encontramos na análise comparativa destes quinze casos não pretendem ser generalizações comprovadas, pois necessitaríamos para isso de um número muito maior de casos; são hipóteses de trabalho sobre a interpretação da hora de jogo diagnóstica.

1) O número médio total de unidades de jogo oscila entre 10 e 15, para uma sessão de trinta minutos.

O número total de unidades parece estar associado ao nível mental, idade e quantidade de ansiedade.

2) O clímax no final da sessão, e sobretudo na última unidade, indica que a ansiedade ameaça invadir o ego porque não pode ser bem manipulada nem controlada por defesas eficazes. Se o clímax aparece na metade da hora, ou depois (raramente pode se apresentar antes), inferimos que a criança tem certa capacidade de elaboração diante da emergência de conteúdos psíquicos evocadores de ansiedade.

O clímax, como manifestação de uma fantasia, implica a possibilidade de simbolizar, através dela, a ansiedade. Quando a ansiedade bombardeia muito intensamente o ego, este não pode mediatizar através da simbolização, e o clímax é a expressão da própria ansiedade (choro, por exemplo).

Numa hora de jogo puramente defensiva, o clímax pode não aparecer, pois é, precisamente, aquilo de que a criança está se defendendo, de uma forma, ao que parece, bem-sucedida. Não obstante, isso implica um sério grau de empobrecimento.

3) As seqüências de unidades manifestam a modalidade da criança quanto à expressão e manipulação de seus conflitos. Em geral, ainda que com conteúdos diferentes, ou com níveis diferentes de brincadeiras, encontramos repetição de seqüências. (Por exemplo, um menino brinca com elementos figurativos e, depois, passa a usar massa ou papel e lápis, repetindo com os últimos elementos o tipo de seqüência dada no primeiro nível de atividade; isto nos esclarece sobre pautas de sua estrutura psíquica.)

Seqüências curtas (por exemplo, fantasia seguida de defesa, e logo uma repetição desta pauta) são indicadores de um alto grau de ansiedade, já que a defesa surge imediatamente diante da expressão de uma fantasia, para evitar a emergência de conteúdos psíquicos ansiógenos. Seqüências mais longas (do tipo F-F-F-F-F-D, etc.) implicam uma maior liberdade na simbolização do conteúdo inconsciente, menor necessidade de repressão.

4) A repetição das unidades de jogo quanto ao conteúdo da fantasia pode indicar uma tentativa de elaboração de um fato traumático. Observamos que um elemento traumático real na história do paciente se expressa pela emergência precoce da fantasia na hora de jogo e sua repetição perseverante.

5) A quantidade de subsistemas é um indicador da capacidade de simbolização da criança. Em todos os casos interpretamos como sendo de bom prognóstico a possibilidade de passar de um subsistema a outro, na medida em que implica uma estereotipia menor e uma maior capacidade de sublimação. Pensamos o mesmo a respeito da mudança no emprego do material: passagem do figurativo ao não-figurativo (seqüência muito comum), na medida em que se trata de um material que requer maior capacidade de abstração. Seria, especificamente, um fator a ser levado em conta para a indicação de psicoterapia breve.

6) A quantidade de material usado pela criança manifesta também o grau de abertura que ela pode se permitir em relação a seus conflitos. Existe, em geral, um paralelo entre o número de fantasias que a criança pode expressar e a quantidade de material que usa, que é, também, um índice de quanta resistência pode desenvolver na terapia. O uso de um só objeto do material alude a uma necessidade de autodelimitação, provavelmente como defesa ante uma ansiedade de tipo confusional.

7) Uma hora de jogo composta somente de unidades defensivas indica que estamos em presença de uma caractereopatia ou de uma criança com características *borderline*, que se defende de uma ansiedade psicótica invasora. A diferença entre estes dois quadros tão dessemelhantes pode ser dada pelo clímax (apagado ou inexistente no caractereopata, intenso como última unidade no *borderline*).

8) Uma hora de jogo que seja somente manifestação de fantasias, de acordo com seu conteúdo, pode ser a hora de jogo de um psicótico, no qual o inconsciente não reconhece barreiras. Outra característica da hora de jogo do psicótico é o aparecimento de vários clímax, enquanto no neurótico aparece geralmente um.

9) Uma unidade de jogo que pode ser caracterizada simultaneamente como fantasia e como defesa (por exemplo, agrupar os brinquedos com um determinado sentido) nos faz pensar numa conduta de tipo obsessivo.

10) Os elementos bizarros, seja em nível de conteúdo ou em nível de seqüências (por exemplo, uma fantasia que surge de repente numa longa seqüência de defesas), aparecem freqüentemente em crianças com perversões ou em psicopatas, embora esta peculiaridade deva ser mais estudada.

Como é óbvio, estas proposições constituem apenas uma base a ser levada em conta no estudo da hora de jogo diagnóstica, e necessitam ser comprovadas e ampliadas em trabalhos posteriores.

## *Bibliografia*

Aberastury, A., *Teoría y técnica del psicoanálisis de niños.* Buenos Aires, Paidós, 1962.

——, *El juego de construir casas.* Buenos Aires, Paidós, 1961.

Althusser, L., Baudoux, L., Corvez, M., Green, A., Lagadec, C. e Melli, C., *Estructuralismo y psicoanálisis.* Buenos Aires, Nueva Visión, 1970.

Erikson, E., "Configuration in Play, Clinical Notes", *Psychoan. Quarterly*, VI, 1937, pp. 139-214.

Klein, M., *El psicoanálisis de niños.* Buenos Aires, Hormé, 1967.

Lacan, J., *Las formaciones del inconsciente.* Buenos Aires, Nueva Visión, 1970.

Lebovici, S. e Diatkine, R., *Significado y función del juego en el niño.* Buenos Aires, Proteo, 1969.

Lévi-Strauss, C., *Antropología estructural*. Buenos Aires, Eudeba, 1968.

Lévi-Strauss, C., Thion S., Barthes, R., Godelier, M., *Aproximación al estructuralismo*. Buenos Aires, Galerna, 1967.

Racker, G. de, "El cajón de juguetes del niño y el 'cajon' de fantasías del adulto", *Rev. de Psicoanálisis*, t. XV, n.º 1/22, 1958.

Salas, E. e Rabih, M., "Primera hora de tratamiento de un niño: fantasías de enfermedad y curación", *Rev. de Psicoanálisis*, vol. XXIII, n.º 1, 1968.

Saussure, F. de, *Curso de lingüística general*. Buenos Aires, Losada, 1971.

## Capítulo VIII
## *Os testes gráficos*

## *Defesas nos testes gráficos*[1]
Elza Grassano de Piccolo

O objetivo deste trabalho é facilitar o diagnóstico das defesas descrevendo o modo específico com que se manifestam nos diferentes instrumentos projetivos gráficos.

*Delimitação do conceito de defesa:* O conceito de defesa utilizado neste trabalho é o da teoria kleiniana: nela as defesas têm sentido e significado dentro de uma configuração específica de relação objetal; são parte de processos dinâmicos em que estão sempre implicados vínculos com os objetos. Segundo M. Klein, "há, ao nascer, ego suficiente para sentir ansiedade, utilizar mecanismos de defesa e estabelecer relações primitivas de objeto na realidade e na fantasia".

É necessário diferenciar uma defesa, tal como é vivida internamente pelo sujeito, da idéia de uma defesa (dominante, por exemplo) produto de um processo de abstração do observador acerca dos modos mais habituais com que a pessoa mani-

---

1. Para a exemplificação usaram-se materiais gráficos das baterias dos alunos das cadeiras de Técnicas Projetivas I e II da Faculdade de Filosofia e Letras. Agradeço, pelos protocolos que me ofereceram, às licenciadas María L. S. de Ocampo, María E. García Arzeno, Adela B. Bernstein, Suzana Mascheroni, Silvia Bozzo, C. Martínez Carthy, Elva Garat, María F. de Rubarth e Guisy Arato.

pula sua ansiedade, seus temores ou seus desejos nos vínculos com os objetos.

Como parte de processos dinâmicos, as defesas são vivenciadas como fantasias inconscientes relativas a aspectos do ego e/ou do objeto, enfatizados, depreciados, controlados, divididos, não vistos, etc., cujo objetivo é diminuir a ansiedade existente nos vínculos objetais e preservar o equilíbrio. Estas fantasias se traduzem em modos específicos de conduta diante de objetos internos e externos, acreditando, assim, satisfazer às necessidades e evitar os perigos fantasiados. Por exemplo, uma fantasia dominante, tal como: "Minha agressão pode desorganizar e destruir definitivamente o objeto, é necessário mantê-la dentro dos limites", fará com que o sujeito tenda a perceber só o que é bom no objeto para evitar a agressão, e a enfatizar somente o amor por ele, traduzindo-se isto em condutas exteriores de reconhecimento, bons tratos, amabilidade generalizada, etc. Por outro lado, esta necessidade interna trará acoplada a perda da espontaneidade e da liberdade para sentir (sentir livremente exporia a sentir raiva).

Estas condutas resultantes da fantasia enunciada poderão ser conceituadas por um observador como "formação reativa".

O uso de uma defesa responde a um espectro de fantasias referidas ao vínculo objetal: fantasias sobre o estado do ego (forte, rompido, construtivo), de seu grau de bondade ou maldade; fantasias complementares sobre o estado do objeto (danificado, rompido, inteiro, frágil), de sua bondade ou maldade; fantasias referidas ao vínculo possível (atitude bondosa ou persecutória do objeto para com o ego); fantasias referidas ao tipo de resposta temida, e referidas ao modo de controlar, neutralizar, regular, preservar o ego e o objeto para evitar a reiteração do vínculo temido.

As defesas constituem a "melhor solução" conseguida pelo sujeito nas relações com seus objetos, estão enraizadas na personalidade e presentes em toda forma de perceber e conectar-se (tanto na realidade interna como na externa).

A constelação de condutas defensivas utilizadas por um sujeito ajustam-se em sua série complementar pessoal. Durante a evolução, determinadas fantasias são privilegiadas e se estabilizam como formas comuns de manipular o vínculo com os objetos. Denominamos mecanismos de defesa estas formas estáveis de preservação do equilíbrio dos vínculos com os objetos, apoiadas em fantasias e expressas na conduta manifesta por formas de perceber e valorizar alguns aspectos da realidade e do ego e neutralizar outros para evitar o sofrimento psíquico.

Uma vez estruturadas as condutas defensivas, estas são também experimentadas pelo sujeito como fantasias inconscientes sobre as vantagens, as limitações ou as modificações internas resultantes delas. H. Segal exemplifica a vivência do mecanismo de repressão como "dique interno que poderia arrebentar sob a pressão de algo similar a uma torrente"; a inibição dá lugar a vivências de empobrecimento interno; o isolamento, a vivências de anestesia afetiva, etc.

## Relação e diferenciação entre fantasias inconscientes e mecanismos de defesa

A fantasia inconsciente, tal como a define M. Klein, e seguindo uma citação de H. Segal, é "a expressão mental dos instintos; por conseguinte, existe desde o começo da vida. Por definição, os instintos são catadores de objetos. No aparato mental se experiencia o instinto vinculado com um objeto adequado para sua satisfação. Deste modo, para cada impulso instintivo há uma fantasia correspondente".

"Criar fantasias é uma função do ego. A fantasia não é somente uma fuga da realidade: é um acompanhante inevitável das experiências reais, em constante interação com elas. Ao considerar a utilização da fantasia inconsciente como defesa, perguntamo-nos como é, exatamente, sua relação com os mecanismos de defesa. Em poucas palavras, a distinção reside na diferença entre o processo real e sua representação mental detalhada específica."

Quando H. Segal diz que a diferença entre fantasia inconsciente e mecanismo de defesa é aquela que há entre um processo real e sua representação mental, entendemos que se refere à diferença entre o que o sujeito fantasia que deve fazer para evitar o sofrimento e a concretização desta fantasia numa determinada conduta interna e externa, detectável pelo observador. Num sujeito que utiliza o mecanismo de negação maníaca, "não conhece" os aspectos destruídos do objeto nem a própria agressão e culpa, há uma limitação concreta de seu ego no aspecto perceptual. A fantasia inconsciente subjacente refere-se ao porquê e ao para quê necessita não conhecer. Se traduzíssemos esta fantasia inconsciente para a linguagem verbal, obteríamos uma verbalização do tipo: "Se vejo como destruí meus objetos e quanto os necessito, cairei em desespero e solidão. Necessito não ver. Se não vejo, não estão destruídos."

## Mecanismo de defesa e tarefa psicodiagnóstica

Diagnosticar as defesas não é somente rotulá-las: é também compreender o processo dinâmico vincular de que fazem parte.

Conseguir uma compreensão dinâmica dos processos defensivos supõe compreender as fantasias subjacentes, o porquê, o para quê das defesas, sua intensidade, sua qualidade, seu grau de rigidez ou variabilidade e sua efetividade. Descreveremos agora estes diferentes aspectos:

1) qual é a modalidade defensiva, manifesta e latente;
2) por que o ego optou por ela;
3) para que optou por ela;
4) a que nível evolutivo corresponde a modalidade defensiva;
5) que características têm essa configuração defensiva (plasticidade, rigidez, etc.).

1) Um momento da tarefa diagnóstica é o conhecimento da gama de condutas defensivas utilizadas pelo entrevistado. Toda pessoa desenvolve um espectro de processos defensivos, alguns dos quais são usados com maior freqüência, marcam de forma mais intensa seu modo de se vincular com a realidade interna e externa, e são os mais adaptados para conseguir o equilíbrio. São estes os que se privilegiam no contato manifesto com a pessoa examinada.

Mas, além disso, permanecem subjacentes processos defensivos que são mobilizados em situações vitais diferentes, de maior estresse emocional, em situações de regressão ou de progressão. Por exemplo: o uso dominante de mecanismos de formação reativa aos quais estão subjacentes mecanismos latentes de dissociação; mecanismos de isolamento extremo que funcionam como controle de identificações projetivas tais que exporiam o ego a processos desorganizativos ou, pelo contrário, uso de mecanismos de I.P. (identificação projetiva) e índices de defesas latentes mais aperfeiçoadas (repressão, por exemplo), fracassadas pela atual defrontação com uma situação traumática.

2) Como dissemos, uma defesa é o acionamento de uma série de fantasias inconscientes relacionadas com a forma de conservar a relação harmônica com o objeto e evitar o sofrimento causado por fantasias sobre o estado do ego e do objeto. No "porquê" necessitamos detectar quais são essas fantasias e que fatores vinculares da história individual e da situação atual influíram na estabilização dessas formas específicas de defesa diante da ansiedade.

Diante de uma pessoa que manipula seus vínculos com condutas que relacionamos com mecanismos de isolamento intensos (sem afeto, carente de emoções, fechada em si mesma, etc.), perguntamo-nos por que necessita fazê-lo. Sua fantasia será: "Se não me distancio, sou invadido por tanto afeto que enlouqueço", "sinto o que acontece com o objeto como acontecendo a mim e enlouqueço", "tanta agressão pode irromper em mim que, se não me fecho em mim mesmo, posso explodir e fazer explodir".

3) Interessa-nos, aqui, conhecer quais são os perigos fantasiados que o ego tenta evitar, e o que acredita que aconteceria se abandonasse sua modalidade defensiva. Em termos gerais, sabemos que evita o sofrimento psíquico, mas necessitamos conhecer como fantasia esse sofrimento: como loucura, morte do ego e/ou do objeto, danificação do objeto, abandono, dependência total do objeto, etc.

4) Os processos defensivos têm um desenvolvimento evolutivo. Existem, portanto, defesas primitivas diante das ansiedades também primitivas ou psicóticas, e defesas adaptativas ou mais evoluídas. Em termos gerais, existe a seguinte seqüência evolutiva: aparecimento de mecanismos esquizóides (dissociação, idealização, negação e controle onipotente do objeto, processos dominantes de I.P.), seguidos, na evolução normal, por mecanismos maníacos e obsessivos correspondentes à entrada na etapa depressiva (evolutivamente falando). A resolução adequada desta etapa dará lugar à emergência de mecanismos neuróticos tais como a inibição, o deslocamento e a repressão e ao aparecimento de mecanismos mais avançados como a sublimação.

Fracassos na evolução inicial impedirão o estabelecimento de mecanismos de dissociação claros, os quais serão substituídos pelo *splitting* e pelas I.P. excessivas, colocando as bases de processos psicóticos.

O fracasso na etapa depressiva (o excesso de inveja expresso como desprezo maníaco) favorecerá novas regressões ou impedirá o avanço para mecanismos mais adaptativos. O diagnóstico deste aspecto dá lugar à determinação do tipo de organização neurótica ou psicótica da personalidade.

5) Este ponto está relacionado com o 1 e o 4 e se refere ao nível evolutivo, quantidade e qualidade das defesas prevalecentes, isto é, a seu grau de patologia ou adaptação. Disso dependerá o grau de limitação que o ego pode sofrer. Todas as defesas

contêm aspectos adaptativos e são indispensáveis para um ajuste adequado à realidade. São patológicas se estão baseadas em fantasias intensamente hostis e invejosas, pois travam a possibilidade de evolução para uma elaboração adequada da situação depressiva. Para medir o grau de patologia ou de adaptação da defesa, levaremos em conta:

  *a*) Grau de elasticidade ou estereotipia
  Quanto mais rígida e estereotipada é uma defesa, maior é a sua patologia: se um sujeito apela para mecanismos de negação diante de toda situação que implica aflição, falaremos de estereotipia e limitação do ego, já que não é capaz de perceber as situações reais e dolorosas, nem a depressão e perseguição interna. Por outro lado, falaremos de plasticidade se esta defesa se manifesta como recurso defensivo diante de uma situação de choque, sendo logo modificada e substituída por outras.

  *b*) Grau de compromisso da personalidade
  Quando a modalidade defensiva marca todos os vínculos do sujeito com a realidade (por exemplo, formação reativa em todos os contatos) é mais limitante para o ego do que quando se circunscreve a determinadas áreas ou tipos de vínculos (por exemplo, formação reativa ante figuras com características maternas).

## Mecanismos de identificação projetiva

A identificação projetiva é o mecanismo pelo qual o ego deposita um vínculo (um aspecto do ego ligado a um objeto com uma fantasia especial) num objeto que passa a ter as características deste vínculo projetado. O objeto sobre o qual se faz a projeção pode ser um objeto interno, que é, então, marcado pelas características que o ego, por projeção, lhe atribui (neste caso falamos de I.P. em objeto interno). Se a I.P. se faz sobre um objeto externo, o ego amplia seu âmbito geográfico, pois uma parte sua passa a fazer parte do objeto externo na fantasia. Como conseqüência, tanto pode acontecer que o objeto seja percebido com as características da parte projetada do ego, quanto que o ego chegue a se identificar com o objeto.

A I.P. pode ser tanto um mecanismo normal quanto um mecanismo patológico. Em condições normais, favorece a relação empática de comunicação e entendimento com o objeto, por duas razões: 1) porque através da I.P. o sujeito pode se pôr no lugar do outro e 2) porque pode conseguir que o outro se ponha em seu lugar. A maneira de falar, os gestos, o tom de voz produzem no outro ressonâncias afetivas de irritação, simpatia, aproximação ou rejeição derivadas dos aspectos que o objeto deposita nele. A qualidade normal de funcionamento da I.P. depende não só de como funcionaram as identificações projetivas do sujeito nas primeiras relações objetais, mas também de como o fizeram as I.P. de seus primeiros objetos (pais) e que repercussão produziram nele.

Os índices de patologia ou adaptação do mecanismo de I.P. são dados por: 1) Fator quantitativo: predomínio das I.P. com características evacuativas, ou utilização delas no nível mais organizado dos mecanismos obsessivos, que permitem manter o controle das partes dissociadas e projetadas. 2) Fator qualitativo: a qualidade da fantasia ou parte do ego projetada (finalidade da I.P.). Isto é, a natureza benigna ou maligna de parte do *self* e da fantasia que se deposita no objeto (para livrar-se do aspecto mau, para romper o objeto, para salvar o aspecto bom, para reparar o objeto, etc.).

Quanto maior a intensidade (quantidade) e sadismo, maior o grau de patologia da I.P.

Para esclarecer melhor o conceito distinguiremos entre:
1) Função dominante no mecanismo de I.P.
2) Modalidade da I.P.
3) Finalidade da I.P.

1) O mecanismo de I.P., na medida em que implica pôr para fora aspectos do ego, corresponde a uma função anal-expulsiva.

Referindo-se a isto, P. Heimann diz: "Embora possa haver formas orais de rejeição como o cuspir ou o expelir, os impulsos orais são sempre de tipo receptivo, incorporativos. Portanto, tudo o que se deseja dissociar, projetar e pôr para fora dos limites do ego corresponde a uma função anal-expulsiva."

Quando o depósito de um aspecto próprio num objeto externo se dá num contexto oral-incorporativo, a sua finalidade é incorporar o objeto externo ao próprio ego (na medida em que apaga a diferença ego-sujeito). A finalidade é incorporativa, mas o mecanismo (depositar) é anal-expulsivo.

2) Liberman e Grinberg afirmam: "As identificações projetivas podem ter conteúdos orais, uretrais, genitais, etc., que outorgarão modalidades específicas às relações objetais." Os conteúdos que são evacuados através desta função anal-expulsiva podem corresponder a diferentes níveis de evolução libidinal: fantasias incorporativas, oral-sádicas, genitais, fálicas, etc. (Pode-se projetar um seio que devore ou que morda, que envenene, etc.) A predominância de qualquer uma destas fantasias contidas na identificação projetiva condicionará as modalidades esquizóides, melancólicas, fóbicas, etc., dos vínculos com os objetos. "Por exemplo, através da I.P. o ego se projeta no objeto para comer, chupar ou devorar no nível oral, queimar com urina no uretral, destruir com excrementos ou gases no anal, etc."

3) A finalidade para a qual o mecanismo é utilizado varia na I.P. normal e na patológica, e de um indivíduo para outro dentro de um mesmo grau de patologia. Em termos gerais, as finalidades da I.P. são (seguindo H. Segal): 1) livrar-se de partes más e atacar com elas o objeto externo; 2) livrar-se de partes más e proteger, deste modo, o objeto interno; 3) evitar a separação depositando partes boas. Conseguir a união com o objeto "metendo-se" dentro do objeto; 4) manter a salvo uma parte boa; 5) ser uma forma de reparação primária do objeto.

As identificações projetivas atuam com particular violência nas esquizofrenias, em outras psicoses e na psicopatia.

Por outro lado, ao longo da evolução produz-se uma paulatina modificação da intensidade e da qualidade das I.P.

No início da etapa esquizo-paranóide, pela fraca integração egóica, a identificação projetiva é distorcionante em relação ao objeto, e as qualidades ou partes do ego projetadas são vividas como pertencentes ao depositário. Sua finalidade principal é incorporar o objeto externo: quando o bebê projeta um aspecto seu (sua boca, por exemplo) dentro do seio da mãe não é somente para livrar-se desse aspecto, mas sim para recuperar a união pré-natal, através de um duplo processo de união: o seio da mãe dentro do bebê e o bebê, ou uma parte sua, dentro do seio.

Se houver uma relação continente adequada com a mãe, diminui o sadismo, a ansiedade persecutória, e aumenta a capacidade integrativa do ego.

Com a entrada na situação depressiva, surgem mecanismos de controle das projeções que permitem a diferenciação entre mundo interno e mundo externo, entre ego e objeto interno, favorecendo a diferenciação entre os aspectos do ego e do objeto. A I.P., nesta etapa, tem como finalidade conseguir a empatia com o objeto, desenvolver as funções de comunicação e conhecimento do outro, tentando a reparação do objeto. A I.P. adquire agora um valor fundamental no processo de simbolização.

Durante a evolução, a I.P. funciona com particular violência no estágio de desenvolvimento que P. Heimann denomina perverso-polimorfo. Neste momento, o bebê experimenta, de forma descoordenada, excitações de todas as zonas do corpo e deseja veementemente sua satisfação imediata. As fantasias provenientes da excitação de diferentes zonas corporais criam confusão, a qual, somada a um incremento de sadismo, intensifica as I.P. Este período está situado entre o oral e o anal-expulsivo: "A tendência anal-expulsiva como reação defensiva alivia o ego da confusão ao permitir-lhe evacuar os objetos perseguidores internalizados, os conflitos e tensões equiparados com excrementos."

As I.P. patológicas, pela quantidade de sadismo e por seus conteúdos, correspondem a fixações ou regressões a etapas primitivas cujo desenvolvimento já teve características patológicas. Nas I.P. que M. Klein descreve como típicas da posição esquizo-paranóide, as partes projetadas não sofrem maiores alterações e seguem certas linhas demarcatórias. Mas, quando o excesso de sadismo, de inveja, as falhas da função continente do objeto externo alteram a evolução, a tensão torna-se esmagadora para o bebê e a I.P. adquire características maciças e muito violentas, tendo como conseqüência a desintegração do objeto (*splitting*) e do ego.

Bion descreve uma forma de I.P. própria de quadros patológicos, em que a inveja, a hostilidade e a angústia são particularmente intensas: os aspectos projetados são dissociados e fragmentados projetando-se no objeto e desintegrando-o em partes mínimas. A realidade externa, percebida de forma tão persecutória, gera um violento ódio contra ela e também contra a realidade interna. O ego se fragmenta para se ver livre da percepção e, ao mesmo tempo, o aparelho perceptor é atacado e destruído. Os múltiplos fragmentos a que fica reduzido o objeto são chamados "objetos bizarros", os quais, violentamente expulsos pela I.P. patológica, criam uma realidade que se torna cada vez mais dolorosa e persecutória; ante ela o ego reage com vivências de vazio, despersonalização, etc. Esta é a I.P. com características psicóticas.

A I.P. própria da psicopatia é denominada I.P. indutora. A I.P. indutora caracteriza-se por ser violenta, excessiva e ter como característica básica por parte do ego "uma manipulação súbita e brusca, que tende a paralisar e a anular a capacidade de discriminação do objeto externo". Procura depositar o mau (fantasias correspondentes a qualquer nível libidinal) no objeto externo mas, diferentemente da I.P. psicótica, o ego mantém o controle do projetado para evitar a reintrojeção e para induzir o objeto a assumir ativamente as características projetadas. A intensidade e o sadismo correspondem a uma intensificação do "período perverso-polimorfo".

Na I.P. normal, o ego mantém o controle daquilo que foi depositado no objeto a fim de manter os limites da identidade e se distinguir do objeto (não mais para evitar sua reintrojeção).

## *"Splitting" e identificação projetiva excessiva nos desenhos*

Os mecanismos de *splitting*, inevitavelmente unidos a mecanismos de I.P. excessivos, têm como conseqüência a desorganização do ego e do objeto e vivências de esvaziamento e de despersonalização.

Isto se manifesta nos desenhos com as seguintes características:

1) Fracasso na organização gestáltica: o objeto gráfico é desorganizado, rompido, sujo, com falhas na organização da forma. Falta organização, coerência e movimento harmônico.

2) O ataque às funções adaptativas e de ajuste à realidade se expressa nas características anteriores e nas seguintes alterações "lógicas": localização espacial – noção de perspectiva – noção de na frente e atrás, frente e perfil – noção de tamanho adequado – noção de inter-relação entre as partes do objeto em si (por exemplo, uma adequada conexão das partes do corpo) – noção de perspectiva, volume, etc.

3) A folha em branco, representante do mundo externo, é "tratada" como depositária de objetos rompidos em pequenos pedaços, confusos e persecutórios (expressão dos processos evacuativos). Surgem, por exemplo, nos desenhos livres, produções gráficas nas quais a folha é ocupada por diversos objetos sem conexão entre si, sujos e rompidos, ou, pelo contrário, objetos isolados, objetos materiais vazios de conteúdo.

4) Não há uma boa delimitação entre mundo interno e mundo externo: os limites do desenho são vagos, fracos, com zonas abertas, expressão da indiferenciação ou, pelo contrário, excessivamente rígidos e exacerbados, quando predominam mecanismos de controle obsessivos da desorganização.

Caso n.º 1. Idade: 5 anos e 5 meses; sexo: feminino.

*a) Desenho Livre*

5) As figuras humanas, a casa ou a árvore aparecem fragmentadas, em ruínas, sem relação entre suas partes.

Figura humana: Aspecto desumanizado, vazio, inexpressivo, despersonalizado, ou sinistro, persecutório. Características grotescas, graves alterações na relação de partes entre si, posicionamento de frente e perfil, etc. Alterações de limite, tamanho exagerado, projeção de traços "estranhos".

A casa e a árvore apresentam o mesmo grau de alterações quanto a seu aspecto e organização (rompido, destruído, caído, sujo) e falhas na inter-relação de partes. Projeção de objetos parciais que dão características bizarras à produção. São típicas a "casa-telhado" e a "casa-fachada", as árvores caídas, mortas, árvores com animais destrutivos, etc. (Exemplos: *Casos n.ºs 1 a 3*.)

*b) Teste das Duas Pessoas*

    E: Agora quero que você lhes dê nomes.
    S: Uma tia e uma mamãe.
    E: E como se chamam? (E quais são os seus nomes?)
    S: Uma tia e uma mamãe.
    E: E quantos anos têm?
    S: *(Pensa um pouco.)* Muitos anos...
    E: Agora quero que você invente uma história com elas.
    S: Não sei, ... eu... *(faz movimentos com o lápis, brinca com ele).*
    E: Pense um pouco mais.
    S: Não sei nenhuma historinha, eu não sei, não sei... não sei...
    E: Você poderia dar um título?
    S: Não, eu não sei... não sei... não sei...

*Casos n.os 1 e 2:* Menina de cinco anos e cinco meses e menino de dez anos. Do ponto de vista formal, podemos descrever as seguintes características, correspondentes à I.P. excessiva:

1) Necessidade de encher indiscriminadamente a folha, que evidencia não tanto a necessidade de comunicar fantasias, mas sim de evacuar objetos internos, fragmentados e mortos, que produzem confusão. Intensificação de mecanismos anal-expulsivos.

*Os testes gráficos* 269

*c) Teste da Família*

*d) H.T.P.*

2) Falta de organização gestáltica: o desenho total não está integrado por uma idéia diretriz, mas representa, outrossim, diferentes categorias de objetos e partes de objetos misturados. Evidencia-se falta de ordem e de coerência na produção total.

Caso n.º 2. Idade: 10 anos; sexo: masculino.

*a) Desenho Livre*

Quanto aos conteúdos projetados, são figuras fragmentadas, desagregadas, nas quais predominam, especialmente, aspectos mortos e fetais (caso n.º 1) ou detalhes não centrais ou essenciais dos objetos (caso n.º 2).

O par do caso n.º 1 mostra as conseqüências do excesso de I.P. através de suas características de esvaziamento e paralisia.

*b) Teste das Duas Pessoas*

Os traços anal-expulsivos aparecem no sombreado e borrado do cabelo. A cabeça apresenta elementos "estranhos", tipo "chifres", como expressão da dificuldade de conter pensamentos, sentimentos, afetos, e que correspondem a características bizarras da produção. As bocas abertas e interrompidas mostram a dificuldade de realizar introjeções adequadas e a vivência de que tal introjeção seria daninha e perigosa.

A dificuldade de simbolização, concomitante ao processo de I.P. excessiva, aparece na impossibilidade de dar um nome aos objetos (uma mamãe, uma tia), e na impossibilidade de construir uma história (bloqueio e inibição pelo esvaziamento projetivo).

Par e família do caso n.º 2: O aspecto ameaçador, sinistro, e as características simiescas dos corpos, as alterações de limi-

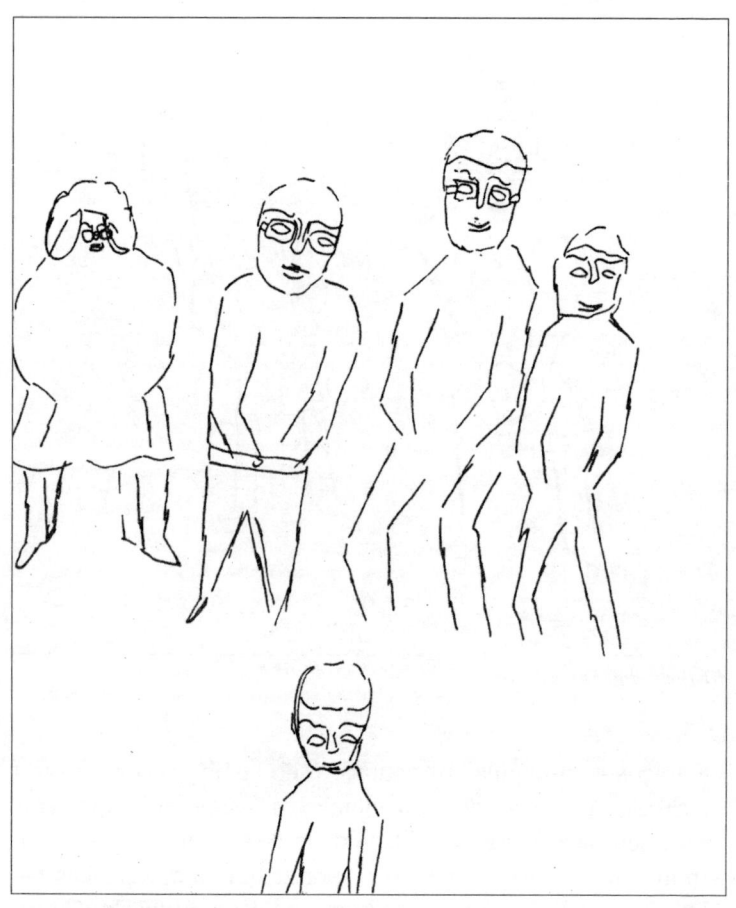

*c) Teste da Família*

tes e a desorganização da *Gestalt* corporal levam a pensar em características psicóticas.

Os mecanismos de I.P. excessiva evidenciam-se nas alterações anteriores e na falta de pescoço, no vazio da parte central da figura, nas cabeças e nas estranhas aberturas na parte central inferior, expressão da impossibilidade de conter, com o conseqüente predomínio de mecanismos evacuativos.

*Os testes gráficos* _____ **273**

*Caso n.º 3:* Menina de 5 anos e 5 meses. Observam-se as mesmas características dos casos anteriores. Chama a atenção, aqui, a construção de objetos estranhos, homens-fetos-bichos. A perseverança mostra como o excesso de I.P. sobre o objeto anula a capacidade de discriminação e de diferenciação tanto do ego com o objeto, como dos objetos entre si.

## Identificação projetiva com características indutoras nos desenhos

A I.P. com características indutoras pode se manifestar diretamente na produção gráfica ou na verbalização correspondente.

Caso n.º 3. Idade: 5 anos e 5 meses; sexo: feminino.

*c) Teste da Família*

*d) H.T.P.*

As características gerais são:
1) Desenhos geralmente grandes, expressão da necessidade de difundir a imagem corporal, o corpo, no continente objeto externo. A ênfase, no desenho, está na musculatura dos braços e pernas e no tórax. Isto se deve à exacerbação dos mecanismos de ação e à necessidade de instrumentar o aparelho motor como meio expulsivo-expansivo de controle do objeto.
2) O aspecto das figuras humanas pode ter características diferentes, de acordo com as fantasias e vínculos intoleráveis específicos que o paciente necessita projetar (ponto de fixação secundária): aspecto desafiante muscularmente (necessidade de

*d)* H.T.P.

evacuar situações de pânico), ou exibicionista perverso (horror a situações incestuosas perversas). Pode ser uma "caricatura" se a intenção é depositar vivências de ridículo, fraude e estranheza diante do próprio corpo ou do corpo do sexo oposto. São, então, traços essenciais: a ênfase no corpo, as características impulsivas do traço, o tamanho grande e a conservação da *Gestalt* através da musculatura (noção de identidade mantida através do limite muscular e da ação).

3) Se a I.P. indutora é defensiva de situações psicóticas, o desenho tem as características psicóticas descritas anteriormente. Podem acontecer casos em que haja somente algumas produções bizarras (caso n.º 6). Diferentemente da produção psicótica, predomina a necessidade de causar impacto-depositar no observador (psicólogo), defendendo-se da desintegração da própria produção gráfica.

Os desenhos da casa e da árvore, por mostrarem aspectos mais latentes da personalidade, adquirem formas distintas. Quando predominam aspectos indutores, as características são: excesso de tamanho, galhos com muita nodosidade e movimento projetados para fora (expressão da necessidade de projeção no mundo externo e onipotência); má conexão do tronco com os galhos; galhos em ponta, agressivos em sua terminação. Veja-se o caso n.º 20, homem de 26 anos.

*Casa:* Características pretensiosas, onipotentes, tendência a causar impacto e "não mostrar" (casas fechadas ou casas-fachada). Veja-se o caso n.º 20. (Exemplos: *Casos n.$^{os}$ 4 a 9.*)

*Caso n.º 4:* Homem de 29 anos. A produção verbal do entrevistado evidencia a exacerbação de mecanismos de I.P. indutora, enquanto os desenhos mostram características latentes de desorganização. No teste das duas pessoas ainda mantém a *Gestalt*, embora já apareça a expressão de assombro e pânico, como índice de temor à desorganização. No H.T.P. mostra a desagregação, o fraquejar do ego, através de objetos vagos, sem limites, destruídos, indiferenciados do mundo externo e, fundamentalmente, através do homem caído.

Caso n.º 4. Idade: 29 anos; sexo: masculino.

*b) Teste das Duas Pessoas*

*Caso n.º 5:* Mulher de 26 anos. Este é um exemplo típico de I.P. indutora e mantém todas as características descritas anteriormente: ênfase no controle motor e no aspecto ameaçador, desafiante, frio e irônico. Mostra um aspecto sujo, ameaçador da integridade física do depositário. O depositário está projetado na mulher com as mãos amarradas (cortadas, alge-

*d) H.T.P.*

madas), "à mercê de". A racionalização verbal do desenho foi "uma mulher segurando uma meada de lã para tecer, o homem não sei o que faz, observa-a".

*Caso n.º 6:* Homem de 25 anos. Além das características gerais, é específica a depreciação e a ridicularização da figura feminina, grotesca e exibicionista. Necessita evacuar no psicólogo o horror diante de seus aspectos femininos grotescos.

Caso n.º 5. Idade: 26 anos; sexo: feminino.

*b) Teste das Duas Pessoas*

*b) Teste das Duas Pessoas*

Esta produção tem características homossexuais (ridículo da figura feminina, castrações, exagero do nariz) e traços psicóticos pelo aspecto grosseiro e inadequado do par.

*Caso n.º 7:* Homem de 22 anos. As características formais do desenho são de controle, a organização da *Gestalt* é boa; contudo, desenha um par ridículo, uma caricatura na qual o depre-

Caso n.º 7. Idade: 22 anos; sexo: masculino.

*b) Teste das Duas Pessoas*

Confusão

Aos 18 anos, Juan, cavalheiro inglês, casou-se com uma camponesa de Plymouth; era tempo de guerra. Quando esta terminou, abandonou-a pressionado pela família. Da curta união nasceu uma menina que Juan não chegou a conhecer. Pouco depois Juan contraía, em Londres, novo enlace com uma marquesa da qual enviúva aos quarenta anos e com a qual tem filhos. Refaz sua vida casando-se com uma jovem universitária, colega de um de seus filhos, que não era outra senão a filha, que não chegara a conhecer, de seu casamento de Plymouth. O desenho corresponde a esse casamento.

Caso n.º 8. Idade: 25 anos; sexo: masculino.

*b) Teste das Duas Pessoas*

Bomba de Gasolina sem Mangueira.

Embora tenham cara de bomba de gasolina, são duas pessoinhas endiabradas que estão brincando. Um diz "coisinhas" [*cositas*] e a outra acredita. Viveram juntos poucos segundos e também sumiram. Alguns segundos depois de separados, o que contava as coisinhas irá fazer a cara da que o ouvia, e vice-versa. Até o dia seguinte quando outra pessoinha um pouco mais adulta perguntou à que recebia as coisinhas: Como foi? Ela lhe responderá: Muito bem. E a coisinha da bomba de gasolina voltará a seu estado primitivo. Para o ser adulto (o professor) tudo estava errado, era ruim. Colorim Colorado...

Caso n.º 9. Idade: 24 anos; sexo: masculino.

*a) Desenho Livre*

cia. Tal zombaria e depreciação não são assumidas pelo entrevistado na verbalização, sendo um conteúdo depositado de modo latente no entrevistador. Através da produção verbal vemos que é a angústia e o horror pela consumação de situações incestuosas que são depositados, enquanto o entrevistado, por incapacidade de contê-las, não faz alusão a sentimentos ante o que narra.

Os testes gráficos  285

*b) Teste das Duas Pessoas*

Chinoridiculomorte

Em Hong Kong – fumadouro de ópio – a madame (porque também é um bordel) é Chay a Putamorte, agente de Chiang Kai-shek.
    Huy Wei-ping é um jovem guarda vermelho de quarenta anos que vai gastar todo o dinheiro que o velho lhe deu.
    – Oh! Putamorte, que adiposa eternidade! Pode-se ir com a madame e se esbaldar?
    – Não vês, ridículo Huy Wei-ping, quem em mim entra sai convertido em sublime defecação.

– Tua literatura é barata, Putamorte, barata de baratino de comerciante de bazar.
– Mas minha vulva é gigantesca e nela se aloja o inferno, já que o roçar em suas tétricas paredes evoca a descida do professor com seu sobrinho Axel na *Viagem ao Centro da Terra* de Júlio Verne, entre vapores espessos, para definir um pouco a coisa.
– Oh, Putamorte, jamais recordarás o que Axel escreveu ao copiar mal as instruções de seu tio.
– O quê? O quê?
– Tretas, canalhedmaoa!, blm.
– E o que quer dizer?
– Te adoro, minha encantadora Granten!
– Falso, faltam letras. E serás castigado com a morte.

*Caso n.º 8:* Homem de 25 anos. A produção gráfica manifesta um controle intelectual excessivo, rigidez de pensamento e tendência ao ocultamento. O ataque indutor ao objeto (psicólogo) manifesta-se na verbalização: precisa depositar no entrevistador situações de fracasso, impotência e submetimento a um objeto castrador, assumindo, o entrevistado, a atitude de distância e zombaria.

*Caso n.º 9:* Homem de 24 anos. É uma produção com características psicóticas das quais se defende com condutas perversas. Necessita produzir projetivamente, no psicólogo, confusão e perplexidade, tanto através do tema quanto dos termos. Necessita projetar confusão diante de suas fantasias perversas e de morte.

## Mecanismos esquizóides

Compreendem mecanismos de cisão do objeto, idealização, negação e controle onipotente. Têm por finalidade defender o ego de temores intensos de aniquilação e morte. Constituem uma configuração inseparável: a dissociação supõe mecanismos de idealização (tanto da bondade quanto da periculosidade dos objetos), mecanismos de negação onipotente (das características persecutórias do objeto idealizado e da impotência), e mecanismos de controle onipotente (do objeto idealizado, aliado ao ego) do objeto persecutório. Serão, no entanto, analisados separadamente, por razões didáticas.

## Mecanismo de dissociação

A dissociação é o mecanismo pelo qual o ego e um objeto único são divididos, fantasmaticamente, em dois. A divisão do objeto é estabelecida em função das características idealizadas e persecutórias, e em correspondência com uma concomitante divisão do ego, estruturando-se, portanto, dois vínculos simultâneos entre um ego agressivo e um objeto idealizadamente persecutório, e um ego cheio de amor e um objeto idealizadamente bom. Esta divisão do objeto e do ego corresponde a um mecanismo primário que implica, contudo, um certo grau de organização da realidade caótica do começo da vida, já que permite afastar e separar dois tipos de experiências que se sucedem de forma alternada: experiências de união, proteção e satisfação, e experiências de abandono, dor e insatisfação.

A dissociação responde, no início, a uma simples divisão do objeto e do ego, sendo que um dos pares dissociados é alternativamente "não conhecido", "ignorado", "isolado" pelo ego. As dissociações primárias dão como resultado objetos parciais (seio-pênis) (ideal-perseguição). Durante a evolução normal, e na medida em que diminui a ansiedade persecutória, a dissociação assume características menos rígidas quanto ao grau de distância entre o idealizado e o persecutório, aproximando-se paulatinamente de uma divisão entre bom e mau, favorecendo a síntese depressiva.

Dentro da teoria kleiniana, este mecanismo é o precursor da repressão, que permite a clivagem entre o consciente e o inconsciente.

Os mecanismos de dissociação podem fracassar durante a evolução devido à intensidade da inveja, da agressão e à má relação continente com o mundo externo; em tal caso, são substituídos por mecanismos de *splitting* maciços e de I.P. excessiva, os quais levam à desintegração do ego como medida defensiva. H. Segal diz: "O ego se fragmenta e se cinde em pedacinhos para evitar a experiência de ansiedade. A desintegração é a mais desesperada de todas as tentativas do ego para proteger-se dela. Para não sofrê-la, o ego faz o que pode para não existir, tentativa que origina uma ansiedade aguda específica: a de fazer-se em pedaços e ser pulverizado."

Mesmo quando a dissociação é conseguida, esta adquire características patológicas quando implica uma distância rígida e excessiva entre as características idealizadas e persecutórias do ego e do objeto, já que isto dificulta a capacidade de síntese e de integração depressiva.

H. Segal: "Em situações de ansiedade, aumenta a dissociação, e a projeção e a introjeção são utilizadas para manter os objetos persecutórios tão afastados quanto possível dos objetos ideais, ao mesmo tempo que ambos são mantidos sob controle."

A dissociação é subjacente a todas as defesas neuróticas, já que todas têm por finalidade a cisão do vínculo persecutório com o objeto. Dá lugar, como mecanismo adaptativo, à dissociação esquizóide instrumental, à capacidade de deixar de lado determinadas situações afetivas, para obter um ajuste a diferentes exigências da realidade.

## Dissociação nos testes gráficos

Na medida em que a dissociação é a base dos mecanismos defensivos posteriores, ela se manifesta com maior ou menor intensidade em toda a produção gráfica. Interessa-nos, portanto, detectar: 1) qual é seu grau de patologia (através do grau de distanciamento entre o idealizado e o persecutório) e 2) quais são os aspectos do ego e do objeto que são mantidos separados.

A dissociação, como parte da configuração de mecanismos esquizóides, é uma defesa contra ansiedades persecutórias. Implica, portanto, por um lado, a existência de objetos onipotentemente perseguidores e aspectos egóicos com igual intensidade de agressão e, por outro, objetos idealizados, onipotentemente bons e poderosos, unidos a aspectos similares do ego. A dissociação se estabelece em função da onipotência destrutiva e da onipotência amorosa do ego e do objeto.

Quanto aos traços formais, os desenhos se apresentam muito delimitados, rígidos, duros.

1) Os personagens humanos são revestidos com caracteres extra-humanos de poder (geralmente físico, às vezes mental) idealmente "bom" (Batman, Super-homem, Deus, santos) ou idealmente persecutório (Drácula, Lobisomem, Diabo).

O desenho mostrará:

*a*) um dos dois aspectos dissociados;

*b*) ambos os aspectos vinculares dissociados numa mesma produção gráfica (o exemplo extremo seria Deus-Diabo);

*c*) podem se manifestar ambos os aspectos dissociados do ego: um aspecto impotente e paralisado e um aspecto agressivo-impulsivo;

*d*) o vínculo desejado com o objeto idealizado: Batman-Robin.

2) Nos personagens humanos estaria enfatizado não só o poder, como também a capacidade defensiva diante de possíveis ataques do mundo exterior. (Personagens blindados, com formas humanas não sensíveis e invulneráveis.)

Estas características manifestam-se no desenho de casas como fortalezas, castelos, etc.

Quando a dissociação faz parte das defesas maníacas, costuma manter o mesmo grau de rigidez ou de distância, mas os pares de objetos dissociados variam. A dissociação é estabelecida entre o objeto idealizado (com características de objeto inteiro, rico em conteúdos não agressivos, unido ao ego idealizado) e o objeto depreciado (despedaçado, empobrecido, destruído, unido ao ego agressivo). A idealização ou a valorização de aspectos ou funções do ego e do objeto e a depreciação de outros ficam evidentes em:

1) Tratamento diferente de certas zonas corporais numa mesma figura (maior ênfase em algumas, em detrimento de outras).

2) Objetos que simbolizam, cada um deles, uma característica ou função pessoal (por exemplo, o moral e o corporal, o agressivo e o bom, mente-corpo, afeto-sexo, etc.). (Exemplos de dissociação: *Casos de 10 a 15.*)

*Caso n.º 10:* Menino de sete anos. Robô e Batman. (Objeto idealizado-ego invulnerável.) Desenha o robô (a escolha do desenho coincide com a primeira escolha positiva do desiderativo). Em seguida, coloca o Batman "protetor-persecutório" sobre a cabeça do robô e, posteriormente, chama o robô de Batman.

*Caso n.º 11:* Menino de 8 anos. Mostra através da produção dois aspectos do seu ego dissociados: os elementos passivos, despersonalizados e impotentes no teste das duas pessoas, e as características violentas, impulsivas, agressivas, no desenho livre.

*Caso n.º 12:* Adolescente, mulher, 17 anos. Dissociação entre um ego reparador, bom, idealizado, e um ego destruído, pobre, necessitado. Esta dissociação é característica da situação depressiva e faz parte das tentativas de reparação maníaca.

*Caso n.º 13:* Menino de 8 anos. Dissociação dos aspectos agressivos e amorosos diante do objeto.

*Caso n.º 14:* Adolescente, mulher, 17 anos. Dissociação corpo-mente como expressão do incremento dos mecanismos de intelectualização.

*Caso n.º 15:* Adolescente de 16 anos. Dissociação entre exibicionismo e repressão.

Caso n.º 10. Idade: 7 anos; sexo: masculino.

*a) Desenho Livre*

Caso n.º 11. Idade: 8 anos; sexo: masculino.

*a) Desenho Livre*

*b) Teste das Duas Pessoas*

*b) Teste das Duas Pessoas*

## Mecanismo de idealização

O mecanismo de idealização está inevitavelmente unido ao mecanismo de dissociação, e defende, inicialmente, de ansiedades persecutórias. A crescente idealização do objeto bom tem por finalidade afastá-lo do persecutório e torná-lo invulnerável. Tal mecanismo vincula-se à negação mágica onipotente: as características indesejáveis do objeto são negadas, enquanto

Caso n.º 13. Idade: 8 anos; sexo: masculino.

*a) Desenho Livre*

Caso n.º 14. Idade: 17 anos; sexo: feminino.

*b) Teste das Duas Pessoas*

Caso n.º 15. Idade: 16 anos; sexo: feminino.

*b) Teste das Duas Pessoas*

é, simultaneamente, recoberto de "bondade" (amor, invulnerabilidade, poderes mágicos, poder onipotente de proteção, etc.). A intensidade da idealização está diretamente relacionada com a intensidade da perseguição diante do objeto, e é uma defesa que resulta de ansiedades persecutórias (medo de ser atacado e destruído pelo objeto).

O mecanismo de idealização também faz parte das defesas maníacas na situação depressiva (mitigando, em tal caso, a ansiedade depressiva), atribuindo ao objeto, por outro lado, uma grande riqueza de conteúdo e uma grande capacidade reparatória. Então, se o objeto é perfeito e possui tudo, não está destruído, não pode atacar retaliativamente o ego (ansiedade persecutória), o ego não tem que penar por ele nem se preocupar em repará-lo (ansiedade depressiva).

Dentro da teoria kleiniana, a idealização é precursora de boas relações de objeto (na medida em que o objeto idealizado é o precursor do objeto bom). Uma idealização extrema, contudo, trava a relação com o objeto real, já que não existem objetos ideais, e sim idealizados. Uma certa quantidade de idealização mantém-se ao longo da vida adulta (namoro, ideais de vida, etc.).

## Mecanismo de idealização nos testes gráficos

A idealização, como mecanismo esquizóide, expressa-se nos desenhos de figuras humanas pela ênfase do poder mágico e, basicamente, do poder defensivo ante possíveis ataques de morte. As figuras humanas são grandes, com exaltação da capacidade mágica-onipotente de domínio e controle (Deus-santos), de proteção dos fracos (Batman, Super-homem), de comando (reis, polícia) ou de força física (boxeadores, atletas).

Na medida em que a idealização supõe dissociação, o par dissociado pode corresponder às características persecutórias ou idealizadas do objeto (objetos desprotegidos, com um objeto idealmente protetor ou com um objeto persecutório). Vejam-se os exemplos de dissociação. (Exemplos: *Casos 16 a 20.*)

*Caso n.º 16:* Adulto. Desenho livre. Idealização da relação de casal (liberdade e beleza corporal, capacidade de criação). Os aspectos persecutórios do vínculo manifestam-se: na aridez da paisagem, nas árvores em ponta, agressivas e pouco prote-

Caso n.º 16. Idade: 36 anos; sexo: masculino.

*a) Desenho Livre*

toras, no aspecto corporal ameaçador do homem e no cabelo e pernas agressivas da mulher.

Interessa-nos exemplificar dois casos de idealização fracassada:

*Caso n.º 17:* Adulto, homem. *Hindu e Gandhi:* figura idealizada verbalmente, mas graficamente fraca, distante, "no ar".

Caso n.º 17. Idade: adulto; sexo: masculino.

*a) Desenho Livre*

Não serve, portanto, como figura protetora para um ego impotente, submetido e desesperançado.

*Caso n.º 18:* Personalidade psicótica, homem de 53 anos. O fracasso na tentativa de incluir uma figura materna idealizada e protetora (virgem) produz horror e pânico (fuga do homem, no desenho).

Caso n.º 18. Idade: 53 anos; sexo: masculino.

*b) Teste das Duas Pessoas*

Quando a idealização corresponde a defesas maníacas, aparecem objetos grandes, bonitos, harmoniosos, nos quais são enfatizados enfeites, expressão feliz, posse de conteúdos não agressivos (flores, botões, enfeites, etc.). Pode haver gratificação do objeto idealizado (rainha, deuses, princesas, castelos, crianças com bolas, etc.), ou pode aparecer o par antitético (objeto idealizado, reparado, inteiro, possuidor de riquezas, e o objeto depreciado, desvalorizado, destruído, moribundo). (Ver exemplo de defesas maníacas e *caso n.º 12.*)

A idealização integra todo quadro neurótico; o que varia é a apreciação dos aspectos que são idealizados e dos que são temidos ou depreciados, o que costuma ser expresso nas zonas corporais enfatizadas, por exemplo, cabeça em detrimento do

Caso n.º 19. Idade: 17 anos; sexo: feminino.

b) Teste das Duas Pessoas

Caso n.º 20. Idade: 25 anos; sexo: masculino.

corpo (caso n.º 19) ou musculatura em detrimento da capacidade intelectual (caso n.º 16).

No desenho da casa, observa-se marcada ênfase no telhado, ou no corpo da casa, janelas, cristais, etc. Em termos gerais, segue as mesmas características descritas na dissociação.

*Caso n.º 20: Desenho da casa.* Idealização expressa no tamanho, tipo de construção escolhida, ênfase na força, indestrutibilidade e permanência no tempo. É, contudo, apenas uma "fachada" defensiva diante do medo da destruição e da fraqueza corporal (impotência, dúvidas sobre sua masculinidade).

No *desenho da árvore* manifesta-se a necessidade de reforçar o poder através do tamanho (onipotência) e da força. Estão subjacentes sentimentos de inadequação e de conflito (sombreado), confusão (copa) e necessidade de manipular estas ansiedades com condutas impulsivas e indutoras (traço impulsivo, galhos

*d)* H.T.P.

expandidos para fora, abertos, expressando o mau controle dos impulsos e conflitos).

## *Negação e controle onipotente*

São mecanismos primitivos que respondem à impotência do ego ante seus impulsos destrutivos e a estes impulsos projetados no objeto. A negação, como processo defensivo, tem por finalidade não ver os aspectos do ego e do objeto que aterrorizam, e responde à fantasia de que aquilo que não é visto não existe e, portanto, não implica perigo. Está ligada ao controle onipotente, à fantasia de possuir tanto o ego quanto o objeto idealizado, capacidade de controle e de manipulação do objeto persecutório.

O grau de onipotência do ego e do objeto idealizado é proporcional ao grau de poder destrutivo do ego agressivo e do objeto mau.

Durante a etapa depressiva, a negação e o controle onipotente fazem parte das defesas maníacas diante da perseguição e da dor. A negação se propõe negar tanto a destruição do objeto quanto os sentimentos de dor, dependência e necessidade do ego. Está ligada à fantasia de controlar o objeto, negando o medo da separação e da dependência e favorecendo as fantasias de reparação onipotente do objeto. Isto implica sempre uma privação para o ego, na medida em que limita sua capacidade de conhecimento.

## *Negação e controle onipotente nos desenhos*

1) Os mecanismos de negação evidenciam-se nos desenhos através de figuras humanas pobres, de olhos fechados, sorriso estereotipado (tipo palhaço), baixo contato com o meio e características infantis. A árvore e a casa também são infantis, fechadas, empobrecidas. (Exemplo: *Caso n.º 21.*)

2) As fantasias de controle onipotente diante da perseguição estão diretamente ligadas aos mecanismos de idealização do objeto protetor e do ego, quanto ao poder e à invulnerabilidade (exemplos dados já na idealização e na dissociação). Veja-se, particularmente, o *caso n.º 10*: ali, para proteger-se dos medos da desintegração e da morte, cria o robô que expressa a necessidade de possuir um ego invulnerável, forte, poderoso e insensível. Contudo, esta fantasia não acalma a ansiedade per-

Caso n.º 21

*b) Teste da Família*

*b) Teste das Duas Pessoas*

Caso n.º 22. Idade: 8 anos; sexo: masculino.

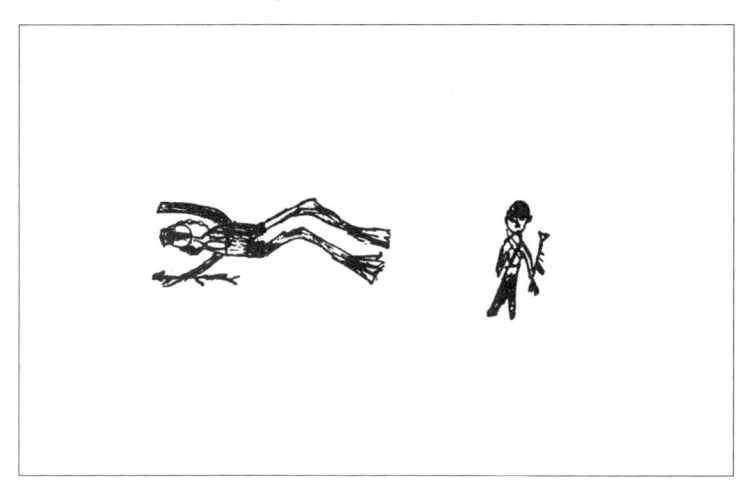

*b) Teste das Duas Pessoas*

secutória e precisa recorrer ao "Batman", objeto idealizado protetor e persecutório, com o qual se identifica depois, "assimilando" seu poder (denomina o robô de Batman). (Exemplos: *Casos n.ºˢ 22 e 23.*)

3) Como parte das defesas maníacas, e na medida em que estão dirigidas para negar a depressão, a dependência, etc., e para controlar o objeto destruído persecutório, estas defesas manifestam-se através de movimento, riqueza de conteúdo, formas de controle mágico do objeto, ou capacidade onipotente de reparação (para este fim referimos aos exemplos correspondentes às defesas maníacas).

*Caso n.º 22:* Menino de oito anos. Expressão da necessidade de manter-se "armado" e na defensiva para controlar os objetos persecutórios e a ansiedade de morte.

*Caso n.º 23:* A intensidade das ansiedades persecutórias, a vivência de morte e de desintegração aparecem claramente nos desenhos. (É interessante mostrar que o desenho livre refere-se ao 25 de maio, data de nascimento da entrevistada, que mostra

Caso n.º 23

*a) Desenho Livre*

    S: Desenho você e San Martin. *(Desenha primeiro a mulher e depois o homem.)*
    S: Era uma vez uma mãe que tinha uma filhinha muito bonita; parecia com Maria e a mãe a chamou de Ângela Maria. A menina brincava, comeu um pintinho, dormiu e chegou de noite, não lanchou, foi crescendo e acordou. Tomou uma semente e ficou com quinze anos. Foi visitar um castelo, voou, ficou pequena, cresceu e visitou o palácio dos gigantes. Acordou e foi pelo túnel do Tempo, chegou até San Martin que lutou por ela e salvou-a.
    Quis voltar para o seu tempo.
    E: Que ano?
    S: 1961. Acordou, casou com um príncipe. Você gostou da fantasia que eu contei?
    E: Sim, é tua. Agora diga-me, que nome você lhe daria?
    S: Ângela e San Martin e Aventuras de Sonhos.

*Os testes gráficos*

*b) Teste das Duas Pessoas*

como todo seu contato com o mundo externo está marcado de ameaças de morte.) A produção verbal é uma tentativa patológica de negação, na fantasia e no controle onipotente, de sua realidade persecutória.

## *Defesas maníacas*

A organização de D.M. inclui mecanismos que já se manifestaram durante a etapa esquizo-paranóide (mecanismo de dissociação e idealização, negação e controle onipotente), mas que adquirem, durante a etapa depressiva, características especiais. No primeiro caso, estavam dirigidas para impedir um ataque aniquilador ao ego; agora têm por finalidade defender o objeto dos ataques ambivalentes do ego, e este das ansiedades e da culpa depressivas.

Na situação depressiva, o bebê consegue uma nova relação com a realidade e descobre situações importantes, a saber: 1) sua dependência da mãe, que teme haver perdido devido à sua agressão; 2) o valor que ela tem para ele; 3) sua ambivalência, seus desejos agressivos, vorazes de destruí-la, e seus sentimentos de necessidade e desejos de preservá-la. Surgem, em conseqüência, intensos sentimentos de culpa depressiva, medo de perder a mãe de que necessita, medo de já tê-la destruído, preocupação e necessidade de repará-la.

As defesas maníacas são uma tentativa de evitar o processo de intensa dor e sofrimento psíquico que estão implicados nesta descoberta. A experiência depressiva vincula-se com o conhecimento da existência de um mundo interno e da posse de um objeto valorizado, do qual necessita. Por isso, as D.M. levam a evitar e a negar este conhecimento, fugindo para o mundo exterior e negando, evitando ou invertendo a dependência do objeto, a ambivalência, a preocupação e a culpa.

Um dos mecanismos defensivos específicos é a onipotência, acompanhada de fantasias de controle e de domínio dos objetos. Este mecanismo é necessário para: *a*) negar a dependência do objeto, o medo de ser abandonado e a emergência de agressão por este abandono, e *b*) satisfazer a fantasia de reparação total do objeto, mediante um ego que tem poderes mágicos de reconstrução. M. Klein afirma que o bebê precisa sentir que domina os objetos internos e externos não só para que eles não o abandonem, como também para que não se destruam entre si.

Os mecanismos de idealização tendem a negar a fantasia de destruição do objeto, outorgando-lhe invulnerabilidade, riqueza de conteúdo, beleza. Um objeto assim, não execrado nem agonizante, evita tanto o medo da perseguição quanto o sofrimento psíquico (luto).

Os mecanismos de negação tendem a desconhecer a realidade psíquica (o *insight* adquirido sobre a agressão, a valorização do objeto e o medo de atacá-lo) e as partes da realidade externa que estão em harmonia com seus conflitos (negação do abandono, de situações que produzem frustração e tristeza, do medo do afastamento da mãe real, etc.).

Os mecanismos de dissociação tendem a evitar a dor que é produzida pela ambivalência (amar e odiar um mesmo objeto). Uma característica especial da defesa maníaca é a identificação do ego com o objeto idealizado: o ego se funde e se confunde com este objeto parcial, onipotente, cheio de vida, de poder, de alimento, se "infla" pela fantasia de ter devorado o objeto idealizado ("a luz do objeto idealizado cai sobre o ego"), já que as características sofredoras, desprotegidas, necessitadas, dependentes do próprio ego, são depositadas nos objetos externos. A D.M. implica, então, a utilização de mecanismos de identificação projetiva: as características projetadas são as de um "necessitado" e "faminto", enquanto as características assumidas pelo ego são as de um "peito cheio", "nutridor", que "se auto-abastece".

Numa relação maníaca de objeto participa uma tríade de sentimentos que tendem a negar os ganhos da situação depressiva. Esta tríade é constituída pelo controle, triunfo e desprezo que correspondem simetricamente aos sentimentos de valorizar o objeto, depender dele, temer perdê-lo e sentir-se culpado.

Segundo H. Segal: "*Controlar* o objeto é um modo de negar a dependência em relação a ele, mas, ao mesmo tempo, é uma maneira de obrigá-lo a satisfazer necessidades de dependência, já que um objeto totalmente controlado é, até certo ponto, um objeto com o qual se pode contar.

"O *triunfo* é a negação de sentimentos depressivos ligados à valorização e à importância afetiva outorgada ao objeto. Vincula-se com a onipotência e tem dois aspectos importantes. Um deles relaciona-se com um ataque primário infligido ao objeto e o triunfo experimentado ao derrotá-lo (especialmente quando está fortemente determinado pela inveja). Além disso, o triunfo aumenta como parte das D.M., porque serve para manter dentro dos limites os sentimentos depressivos que, de outra forma, surgiriam (tais como sentir saudade do objeto, estranhá-lo e desprezá-lo).

"*Desprezo em relação ao objeto* é também negar o quanto ele é valorizado; atua como defesa contra as experiências de perdas e culpa. Um objeto desprezível não merece que alguém sinta culpa em relação a ele e o desprezo de semelhante objeto converte-se em justificação para que se continue a atacá-lo."

Se analisamos o que foi exposto até o momento, vemos que a D.M. procura negar a situação depressiva e o trabalho de luto, mas prepara o caminho para um novo colapso depressivo, já que implica, em si, um novo ataque sádico ao objeto que é devorado, desprezado e despojado do poder, de que o ego se apropria para controlá-lo. O incremento dos sentimentos de desprezo motivados pela inveja subjacente interfere no desenvolvimento normal, na medida em que impede o processo de luto.

## *Características das defesas maníacas nos desenhos*

Nas figuras humanas: o tamanho é enfatizado como expressão da inflação do ego. Diversamente dos mecanismos de identificação projetiva indutora, a ênfase não está na musculatura, mas sim no limite corporal que é aumentado.

A localização geralmente é central e para cima (sentimentos de euforia).

Há uma grande preocupação em "encher o desenho de conteúdos" que tendem a "enriquecer" e não tanto a dar poder (botões, enfeites, flores). Evita-se, assim, o temor à destruição interna do objeto e os próprios sentimentos de vazio e de carência. Outras vezes, esta vivência de vazio se expressa abertamente através de figuras muito grandes e vazias (tipo "bolas").

Nos desenhos infantis, a necessidade de negar o medo da perda do objeto é expressa por figuras de crianças com bolas, em paisagens cheias de flores, com roupas muito enfeitadas, etc. Costumam desenhar rainhas, reis, princesas, personagens possuidores de grandes riquezas.

Nos desenhos de adultos, as figuras humanas são, muitas vezes, infantis, simpáticas e alegres. É característica a expressão feliz ou triunfal, dada por um grande sorriso (boca de palhaço), acompanhada, às vezes, de olhos fechados (negação). A casa e a árvore também são grandes, com localização central, grande quantidade de conteúdos (frutos e flores na árvore, caminhos, flores, animaizinhos na casa; geralmente incluem o Sol em todos os desenhos). Quando as defesas maníacas são muito intensas, a casa está sobre uma lombada, em perspectiva, ou aparecem casas muito idealizadas, do tipo de castelos.

Apesar de serem estes os traços comuns de expressão das defesas maníacas, seu grau de patologia é medido: 1) pela intensidade com que elas se manifestam, 2) pelo maior ou menor domínio de fantasias de desprezo e triunfo expressas no desenho (através de figuras desvalorizadas, atacadas pejorativamente "com aspecto" ridículo), 3) pelo grau de integração e de adequação do desenho (ajuste às características reais do objeto, grau de integração ou de estereotipia, movimento harmônico ou forçado, etc.). (Exemplos: *Casos n.$^{os}$ 24 a 28.*)

*Caso n.º 24:* Menina de 7 anos. As defesas maníacas evidenciam-se aqui na posse de objetos, na expressão sorridente, na negação da realidade através dos olhos que não vêem, e na verbalização, onde tenta manipular seus medos de perdas abandonando e recuperando o objeto (controle) e, por fim, adaptando-o através de reparações maníacas.

Sua intensidade, contudo, não é marcada, pois não dominam fantasias de triunfo e de desprezo, e a defesa tende mais a negar a carência e a dependência, sem menosprezo do objeto. Manifestam-se, também, mecanismos de controle da agressão (formação reativa). Quanto ao grau de adequação, a *Gestalt* se mantém, as possibilidades de afastamento e controle do objeto são possíveis para uma menina de 7 anos, e existe certa necessidade, ainda que ambivalente, de manter o amor do objeto.

Caso n.º 24. Idade: 7 anos; sexo: feminino.

*b) Teste das Duas Pessoas*

*Caso n.º 25:* Menina de 5 anos. Euforia marcada através do movimento, da localização na folha e do sorriso. A mãe da menina estava grávida de gêmeos e ela desenha uma figura com um vestido grande, de duas pontas (dois ventres) e as duas mãos com características de dois bebês; não obstante, define-a como "uma menina". Neste desenho evidencia-se uma maior indiferenciação com o objeto idealizado-persecutório-invejado, que é a mãe grávida. A *Gestalt* permanece, é harmoniosa e há movimento expansivo.

*Caso n.º 26:* Menina de 5 anos. Evidencia-se a inflação do ego, fantasias de posse do objeto necessitado (seio-bolsa). Neste caso há uma maior negação da realidade, da carência, e uma maior desorganização da imagem corporal (em relação ao caso anterior). Evidencia-se limitação em sua capacidade de receber e de simbolizar (falta de mãos, cabeça truncada).

Como expressão claramente simbólica de sua necessidade de transformar o que sente como atacado e despedaçado em bonito e fértil (negação e transformação no contrário), vemos a flor saindo da cabeça truncada.

A possibilidade de apelar para defesas maníacas, neste caso, é mais rígida e falha, já que apela para uma negação das inibições e das carências reais. Na medida em que o objeto de identificação do ego foi mais danificado e atacado, é menos harmônico e integrado como figura gráfica.

*Caso n.º 27:* Expressão da necessidade de fantasiar com um ego rico, cheio de conteúdos e posses (defesa diante de ansiedades de empobrecimento e de carência: *a*). Figura materna poderosa, enriquecida, forte: *b*.

## *H.T.P. infantis*

*Caso n.º 28:* As características fundamentais são: figuras grandes, enfeitadas e cheias de conteúdos (o vasinho com flores e as flores que saem da porta) nas quais se evidenciam, no

Caso n.º 25. Idade: 5 anos; sexo: feminino.

*a) Desenho Livre*

Caso n.º 26. Idade: 5 anos; sexo: feminino.

*a)* Desenho Livre

entanto, o vazio, isto é, a inflação de um ego vazio. O detalhe da galinha cacarejando manifesta sua necessidade de mostrar capacidade de criação (e é um deslocamento do medo da gravidez materna).

Caso n.º 27

*a) Desenho Livre*

*b) Teste das Duas Pessoas*

*Os testes gráficos*

Caso n.º 28

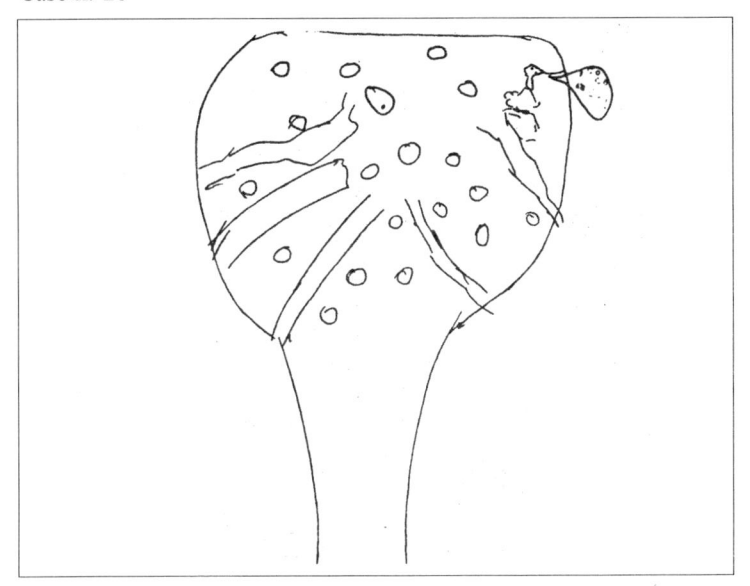

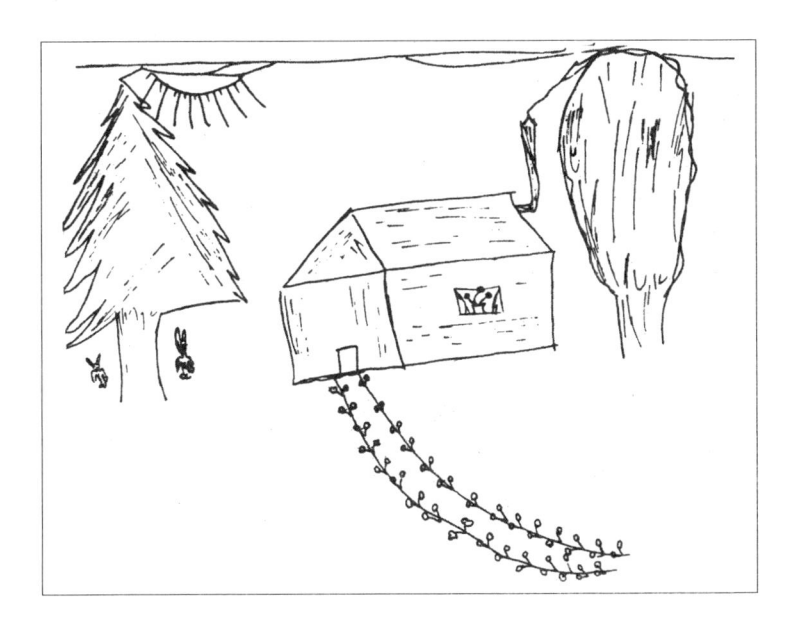

*d) H.T.P.*

## Exemplos de adolescentes

*Casos n.ᵒˢ 29, 30, 31:* Nos dois primeiros casos há euforia e negação da problemática atual (corporal, por exemplo) através de cabeças infantis simpáticas e marotas.

O terceiro caso é uma caricatura burlesca do par: predominam aqui mecanismos inconscientes de desprezo e triunfo ante ele, através de seu aspecto ridículo, desvalorizado e empobrecido. As características decididas, confiantes e felizes que deseja dar à sua produção (o par caminhando para a frente, sorridente e com a presença do Sol), estão contrapostas com as características fracas, pobres e atacadas dos objetos que consegue criar.

Caso n.º 29

*b) Teste das Duas Pessoas*

## Defesas de controle obsessivo

Sob a denominação de defesas obsessivas encontramos, entre outras, o isolamento, a anulação e a formação reativa, cujo mecanismo dominante é o anal-retentivo. É importante diferenciar o chamado controle onipotente (que corresponde a defesas obsessivas patológicas presentes em quadros latentemente psicóticos), do controle obsessivo adaptativo.

Na evolução infantil, a vivência do dano infligido ao objeto e a culpa e a dor por havê-lo destruído, inerentes à situação

Caso n.º 30

*b) Teste das Duas Pessoas*

depressiva, trazem como conseqüência a inibição e o controle da agressão. Tal controle tem por finalidade preservar o objeto da própria agressão e o ego do sofrimento que implica aceitar a ambivalência. No começo da situação depressiva, o objeto ainda não pode ser reparado porque a quantidade de ódio continua sendo intensa; o dano ao objeto não pode ser negado maniacamente, de forma total, porque o ego já conseguiu integração suficiente e percebeu o dano. Surge, então, como possibilidade de proteção e de cuidado do objeto, a preservação con-

Caso n.º 31

*b) Teste das Duas Pessoas*

tra novos ataques: os mecanismos controlam o vínculo hostil com o objeto, previamente dissociado.

Na evolução normal, os mecanismos anal-retentivos atuam modificando os mecanismos prévios, anal-expulsivos, de identificação projetiva excessiva. Marcam a possibilidade de "reter", "conter" os impulsos e os sentimentos, permitindo, portanto, estabelecer a noção dos limites do ego. Permitem a discriminação entre dentro e fora, ego e objeto externo, ego e objeto interno, e mantêm conexão com os aspectos projetados. Favorecem, portanto, a noção de identidade, a ordenação temporal e espacial e o desenvolvimento do sentido de juízo de realidade. Os mecanismos de controle, neste sentido (ordem *versus* caos; diferenciação-noção de limite corporal e psicológico *versus* indiferenciação e processos expulsivos) marcam o ponto de passagem da psicose e psicopatias para a neurose e adaptação.

O controle obsessivo pode adquirir, contudo, características patológicas correspondentes ao controle onipotente. Tende, então, a estereotipar-se com características rígidas e excessivas, mecanismos de isolamento e de anulação. A ordem se transforma em meticulosidade exagerada, o ajuste à realidade adquire características rígidas, ritualistas. O "ego" perde possibilidades de sentir e se empobrece. A finalidade já não é preservar o objeto, e sim evitar a desintegração do ego, o *splitting*. Os mecanismos obsessivos atuam, então, como contenção de situações de desintegração psicótica, confusão e indiscriminação.

## Diferenças entre o controle adaptativo e o controle onipotente nos testes gráficos

O controle adaptativo permite a realização de desenhos em que se manifesta um bom ajuste à realidade, quanto ao tamanho, localização no espaço, discriminação mundo interno-mundo externo, *Gestalt* mantida, organização coerente das partes no todo, correspondência entre o objeto gráfico e o objeto real, e harmonia.

A passagem para o controle onipotente manifesta-se no teste gráfico através de desenhos excessivamente estáticos, imóveis, despersonalizados:

1) Desenhos empobrecidos, esvaziados, pelo predomínio de mecanismos de isolamento e de anulação. (Exemplos: *Casos n.os 1 e 2*.)

2) Reforço excessivo dos limites, sombreados ou riscos exagerados que trazem como conseqüência figuras sujas ou figuras rígidas e imóveis. (Nas figuras humanas, quanto mais nos aproximamos de situações psicóticas, maior é o predomínio de figuras rígidas e vazias, expressão da despersonalização.)

O desenho da casa e da árvore pode ser desordenado ou precariamente organizado (casas-telhado, casas-fachada); ou mostrar aumento do superdetalhismo (telhas do telhado, pedras no caminho, folhas nas árvores, etc.).

Esse controle, na medida em que não é adaptativo, fracassa; as figuras adquirem características incomuns e há desorga-

Caso n.º 32. Sexo: feminino.

*b) Teste das Duas Pessoas*

nização da *Gestalt*. As produções gráficas seguintes mostram uma seqüência de controle obsessivo patológico neurótico a controle psicótico. (Exemplos: *Casos n.ºˢ 32 a 36.*)
 *Caso n.º 32:* Mulher. *Gestalt* mantida, aspecto confiável; índices de rigidez, controle excessivo de afetos; empobrecimento.
 *Caso n.º 33:* Mulher. Maior rigidez e desvitalização, detalhes inadequados: amputação de mãos, braços longos, transparência.
 *Caso n.º 34:* Mulher. Domina a desvitalização, as figuras têm aspecto de bonecos sem vida (despersonalização), e há alterações da *Gestalt* (ruptura do corpo, amputações).

Caso n.º 33. Sexo: feminino.

b) *Teste das Duas Pessoas*

*Caso n.º 35:* Homem de 40 anos. Excesso de controle em folhas e frutos, parapeitos, telhas. Índices de desorganização na figura humana.

*Caso n.º 36:* Homem de 36 anos. Precariedade da casa, apesar do excesso de controle que se evidencia: *a*) nos sombreados; *b*) no conteúdo: um policial controlando.

## Exemplos de crianças

*Caso n.º 3* (ver p. 273): Casa-telhado empobrecida.
*Caso n.º 37:* Menina de 11 anos. Construção bizarra do corpo. Índices psicóticos.
*Caso n.º 38:* Menino de 11 anos. Isolamento extremo.

Caso n.º 34. Sexo: feminino.

*b) Teste das Duas Pessoas*

## Formação reativa

Responde à necessidade de manter uma dissociação entre o vínculo de amor e o vínculo agressivo estabelecidos com o objeto, reforçando o primeiro e mantendo o segundo sob controle. Apesar de estar baseada em uma relação bivalente (dissociação), corresponde, evolutivamente, aos ganhos da etapa depressiva. Supõe uma preocupação pelo dano causado ao objeto e medo de não poder repará-lo: o ego fantasia, como defesa, que o dano acontecerá no futuro se o objeto for atacado. Negando o dano já causado ao objeto, fica bloqueada a possibilidade de uma autêntica reparação; existem, contudo, sentimentos próprios da situação depressiva (preocupação pelo objeto,

Caso n.º 35. Idade: 40 anos; sexo: masculino.

*d)* H.T.P.

empatia com o sofrimento do objeto e desejos de preservá-lo). A aceitação da necessidade, da dependência e do valor do objeto é maior que no isolamento.

Na evolução, favorece o reforço dos limites e a modificação dos mecanismos expulsivos de ataque. Contudo, estão subjacentes ansiedades persecutórias (medo de enlouquecer, ser enlouquecido, desorganizar e ser desorganizado), relacionadas com a fantasia de assumir a agressão dissociada, parte da ambivalência. As formações reativas adaptativas permitem o ajuste a normas sociais (horários, cerimoniais, trabalho) que, por se oporem ao princípio de prazer, poderiam despertar agressão ou rebeldia.

Como mecanismo dominante na personalidade, dá à conduta um grau de constância mais ou menos exagerado: busca

Caso n.º 36. Idade: 36 anos; sexo: masculino.

*d) H.T.P.*

de ordem, meticulosidade, amabilidade permanente que leva a diversos graus de rigidez, dureza, falta de espontaneidade e de afetividade. O controle da agressão nunca é total e implica uma luta permanente por parte do ego para manter a agressão dentro dos limites, determinando um considerável gasto de energia psíquica.

## *Formação reativa nos testes gráficos*

Predomina a preocupação em conseguir desenhos ordenados, completos e prolixos. A atitude dominante é a de meticulosidade e detalhismo. O medo da perda de controle sobre o objeto gráfico (sobre a própria agressão) promove a necessidade

Caso n.º 37. Idade: 11 anos; sexo: feminino.

*b) Teste das Duas Pessoas*

de "rever", acertar e refazer partes do desenho já realizado. Isto traz como conseqüência (e, ao mesmo tempo, expressa) a dificuldade de desprender-se da produção (retenção), ao mesmo tempo que determina zonas "sujas" pelo que foi refeito (fracasso do controle). Há uma grande preocupação pela simetria.

Quando esta defesa é parte de uma personalidade integrada e adaptada, dará como resultado produções gráficas ordenadas, com boa localização espacial, discriminação de mundo interno e externo e discriminação de partes internas.

À medida que nos aproximamos de situações mais patológicas, a ordem se transforma em excesso de detalhismo, excessiva marcação dos limites com o exterior, rigidez, diminuição do ritmo e índices de fracasso do controle através de zonas "sujas", aspectos confusos, traços impulsivos, etc.

Características das figuras humanas: figuras não agressivas, cuidado com a roupa, que não será sedutora mas sim for-

Caso n.º 38. Idade: 11 anos; sexo: masculino.

*b) Teste das Duas Pessoas*

mal (roupa fechada, terno, gravata, etc.). O movimento corporal não existe ou está coartado (rigidez e tensão corporal), mostrando o controle imposto aos impulsos. Preocupação pelos limites da figura. Localização e tamanho médios.

*Na casa* encontramos as características gerais anteriormente descritas acerca da ordem, preocupação pelas proporções, detalhismo, etc.

O controle se manifesta, além disso, em "casas-clichê" (chalé com caminhos, árvores simétricas, flores de ambos os lados do caminho, etc.), no fechamento e hermetismo da casa.

À medida que surgem características mais patológicas e maior temor ao fracasso da defesa, reaparecem os índices mencionados (sujeira na produção, etc.) e o detalhismo expresso em portas e janelas, telhas no telhado, meticulosidade exagerada (por exemplo, caminhos com pedrinhas), presença de cercas, etc.

*Árvore:* preocupação com as conexões formais, predomínio de elementos arredondados (copa, terminação dos galhos), limite nítido no nível da terra.

O fracasso da defesa se evidencia em árvores com características muito impulsivas, discordantes da produção gráfica anterior ou, pelo contrário, no excessivo detalhismo: sombreado meticuloso no tronco, desenho das folhas, características gerais "pesadas" e endurecidas. (Exemplos: Casos n.$^{os}$ 39 a 43.)

## Exemplos de crianças

*Caso n.º 39:* Menina de 10 anos, e *caso n.º 40:* Menino de 12 anos. Observamos no desenho livre o controle da impulsividade que se manifesta na ordem, na simetria, no predomínio de linhas retas e no hermetismo da casa. O fracasso no controle da agressão se manifesta na relva em ponta (primeiro caso), e nas características impulsivas dos galhos da árvore e na relva da direita (segundo caso).

O excesso de controle determina, no *caso n.º 40*, traços de rigidez e de empobrecimento (limitação da criatividade), que se manifestam na dureza e na desconexão das figuras do teste da família, na pobreza e na solidão da casa e, mais claramente, no desenho da árvore (necessidade de isolamento).

*Caso n.º 41:* Menina de 12 anos. Desenho livre. Preocupação pela simetria, ordem, deslocamento da impulsividade e agressão para os "pássaros" e para o "pasto" da esquerda.

Caso n.º 39. Idade: 10 anos; sexo: feminino.

*c) Teste da Família*

O excesso de controle evidencia-se na figura humana, coartada, quieta, com preocupação pelos detalhes da roupa. Os elementos agressivos expressam-se no cabelo em "ponta" e no aspecto "ridículo" que dá à figura paterna no desenho da família.

*Caso n.º 42:* Mulher de 23 anos. Tentativas de controle na casa (telhado) discordantes com o claro predomínio da impulsividade no desenho da árvore (traçado, tipo de sombreado).

*Caso n.º 43:* Mulher de 33 anos. Apesar das tentativas de controle expressas nos aspectos formais do desenho, as carac-

*d) H.T.P.*

terísticas agressivas e dominantes se impõem na figura feminina (expressão facial e braços e sapatos em ponta).

## Isolamento

O mecanismo de isolamento consiste na dissociação primária entre vínculos de amor e vínculos agressivos. Tende a confirmá-la e mantê-la, evitando que os pares dissociados se unam na fantasia ou na realidade, pois tal união significaria a desorganização do ego, fantasiada como caos ou loucura. Cor-

*Os testes gráficos* 333

*a) Desenho Livre*

Caso n.º 40. Idade: 12 anos; sexo: masculino.

*d) H.T.P.*

Caso n.º 41. Idade: 11 anos; sexo: feminino.

*a) Desenho Livre*

*c) Teste da Família*

Caso n.º 42. Idade: 23 anos; sexo: feminino.

responde a um reforço dos mecanismos de dissociação esquizóide, seja porque a marcha para a situação depressiva parou, ou por regressão. Dado que a fantasia defensiva dominante é evitar a união (vivida como catástrofe persecutória), está bloqueada a possibilidade de síntese e, com ela, a integração do ego e do objeto. O temor à união dos pares dissociados cria a necessidade de manter uma distância extrema em relação ao mundo externo (para evitar ser mobilizado emocionalmente) e a anestesia afetiva correspondente ao bloqueio. A patologia do mecanismo depende de sua intensidade e de seu grau de predomínio. Pode ser adaptativo se seu uso for instrumental (por exemplo, manter a angústia isolada durante uma situação de estresse, na qual é necessária uma conduta ativa e eficaz).

É mais primário que a formação reativa, implica um marcado afastamento afetivo e está unido a fantasias de controle

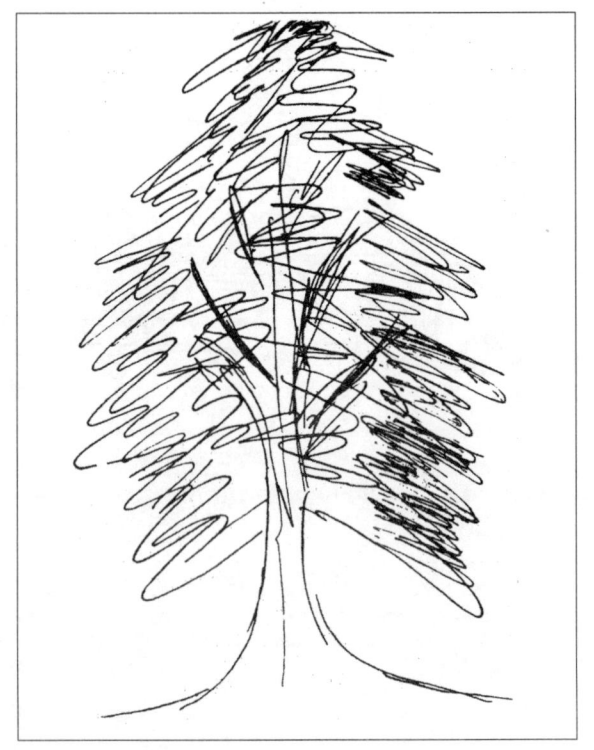

*d) H.T.P.*

mágico onipotente do objeto. Apresenta-se como defesa extrema em quadros pré-psicóticos, como controle de mecanismos de identificação projetiva excessiva (protegendo, no caso, do perigo da desorganização).

## *Isolamento nos testes gráficos*

Características formais da produção gráfica:
Desenhos pobres, frios, com poucos conteúdos, geralmente pequenos, com limites muito definidos e vazios. Estão sozi-

Caso n.º 43. Idade: 33 anos; sexo: feminino.

*b) Teste das Duas Pessoas*

nhos dentro da folha e, em alguns casos, enquadrados. O desenho livre é pobre, retilíneo, **desarticulado**, frio. Desenham-se, geralmente, objetos materiais.

## Características das figuras humanas

1) Figuras com expressão que não revelam afeto, geralmente reduzidas ao desenho da cabeça (costuma-se ver a cabeça demarcada, como num retrato). Sem movimento, com maior

ou menor grau de despersonalização. Acentuação paranóide do olhar. A cabeça é sempre enfatizada (controle intelectual), e pode aparecer como cabeça de tipo "capacete" ou "robô". O aumento da patologia do mecanismo se manifesta na acentuação do fechamento das figuras e no aumento de traços correspondentes a sentimentos de despersonalização.

2) A necessidade de manter isolados os vínculos hostis e afetuosos dissociados expressa-se pela criação de personagens antitéticos (como, por exemplo, polícia e ladrão: vejam-se os desenhos de dissociação).

Desenho da casa: Casa fechada, pobre, isolada; não há nada em volta, faltam caminhos de acesso, as portas e janelas não existem, estão fechadas ou colocadas muito no alto.

Quando domina o medo do fracasso do mecanismo, o controle é intensificado: excesso de fechaduras nas portas e nas janelas, cercas com aspecto agressivo (em ponta), ou inclusão de molduras (racionalizando a produção como se fossem "quadros").

Quando o isolamento é a defesa dominante, são características a "casa-telhado", a "casa cercada", o "forte", etc.

Árvore: só, isolada, cercada. Sem conteúdos, pouca folhagem. Desconexão do tronco com os galhos ou ausência de galhos. Podem ser produzidas árvores isoladas sem copa, com o tronco e os galhos em ponta (agressivas) voltados para fora. (Exemplos: *Casos n.ºˢ 1, 3, 44 a 49.*)

*Caso n.º 3:* Menina de 5 anos e 5 meses. Desenho da casa. Pobreza de conteúdos, fechamento excessivo, solidão, falta de coisas em volta, falta de acessos. O isolamento tem por finalidade, neste caso, manter a unidade, por medo da desintegração psicótica. (Veja-se o desenho livre do mesmo caso na parte de identificação projetiva excessiva e de mecanismos de *splitting.*)

*Caso n.º 1* (veja-se identificação projetiva): Menina de 5 anos e 5 meses. Mantém as mesmas características do caso anterior quanto à pobreza de conteúdos, solidão e falta de afeto; "casa-telhado". Expressa, na árvore, a sua necessidade de manter uma atitude agressiva-defensiva diante do mundo para evitar a introjeção desorganizadora.

Caso n.º 44. Idade: 8 anos; sexo: masculino.

*b) Teste das Duas Pessoas*

*Caso n.º 44:* Menino de 8 anos. Reaparecem na casa as características mencionadas. As figuras humanas mostram-se paralisadas, vazias, com aspecto de bonecos (espantalhos).

Nos casos seguintes está expresso o isolamento através do "enquadramento" das figuras humanas (retratos) ou das divisões arbitrárias de zonas do desenho.

· Caso n.º 45. Idade: 8 anos; sexo: masculino.

*b) Teste das Duas Pessoas*

*c) Teste da Família*

*Caso n.º 45:* Menino de 8 anos. Casa fechada, noções inadequadas de perspectiva e de racionalização do enquadramento (grave inadaptação à realidade).

*Caso n.º 46:* Adulto, homem de 36 anos. Expressa-se aqui a necessidade de manter isolados dois aspectos dissociados da personalidade, de forma rígida e infantil.

*Caso n.º 47:* Homem de 23 anos. Exemplifica dissociação e isolamento de dois aspectos da personalidade. (O controle paranóide está enfatizado e a produção apresenta, além disso, características homossexuais.)

*Caso n.º 48:* Menino de 8 anos e *caso n.º 49:* Menina de 9 anos. O isolamento se expressa pela criação de linhas divisórias rígidas que mantêm os personagens separados entre si e do mundo externo.

Caso n.º 46. Idade: 36 anos; sexo: masculino.

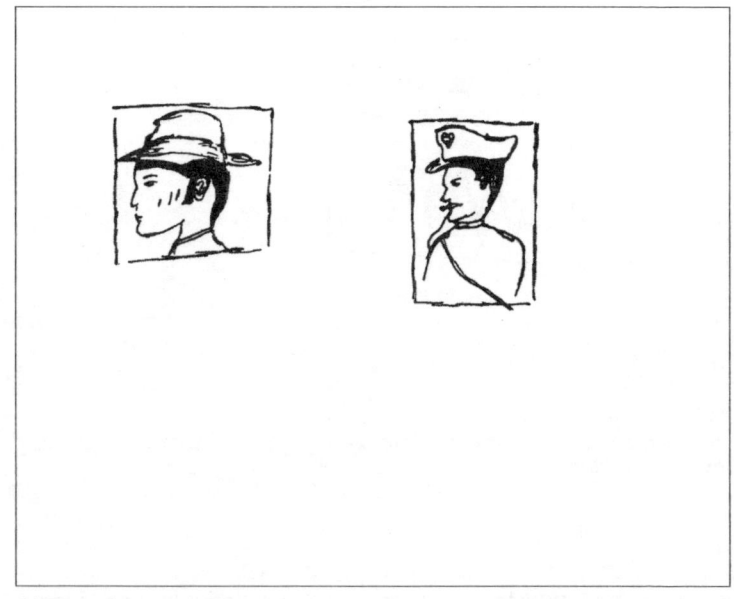

*b) Teste das Duas Pessoas*

## Anulação

Apóia-se no mecanismo de dissociação e, como os outros mecanismos obsessivos, controla o vínculo agressivo com o objeto. Apela para fantasias mágico-onipotentes muito intensas, cujo conteúdo é que uma fantasia "boa" ou um ato "bom" podem apagar, anular, outra fantasia ou ato "agressivo" prévio. Ambos os vínculos estão simultaneamente presentes, ou podem se apresentar sucessivamente no tempo, não surgindo conflito graças à fantasia onipotente de anulação, à intensidade e à rigidez dos mecanismos de dissociação e de isolamento. A anulação, na medida em que evita a integração depressiva do objeto e reforça a dissociação, ataca a capacidade de síntese. Corresponde a níveis primitivos, baseados na onipotência e na magia

Caso n.º 47. Idade: 23 anos; sexo: masculino.

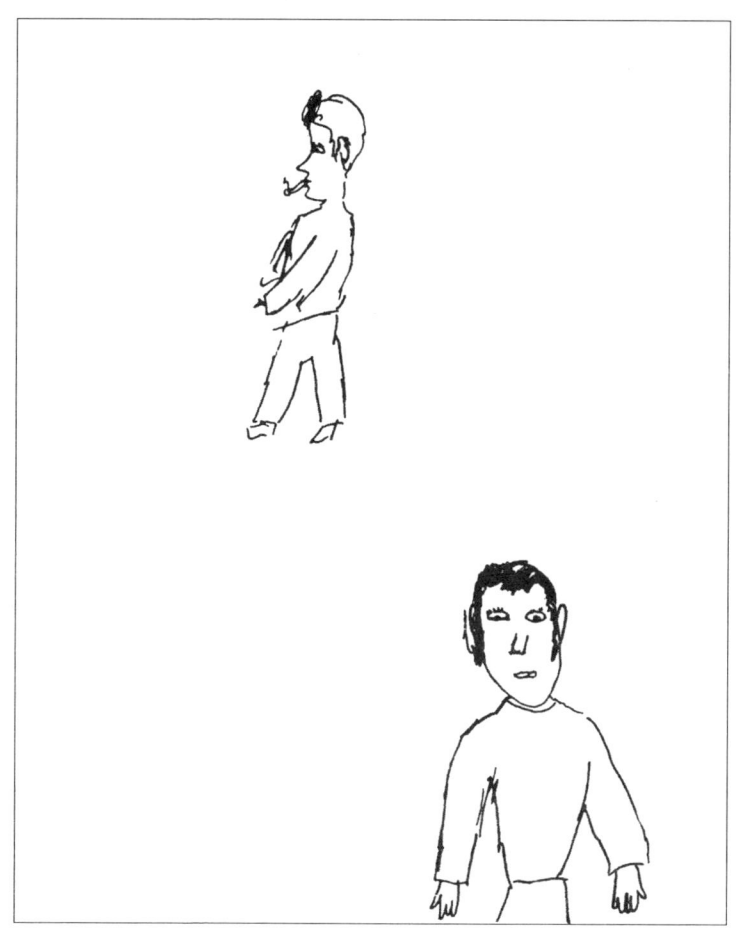

*b) Teste das Duas Pessoas*

do pensamento e da ação. Consome grande energia psíquica, já que o aspecto perigoso do vínculo impõe-se ao ego de forma constante.

Numa personalidade adaptada costuma se apresentar sob a forma de pedido de perdão ou de desculpas. Como mecanis-

Caso n.º 48. Idade: 8 anos; sexo: masculino.

*a) Desenho Livre*

mo dominante corresponde a situações muito patológicas, personalidades pré-psicóticas, neuroses obsessivas graves ou psicopatias. Traz consigo um empobrecimento, tanto afetivo quanto intelectual. Significa uma tentativa de manter, rigidamente, os mecanismos de dissociação esquizóide.

## Mecanismos de anulação nos testes gráficos

Anular implica apagar, tapar, e isto se expressa nos desenhos através de certas condutas concretas:

1) Necessidade permanente de apagar o desenho já realizado ou algumas de suas partes.

Caso n.º 49. Idade: 9 anos; sexo: feminino.

*b) Teste das Duas Pessoas*


2) Borrar e sujar (racionalizando sombreado) partes ou zonas.
3) Desenhar sobre um objeto gráfico já realizado, ocultando-o.
4) Riscar figuras.

A tentativa de limpar, ordenar e polir o desenho geralmente não tem sucesso e aparecem desenhos sujos ou borrados. As evidências gráficas mais claras do fracasso das tentativas de anulação correspondem aos casos em que o objeto anulado é somente riscado ou mal apagado, de maneira que permanece graficamente presente.

A anulação pode se dar entre o objeto gráfico e a verbalização correspondente.

*Caso n.º 50:* Menina de 10 anos. *a)* Apagamentos freqüentes (uma cara oval à esquerda da mulher, os braços desta e a cabeça na figura paterna). *b)* O aspecto pouco protetor, retraído, sem afeto, distante, atribuído graficamente à mãe, e os caracteres fracos e ausentes atribuídos à figura paterna se anulam na produção verbal, onde se destaca o aspecto bondoso e "empático" dos pais.

*Caso n.º 51:* Mulher de 30 anos. A anulação manifesta-se de forma semelhante ao caso anterior, tanto no aspecto gráfico quanto na relação das figuras (desorganizadas, paranóides e infantis) com a verbalização (figuras adultas, transbordantes de amor e de tentativas de união).

*Caso n.º 52:* Anulação verbal da agressividade registrada graficamente. Anulação com características psicóticas, pelo grau de negação implicado.

## Mecanismo de regressão

A regressão é a reatualização de vínculos objetais correspondentes a momentos evolutivos já superados no desenvolvimento individual. O ego fraqueja diante das situações atuais que não pode resolver e apela para modalidades de relação mais primitivas do ponto de vista evolutivo, que foram, em seu momento, eficazes para manter o equilíbrio.

A regressão pode implicar uma modificação estrutural da personalidade (que se reorganiza, então, num nível mais pri-

Caso n.º 50. Idade: 10 anos; sexo: feminino.

*b) Teste das Duas Pessoas*

História
Beatriz e Mário.
 Essa senhora que eu desenhei se chama Beatriz e outra Mário. Essas pessoas são muito boas e maravilhosas comigo, me levam para passear e brincam comigo.

Caso n.º 51. Idade: 30 anos; sexo: feminino.

*b) Teste das Duas Pessoas*

Bonito é amar, bonito é querer, bonito é que teus lábios se unam com os meus e transborde de amor. É puro como esse amor que sinto, é bom como o pensamento de uma criança, suaves lábios de veludo. Amor, amor é o que sinto.

mário), ou pode se limitar a afetar determinados vínculos ou funções. (Por exemplo: reativação da dependência limitada a figuras paternas, diferentemente de uma regressão total à atitude oral-receptiva-passiva infantil.)

Como mecanismo normal expressa-se cotidianamente no dormir e no sonhar; evolutivamente a regressão está unida à necessidade de progresso, já que a evolução nunca é linear, mas se processa através de pequenas regressões ao estado intermediário anterior.

Tais processos se apresentam como conseqüência natural de situações dolorosas, chegando a ser indispensáveis para sua elaboração. (Por exemplo: em situações de luto a reatualização de atitudes oral-receptivas, a reativação da dependência e o corte transitório com o mundo externo implicam processos de regressão indispensáveis para a consecução de um bom desprendimento do objeto perdido.)

Quando a regressão se coloca a serviço do ego, torna possível a conexão com fantasias inconscientes que o favorecem e enriquecem, constituindo a base dos processos criativos.

A regressão patológica implica uma regressão estrutural, reversível ou não, a pontos disposicionais perturbados no desenvolvimento. H. Segal: "Na doença psíquica produz-se sempre uma regressão a fases do desenvolvimento nas quais estavam presentes perturbações patológicas, que criaram bloqueios e constituíram pontos de fixação."

Na tarefa psicodiagnóstica interessa-nos determinar quais as possibilidades de regressão, quais as possíveis situações tensionais desencadeantes e o nível de organização (neurótica ou psicótica) a que essa regressão levará.

Caso n.º 52

*b) Teste das Duas Pessoas*

Este par estava namorando e no outro dia iam se casar.

## *A regressão nos testes gráficos*

1) Através da análise da seqüência de desenhos:
   *a)* Reativação de características mais regressivas e uma progressiva desorganização na seqüência dos testes gráficos

Os testes gráficos

Caso n.º 53. Idade: 28 anos; sexo: masculino.

*a)* Desenho Livre

(por exemplo, maior desorganização no H.T.P. que no par ou desorganização progressiva na figura humana-casa-árvore).

*b)* Incremento e exacerbação progressiva do controle obsessivo (reforço, superdetalhismo, etc.), unido a um maior empobrecimento e confusão do objeto conseguido.

2) Através de elementos de um mesmo desenho (figura humana, por exemplo, ou casa):

*a)* Presença de zonas rompidas, destruídas ou arbitrárias, "raras". (Por exemplo, casas em ruínas, com rupturas.)

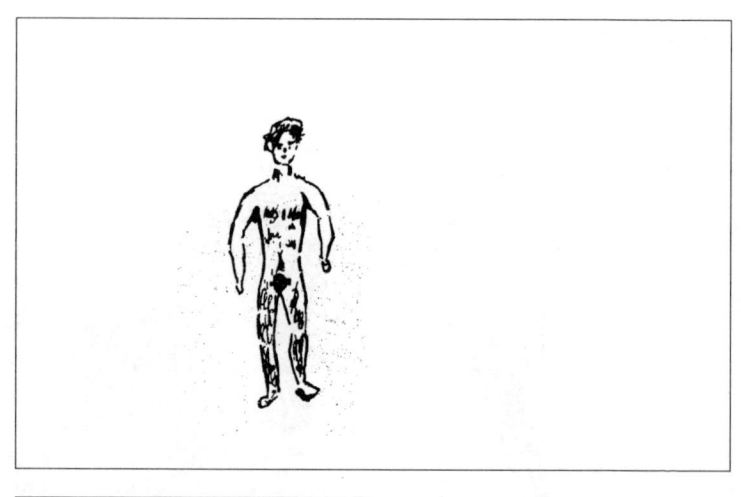

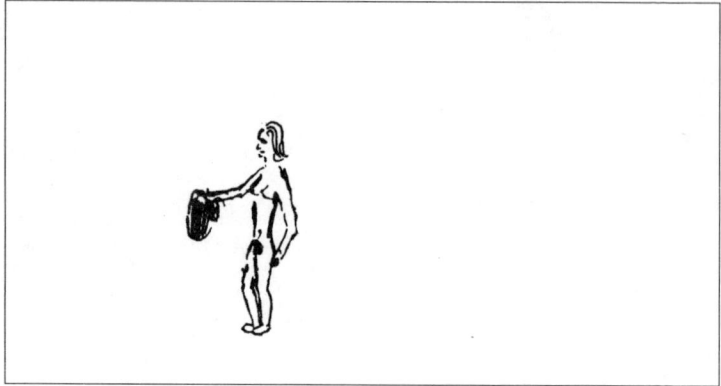

*b) Teste das Duas pessoas*

*b*) Perdas de equilíbrio: figura humana, casa ou árvore caindo ou em perigo de serem derrubadas.

3) Pela direção do movimento das figuras (para a esquerda ou para baixo, pendente). (Exemplos: *Casos n.$^{os}$ 53 a 56*. Veja-se novamente o *caso n.º 4*.)

No *caso n.º 4*, o par apresenta índices de desorganização nas zonas abertas, rigidez postural e expressão de pânico. Contudo,

*Os testes gráficos* 353

Caso n.º 54. Idade: 8 anos; sexo: masculino.

*d)* H.T.P.

*a) Desenho Livre*

as características humanas estão mantidas. No H.T.P. a figura do homem dá claros indícios de regressão em relação à anterior (dificuldade em dar-lhe um aspecto humano, confusão de traços, homem estirado, sem forças, morto, expressa a claudicação do ego).

*Caso n.º 53:* Homem de 28 anos. Desenho livre-teste das duas pessoas: o desenho livre expressa competição e necessidade de satisfazer tendências exibicionistas de poder e de masculinidade dentro de limites formais adaptados. O par indica o fracasso do deslocamento e a necessidade de apelar ao exibicionismo sexual direto.

Caso n.º 55. Idade: 24 anos; sexo: feminino.

*d)* H.T.P.

*Caso n.º 54:* Menino de 8 anos. Na seqüência e num mesmo desenho. Neste caso, existe a possibilidade de regressão a situações psicóticas:

*a*) Na seqüência, a casa conserva as características formais, a árvore indica intenso isolamento e construções agressivas estranhas (parte superior) que culminam numa figura humana com características monstruosas, persecutórias e detalhes bizarros (cabelo, orelhas, detalhes dos dentes).

b) Tomando o primeiro desenho da seqüência (a casa), os índices de processos de desintegração evidenciam-se nas rupturas das paredes, janelas e portas e no "crescimento" de uma planta no telhado (detalhe psicótico).

*Caso n.º 55:* Mulher de 24 anos. "Casa-fachada", perigo de desmoronamento da construção.

*Caso n.º 56:* Menino de 12 anos. Casa em ruínas – rupturas.

## Deslocamento

A necessidade de dissociar o vínculo agressivo do vínculo amoroso com o objeto é subjacente a esse mecanismo. As características persecutórias atribuídas ao objeto externo odiado são transferidas (deslocadas) para outro ou outros objetos externos que passam a ser temidos e evitados enquanto depositários de fantasias agressivas.

Este é o mecanismo latente das fobias. Freud estudou-o pela primeira vez no "caso do pequeno Hans"; nele, as fantasias terroríficas a respeito da relação com o pai foram deslocadas para os cavalos. O deslocamento tem como finalidade proteger o vínculo externo necessitado, situando o temor (e, de modo latente, o ódio) em outros, não tão necessitados, que podem ser evitados e odiados e por cuja perda não se sofre. Isto alivia o ego do perigo e da dor, permitindo-lhe situar impulsos (de morder, afogar, invadir, etc.) e partes corporais (dentes, genitais, etc.) no objeto externo (identificação projetiva).

Na evolução normal o deslocamento está presente nos processos de generalização e de formação de símbolos.

Quando indica detalhes mínimos, é um mecanismo típico de técnicas obsessivas; a preocupação concentra-se em aspectos ou detalhes não essenciais da realidade, mas sobre os quais foram deslocadas situações vinculares emocionalmente carregadas.

Caso n.º 56. Idade: 12 anos; sexo: masculino.

*d) H.T.P.*

Tal é o deslocamento "de baixo para cima", que corresponde a uma necessidade de situar na parte superior do corpo conflitos relativos às funções e aos órgãos genitais. Este tipo de deslocamento pode estar presente em conversões histéricas (por exemplo, equação garganta-vagina) ou em conflitos referidos ao rendimento intelectual (equação potência intelectual com potência sexual ou com posse de um pênis).

## Deslocamento nos testes gráficos

O que é "deslocado" varia de um caso para o outro, sendo, em termos gerais, um vínculo conflitivo com o objeto necessitado no qual está contida sempre uma função, uma parte corporal, ou um impulso vivido como perigoso. Expressa-se graficamente na:

Caso n.º 57. Idade: 7 anos; sexo: feminino.

*b) Teste das Duas Pessoas*

1) Necessidade de adicionar um novo objeto depositário e simbolizador do vínculo. (Exemplo: *Caso n.º 57.*)
2) Localização da situação conflitiva em objetos acessórios do desenho, no "fundo" ou na "decoração" do objeto gráfico solicitado pela instrução. (Exemplo: *Casos n.ᵒˢ 58 e 59.*)
3) Figura humana. Localização da situação conflitiva em zonas corporais não conflitivas (por exemplo, preocupação pela potência sexual deslocada no desenho para a gravata ou para o nariz) ou em detalhes da roupa. (Exemplo: *Caso n.º 60.*)

*Caso n.º 57:* Menina de 7 anos. *a)* A agressão com características cabalísticas está deslocada para a figura do cachorro com os dentes marcados. As figuras humanas têm as bocas fechadas e sorridentes. *b)* A preocupação e a necessidade de contato oral nutritivo com a mãe se expressa nos "bolsos-seios" do avental, e, em compensação, anula (não faz) os seios na figura feminina adulta.

*Caso n.º 58:* Menina de 7 anos que apresenta sintomas de depressão durante a gravidez de sua mãe. Na figura feminina

*Os testes gráficos* *359*

Caso n.º 58. Idade: 7 anos; sexo: feminino.

*d) H.T.P.*

Caso n.º 59. Idade: 7 anos; sexo: feminino.

*d) H.T.P.*

("uma mãe") está remarcada a cintura pequena e a zona do ventre aparece riscada como tentativa de anulação e negação da situação de gravidez.

O conhecimento da gravidez está simbolizado e deslocado:
1) Fundamentalmente para o "esquilinho" do buraco da árvore.
2) Na carteira, o desejo de "fazer o bebê cair".
3) Deslocamento corporal de baixo para cima: elementos decorativos adicionados (laço, anéis, colar).

*Caso n.º 59:* Menino de 7 anos. Fantasia de pênis dentro da vagina situada na árvore. Desenha primeiro uma maçã com um cabinho e transforma-a depois numa árvore. Junto com o mecanismo de deslocamento manifesta-se a anulação.

*Caso n.º 60:* Menina de 9 anos. Desejo de crescer e de possuir um corpo capaz de ter filhos e formas femininas (seios). Aparece no desenho:

*a)* Nas mangas volumosas (deslocamento para cima do desejo de ter seios).

Caso n.º 60. Idade: 9 anos; sexo: feminino.

*a)* Desenho Livre

*b*) Na preocupação por seus genitais e por suas possibilidades procriativas (simbolizadas e deslocadas no coração e nas flores do vestido).

Veja-se o *caso n.º 6* em Identificação Projetiva Indutora: evidencia-se preocupação pela impotência sexual expressa na superacentuação do nariz e da gravata.

## *Repressão*

Manifesta-se, fenomenicamente, como "lacunas" no pensar, sentir ou verbalizar. É o esquecimento não intencional de fatos, fantasias, ocorridos na realidade externa ou interna. Implica a necessidade de manter dissociados (esquecidos) aspectos do vínculo objetal vividos como conflituais ou perigosos.

Está relacionado, em parte, com o mecanismo de negação (responde à fantasia "necessito não conhecer tal aspecto meu e do objeto; se não o conheço, não existe"). Supõe o mecanismo de dissociação, embora seja mais evoluído e adaptativo que a dissociação.

Dentro da teoria kleiniana, na evolução normal a repressão é herdeira do mecanismo de dissociação e torna-se possível como resultado da elaboração da etapa depressiva.

A repressão como mecanismo adaptativo marca a possibilidade de clivagem entre as fantasias e entre a vida consciente e inconsciente. Tal clivagem não se refere a uma divisão rígida e irreversível, mas sim a uma membrana permeável, porosa, que, embora possibilite a separação de ambos os aspectos da realidade psíquica, permite ao ego conectar-se com fantasias ou recordações funcionalmente reprimidas.

Como mecanismo adaptativo, mantém operativamente dissociadas as fantasias inconscientes, que são mobilizadas diante de qualquer contato com os objetos e situações externas; se fossem totalmente conscientes, impossibilitariam o contato com a realidade. Favorece o bom funcionamento psíquico mediante o esquecimento do trivial, do acessório e do secundário.

Como mecanismo neurótico, funciona como um "dique de contenção", provocando empobrecimento e bloqueio. H. Segal se refere às causas de tal rigidez: "Se a dissociação inicial foi excessiva, a repressão posterior será de excessiva rigidez neurótica. Quando a cisão inicial foi menos severa, a repressão lesará menos o sujeito e o inconsciente estará em melhor comunicação com a mente consciente."

A repressão empobrece o ego, na medida em que o limita em suas funções mnêmicas e perceptivas (para evitar a recordação do vínculo temido o sujeito necessita "não ver" aqueles aspectos da realidade e dos objetos externos que poderiam fazer "recordar" ou despertar os impulsos e as necessidades reprimidas). É um mecanismo "mudo" que se expressa mais pela "falta de" (recordações, afetos, etc.), do que pelo reforço de determinadas condutas. (Por exemplo: A formação reativa implica uma necessidade permanente de reforçar o vínculo amoroso para controlar o vínculo hostil na relação ambivalente com o objeto. Na repressão, o conflito ambivalente resolve-se pela "ausência de afeto", indiferença.)

## A repressão nos testes gráficos

Dado o nível avançado a que corresponde o mecanismo de repressão, supõe um grau de boa organização da personalidade e, portanto, do esquema corporal.

As *figuras humanas* são completas e harmônicas, com localização espacial e tamanho adequados. A *Gestalt* está conservada. De acordo com a intensidade da repressão, pode aparecer pobreza de conteúdos e aspecto rígido (falta de movimento ou movimento coartado). Figuras harmoniosas e agradáveis com baixa sexualização.

A preocupação e a luta contra tendências exibicionistas e erotismo corporal se evidenciam em:

*a*) Figuras harmoniosas mas não sexuais, muito vestidas, "tapadas" (pouca preocupação pelos detalhes da roupa).

*b*) Falta de traços sexuais secundários, cortes marcados na cintura, corte da figura no nível genital ou tronco solto. Ênfase na cabeça, cabelo e olhos.

*c*) Expressão direta do conflito através de figuras humanas antitéticas quanto ao exibicionismo (bailarina, mulher sedutora, etc. e figura vestida, tapada).

*d*) A dissociação pode se manifestar entre a realização gráfica e a verbal. Por exemplo: figuras muito sedutoras e exibicionistas e escotomização destas características centrais na verbalização.

A intensidade ou grau da repressão pode se manifestar em:

*a*) Figuras rígidas e coartadas em seus movimentos.

*b*) Figuras pobres quanto a conteúdos.

c) Distância entre os pares dissociados quando estes aparecem desenhados.

No desenho da casa e da árvore, mantêm-se como características gerais: boa organização gestáltica, relação de partes, tamanho e localização espacial adequados, características harmônicas. Vazio e pobreza de conteúdos variáveis de acordo com o grau de rigidez e de controle da defesa.

Na construção da casa predomina a preocupação com as janelas, ainda que o aspecto geral seja fechado.

*Caso n.º 61:* Adolescente, mulher, 17 anos; *caso n.º 62:* Adolescente, mulher, 16 anos; *caso n.º 63:* Adulto, mulher, 36 anos; *caso n.º 64:* Adolescente, mulher, 17 anos; *caso n.º 65:* Adulto, mulher, 28 anos.

Observa-se uma gradação na intensidade do mecanismo ao longo da seqüência dos casos. São figuras inteiras, harmoniosas, com certo grau de beleza, mas dureza de movimento. Ênfase no contorno corporal, com poucos detalhes na roupa e falta de traços sexuais secundários.

A rigidez e a pobreza de conteúdos torna-se mais evidente nos casos n.ºˢ 63, 64 e 65. No caso n.º 63 as cabeças estão cortadas e o homem com o movimento claramente coartado.

No caso n.º 64, embora a *Gestalt* seja mantida, o vazio, a pobreza e a rigidez são muito mais marcados. A figura é pouco harmoniosa. Maior despersonalização e traços paranóides.

A verbalização no caso n.º 62 mostra claramente a dissociação entre os desejos exibicionistas culposos e os aspectos superegóicos atribuídos a duas pessoas, duas partes dissociadas da pessoa.

*Caso n.º 66:* Intensa necessidade de exibicionismo corporal, negada na verbalização e deslocada para características femininas maternas.

Caso n.º 61. Idade: 17 anos; sexo: feminino.

*b) Teste das Duas Pessoas*

A Praça

A mãe de Luís, Maria, todas as tardes, depois de almoçar, leva seu filho à praça, para ele tomar um pouco de ar e sol.
Enquanto seu filho brinca, ela tricota para o próximo bebê.
Às vezes, quando se cansa de costurar ou tricotar, então os dois correm juntos pela praça com sua bola de várias cores.

Caso nº 62. Idade: 16 anos; sexo: feminino.

*b) Teste das Duas Pessoas*

O Destino

É a história de duas irmãs que foram separadas quando eram pequenas, por causa da morte de sua mãe. Seu pai achou razoável a idéia de mandar cada uma a uma tia e assim transcorreram os anos sem que voltassem a se ver.
Virgínia fez artes cênicas e, devido a seu grande talento, não tardou em converter-se em uma figura de fama mundial. Por seu lado, Maria José inclinou-se por advocacia, adquirindo, rapidamente, grande renome por sua sagacidade e perspicácia, e, sobretudo, por sua honestidade.
Certa vez, durante um de seus giros costumeiros, Virgínia se viu implicada acidentalmente num assassinato; então, ao ter que escolher um advogado de defesa, seu representante artístico lhe aconselhou contratar uma jovem advogada cujo prestígio era reconhecido por todos.
E é assim, por capricho do destino, que as duas irmãs se encontram e, quando Maria José prova a inocência de Virgínia, ambas iniciam uma nova vida juntas.

## *Inibição ou restrição do ego*

Manifesta-se como impotência ou déficit de uma ou mais funções do ego. (Não ver, não ouvir, não aprender, etc.) Diferentemente da conversão, não apresenta sintomas, mas sim restrição ou ausência de uma função.

A função ou conduta inibida torna-se perigosa por estar ligada à realização de fantasias agressivas (equação simbólica). Evita-se o perigo fantasiado, anulando ou restringindo a função ligada a estas fantasias.

A inibição surge como defesa diante de ansiedades paranóides e depressivas.

Diante de ansiedades paranóides expressa a necessidade de autocastração, para evitar ataques retaliativos do objeto. (Por exemplo, se os ganhos intelectuais são vividos como triunfos sádicos sobre os pais, a capacidade intelectual se transforma em fonte de ansiedade e de conflito.) Inibir uma capacidade provoca sofrimento e impotência, mas protege o ego de temores mais primários.

Caso n.º 63. Idade: 36 anos; sexo: feminino.

*Conduta observada no teste de Machover*

Respira com ansiedade. Ri e me diz que quando lhe dei a instrução pensou em fazer um desenho onde pudesse me enganar ao máximo, mas que vai fazer o que sair.
Pergunta-me: "Desenho qualquer sexo? Apesar de ser desenhista não vai sair bom porque sempre precisei de um modelo para desenhar."
Faz primeiro o desenho da figura feminina, suspira com grande freqüência e faz um gesto de desgosto. Ao finalizar me diz: "É uma figura muito estática, lhe faz falta agir."

*Os testes gráficos*

*b) Teste das Duas Pessoas*

A inibição se faz presente, da mesma forma, diante de ansiedades depressivas. As fantasias subjacentes são também de agressão ao objeto, mas é acentuado o medo de danificá-lo, e a inibição tem a finalidade de protegê-lo.

Caso n.º 64. Idade: 17 anos; sexo: feminino.

A inibição ou restrição do ego refere-se não só à limitação de uma função que potencialmente poderia se desenvolver, como também a um empobrecimento e uma diminuição geral do ritmo das funções egóicas (percepção, motricidade, ritmo

*b) Teste das Duas Pessoas*

associativo, etc.), e costuma acompanhar os estados depressivos. Resulta de introjeções patológicas do objeto (introjeção de objetos danificados, mortos ou agonizantes, com os quais o ego fica identificado).

Caso n.º 65. Idade: 28 anos; sexo: feminino.

*b) Teste das Duas Pessoas*

Os testes gráficos

Caso n.º 66.

b) Teste das Duas Pessoas

Diziam que ela era bruxa. Cobria-se com um manto negro, desde o pescoço até os pés. Não se via sua cara, estava sempre coberta pelo seu cabelo. Um dia uma rajada de vento despojou-a de seu manto; seus cabelos eram mais longos ainda do que podia parecer e envolta neles levava uma criança. Seu corpo era gracioso. Não era uma bruxa!

## Sua manifestação nos testes gráficos

*Figuras humanas.* A vivência de impotência e inadequação expressa-se através de: *a*) figuras pequenas e fracas; *b*) traço fraco; *c*) amputações ou castrações das zonas corporais conflituais ou relacionadas com as funções conflitivas. Isto varia de acordo com o tipo de inibição. (Por exemplo, nas inibições intelectuais são características a cabeça quadrada, o cabelo tipo capacete, com aspecto de robô ou muito sombreado.)

*Caso n.º 67:* Menino de 7 anos, com problemas de aprendizagem. Cabelo tipo boné, sombreado, e vivência de castração na amputação das mãos, sombreado da calça e reforço compensatório da gravata.

*d*) A inibição se expressa por reforço ou pelo tratamento especial de zonas ou, pelo contrário, pela ausência de zonas (mãos, pés, por exemplo); expressa-se, também, por "impotências" verbalizadas pelo sujeito durante a produção ("não sabe, não pode realizar tal ou tal aspecto do desenho", ou "não pode desenhar").

*e*) A inibição, como mecanismo mais abrangente da personalidade, é expressa através de figuras fracas, inseguras, pequenas, sem mãos, ou figuras de pessoas encostadas ou sentadas, como expressão de baixa vitalidade e de fraqueza do ego. (Com exceção das pessoas com impedimento físico real, aleijadas, em cujo caso é índice de boa aceitação de sua situação. Ex.: *Caso n.º 68*.)

Na casa e na árvore predominam as características gerais de pequenez, pobreza de conteúdos; a casa é rudimentar, solitária e pequena. A árvore é pobre, com pouca folhagem, sem frutos, com desconexões de partes ou zonas importantes.

As características dadas anteriormente correspondem à expressão direta da inibição como defesa. Contudo, o material gráfico pode registrar a fantasia onipotente agressiva de triunfo, que motiva, na conduta manifesta, a inibição como sintoma e defesa.

Caso n.º 67. Idade: 7 anos; sexo: masculino.

*c) Teste da Família*

## *Sublimação*

A sublimação, na teoria freudiana, é a canalização de impulsos instintivos para atividades criadoras, socialmente adaptadas, como resultado de um processo bem-sucedido de renúncia a um fim instintivo.

As abordagens da teoria kleiniana permitem vincular o conceito de sublimação às ansiedades e ganhos derivados da situação depressiva. A dor e o sofrimento pelos objetos queridos e valiosos, aos quais se teme haver destruído, mobiliza impulsos reparatórios, de recriação dos objetos internos e externos, que constituem a base da criatividade e da sublimação. H. Segal se refere a esse momento da situação depressiva: "A ânsia de recriar seus objetos perdidos impulsiona o bebê a juntar o que despedaçou, a reconstruir o destruído, a recriar e a criar. Ao mesmo tempo, o desejo de proteger seus objetos leva-o a sublimar os impulsos que sente como destrutivos. Deste modo, a

Caso n.º 68. Idade: 35 anos; sexo: feminino.

*b) Teste das Duas Pessoas*

Adolescente conversando com sua avó doente.

preocupação pelo objeto muda os fins instintivos e produz uma inibição dos impulsos instintivos". Referindo-se ao conceito de Freud de que a sublimação é o resultado de uma renúncia bem-sucedida a um fim instintivo, afirma: "... só através de um processo de luto pode-se produzir uma renúncia bem-sucedida. A renúncia a um fim instintivo, ou a um objeto, é uma repetição e, ao mesmo tempo, uma revivência da renúncia ao seio. Como nesta primeira situação, tem êxito se o objeto a que deve renunciar pode ser assimilado pelo ego, graças a um processo de perda e de recuperação internas. Eu sugiro que um objeto assimilado deste modo converte-se num símbolo dentro do ego..."

A possibilidade de sublimar supõe a capacidade de reparação, e está em relação direta com ela, na medida em que se propõe a proteger o objeto de novos ataques hostis e a repará-lo pelos danos que já sofreu. A sublimação é, em si mesma, um trabalho de reparação, que implica um vínculo de amor com um objeto total e se expressa através da criatividade, da capacidade de realizar e de se auto-reparar.

## Sublimação nos testes gráficos

A necessidade de desenhar aparece, evolutivamente, como uma tentativa de recriação e de reparação dos objetos. Assim como as primeiras palavras recriam o objeto interno e o tornam independente do externo, o desenho responde, da mesma forma, à necessidade de recriação dos primeiros objetos. Quando pedimos a um entrevistado que produza um desenho, estamos aproximando-o de uma tarefa de criação, ou de recriação, de um objeto, de uma tarefa reparatória. Sua produção mostrar-nos-á tanto as ansiedades, as dificuldades ou as preocupações que se mobilizam nele diante da reparação, como o estado de seus objetos internos e de seu ego (inteiros, despedaçados, parcializados, etc.).

Na medida em que sublimação e reparação estão indissoluvelmente unidas, o grau de desenvolvimento da capacidade sublimatória se expressaria: 1) na disposição, atitude e modalidade com que o entrevistado enfrenta a tarefa projetiva (ansiedades e defesas ante a recriação), e 2) no aspecto inteiro, sólido, harmonioso (reparado), ou, pelo contrário, destruído do objeto gráfico.

1) Referimo-nos às expectativas do sujeito quanto à sua capacidade reparatória; neste sentido, poderíamos diferenciar:

*a) Atitude depressiva adaptativa*, preocupação em realizar a tarefa adequadamente, clima emocional de introspecção, capacidade de autocrítica, valorização adequada.

*b) Diferentes tipos de condutas desajustadas*, indicadoras de conflitos que interferem na consecução de uma autêntica reparação: referências à inabilidade e ao medo de realizar a tarefa, autocrítica exagerada (medo de não contar com recursos reparatórios); incapacidade de desprender-se do objeto gráfico, que é vivido como permanentemente incompleto, não terminado (tendência reparatória em luta com impulsos hostis); necessidade de "sair" da tarefa rapidamente, evitando todo contato afetivo depressivo (evitação de ansiedades depressivas); entusiasmo exagerado, diversão, brincadeira (negação maníaca).

2) Referimo-nos às características que o objeto gráfico terminado possui e que evidenciam o grau de reparação que o entrevistado conseguiu em relação a seus objetos e a seu ego.

Quanto mais destruído, despedaçado, desarmônico é um objeto, maior será a quantidade de destrutividade e menor a capacidade para conseguir uma síntese depressiva adequada e para desenvolver capacidades sublimatórias. Como a sublimação é o resultado da elaboração parcial ou total da situação depressiva, ela se expressa nos desenhos pelo grau de aproximação a objetos inteiros, integrados, harmônicos, adequadamente relacionados com o que há em volta, receptivos e protetores, etc.

## Critérios

*a) Gestalt mantida:* Objetos gráficos completos, inteiros, sólidos, opostos a objetos destruídos, atacados. Ataques a todo o objeto ou a zonas circunscritas do mesmo. Atitude do sujeito entrevistado ante estas (preocupação em endireitá-las, negação, etc.).

*b) Objetos totais ou parcializados:* O objeto gráfico obtido registra todo o objeto real ou partes do mesmo, e, neste caso, importa saber que partes do objeto são desenhadas e se correspondem a zonas corporais diferenciáveis (cara-tronco).

*c) Diferenciação e conexão mundo interno-mundo externo:* Através dos limites do desenho e do tipo de tratamento dos órgãos de recepção e das zonas de contato com o mundo externo.

*d) Integração das diferentes áreas da personalidade* (pensamento-afeto-ação): Tratamento balanceado, superacentuações, omissões.

*e) Plasticidade e ritmo:* Movimento harmônico ou rigidez, estereotipia e coartação.

### Bibliografia

Abt e Bellak, *Psicología proyectiva.* Buenos Aires, Paidós.
Anderson e Anderson, *Técnicas proyectivas del diagnóstico psicológico.* Madri, Rialp.
Bell, *Técnicas proyectivas.* Buenos Aires, Paidós.
Bion, W., *Aprendiendo de la experiencia.* Buenos Aires, Paidós.
Bleger, José, *Psicología de la conducta.* Buenos Aires, Eudeba.
Fenichel, O., *Teoría psicoanalítica de las neurosis.* Buenos Aires, Paidós.
Grinberg, L., *Culpa y depresión.* Buenos Aires, Paidós.
——, "Relación objetal y modalidad de las identificaciones proyectivas en la manía y psicopatía". In: *Psicónalisis de la manía y la psicopatía.* Buenos Aires, Paidós.

———, "Aspectos regresivos y evolutivos de los mecanismos obsesivos: el control omnipotente y el control adaptativo", *Revista de psicoanálisis,* t. XXIV, n.º 3, 1967.

Grinberg, L. e Liberman, D., "Identificación proyectiva y comunicación en la situación transferencial". In: *Psicoanálisis de la manía y psicopatía.* Buenos Aires, Paidós.

Hammer, *Tests proyectivos gráficos.* Buenos Aires, Paidós.

Isaacs, Susan, in: M. Klein e outros, *Desarrollos en psicoanálisis.* Buenos Aires, Hormé.

Kanner, Leo, *Psiquiatría infantil.* Buenos Aires, Paidós.

Klein, M., *Desarrollos en psicoanálisis.* Buenos Aires, Hormé.

———, *Contribuciones al psicoanálisis.* Buenos Aires, Hormé.

———, *El psicoanálisis de niños.* Buenos Aires, Hormé.

———, *Nuevas direcciones en psicoanálisis.* Buenos Aires, Hormé.

Rabin e Haworth, *Técnicas proyectivas para niños.* Buenos Aires, Paidós.

Rodrigué, E., *El contexto del proceso psicoanalítico.* Buenos Aires, Paidós.

Segal, H., *Introducción a la obra de M. Klein.* Buenos Aires, Paidós.

———, "Un enfoque psicoanalítico de la estética". In: M. Klein e outros, *Nuevas direcciones en psicoanálisis.* Buenos Aires, Hormé.

# Capítulo IX
## A entrevista de devolução de informação

# 1. Devolução de informação no processo psicodiagnóstico

María L. S. de Ocampo e María E. García Arzeno

Há aproximadamente seis anos começamos a elaborar os fundamentos teóricos da devolução de informação ao paciente (criança, adolescente, adulto) e aos pais, à luz de observações realizadas com os casos atendidos.

Paralelamente, elaboramos critérios que deveriam formar uma técnica apropriada para realizar tal devolução na prática cotidiana. Temos, pois, uma hipótese: é necessária uma devolução de informação diagnóstica e prognóstica discriminada e dosificada, relacionada com as capacidades egóicas do ou dos destinatários.

As primeiras questões que colocamos foram: por que fazemos a devolução? E para que a fazemos? As respostas conduziram-nos à elaboração dos fundamentos teóricos da devolução, isto é, da teoria da devolução.

Outras questões surgiram quase que simultaneamente: como fazer a devolução? Quando? Para quem?, etc. Elas apontam para a técnica da devolução. Avançamos no conhecimento de ambas, teoria e técnica, aplicando nossos pontos de vista, comparando casos nos quais se fez a devolução de informação tal como recomendamos com outros nos quais não se pode realizá-la. Atualmente utilizamos este enfoque de forma sistemática tanto na prática particular como no trabalho hospitalar, com bons resultados.

## Teoria da devolução de informação

Entendemos por devolução de informação a comunicação verbal discriminada e dosificada que o psicólogo faz ao paciente, a seus pais e ao grupo familiar, dos resultados obtidos no psicodiagnóstico. A transmissão desta informação é, pois, o objetivo básico dela, que se concretiza numa entrevista final, posterior à aplicação do último teste.

O segundo objetivo consiste em observar a resposta verbal e pré-verbal do paciente e de seus pais ante a recepção da mensagem do psicólogo. Isto constitui uma outra fonte informativa que permite sintetizar acertadamente o caso e emitir o diagnóstico e o prognóstico com maior margem de certeza, ao mesmo tempo que permite o planejamento mais adequado da orientação terapêutica. Deve ser feita dentro do contexto global do processo, em uma entrevista ou em várias, e será de responsabilidade de quem realizou o psicodiagnóstico.

Resumiremos alguns conceitos expressos em trabalhos anteriores e acrescentaremos alguns novos para fundamentar o porquê e o para quê da devolução. Nós o faremos sob três perspectivas: a do paciente (criança, adolescente, adulto), a dos pais que o trazem à consulta e a do próprio psicólogo.

### A) Do ponto de vista do paciente

Com crianças a devolução de informação fundamenta-se nos seguintes pontos:

1) Seguindo a lei de fechamento (teoria da *Gestalt*), é necessário transmitir o resultado de uma comunicação realizada. A comunicação por nós hierarquizada não é, pois, de tipo unidirecional, do paciente para o psicólogo, mas sim circular, do paciente para o psicólogo e vice-versa, restituindo, assim, ao processo comunicacional as características de diálogo entre consultante e consultor. O fato de o consultante ser uma criança não deve bastar para privá-lo deste tratamento.

2) Como dizíamos em outro trabalho: "O exame psicológico implica, pelos depósitos no psicólogo de partes adaptativas e doentes do paciente, um processo em que sua identidade é atacada, exigindo uma reconexão interna entre certos aspectos que o sujeito reconhece como seus (identidade manifesta) e outros que desconhece, mas *atua* (identidade latente). Esta reestruturação já implica uma modificação da dinâmica interna e exige, para se resolver no sentido da integração, que se devolva ao examinado essa identidade latente que contém, além dos aspectos desvalorizados e temidos, outros, enriquecedores e potencialmente adaptativos."

"3) Se essa reintegração não se produz, o paciente fica permanentemente ligado ao psicólogo numa relação de objeto que o privou, e o psicólogo experimenta dificuldades para conseguir uma boa separação, porque se sente em dívida com o paciente de quem se lembra com preocupação durante muito tempo, ou esquece totalmente."

"4) Se devolvemos a informação aos pais e ao filho, separadamente, favorecemos a discriminação de identidades dentro do grupo familiar. Se não há devolução, a criança sente que sua identidade latente fica depositada no psicólogo e em seus pais, funcionando ele como terceiro excluído de uma comunicação à qual tem direito, já que sua problemática é o motivo central da consulta."

"5) A devolução funciona como prova de realidade de que o psicólogo saiu ileso do depósito dos aspectos mais danificados e daninhos do paciente, que os aceitou junto com os bons e reparadores, reconhecendo-os como coexistentes e próprios do examinador."

"6) É recomendável usar esta técnica porque, do contrário, se estará favorecendo, no paciente, fantasias de empobrecimento e roubo pela alienação de partes egóicas; fantasias que adquirem realidade se, efetivamente, retemos tudo o que o paciente depositou na relação. Neste sentido, a devolução funciona como mecanismo de reintrojeção, sobretudo de sua identidade latente, que, de outra forma, ficaria alienada no psicólogo. A falta de devolução favorece o aparecimento de sentimentos de roubo, curiosidade, inveja, etc., cuja elaboração não é sequer tentada, se o vínculo entre o psicólogo e o paciente acaba com o último teste."

"7) Quando o paciente não sabe se o psicólogo lhe dirá algo sobre o que acha de seu problema e, mais ainda, quando lhe é dito que nada lhe será informado, sente-se submetido passivamente a uma série de estimulações às quais procurará responder, mas nem sempre com vontade de colaborar com o psicólogo..."

"Se o paciente sabe que, ao finalizar, os resultados ser-lhe-ão fornecidos, sentir-se-á comprometido no processo e mais disposto a colaborar. Em alguns casos, sobretudo de pacientes encaminhados para a consulta pelo professor, pediatra, neurologista, etc., pode acontecer que bloqueiem ou rejeitem abertamente a possibilidade de saber o que o psicólogo acha, porque a devolução desperta muita ansiedade persecutória. Se as resistências são muito intensas, é possível que a criança adote uma atitude negativa durante a hora de jogo e a aplicação dos testes e que, ao ser chamada para a devolução de informação, resista em comparecer, adoeça, ou promova algum tipo de complicação no grupo familiar para evitá-la. É pouco provável que não venha, pois nisso depende de seus pais. Não obstante, se as resistências da criança entram em combinação com as dos pais, é possível que não consigamos concretizar tal entrevista. Sob a perspectiva da problemática da criança, podemos pensar que esta mobiliza os pais para que ambos evitem enfrentar uma situação tão ansiógena. Isto constitui, em si mesmo, um índice negativo, tanto no nível diagnóstico como prognóstico."

"Em geral, podemos afirmar que, se o paciente não sabe, ou sabe pouco e mal, porque vem, e, além disso, não espera que, ao terminar, a informação lhe seja devolvida, o psicólogo assumirá, para ele, desde o princípio, o papel de uma figura extremamente ameaçadora, pelo depósito maciço de tudo o que é persecutório que alberga em seu mundo interno. Ocupar-se-á,

*A entrevista de devolução de informação* 387

quase que exclusivamente, de controlá-lo, de mantê-lo à distância e de evitá-lo. Isto pode ser registrado como negativa total em fazer algo na hora de jogo, bloqueios totais ou reiterados ante as pranchas que lhe são apresentadas, negativas de desenhar ou respostas reticentes, triviais, simples."

"8) Se a informação não é devolvida, intensificam-se as fantasias de doença, gravidade, incurabilidade, loucura, etc."

"Se, desde o começo, deixamos claro que o que pedimos para ele fazer é para conhecê-lo melhor e que, no final, daremos nossa opinião a respeito, estamos esclarecendo algo em sua mente e readquiriremos as qualidades de um personagem mais real com quem ele pode conversar e a quem deve formular perguntas sobre suas dificuldades. Isto converte seu sintoma em algo que não chega a ser tão grave que não se possa falar nele."

"9) Se devolvemos informação, damos ao paciente uma oportunidade de se ver com mais critério de realidade, com menores distorções idealizadoras ou depreciativas."

*Em pacientes adolescentes.* São válidas todas as razões invocadas a propósito de pacientes crianças. Mas devemos enfatizar ainda mais o ponto 4 no qual falamos da condição de terceiro excluído a que submetemos a criança quando não devolvemos a informação a ela, mas a seus pais. Quando se trata de um adolescente, isto tem uma maior transcendência pela reativação dos problemas ligados ao conflito edipiano, unida ao luto pela identidade infantil perdida e à necessidade de assumir uma nova identidade. Se fazemos a devolução somente aos pais e só com eles estabelecemos o contrato, tratamos o adolescente como alguém cuja opinião não interessa e que, estando em condições de participar do processo, tem essa possibilidade negada. Muitas vezes isto determina sua pouca colaboração no tratamento posterior ou seu franco "boicote" ao mesmo.

*Em pacientes adultos.* A devolução de informação ao paciente adulto, que vem consultar espontaneamente, é mais fácil de ser aceita como necessária e factível. Isto se deve, possivelmente, a uma maior facilidade do profissional em identificar-se com figuras próximas a ele em idade e a conseqüente prevalência da comunicação verbal entre ambos. O caso de crianças, por outro lado, e como veremos mais adiante em detalhe, requer uma maior capacidade adaptativa para se colocar em seu lugar e captar a linguagem pré-verbal.

**B) Do ponto de vista dos pais do paciente**

Consideramos imprescindível a devolução de informação aos pais que vêm consultar por um filho, por várias razões:

1) Porque eles pediram a consulta para saber o que se passa com esse filho, com vários ou com todo o grupo familiar, e é preciso que conheçam a opinião do profissional consultado. Se nada lhes é dito a respeito, pode acontecer, em termos gerais, que aumentem as fantasias de doença grave, incurável e irreparável. Com nosso silêncio agravamos a situação porque produzimos uma dose suplementar de ansiedade persecutória: "O que se passa é muito grave e não nos querem dizer nada." Desta forma também, se os pais agiram de maneira defensiva desde a primeira entrevista, depositando maciçamente no psicólogo todos os sentimentos, afetos, impulsos e fantasias intoleráveis para desembaraçar-se deles e obter um pseudo-alívio, a não-devolução favorece as fantasias de desembaraçamento e alívio: "Não há nada, não há motivo para nos preocuparmos."

2) Porque é preciso fazê-los reintegrar uma imagem do filho, deles e do grupo familiar, corrigida, atualizada, ampliada ou restringida, que nem sempre coincide em tudo, ou ao menos em parte, com a que eles trazem para a consulta. Mostrando-lhes que o filho é diferente do que eles crêem, colocamo-los em condições de tomar consciência da real identidade deste, das mudanças que deverão aceitar no filho, neles mesmos e no grupo familiar como um todo, se estão realmente dispostos a modificar o *status quo* reinante.

Quando, na primeira entrevista, começam mostrando os aspectos mais positivos do filho, mas não omitem os negativos, sabemos que estão dispostos a nos ouvir se procedemos – dentro de certos limites – da mesma maneira, isto é, seguindo o mesmo modelo de seqüência. Se a seqüência é inversa, conseguiremos, ainda que com dificuldades, transmitir-lhes uma imagem bastante completa do filho. Se, em compensação, só nos mostraram o positivo ou o negativo, temos oportunidade de mostrar-lhes os aspectos negativos, de avaliar o aspecto do filho que eles mais negam, o aspecto a que mais resistem e até onde chegam essas resistências.

3) Porque – tratando-se de uma criança, um adolescente ou um adulto psicótico grave ou em estado confusional – são os pais ou outros parentes os responsáveis pela concretização do tratamento. Se devemos recomendá-lo, é preciso fundamentar previamente nossa indicação e esclarecer os riscos que o paciente ou o grupo familiar correm caso optem por não atender à recomendação. Em casos graves, nosso silêncio pode significar uma aliança implícita com os aspectos mais patológicos do grupo familiar, e se acontecer um desenlace fatal (um suicídio, por exemplo), o psicólogo defrontar-se-á com um luto bastante difícil de ser elaborado. Não queremos dizer com isto que, se dermos nossa opinião na entrevista de devolução, impediremos os acontecimentos. Pensamos que será mais difícil para os pais negar a gravidade do problema.

4) Se os pais não vieram por iniciativa própria, mas sim enviados por um terceiro (professor, pediatra, etc.), a entrevista de devolução funciona como uma oportunidade para fazer com que consigam certo *insight* a respeito da situação real. Não são pais que "disfarçam" o sintoma, mas, sim, que não percebem nenhum. O psicólogo funciona como segundo detector do conflito e como o encarregado de conseguir que os pais o percebam. Se suas resistências são muito fortes, não perceberão o sintoma. Se este lhes é totalmente egossintônico, levá-lo-ão em conta, mas sem atribuir-lhe qualquer importância. Do ponto de vista da contratransferência, são os casos em que a devolução é mais difícil, devido à dose de frustração que impli-

ca para o psicólogo e à sobrecarga de angústia que nele é depositada.

5) Assim como o paciente resiste, às vezes, a vir à entrevista de devolução, o mesmo acontece com os pais. Se a oportunidade lhes é dada e não vêm, podemos compreender que o psicólogo funciona para eles como objeto ansiógeno e que a dose de ansiedade persecutória é tão intensa que só podem se defender evitando-a. Em certos casos, a parte infantil mais assustada e angustiada dos pais pode estar depositada no filho e é a este que não conseguem levar para a entrevista de devolução.

## C) Do ponto de vista do psicólogo

Não são apenas os pacientes e seus pais que são beneficiados com a entrevista de devolução. O mesmo ocorre com o profissional que a realiza.

A devolução de informação é recomendável para preservar a saúde mental do psicólogo, evitando que sua tarefa se torne insalubre. Isto aconteceria se ele se encarregasse dos depósitos maciços do paciente e/ou de seus pais. Se restitui tais fantasias, emoções, impulsos, etc., nele depositados, consciente ou inconscientemente, a seus verdadeiros donos, o psicólogo está preservando sua saúde. Isto só pode ser feito na entrevista final.

A entrevista de devolução é um passo a mais no conhecimento do caso, passo que, às vezes, ganha uma importância transcendental quando nela surgem lembranças reprimidas ou atitudes inesperadas ou não confirmadas até esse momento, que fazem mudar o plano tático idealizado para o caso. Geralmente, permite fazer uma boa síntese. O caudal informativo é enriquecido, não somente para o profissional que faz o diagnóstico, como também para o terapeuta a quem se encaminhará ou que encaminhou o paciente. Saberá quais são as condutas prováveis do sujeito quando se inclui, através da interpretação, aquilo que, habitualmente, ele dissocia, nega, isola, etc., o que permite planejar a terapia com maior sentido de realidade, significando, para o terapeuta, menor exposição à frustração e melhor ajuste do enquadramento à constelação dinâmica do paciente e de seu grupo familiar. Poderíamos mencionar como exemplo o grau de colaboração dos pais, a provável duração do tratamento, a probabilidade de interferência no tratamento ou o franco boicote ao mesmo, o número e a freqüência de sessões, a necessidade e as circunstâncias do estabelecimento de limites, o êxito da verbalização das interpretações e a possibilidade de absorção das mesmas, a adequação do material de jogo, etc.

Por exemplo, uma criança necessita que se marquem constantemente os limites durante a hora de jogo e aplicação dos testes. Se, ao devolver esta informação aos pais, eles nos respondem: "Pobrezinho, é muito pequeno", saberemos que não poderemos contar com eles como aliados do terapeuta quando for necessário colocar um limite para o filho (trazê-lo para a sessão ainda que seja à força, não lhe permitir que suje ou quebre objetos na casa do terapeuta, etc.). Para o psicólogo, a devolução serve como prova de realidade de sua tarefa anterior, isto é, se pode compreender o que ocorre, se nessa entrevista fica demonstrada a validade de suas hipóteses elaboradas anteriormente, e se consegue planejar correta e acertadamente a tática de abordagem mais recomendável para encarar a solução do conflito. Pela angústia que costuma despertar, esta técnica funciona, para alguns, como objeto persecutório que deve ser evitado, ter a validade negada ou atacada com críticas que desempenham o papel de racionalização. Se a dose de angústia é excessiva, é possível que decida não dar esse passo final e prefira delegar esse papel a outro colega porque se sente impotente para assumi-lo ou teme assustar o paciente ou seus pais. Se for este o caso, consideramos mais prudente que o psicólogo não se encarregue daquilo que ultrapassa suas possibilidades atuais de trabalho. Mas assinalamos que isso é algo que merece ser analisado e elaborado. Se, inconscientemente, nega sua angústia intensa, pode ser que encare contrafobicamente a transmissão do que é mais ansiógeno para o paciente e seus pais e os angustie em excesso. O resultado será bloqueio, desassossego, confusão ou raiva no paciente, diferentes formas de expressão de um problema na comunicação, provocado pelo próprio psicólogo. Não obstante, o resultado pode ser útil, se o que predominou nele foi a ansiedade depressiva que o impulsiona a utilizar mecanismos reparatórios, tais como estudar posteriormente o que aconteceu para aprender algo de novo sobre a condução técnica de casos similares. Se o que predomina é a ansiedade persecutória, o profissional atribuirá este distúrbio da comunicação à própria devolução da informação, negará sua validade, fechando o círculo vicioso.

Pensamos que a falha não reside na teoria da devolução tal como nós a postulamos e dentro dos limites em que a postulamos, e sim na técnica utilizada para o caso. Se o sentimento angustioso se mantém dentro de certos limites e o ego do psicólogo consegue manter intacta sua capacidade de pensar, discriminar, integrar, sintetizar, etc., transforma-se num instrumento útil ao longo da entrevista de devolução que, da mesma forma que o barômetro, indica elementos significativos que vão surgindo, o que permitirá um *insight* mais feliz do caso. A isto chamamos de "instrumentalização da ansiedade" na entrevista de devolução: poder detectá-la, elaborá-la e transformá-la em fonte de informação útil.

Em outros casos, não é a angústia a fonte de perturbação, e sim a raiva. A conexão entre raiva e angústia é estreita. Nesse caso, o psicólogo se sente perseguido pela possibilidade de voltar a enfrentar o paciente ou seus pais, com os quais ficou irritado. Detectando o que lhe causou raiva, em que momento a percebeu, que significado inconsciente ela tem, conseguirá metabolizar o sentimento agressivo de tal maneira que possa pensar e proceder com mais liberdade. Por isso ressaltamos a importância que tem, para o psicólogo, poder captar, com o mínimo de distorção, o que lhe chega transferencialmente de cada um dos integrantes do grupo consultante e sua resposta contratransferencial. Se entendemos a situação da entrevista de devolução como um campo psicológico e transferimos o esquema intrapsíquico para a situação interpsíquica do grupo formado pelo psicólogo e o(s) consultante(s), podemos compreender, sob outro ângulo, sua dinâmica profunda.

O psicólogo funciona, dentro do grupo, como um aspecto egóico que possui – mais que os outros – a capacidade de percepção, discriminação, integração e síntese. Ele percebe com maior sentido de realidade o que está acontecendo e o que pode acontecer, e está em condições de se angustiar menos diante de tal percepção. Porém, sua função seria muito limitada e ineficaz se apenas percebesse. Se concebemos o papel do psicólogo como o de um agente promotor de mudanças devemos atribuir-lhe, além disso, outro papel – mais ativo e direto – que seria o de transmitir o que percebe e perceber de novo para ponderar o resultado de sua mensagem. Não obstante, nem tudo o que percebe pode ser transmitido. Soma-se, assim, uma nova função: o psicólogo deve funcionar como um ego capaz de discriminar o que deve e pode ser dito e o que não pode nem deve ser dito ao paciente, por um lado, e a seus pais, por outro. Isto significa dosificar a informação, isto é, determinar até onde pode aprofundar um tema e com que ritmo convém insistir no mesmo. Se não discrimina e dosifica bem, pode comunicar mais ou comunicar menos do que aquilo que o paciente está em condições de receber. Se diz tudo ou inclui elementos muito ansiógenos, estabelece-se uma dinâmica que pode ser interpretada de várias maneiras. O psicólogo funciona como um ego frágil, fraco, muito pouco protetor, que não pode discriminar entre o que pode ser incluído e o que deve ficar de fora. É incapaz de evitar que todo o aparato psíquico (o resto do grupo presente na entrevista) sinta-se inundado pela irrupção de estímulos com estresse. Se as mensagens do psicólogo para o grupo mobilizam mais ansiedade do que o grupo pode absorver, convertem a situação de devolução em situação traumática, desencadeadora de bloqueio, de estados confusionais, de impulsos agressivos ou de fuga que podem chegar a ser *atuados* por um ou vários membros do grupo consultante. Outra possibilidade é a de que atue mobilizado por um aspecto ávido, curioso, insatisfeito e exigente do próprio paciente ou casal de pais, transferencialmente depositado nele, e com o qual se contra-identificou projetivamente, devido à não-resolução de aspectos infantis próprios.

O psicólogo pode atuar identificado com um superego exigente que não contempla as possibilidades reais de *insight*. Se, por outro lado, o psicólogo restringe a informação e não fala o que o paciente está em condições de saber, comporta-se como um superego repressor que frustra o ego em seu desejo de saber e o id em seu desejo de se manifestar (ambas as instâncias representadas pelo paciente e/ou seus pais, de acordo com o caso e com o momento da entrevista).

Com esta atitude, o psicólogo reforça mecanismos arcaicos de defesa do paciente ("Não tenho nada") ou de seus familiares ("É por capricho, não são idéias más, vai passar logo").

Às vezes o psicólogo pensa: "Não sei como dizê-lo, não me animo." Em tais casos assume uma parte infantil, indecisa, temerosa, impotente e deposita-a no paciente. Então, atualizam-se os temores de assustar, enlouquecer, perverter etc., o paciente ou seus pais.

## *A técnica da devolução de informação*

Trabalhar com entrevistas de devolução supõe a necessidade de trabalhar com um enfoque diferente do utilizado classicamente na confecção do diagnóstico psicológico. Supõe a constante utilização do latente e do transferencial.

Uma boa devolução começa com a aquisição de um bom conhecimento do caso, que proporciona uma base firme para proceder com eficácia.

Uma vez concluídas as entrevistas iniciais com os pais, a aplicação dos testes e a hora de jogo (se for uma criança), é preciso estudar todo o material registrado e elaborar hipóteses explicativas. Procuraremos obter um panorama que seja o mais completo possível, que inclua a natureza dos vínculos que ligam o paciente com seu grupo familiar como um todo, com o casal parental, com cada membro de seu grupo familiar e com o próprio psicólogo.

Dentro desse panorama, é útil discriminar quais são os aspectos mais sadios e adaptativos do paciente, de seus pais e de seu grupo familiar e quais os menos adaptativos e mais doentes. Uma vez estabelecido isto, devemos realizar uma segunda distinção: entre o que pode e o que não pode ser dito ao paciente e/ou seus pais sobre o que é menos adaptativo e mais doente, isto é, até onde se pode chegar. Como não sabemos se aceitarão ou não o trabalho recomendado, é arriscado mobilizar neles mais do que suas possibilidades egóicas lhes permitem absorver ou tolerar, dado que deve ser extraído do material recolhido. Destacamos que é muito importante saber bem claramente o que se pode ou não dizer, como elementos-limite dentro dos quais a entrevista de devolução poderá se desenvolver.

Com estes elementos podemos confeccionar um plano-guia para a entrevista de devolução, suficientemente flexível para que possa ser modificado durante o andamento desta, de acordo com a reação do ou dos destinatários (mais aberta ou mais fechada do que se esperava). Com efeito, não se pode seguir ao pé da letra o que foi planejado. Na maioria dos casos, o aparecimento de novos dados ou a emergência de novas condutas determinam um desvio saudável na medida em que suponha um melhor ajuste à dinâmica da entrevista. Às vezes, é preciso restringir o plano primitivo; outras, ampliá-lo.

Começamos a devolução pelos aspectos adaptativos do paciente e continuamos com os menos adaptativos, incluindo a patologia na medida e no ritmo em que cada paciente possa tolerá-lo. Encontramos nítidos indicadores de tolerância ou intolerância expressos de forma verbal ou pré-verbal. Vejamos alguns indicadores de intolerância. Há indicadores verbais conscientes, tais como dizer: "Não entendo", ou "Isto é muito difícil para mim." Outras verbalizações expressam sensações de estranhamento: "Esse não sou eu, eu não sou assim." Ou vemos essas sensações projetadas no psicólogo: "Você não me entende." Outros indicadores são expressos verbalmente, mas o paciente não tem consciência deles. Trata-se de lapsos e associações que estão mostrando exatamente o contrário de uma aceitação ou, então, uma aceitação passiva e maciça para não pensar. Surge, assim, um submetimento ao superego projetado no psicólogo, e o ego do paciente fica quase anulado em sua capacidade de se questionar, de perguntar ao psicólogo, de tolerar e de colocar dúvidas, etc. Outros indicadores pertencem ao nível pré-verbal. Entre eles podemos citar: ruptura do enquadramento em alguma de suas pautas, tais como chegar tarde, querer ir embora logo, pedir uma devolução por telefone, não querer se separar do psicólogo, dar mostras de nervosismo, empalidecer, tossir, pedir para ir ao banheiro, etc.

Em contraposição a estes, encontramos outros indicadores que expressam tolerância ao que é devolvido: o aparecimento de novas associações relacionadas com as lembranças reprimidas, novos pontos de vista, expectativas, medos, etc. Outro indicador importante é a capacidade de aceitação de "pseudo-identidades" e de aspectos manifestos e latentes de sua identidade, através dos diferentes materiais de testes.

Outro problema técnico é a escolha da linguagem mais apropriada. É importante ser claro, não cair no uso de terminologia técnica, evitar termos ambíguos ou equívocos e utilizar, na medida do possível, a mesma linguagem empregada pelo paciente e seus pais. Escolher uma forma verbal para traduzir para a criança o que ela nos transmitiu de forma não verbal é muito difícil. Para esclarecer melhor o que queremos comunicar ao paciente, seja criança, adolescente ou adulto, é recomendável utilizar o material de testes de que se dispõe, no qual, geralmente, aparece condensado ou expresso plasticamente o que queremos transmitir. Assim, por exemplo, podemos utilizar a figura do pai desenhada no teste da família e a história da prancha 3 do C.A.T. para mostrar-lhe como sente a imagem paterna, e a figura da mãe do mesmo teste gráfico e outra história do C.A.T. ou uma catexia do desiderativo para exemplificar como sente a imagem materna. Podemos encontrar, em outra parte do material, algo que nos sirva para mostrar-lhe como se sente ante a possibilidade de ser como o pai ou como a mãe.

A propósito deste material de testes, cabe esclarecer que não deve, de forma alguma, ser mostrado aos pais. O conteúdo das entrevistas com o paciente merece o mesmo tratamento quanto ao segredo profissional, tratando-se de verbalizações, desenhos, respostas às pranchas ou acontecimentos na hora de jogo infantil. O material pré-verbal merece as mesmas reservas que o verbal.

Passemos a outra dificuldade técnica que se apresenta na entrevista de devolução: a seqüência. Recomendamos começar pelo menos ansiógeno para continuar com o mais ansiógeno. Os aspectos menos ansiógenos são aqueles nos quais o paciente se mostra mais sadio e mais bem adaptado. O mais ansiógeno costuma ser o que é mais doente no paciente. Dizemos "costuma ser" porque em certos casos os aspectos sadios e reparadores podem ser os mais ansiógenos (tal é o caso dos pais que na primeira entrevista se referem apenas ao que é negativo no filho). Incluir tais aspectos na devolução será uma tarefa difícil para o psicólogo. Em outros casos, o mais ansiógeno é tudo o que não anda perfeitamente bem, já que na primeira entrevista apresentaram o filho sem dificuldades aparentes. Justamente diante desses casos, o psicólogo se pergunta por que foi consultado, e o que é difícil na entrevista de devolução é o esclarecimento do verdadeiro motivo da consulta, às vezes tão alarmante que não foi sequer mencionado. Em termos gerais, recomendamos seguir a mesma seqüência que os pais seguiram na apresentação dos aspectos de seu filho (a não ser que tenham utilizado a menos conveniente: começar pelo danificado e daninho e ficar nisso).

É fundamental que o psicólogo saiba se expressar com clareza e faça reiteradas sínteses – cada vez mais compreensivas – do caso, à medida que inclui novos dados. É importante que repita a informação que considera que será objeto de maior resistência por parte dos pais. Desta maneira evitará que utilizem a negação e a distorção como mecanismos de defesa diante do que lhes é dito. É necessário levá-los ao objetivo que se fixou para a entrevista, e esse objetivo deve ser repetido tantas vezes quantas forem necessárias.

A entrevista de devolução não precisa ser, necessariamente, uma só. Pode-se deixar aberta a possibilidade para outras entrevistas, sobretudo quando se percebe que o paciente ou os pais necessitam mais de uma oportunidade para elaborar o que é imprescindível dizer-lhes.

Tanto o psicólogo quanto o paciente ou os pais podem colocar a necessidade de outras entrevistas de devolução. De qualquer forma, é necessário dar oportunidade aos interessados para que metabolizem o que foi recebido na primeira entrevista e esclareçam, ampliem ou retifiquem o que foi compreendido nela.

O psicólogo deve estar preparado para o surgimento de emoções polares, pois em toda entrevista surgem, ao mesmo tempo que os sentimentos reparatórios, inveja e ciúmes do psicólogo, provocados pela culpa de tornar consciente tudo aquilo que não puderam reparar e que ainda sentem destruído. O psicólogo é o encarregado de distinguir os sentimentos e situar o paciente e os pais na realidade. Da mesma forma, o psicólogo deve estar preparado para a emergência explícita de conflitos que não haviam sido verbalizados. Quando surgem nas entrevistas com os pais, o psicólogo costuma ser forçado a desempenhar o papel de juiz e a ser terapeuta do casal, excluindo a situação do filho. Isto é um perigo grave, pois a tarefa é descentrada.

*A entrevista de devolução de informação*

Pode acontecer também que o aparecimento de inveja, ciúmes e rivalidade aconteça e se dramatize dentro do próprio casal; então, cada um procura mostrar ao outro e ao psicólogo que soube ser melhor pai. Desta maneira, o outro se transforma no depositário de todos os fracassos e erros do casal.

Quando surgem indícios de fracasso na entrevista, como as condutas estereotipadas ou a insistência em negar certos conteúdos, é oportuno fazer sinalizações, dando mais ênfase ao tipo de vínculo com o psicólogo do que ao conteúdo de tais condutas. Todo processo psicodiagnóstico mobiliza, no paciente e nos pais, fortes ansiedades depressivas e paranóides. O interjogo de ambas depende do tipo de relação estabelecida com o filho. Parece-nos importante como prognóstico que surjam momentos depressivos na entrevista, mesmo quando existam flutuações com predominância de ansiedades paranóides e confusionais. O psicólogo deve atuar como catalisador e continente de todo este complexo sistema tensional. Por isso, devemos desconfiar de uma entrevista na qual não se produzem "picos" e se aceita tudo o que o psicólogo diz. São casos em que as tendências reparadoras são maniacamente depositadas no psicólogo e evita-se, desta maneira, sentir a dor e a culpa próprias. Isto é um mau prognóstico para o tratamento: quem não é capaz de perceber certo sofrimento, dificilmente pode aceitar a ajuda terapêutica.

É importante comparar a dinâmica interpessoal da entrevista de devolução com a que se deu na primeira entrevista. Se as resistências a verem a si mesmos e ao filho de uma forma mais realista diminuíram, se existe maior permeabilidade para aceitar a relação que está presente de modo latente na conduta e há uma mudança de papéis em relação ao psicólogo e aos aspectos positivos e negativos próprios do filho, podemos afirmar que o prognóstico desse paciente tem características positivas.

Em nossa experiência, uma das situações mais difíceis de trabalhar é a que se cria quando o motivo manifesto da consulta é leve comparado com o que o sintoma aludido está encobrindo; por exemplo, dificuldades de aprendizagem que encobrem crises psicóticas. Tratando-se de crianças, deve-se estudar muito a fundo o material e a primeira entrevista com os pais para estabelecer os dados através dos quais podemos chegar a abrir uma brecha que nos permita mostrar-lhes o que nós vemos e eles não podem ver. Estes casos costumam ser muito difíceis para o psicólogo, porque este tende a contra-identificar-se com os aspectos mais danosos e danificados dos pais que não podem assumir a culpa de tanta doença. Sente que, se diz a verdade, os destrói. Isto deve ser metabolizado antes das entrevistas de devolução para que possa enfrentar a realidade da doença (diagnosticar bem como primeira forma de ação reparadora) e permitir a aliança entre os aspectos reparadores dos pais e os seus. Os aspectos reparatórios já estão na consulta, e não enfrentar a realidade, racionalizando-a de qualquer maneira, implica um engano que, além disso, gera muita culpa no psicólogo. Ainda que este perceba as sérias dificuldades que tem para transmitir uma informação de importância transcendental para o presente e para o futuro do paciente e de sua família, um silêncio total a respeito pode significar uma aliança destrutiva que o enche de culpa.

Em outros casos, o que os pais mobilizam no psicólogo é raiva. Caso ele se contra-identifique com o filho e pense que, com efeito, estes pais são maus, pode sentir-se impulsionado a utilizar a entrevista de devolução para castigá-los ou repreendê-los. Isto aumenta a culpa que os pais trazem e entorpece a boa comunicação, necessária para a descoberta de seus aspectos mais reparatórios. Ambos devem ser mostrados na entrevista de devolução.

A culpa persecutória leva alguns pacientes a se defenderem psicopaticamente da integração do sadio e do doente, do manifesto e do latente, do reparador e do destrutivo. Dissociam e projetam evacuativamente no psicólogo os aspectos negativos que não podem ser reintrojetados depois, fazendo com que o psicólogo perceba suas dificuldades diante da mudança. A comunicação do paciente e dos pais com o psicólogo funciona, num determinado nível, como prova de realidade de que eles e o filho foram compreendidos. Esta circunstância – sentir que foram compreendidos – pode suscitar diferentes tipos de conduta. Pode provocar um sentimento complexo de alívio. Pode encobrir uma "tranqüilização" pela completa delegação do papel reparador ao psicólogo. Pode gerar também uma sensação de impotência; sabem o que está acontecendo, mas não o que podem fazer para consertar o que está despedaçado. Quando o aspecto de *insight* sobre o filho está dissociado no casal, costuma mobilizar certa sensação de triunfo: "Está vendo, eu já tinha te dito", um dos pais pode falar para o outro. A inveja e o ciúme encobertos no alívio podem surgir na entrevista ou ser *atuados* com o futuro terapeuta; a inveja pode determinar que o filho não vá ao tratamento, o ciúme pode mobilizar ataques à situação dual.

Dissemos já que é bastante comum, na entrevista de devolução, identificar o psicólogo com um juiz. Isso determina a emergência de fortes sentimentos de culpa nos pais que, se não alcançam o padrão depressivo e se mantêm como persecutórios ao longo de toda a entrevista, determinam que o psicólogo seja revestido com significado de um superego muito cruel que não pode ajudar, mas apenas condenar. Isto é visto através do choro, da sensação de impotência, da falta de confiança nas soluções ou das fantasias de neurose de destino.

A entrevista de devolução tem por objetivo, então, sintetizar ou unir aspectos reparadores e destrutivos, o que é possível se o paciente ou os pais **podem** unir o passado, o que fizeram mal, com o futuro. Assim, podemos mostrar como o presente e o futuro funcionam como elementos de reparação.

De acordo com a idade do paciente, o clima da devolução de informação aos pais variará. Com efeito, não podemos pensar que seja a mesma coisa fazer uma consulta por um filho sendo este uma criança, um adolescente ou um adulto.

Quanto maior for o paciente, maior também será a sensação de fracasso trazida pelos pais, mais perceptível a doença, mais difícil a manutenção de velhas racionalizações, mais abundantes as provas de realidade dos problemas do filho. A necessidade de uma ajuda externa se faz maior, pois, evidentemente, não conseguiram nada sozinhos; mais intensa é a culpa pela consciência de haver deixado passar um tempo precioso e, portanto, maior é a fantasia, às vezes real, de irreparabilidade.

O psicólogo também deve se colocar de maneira diferente diante dos pais, de acordo com a idade do filho. Se, por exemplo, trazem-nos um paciente enurético de dois anos, devemos mostrar-lhes o nível de exigência elevado que têm para com a criança, dado que está conseguindo controlar-se há muito pouco tempo, e que isto não é motivo de alarme.

Os pais que têm dificuldades em perceber as mudanças operadas em seu filho pelo crescimento costumam trazê-las, às vezes, como motivo de consulta, porque se alarmaram ao percebê-las. O objetivo da devolução será, nestes casos, ajudá-los a retificar a imagem do filho e explicitar-lhes as emoções que tais mudanças despertam neles. Caso se trate de pais de adolescentes, o objetivo da devolução é, muitas vezes, mostrar-lhes que o filho já não é uma criança. Assim, poderão entender suas "rebeldias" como buscas de independência, seus desejos para com o corpo como próprios da idade, sua conduta contraditória como típica desse momento, etc. Se os pais evitam as mudanças sexuais do filho, é tarefa do psicólogo incluí-las na devolução e detectar os sentimentos que despertam nos pais: inveja, rivalidade, etc.

No caso de pais de adolescentes, de acordo com o estado atual de nossa experiência, consideramos útil uma entrevista conjunta. Planejar a terapia somente com os pais pode constituir uma aliança destes com o psicólogo que exclui o adolescente, o que favorecerá suas resistências ao tratamento.

Diante dos pais de pacientes adultos, é muito importante considerar o tremendo sentimento de fracasso com que chegam: sua própria presença indica o grau de enfermidade do filho.

*A entrevista de devolução de informação* _____ **403**

## A técnica de devolução de informação ao paciente

### 1) Devolução a crianças

O psicólogo que devolve informação a crianças deve ser treinado na comunicação com elas. A experiência que possua como terapeuta de crianças ser-lhe-á especialmente útil. Conhecer a técnica de jogo e os elementos básicos da hora de jogo permite captar e compreender melhor o que a criança diz e faz durante a aplicação do psicodiagnóstico e, especialmente, o que acontece na entrevista de devolução. Tudo o que ela dramatiza, gesticula ou faz adquire, nessa oportunidade, importância tão grande ou maior do que o que verbaliza. Em um de nossos trabalhos, mostramos o seguinte exemplo: uma criança eczematosa, atendida num centro hospitalar, escutava com atenção o que a psicóloga lhe dizia na entrevista de devolução. Esta lhe explicava o sentimento de não ter valor e de ser rejeitada que experimentava ao se aproximar de alguém pensando que nunca encontraria quem a aceitasse tal como era. Nesse momento a criança aproximou sua mão do braço da psicóloga. Era importante que ela permanecesse na mesma postura sem retirar o braço, sinalizando-lhe que ela era a primeira a ser testada para ver se suas palavras eram válidas ou não, se realmente pensava como falava. Se ela tivesse retirado o braço, toda sua formulação verbalizada teria sido contraditada com essa demonstração prática. Teria lhe confirmado que tinha razão em desconfiar de que houvesse alguém que a quisesse e aceitasse, pois até ela, que dizia compreendê-la, a rejeitava.

Nesse sentido, deve-se estar atento às próprias gesticulações, movimentos, etc., como linguagem pré-verbal usada na comunicação com o paciente.

A mensagem não verbal da criança deve ser detectada, compreendida e utilizada, incluindo-a na entrevista de devolução junto com a mensagem verbal. Se, por exemplo, queremos dizer a uma menina que ela, muitas vezes, sente ciúme e raiva do irmão menor e observamos que nesse momento ela quebra um pedacinho de madeira que tem na mão, podemos continuar dizendo "você fica com tanta raiva que às vezes tem vontade de quebrá-lo em pedaços". Assim, teremos integrado em nossa mensagem o que ela, por sua vez, nos envia. É como se nos tivesse dito: "Sim, às vezes me dá vontade de quebrá-lo."

Durante muito tempo manteve-se o preconceito de que as crianças, sobretudo as menores, não entendem ou entendem muito pouco o que se lhes diz, e por isso omitia-se a devolução de informação à criança. A psicoterapia psicanalítica apoiou-se, desde seu início, na idéia oposta, isto é, na hipótese de que a criança compreende muito mais e muito antes do que o adulto acha.

Se isto vale para a psicoterapia, vale também para a etapa psicodiagnóstica, já que, apesar de serem modelos diferentes de comunicação, têm algo em comum, que é a busca da linguagem mais apropriada para compreender a criança.

Nem sempre as reações às nossas mensagens serão pré-verbais. Algumas crianças responderão verbalmente. Isto é mais freqüente em crianças maiores. Tanto as verbalizações quanto as dramatizações podem mostrar as resistências, o sentimento de alívio por sentir-se compreendido e o *insight* do paciente. Por exemplo, se a criança olha para fora com expressão de ausência ou de franco desinteresse, é evidente seu desejo de expressar que não está dando importância ao que lhe estamos comunicando. Podemos aproveitar isso e dizer-lhe: "Você preferiria que eu não falasse disso porque não te interessa, mas..." Se, enquanto nos escuta, tapa a boca, pode estar mostrando o mesmo, ou, mais ainda, sua sensação de que essas coisas são coisas que não se dizem ou das quais é proibido falar. Outra criança que, ao escutar, limpe o olho de um suposto cisco ou desenhe algo e diga que são "gotinhas" ou procure o lenço, estará nos mostrando a tristeza que nossa mensagem provoca. Em outros casos pode mudar a expressão facial, tornando-a mais clara e alegre, como sinal de satisfação, ou mais fechada e carrancuda, como indício de resistência raivosa ao que lhe é dito.

Outras crianças podem verbalizar respondendo "sim" ou "não" ao psicólogo, trazendo lembranças encobridoras ou enriquecedoras, ou dizendo algo que, aparentemente, não tem nada a ver, mas cuja análise nos indicará o significado. A devolução de informação a um paciente trazido pelos pais é realizada depois da devolução a estes e sabendo claramente o que eles pensam quanto às recomendações terapêuticas. Do contrário, não convém adiantar nada a respeito ao paciente.

**2) Devolução a adolescentes**

Além de tudo o que dissemos a propósito da devolução a crianças, que pode ser útil também para casos de adolescentes, cabe acrescentar algumas considerações.

Seguramente encontraremos neles aspectos infantis e outros mais adultos, ainda que seja num grau mínimo. Será necessário procurar o meio adequado de mostrar-lhes seus aspectos infantis sem feri-los e os mais adultos sem "adultificá-los".

Cair em algum desses extremos levará o trabalho ao fracasso. A devolução a adolescentes apresenta sérias dificuldades, tal como acontece com a própria terapia, comparada à de crianças e adultos. A excessiva intelectualização costuma constituir um obstáculo à comunicação. De uma boa devolução depende, em alto grau, a boa colaboração do adolescente com o terapeuta que o tratará posteriormente. Já não é uma criança a quem os pais podem trazer à força se for preciso. Assim, tudo que se possa instrumentalizar na entrevista de devolução para que consiga um *insight* de seus problemas, desejos de se reparar e de perceber o psicólogo como capaz de mostrar-lhe o melhor caminho para consegui-lo, reverterá a seu favor e a favor do psicólogo.

**3) Devolução a adultos**

Muito do que foi dito a propósito da devolução a crianças e a adolescentes é igualmente útil para adultos. Não obstante, podemos acrescentar que na entrevista com o adulto a comunicação verbal deve prevalecer sobre a pré-verbal. Se prevalece o material pré-verbal, podemos ratificar o diagnóstico de mecanismos muito regressivos. É importante incluir com clareza todos os aspectos infantis que tolere, já que, além da importância atual, sabemos que irão aparecer no tratamento que, seguramente, que lhe será recomendado.

## Bibliografia

Ocampo, M. L. S. de; Amigorena, E.; Grassano, E. e Schust, M., "La importancia de la devolución de los resultados en el psicodiagnóstico en niños", trabalho apresentado na X Conferencia Argentina de Salud Mental, Mar del Plata, 1966.

Ocampo, M. L. S. de e García Arzeno, M. E., "El manejo de la ansiedad en el motivo de consulta. Su relación con la devolución de información en el cierre del proceso psicodiagnóstico en niños", *Rev. Argentina de Psiquiatría y Psicología de la Infancia y Adolescencia*, ano 1, n.os 3-4, 1970.

Veja-se também a bibliografia do cap. II.

## 2. Técnica de devolução em casal[1]
*Investigação sobre devolução de material psicodiagnóstico dentro de uma equipe psiquiátrica num centro assistencial*
Norberto Mario Ferrer e Elida Esther Fernández

### Introdução

Em princípios de 1969, discutia-se, no serviço de Consultórios Externos do Hospital Dr. José T. Borda, a primazia de direitos na devolução de material psicodiagnóstico ao paciente.

A necessidade da devolução era uma realidade imposta pelo paciente; o questionamento girava em torno de quem – médico ou psicólogo – devia realizá-la. Para esclarecer melhor as origens desta problemática e da situação em que realizamos nossa investigação, descreveremos sucintamente a instituição, o serviço, e, por último, as funções da equipe psiquiátrica.

O atual Hospital Nacional José T. Borda foi fundado há aproximadamente cem anos sob a denominação de Hospicio de las Mercedes, que mudou depois para Hospital Neuropsiquiátrico de Hombres, recebendo, por último, seu nome atual.

Para o consenso popular, esta instituição era e é "o lugar de loucos", "o manicômio", "o hospício", "Vieytes" (pelo ex-nome da rua).

---

1. Experiência realizada nos consultórios externos do Hospital Nacional José T. Borda, de maio de 1969 a maio de 1970.

Isto expressa atitudes paranóides transferidas à instituição, entre as quais podemos mencionar: rejeição, depreciação, medo da loucura, evitação, etc. Atualmente, o hospital conta com dois mil e quinhentos pacientes distribuídos em 34 serviços. Temos uma média de cinco internações diárias, das quais a maioria corresponde ao sexo masculino, já que as mulheres só se internam no serviço de Terapia Intensiva.

Funciona no hospital uma residência de psiquiatria e uma de psicologia clínica, para médicos e psicólogos, respectivamente.

O serviço de Consultórios Externos funciona em dois turnos: manhã e tarde. A média mensal de primeiras consultas no turno da manhã é de 153. De acordo com uma investigação realizada no serviço, em 164 pacientes houve 41% de deserções, das quais a metade se deu na etapa de estudo (deserção precoce [41]). Isto coloca a necessidade urgente de instrumentar novas técnicas de estudo e tratamento, necessidade que tentamos resolver, em parte, com este trabalho. O serviço é composto por profissionais médicos e psicólogos residentes e candidatos distribuídos em seis equipes de admissão, uma para cada dia da semana.

A equipe funciona da seguinte maneira: o médico realiza a primeira entrevista de admissão (livre, duração de 30 min.) e uma segunda (dirigida, duração de 60 min.), depois das quais há uma tentativa de síntese diagnóstica e se decide se haverá intervenção do psicólogo. Esta decisão é feita descartando somente alguns casos de problemas orgânicos ou de psicoses crônicas.

O psicólogo mantém de duas a três entrevistas para realizar um estudo de personalidade, aplicando uma bateria de testes adaptada ao caso individual, ainda que mantendo o critério unificado por todos os psicólogos do serviço. A bateria básica utilizada consta de: entrevista livre, House-Tree-Person, desiderativo, teste das Duas Pessoas, Bender, Phillipson e Wechsler (13).

Uma vez finalizada esta etapa de estudo, médico(a) e psicóloga(o) dialogam e procuram unificar critérios sobre diagnóstico, prognóstico, tratamento e encaminhamento. E aqui surge o problema: quem, médico(a) ou psicóloga(o), realiza a devolução. Consideramos que uma das razões desta colocação se encontra no vínculo que se estabelece entre médicos e psicólogos. Cada um deles chega à equipe com um *status* previamente determinado, culturalmente, pelo qual o médico – "o doutor" – é mais valorizado que o psicólogo (que carece, inclusive, de reconhecimento legal). Este fato predispõe a uma relação onde a competição, a inveja e o ciúme se vêem incrementados, e que pode levar, como no caso que nos ocupa, à disputa pela posse do paciente, tornando este o depositário do conflito e, portanto, diretamente afetado, já que diante da separação só lhe era fornecido um simples anúncio: "O que você necessita é..." e/ou "O que podemos oferecer-lhe é..." (25).

Em outros casos, o médico ou o psicólogo faziam uma entrevista na qual se tentava esta devolução – que tanto se exigia para a atenção adequada do paciente –, mas excluindo o outro membro da equipe.

Esta outra variante do conflito coloca novamente, para nós, a necessidade de analisar o vínculo entre os profissionais e o modo como este se manifesta na tarefa, podendo chegar a determiná-la. Nosso trabalho tenta fundamentar tanto a necessidade de que ambos os profissionais a realizem juntos como os benefícios que isto traz ao paciente e à equipe.

As hipóteses baseiam-se em nossa tarefa realizada como casal terapeuta, que cremos ser a mais adequada para a devolução que propomos (fato que fundamentaremos mais adiante), sem descuidar, por isso, da possibilidade de experimentar com um par terapeuta formado por profissionais do mesmo sexo.

## *Aspectos teóricos*

Sabemos que a devolução é necessária e também os motivos para que o seja (isto está claramente fundamentado nos trabalhos de Ocampo e colaboradores) (26, 27, 28), mas sabemos também que, quando ela é realizada, um dos profissionais fica excluído. Os possíveis motivos de economia de tempo ou de pessoal não são suficientes nem válidos nesta instituição ou em similares, já que a técnica de devolução em casal tende a diminuir a deserção e realiza uma clivagem necessária com o tratamento posterior.

Deixando-se estabelecido que a devolução é um momento imprescindível dentro do "processo terapêutico", a ausência de ambos os profissionais na mesma (não devolver), ou a de um deles (devolver excluindo o outro), são traduzidas como "silêncio total" ou "silêncio parcial", respectivamente (34), pois pensamos que é assim que o paciente vive essas atitudes. Consideramos que este "silêncio" que se estabelece entre ambos os profissionais e o paciente implica uma atitude que tende a confirmar o paciente em sua doença, impedindo que realize uma boa relação com os profissionais e, através deles, com a instituição, o que favorece sua deserção precoce e/ou condiciona já um modelo experiencial de vínculo em seu futuro tratamento.

São muitas as razões desta conduta evitativa do encontro de três. Entre elas queremos mencionar:

*a*) A tarefa de devolução em casal é difícil, já que requer treinamento e, no caso da equipe, uma integração médico(a)-psicóloga(o), onde os papéis sejam centrados na necessidade do paciente (14). Isto requer a conscientização e a elaboração prévia do vínculo entre ambos, a explicitação dos sentimentos de inveja, competição, rivalidade ou ciúme, e a renúncia às respectivas fantasias onipotentes. Em relação à nossa tarefa específica, é necessária a aceitação do papel de terceiro excluído dentro da dinâmica de um grupo que reproduz e dramatiza o sistema triangular familiar original (24).

*b*) A tarefa de devolução em casal exige que se possa separar bem do paciente (e, portanto, haver-se unido bem com ele) (11). Pensamos como Vera Campo (8), que, no momento da separação, se coloca, de acordo com a quantidade de frustração, a maturidade ou imaturidade e o grau de integração dos que realizaram o estudo. Isto nos fala da importância do vínculo que se estabelece entre os profissionais e o paciente.

c) A tarefa de devolução em casal não é uma maneira de conseguir apenas que o paciente reintrojete suas próprias partes depositadas nos profissionais, mas também que estes aceitem reintrojetar as próprias partes depositadas no paciente, e passar da codificação tranqüilizadora de um diagnóstico à compreensão do outro como uma pessoa total na situação.

Nossa tarefa é uma tentativa de modificar o sistema de classes que se dá em toda instituição, onde o paciente tem um *status* que o diferencia claramente do profissional: uma escrivaninha faz a divisão entre a suposta saúde e a suposta loucura (2). Eliminar essa barreira é uma longa e difícil tarefa que, entre outras coisas, nos confronta com nossos próprios conflitos (2, 20).

Devolução em casal é a comunicação verbal discriminada e dosificada que médico e psicóloga fazem ao paciente, dentro da dinâmica de um grupo de três, dos resultados obtidos em todo o processo de estudo. Consiste, assim, num vínculo estabelecido entre três pessoas; supomos que duas delas possuem determinadas capacidades que lhes permitem ajudar o outro, que tem, por sua vez, determinadas condutas que interessam e enriquecem as primeiras. Este grupo trabalha com um objetivo comum (esclarecer a problemática de um deles) sob variáveis controladas. A relação que se estabelece é, assim, um dialético dar e receber.

Este grupo de três se estabelece na fantasia desde a primeira entrevista, quando o(a) médico(a) explica ao paciente como trabalhamos no serviço. Se, depois de ser entrevistado por ambos os profissionais, só um realiza a devolução, intensificam-se e confirmam-se ao paciente as fantasias mais primitivas de separar o casal original, já que o terceiro excluído passa a ser ameaçante por haver assumido (com sua ausência) o que o paciente depositou nele, promovendo fantasias de empobrecimento, roubo, curiosidade e inveja (21).

Esta situação aumenta a ansiedade persecutória e favorece a dissociação esquizóide, conduzindo a distorções idealizadoras e depreciativas que atentam contra a tarefa interdisciplinar que é função básica da equipe (24).

A devolução tende a reintegrar aspectos dissociados do paciente. Se estes aspectos foram depositados nos profissionais, o fato de que estes possam se juntar "fora" dá ao paciente a imagem corretora de que ele também pode juntar "dentro" esses aspectos seus dissociados e depositados nos outros, deixando, assim, de ser vividos como perigosos.

Nosso trabalho emerge unicamente de uma tarefa em equipe, e tende à inclusão do paciente na mesma.

A devolução em casal tende a suprimir a "ruptura" (40) entre o processo de estudo e a terapia, articulando-se como ponte entre ambas.

Nossa tarefa terapêutica começa desde a primeira entrevista, oferecendo ao paciente um continente institucional e um enquadramento (fatores terapêuticos), e culmina na entrevista de devolução (processo terapêutico) (3, 40).

## Enquadramento

Trabalhamos com três cadeiras em círculo deixando que o paciente escolha onde sentar.

O material de estudo (que já delimitaremos na técnica) está à vista para que qualquer um dos profissionais o utilize no momento em que for preciso.

A duração da entrevista é de sessenta ou noventa minutos; o tempo depende das características da personalidade de cada paciente. É conveniente comunicar, no começo da entrevista, o tempo de sua duração. O par terapeuta é composto por representantes dos dois sexos (29, 30).

Trabalhamos com base na teoria psicanalítica. Utilizamos também, em nosso enquadramento, abordagens do psicodrama e da terapia breve (15).

## A entrevista de devolução de informação

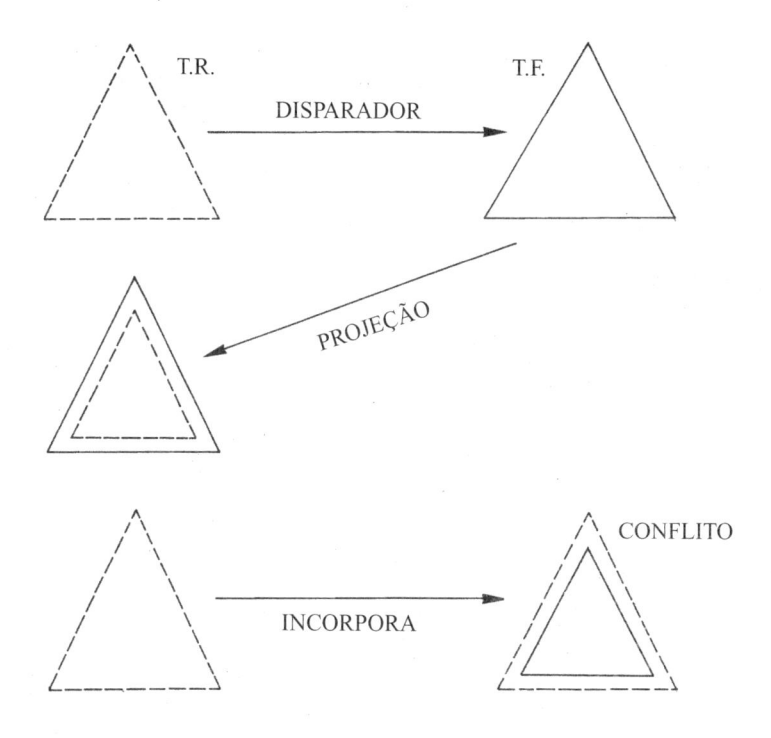

[Diagrama: triângulo T.R. (tracejado) → DISPARADOR → triângulo T.F. (contínuo); triângulo T.F. → PROJEÇÃO → triângulo tracejado; triângulo tracejado → INCORPORA → triângulo com CONFLITO internalizado]

Confrontação entre situação triangular "real" e a
situação triangular internalizada

Colocamos o paciente numa situação triangular real no aqui-agora da devolução. Isto funciona como disparador da situação triangular internalizada pelo paciente que consideramos, de acordo com a teoria psicanalítica (19), o núcleo fundamental da doença mental.

O paciente *reveste por projeção* o que chamamos triângulo "real" (paciente, psicóloga, médico) com as características de seus objetos internos primitivos.

Nesse momento mostramos as discrepâncias entre o depositado e o depositário. Esta primeira confrontação levaria o paciente a se conscientizar de sua tendência a perceber distor-

## CASUÍSTICA

| Paciente | Idade | Estrutura de personalidade | Grau de organização da doença | Encaminhamento | Evolução |
|---|---|---|---|---|---|
| A) Masc. | 18 | Histérica | Neurose | Terapia de grupo exogrupo | + |
| B) Masc. | 19 | Paranóide | Neurose | Terapia de grupo endogrupo | + |
| C) Masc. | 15 | Esquizóide | Neurose | Terapia de grupo exogrupo | + |
| D) Masc. | 15 | Ritualista | Caracteropatia | Terapia breve endogrupo | + |
| E) Masc. | 19 | Epileptóide | Neurose | E.E.G. psicofármacos – C.P. exogrupo | + |
| F) Fem. | 20 | Esquizóide | Psicotapia | Terapia breve endogrupo | + |
| G) Fem. | 15 | Esquizóide | Psicose | E.E.G. psicofármacos – C.P. exogrupo | + |
| H) Fem. | 30 | Evitativa | Neurose | Terapia breve endogrupo | + |
| I) Masc. | 16 | Paciente limítrofe | | Terapia breve exogrupo | – |
| J) Masc. | 20 | Ritualista | Neurose | Terapia breve endogrupo | + |
| K) Fem. | 31 | Hipomaníaca | Neurose | Terapia breve endogrupo | + |
| L) Fem. | 28 | Esquizóide | Psicose | Terapia breve endogrupo | – |
| M) Masc. | 18 | Depressiva | Neurose | Terapia breve exogrupo | + |

E.E.G.: Eletroencefalograma.
C.P.: Controles periódicos.

cidamente o exterior, de acordo com o seu mundo interno, e sua dificuldade de reconhecer o objeto como tal.

Nós lhe mostramos, ativamente, que tende a repetir o vínculo triangular internalizado numa realidade externa que lhe oferecemos de uma forma diferente, através da dramatização de papéis. Esta "experiência emocional corretiva" faz emergir o conflito que o impele a buscar mais profundamente, numa terapia, essas discrepâncias que aparecem na devolução.

Dirigimo-nos ao ego, conquanto aumentamos sua capacidade de se observar. Para os pacientes psicóticos funcionamos como ego observador.

Dirigimo-nos ao superego ao permitir que pense e ao dar-lhe a possibilidade de modificar seus esquemas prévios.

Dirigimo-nos ao id favorecendo a emergência dos impulsos edipianos dentro da capacidade egóica de integração com a realidade externa.

Pensamos que o par que faz a devolução deve ser composto por representantes dos dois sexos, porque o vínculo que estabelecemos deve ter características mínimas de realidade (sexo dos terapeutas em função do papel que desempenham) para que seja modificador e não aumente as distorções e regressões (por exemplo, fantasia de par sexual combinado).

Se fosse um par do mesmo sexo, o paciente não teria o parâmetro comparativo externo real (prova de realidade).

Quando um paciente projeta no terapeuta homem o papel materno ou na terapeuta mulher o papel paterno, podemos mostrar-lhe, com base no objeto real, o maciço de sua projeção.

Tentamos não aumentar mais a dependência fazendo só uma entrevista de devolução.

Em resumo, consideramos que, ao trabalhar com as relações objetais do paciente, produzimos para ele uma experiência suficientemente intensa, que atua como *sinal de alarme* que sacode o núcleo essencial gerador da doença.

## Casuística

Apresentaremos agora nossos pacientes, mas antes achamos necessário explicitar o problema suscitado em nossa ciência pela falta de critérios psicopatológicos unificados e pela linguagem não sistematizada, comum aos enfoques psiquiátrico e psicanalítico. Quanto ao primeiro, decidimos nos basear (a fim de dar uma clara apresentação da amostra) na classificação do doutor Bleger (5) (salvo no caso do paciente 1, no qual aderimos aos conceitos do doutor Carlos Paz [31, 32] sobre pacientes limítrofes). Quanto à linguagem utilizada, consideramos que a contribuição do psicólogo Harari (18) permite-nos uma primeira aproximação à discriminação semântica.

Realizamos treze devoluções em casal: dez adolescentes entre quinze e vinte anos, e três adultos entre 28 e 31 anos.

Sabemos que nossa amostra é insuficiente e não representativa, mas serve como uma primeira aproximação à tarefa e pretendemos que chegue a ser motivo de experiências e investigações posteriores.

Os encaminhamentos realizados foram de dois tipos: 1) endogrupal (sete pacientes), quando o trabalho com o paciente era feito por um dos membros da equipe, e 2) exogrupal (seis pacientes), quando o paciente era encaminhado para um terapeuta externo ao grupo de três configurado na devolução. Sobre as conveniências de um ou outro tipo de encaminhamento, não podemos nos pronunciar até que se obtenham novos dados de um maior número de devoluções.

Com relação à evolução, levamos em conta o comparecimento do paciente à entrevista com o terapeuta indicado e o início, com ele, do tratamento sugerido. Se isto se cumpre, classificamo-la como positiva; do contrário, denominamo-la "evolução negativa".

## TÉCNICA

Propomo-nos a desenvolver o esquema seguinte para dar um panorama da técnica sistematizada através de nossa experiência e da abordagem dos que investigaram sobre devolução (25, 26, 27, 28, 35).

### A. O QUE SE DEVOLVE

Baseamos a devolução no *material psicodiagnóstico*, que, a nosso ver, consiste em:
1) Material de entrevista livre e dirigida realizada pelo(a) médico(a).
2) Material de entrevista e bateria de testes realizada pela(o) psicóloga(o).
3) A conduta do paciente expressa nas três áreas (5) durante todas as entrevistas anteriores à de devolução (por exemplo, atrasos, murmúrios, erros de horário, roupa, etc.).
4) O vínculo estabelecido pelo paciente com cada um dos terapeutas.
5) A conduta no aqui e agora da entrevista de devolução.
6) Nossa contratransferência (mediada ou instrumentada através da interpretação operativa).

A devolução de todo este material é impossível e seria, além disso, prejudicial para o paciente; por isso, centralizamos e colocamos esse material a serviço do ponto de urgência ou do motivo da consulta (manifesto e latente) sobre o qual vai girar toda a devolução (27, 28).

Consideramos como ponto de urgência manifesto aquilo que o paciente expressa como mais angustiante, enquanto o ponto de urgência latente consiste nas motivações inconscientes dessa angústia.

Utilizamos como clivagem entre ambos os níveis (manifesto e latente) a apresentação dos desenhos feitos pelo paciente, a leitura de suas próprias verbalizações nas entrevistas, as histórias sobre pranchas, as escolhas do teste desiderativo, etc. Isto estabelece um universo compartilhado pelos três membros do grupo.

**Exemplo n.º 1**

Paciente F. (mulher), vinte anos, bailarina. Veio a serviço acompanhando uma amiga e, "de passagem...", consultou-se.

Sua capacidade de simbolização e a grande projeção de suas fantasias configuraram um material de uma riqueza pouco comum, assim como de uma extrema dificuldade para nós, que tínhamos que compreendê-lo e transmiti-lo, devolvê-lo.

Reproduzimos aqui uma parte escolhida ao acaso da entrevista de devolução.

Psicóloga (lê a terceira resposta de F. nas catexias positivas do teste desiderativo):

"Gostaria de ser um personagem de conto, que possa se desenvolver nesse ambiente onde tudo é possível e tenha controle de si mesmo. E que esse mundo não o engula, mas que ele possa viver, porque um mundo assim também pode ser perigoso..."

"Gostaria de ser Peter Pan."

Médico: O que F. opina sobre isso?

F.: Não sei, escolhi Peter Pan porque penso que é um personagem muito especial.

Ps.: Você conhece a história de Peter Pan?

F.: Conheci-a quando era pequena... mas não me lembro.

A psicóloga relata o conto de Peter Pan, mostrando-lhe que este, como ela, queria ir à "Terra do Nunca", isto é, "nunca crescerás". Durante todo o relato do conto, ambos os profissionais sentiram uma grande ternura em nível contratransferencial.

F.: É isso mesmo (com assombro), Peter Pan não queria crescer... (sorri). Bom, eu também me assusto porque não sei o que vou fazer, toda minha vida é instável, tenho a cabeça cheia de coisas-problemas, não sei...

Aqui já centralizamos diretamente o ponto de urgência latente: carência de identidade.

M.: Você se lembra, F., quando a psicóloga lhe pediu que desenhasse um animal?

Mostra o teste de Levy no qual havia desenhado uma ameba com pseudópodos, que ocupava toda a folha.

F. olha o próprio desenho um pouco assustada e depois nos olha inquisitivamente.

M.: A ameba muda de forma de acordo com o meio onde está e a proximidade do alimento; não tem um contorno definido, não tem limites estáveis...

O médico continua explicando, referindo-se sempre ao desenho de F.

F.: É o que acontece comigo! Eu sou como essa ameba...

Ps.: Por isso talvez possamos entender agora como você chegou aqui, acompanhando outra pessoa e "de passagem..." consultou-se porque, nesse momento, não se animava a se sentir doente, necessitava que fosse sua amiga que tivesse problemas que não pode entender nem enfrentar, porque, de outra forma, você se sente confundida e não sabendo o que fazer com essa "F." conflituada.

M.: Claro..., é como se, no fundo, não soubesse quem é, o que significa ser mulher, ser homem, que limites tem, que conflitos, o que fazer com eles...

F.: É isso mesmo, ... por exemplo outro dia...

F. relata-nos uma experiência de sua vida cotidiana ligada ao que estávamos lhe mostrando.

**Exemplo n.º 2**

Paciente J. (homem), vinte anos, trabalha e estuda. Trouxe como motivo de consulta um medo manifesto de ficar cego por haver visto um eclipse do Sol, medo que tinha se deslocado para qualquer referência ou desenhos sobre eclipses (16). Temia, além disso, contagiar-se de raiva (hidrofobia) e sofrer uma morte horrenda.

Vem pela primeira vez durante a campanha anti-rábica que era feita na cidade, e uma semana antes do anunciado eclipse do Sol no México.

J. é filho de mãe solteira e nunca conheceu seu pai. Em sua puberdade a mãe se relaciona com um homem (relação que continua até agora), ainda que não cheguem a conviver.

Primeiro, centramos o ponto de urgência em sua necessidade de um "pai" continente de sua raiva e de seu amor, um "pai" a quem pudesse expressar sua raiva pelo abandono, sem destruí-lo ou ser destruído.

Isto lhe foi mostrado através da história que havia construído na prancha 7 do T.R.O. (Phillipson), onde aparecia a imagem de um pai muito terrível e onipotente simbolizado através da figura de "Papa Doc" (ditador do Haiti), a história do teste das duas pessoas, onde relata a ansiosa espera de uma pessoa que volta depois de muito tempo e, por fim, sua expectativa em relação à entrevista de devolução em casal.

Sintetizamos todo esse material em sua necessidade de um "casal pai-mãe" que lhe permitisse ter um pai diferente de Papa Doc, e, assim, sentir que sua "bronca-raiva" não era tão destrutiva e perigosa. Tomamos isto como segundo ponto de urgência: lemos e comentamos a história do Teste do Animal onde (referindo-se ao cachorro que havia desenhado) disse: "Acaba de morder uma pessoa, quem puder denunciar seu paradeiro chame o telefone XX."

Ao lhe mostrar isso, J. reflete e comenta: "A palavra pai sempre me incomodou... não podia dizê-la."

Tomamos isso para mostrar-lhe no aqui e agora sua relação com o médico (pai fantasiado) e com o casal terapeuta, levando em conta nossa contratransferência.

## Exemplo n.º 3

Paciente L. (mulher), 29 anos, casada, professora.

Mostraremos aqui como devolvemos ao paciente no aqui e agora o vínculo que estabelece com os terapeutas.

Um dos pontos de urgência de L. era a hostilidade e o ressentimento com a mãe, situação que a impedia por completo de se comunicar: "Os temas sexuais da adolescência foram falados com papai, minha mãe se ruborizava e não podia conversar."
Esta situação foi dramatizada na entrevista de devolução. Havíamos planejado previamente que seria a psicóloga quem falaria de seus conflitos sexuais e quem a encaminharia a uma consulta com um ginecologista, já que se suspeitava de um transtorno genital orgânico.

Na entrevista de devolução, L. reagiu à intervenção da psicóloga com veemência, irritação, ardor e surpresa. Nesse momento o médico mostrou a L. como ela estava repetindo com a psicóloga a relação estabelecida com sua mãe e como o medo e a impossibilidade de abordar temas sexuais já eram seus. O médico continuou mostrando como ela atuava, nesse momento, como se fosse, ao mesmo tempo, sua mãe (exaltada, irritada) e ela mesma (surpreendida).

## B. COMO SE DEVOLVE

### 1) *Contrato*

Comunica-se ao paciente, quando vem ao serviço pela primeira vez, que o estudo (em nosso caso) será realizado por um médico e uma psicóloga que trabalham em equipe e que, depois que ambos conversarem sobre tudo que conseguiram conhecer dele, realizarão uma reunião em conjunto para lhe informar dos resultados do estudo, esclarecendo que se procurará mostrar-lhe o que a equipe considera que sejam seus problemas mais urgentes e qual o caminho a seguir para modificá-los, de acordo com as possibilidades da instituição e dos profissionais.

Nossa experiência nos mostra que é sumamente importante esclarecer o paciente de que, caso lhe seja indicada uma terapia, o terapeuta, ou a terapeuta indicada pode ser outra pessoa, escolhida pela equipe como a mais adequada.

É importante assinalar que também se levou em conta a escolha do paciente em relação ao tipo de terapia. Por exemplo, a um paciente a quem seria útil uma terapia de grupo, mas que manifestou uma intensa rejeição e uma grande dificuldade para trabalhar isso durante o processo de estudo, ofereceu-se uma terapia individual, sem abandonar o objetivo prévio, mas dando-lhe uma oportunidade para chegar a aceitá-lo melhor.

A mensagem transmitida em nível manifesto no contrato é:

1) trabalhamos em equipe, compartilhando uma tarefa comum;

2) nós lhe oferecemos, através da relação conosco, uma imagem da instituição mais próxima da realidade do que a que traz previamente: "aqui vou ser psicanalisado", "venho para que me dêem comprimidos", "vão me fazer uma sonoterapia", etc.;

3) deixamos aberta a possibilidade de um encaminhamento a outro terapeuta.

Estas mensagens são recodificadas em nível latente (22, 23) como preocupação, cuidado e valorização do paciente por parte de um casal continente ("pai-mãe"). Nós lhe transmitimos, também, que vamos cuidar do que ele nos dá e que isto lhe será devolvido adequadamente, dentro de nossas limitações como terapeutas.

Observamos que, em todos os casos em que a ansiedade paranóide diminui, a colaboração do paciente aumenta, facilitando sua continuidade no tratamento. Durante o processo de estudo, médico e psicólogo utilizam, nas respectivas entrevistas, interpretações e/ou sinalizações de tipo operativo (38, 39). Estas sinalizações e/ou interpretações, que o médico já utiliza desde a entrevista livre e a psicóloga desde a primeira entrevista de estudo, têm como objetivo fundamental aumentar a colaboração do paciente e evitar sua deserção prematura. Isto configura um processo terapêutico e elimina, além disso, a cortante separação entre estudo e terapia.

**Exemplo n.º 4**

Exemplo de entrevista livre feita pelo médico: Paciente F., mencionada anteriormente.

Em sua primeira entrevista, F. relata que já havia sido estudada por uma psicóloga e que, depois de uma semana de tratamento, saiu "porque ficava muito caro para mim". Entre muitas outras coisas, expressou a respeito de suas relações com as pessoas: "Não me ligo a nada", "Não poderia entrar em um molde." Quanto ao tratamento: "Não sei se necessito de tratamento, creio que não, talvez eu seja maníaca e não precise de nada. Como todo o mundo vai ao psicólogo, a gente se contagia."

Esta tendência fóbica da paciente e a negação de doença atentavam contra seus próprios desejos de esclarecer sua confusão. Isto foi pensado e sentido contratransferencialmente pelo terapeuta, que interpretou: "Você está me avisando de que tem vontade de ir embora porque está muito assustada com o que está acontecendo com você e por reconhecer que não é só sua amiga (a quem veio acompanhando) que tem problemas, mas você também tem."

Esta interpretação era necessária para aliviar a intensidade de angústia que dificultava a entrevista, contribuindo para a melhor inserção da paciente no processo terapêutico.

**Exemplo n.º 5**

Exemplo de primeira entrevista feita pela psicóloga: Paciente A., homem, 18 anos, carpinteiro.

A. foi chamado para a primeira entrevista psicodiagnóstica e chegou uma hora mais tarde, pediu um novo horário e esclareceu à psicóloga que este atraso era "só na primeira vez".

Chegou pontualmente à nova entrevista, prolixamente vestido. Teve dificuldades para relatar o que lhe ocorria, respondia com evasivas e apresentava muitos sinais de angústia. Estabeleceu-se o seguinte diálogo:

Psicóloga: Estou ouvindo.

A.: Creio que tenho muitos problemas... pelos médicos que fui. (Silêncio.)
Ps.: Foi a muitos médicos?
A.: Me sentia mal. (Silêncio.)
Ps.: Como assim?
A.: É uma história muito longa... mas creio que hoje me sinto muito melhor (silêncio), não sei como lhe explicar, creio que são coisas normais... (sua angústia aumenta).
Ps.: Penso que você teme que eu o considere um louco.
A.: Sim, tenho medo de estar louco. O que você acha? O que você pode me dizer?
Ps.: Penso que você me sente como um juiz que vai ditar uma sentença, ou que vai acusá-lo de louco, e não como alguém com quem você vai se reunir e trabalhar para chegar a compreender melhor o que está acontecendo e por quê.
A.: Creio que é isso mesmo (sorri). Bem... (começa a relatar seus problemas, entre os quais os mais temidos eram suas ilusões e pseudo-alucinações).

É importante comprovar como aquilo que é terapêutico no processo se evidencia na modificação que pudemos observar em todos os nossos pacientes a respeito das fantasias de doença e de cura que traziam à primeira consulta e as que expressavam na entrevista de devolução, sendo estas últimas muito mais adaptadas às possibilidades concretas e implicando uma tomada de consciência da própria doença.

**Exemplo n.º 6**

Paciente B. (homem), 19 anos, trabalha e estuda.

*1.ª entrevista:*
B. consulta-nos porque supõe que tem um problema glandular (fantasia de doença). Espera de nós comprimidos ou eletrochoque (fantasia de cura).

*Entrevista de devolução:*
B. relatou que as glândulas que ele supunha estarem afetadas eram as sexuais, porque não sabia o que era ser homem. Pede-nos psicoterapia.
Levamos em conta, em todos os momentos, a transferência e a contratransferência, para entender e interpretar o paciente. Nisto coincidimos plenamente com os conceitos de Grinberg, Langer e Rodrigué (17):
"Mas o campo terapêutico operacional da transferência deve ser compreendido em sua dinâmica integral, e não só em termos do passado. Todas as reações e atitudes emocionais do paciente, comunicadas verbalmente ou não, as que estão aparentemente determinadas pelas características pessoais do terapeuta e as que se supõem derivadas de situações alheias ao mesmo, intervêm. Em síntese, todos os elementos existentes integram esta situação entre o médico e o paciente que se desenvolve dentro do marco transferencial e, por conseguinte, todas as interpretações devem ser formuladas sobre esta base."

## 2) Devolução propriamente dita

*a) Abertura.* Como já dissemos, trabalhamos com três cadeiras em círculo e o material à vista, durante sessenta ou noventa minutos. Um dos terapeutas (ou os dois) se aproxima do paciente e o faz entrar no consultório, esperando que ele mesmo escolha onde sentar.
Depois de esclarecer o tempo de duração da entrevista, pergunta-se: "O que você pensou que nós vamos lhe dizer, o que imaginou do que vamos falar hoje aqui?"
Este primeiro disparador tende a incluir o paciente no grupo e a configurar o grupo de três, evitando a divisão entre profissionais (onipotentes, depositários dos conflitos e das soluções, unidos em bloco) e o paciente (esvaziado, desprotegido, dependente e excluído).

*b) Acontecer propriamente dito.* Toda a entrevista vai se desenvolver com esta técnica de inclusão do paciente. Pergunta-se o que ele pensa sobre seu material, e o que acha daquilo que lhe estamos dizendo.

É este *feedback* pedido ao paciente que vai modelando o ritmo da devolução e que nos permite realizar um diagnóstico mais preciso e inferir o prognóstico.

Consideramos que a entrevista de devolução sintetiza condutas e atitudes (operatividade) tomadas pela equipe desde a primeira consulta.

A devolução em casal estabelece, assim, um modelo de vínculo triangular que poderíamos caracterizar como:

Receptivo: O casal terapeuta leva em conta as opiniões, associações ou perguntas do paciente.

Não-excludente: O casal terapeuta não funciona em bloco, mas integra o paciente e compartilha com ele um objetivo comum.

Não-coisificante: (6, 7). Durante a entrevista de devolução, o casal terapeuta transmite ao paciente uma imagem dele mesmo como pessoa e não como diagnóstico.

Valorizante: Os terapeutas se preocupam em mostrar ao paciente seus conflitos, assim como também suas potencialidades.

Permissivo: É dada, ao paciente, toda liberdade para se expressar dentro do enquadramento estabelecido, evitando todo matiz recriminatório ou de julgamento.

Comunicacional: Evitam-se os silêncios e procura-se fazer com que o paciente tenha a participação mais ativa possível, e se inclua no grupo de três.

A devolução começa a partir da resposta do sujeito a nosso primeiro disparador, qualquer que seja ela; ligamo-la com o ponto de urgência (27, 28), seguindo, durante toda a entrevista, um plano previamente estabelecido que se caracteriza por:

I) Ir do menos ao mais ansiógeno.

II) Ir do manifesto e conhecido, para o sujeito, ao latente e desconhecido.

Utilizamos para isso uma linguagem simples, evitando a intelectualização e procurando nos adaptar à linguagem do paciente. O ritmo da devolução é estabelecido através do *feedback*, do *timing* do paciente (o da entrevista e o que pudemos detectar durante a etapa de estudo) e de sua capacidade de *insight*. O material é incluído como fundamentação e ilustração do que está sendo reintegrado a cada momento. Isto facilita a reintrojeção do projetado, elimina o caráter mágico atribuído aos testes e entrevistas e faz com que o paciente valorize sua produção.

Em várias oportunidades, o paciente, num momento avançado da entrevista, conseguia integrar o significado latente do material que lhe mostrávamos, através da compreensão do que já havia sido dito. Outras vezes, pedia-nos que lhe explicássemos algum aspecto do material que não havia sido mencionado.

**Exemplo n.º 7**

Paciente A. (homem) (mencionado anteriormente).
Num momento avançado da entrevista, A. nos pergunta por que não pôde deixar de desenhar um cigarro no homem do teste das duas pessoas que estávamos lhe mostrando. Indicamos-lhe que correspondia ao que estávamos falando sobre sua necessidade de se afirmar como homem diante da mulher, vivida por ele como mais forte.
A. sorri e nos oferece cigarros.
Como síntese da maneira de realizar a entrevista de devolução em casal, propomos que esta mantenha uma dinâmica de processo em espiral, isto é, uma interação dialética tendente a uma integração cada vez maior que sintetize e supere o momento anterior (9).

## 3) *Fechamento*

Foi configurada, até aqui, uma relação triangular que corresponde ao modelo do sistema triangular original, internalizado pelo paciente, mas modificado vivencialmente, nesta experiência específica, através da dramatização corretora.

Ao chegar a esse momento da entrevista, a reintegração das partes projetadas e a conseqüente tomada de consciência de seus conflitos aumentam a ansiedade a respeito de como assumir conteúdos tão dolorosos. Surge, além disso, a ansiedade diante da separação.

Neste momento, o paciente poderia dizer como Garcin em *Entre quatro paredes* de Sartre (36):

"Muito bem, então deve-se viver com os olhos abertos...".

Seguindo Sartre neste "inferno necessário", este poderia ser o diálogo interno do paciente no grupo de três:

"Inês: E então, Garcin? Já estamos nus como vermes. Você vê mais claro?"

"Garcin: Não sei. Talvez um pouco mais claro. (Timidamente) Não poderíamos tentar nos ajudar uns aos outros?"

"Inês: Não preciso de ajuda."

"Garcin: Inês, todos os fios se embolaram. Se você faz o menor gesto, se levanta a mão para se abanar, Estelle e eu sentimos a sacudida. Nenhum de nós pode se salvar sozinho, temos que perder juntos ou sair juntos do apuro. Escolha."

O clima do grupo (37) (estado de coisas relacionado com o trato com sentimentos) que foi se configurando até agora, vai possibilitar (se for livre) ou impedir (se for paranóide) o pedido de ajuda por parte do paciente e a possibilidade de dá-la por parte dos terapeutas.

Os problemas com que nos defrontamos neste momento são, por sua importância, os que requerem maior cuidado técnico: o encaminhamento e a separação.

Quanto ao primeiro, realizamos dois tipos de encaminhamento:

*Endogrupal:* Um dos membros da equipe recebe o paciente para terapia. Nesse caso, é o terapeuta excluído nesse momento, aceitando sua exclusão e permitindo a união do paciente com um dos membros do casal terapeuta "pai-mãe", que comunica que seu(sua) companheiro(a) vai fazer sua terapia.

O terapeuta indicado faz o contrato, mostrando, assim, que não se trata de uma aliança proibida ou oculta para o terceiro, mas sim que é uma união aceita pelo grupo.

*Exogrupal:* Neste caso o paciente é encaminhado a uma pessoa externa ao grupo; aqui é imprescindível que a mensagem seja clara e que sejam explicitadas as fantasias de abandono, rejeição e exclusão que possam emergir no paciente.

Seguindo Erikson (10): "As etapas orais formam na criança, portanto, os recursos do sentimento básico de confiança e do sentimento básico de desconfiança que continuam sendo a fonte autógena da esperança primordial e a condenação durante toda a vida" (p. 69).

"Além disso, o estado geral de confiança implica não só que a pessoa aprendeu a confiar na amizade e na continuidade dos provedores externos, mas também que pode confiar em si própria e na capacidade dos próprios órgãos para enfrentar as urgências, e que é capaz de se considerar suficientemente digna de confiança para que os provedores não necessitem estar em guarda para evitar uma mordida" (p. 233).

Pensamos que, nesse momento, a possibilidade de uma boa separação depende do grau de confiança básico que o paciente possa ter conseguido através de todo o processo. Se isto é obtido, surge a ansiedade depressiva diante da separação, o compromisso diante de si mesmo e de nós, que confiamos, basicamente, na capacidade do paciente para continuar o caminho traçado.

**Exemplo n.º 8**

Paciente M. (homem), 18 anos, estudante.

Para M. ia ser feito um encaminhamento exogrupal. Na entrevista de devolução, quando isso lhe foi comunicado, expressou grande frustração e sentimento de abandono, já que desejava que a psicóloga o atendesse.

Esta lhe explicou os motivos pelos quais não o fazia (falta de tempo), embora lhe agradasse fazê-lo. A seguir, médico e psicóloga interpretaram minuciosamente os sentimentos de abandono e de exclusão.

Isto exigiu um grande esforço por parte dos terapeutas pela intensidade dos sentimentos presentes no grupo, já que a contratransferência diante da expressão de abandono e exclusão do paciente foi de intensa culpa e medo de que não fizesse o tratamento.

Esta entrevista durou noventa minutos.

Ao terminar a entrevista, perguntou-se ao paciente se queria acrescentar algo, e ele respondeu:

Queria dizer-lhes que eu entendi bem tudo o que me disseram, porque as coisas que me mostraram acontecem comigo.

– E, sei lá... agora sei um pouco mais por que pensava que se não fosse com você (referindo-se à psicóloga) não queria com ninguém, ou a idéia de você me tratar (referindo-se ao médico) me assustava um pouco...

– Além disso, o que vocês me dizem das coisas que eu desenhei, e de tudo, é certo...

– Isso foi bom para mim, a verdade, mas de qualquer modo me sinto frustrado, triste, gostaria que o tratamento fosse com você (à psicóloga). Mas se vocês dizem que esta pessoa (referindo-se à futura terapeuta) pode me ajudar, vou tentar.

Ao terminar a entrevista cada um dos terapeutas sentiu, contratransferencialmente, uma parte do conflito de M. Assim, enquanto a psicóloga tinha esperanças de que M. viesse à entrevista com a terapeuta indicada, o médico afirmava que era muito difícil que isto acontecesse.

M. veio à entrevista. Relatou o seguinte sonho à terapeuta:

"Eu estava no casamento de uma menina de quem gostava muito. Estava se casando com outro. Todos estávamos muito bem vestidos, sentia-me um pouco triste, embora, ao mesmo tempo, contente de estar ali."

Podemos observar uma notória mudança entre sua primitiva ambivalência e sua posterior aceitação do tratamento.

Com o afã de tentar dar uma explicação teórica para esta modificação, pensamos como Alexander (1) que: "A fim de poder receber ajuda, aquele (o paciente) deve sofrer uma experiência emocional corretiva adequada para reparar a influência traumática de experiências anteriores.

"É de importância secundária se esta experiência corretiva tem lugar durante o tratamento ou na vida diária do paciente."

Explicitar a depressão diante da separação, assim como as ansiedades paranóides, é de vital importância para o resultado do trabalho.

Para finalizar a entrevista, voltamos ao ponto de partida (lei de fechamento), perguntando ao paciente sua opinião sobre tudo o que falamos.

Antes de dar a entrevista por terminada, pergunta-se ao paciente se quer acrescentar algo mais. Em nossa experiência, isso possibilitou ao paciente a expressão de seus afetos: agradecimento através de uma conduta em qualquer das três áreas (presentes, agradecimentos, etc.), temor, agressividade, desconfiança, expectativa, dúvidas, que funcionavam como ponte ab-reativa emocional para a terapia a ser iniciada.

### C. Quando se devolve

1) Quando o estudo realizado pela equipe estiver completo e não houver discrepância entre os terapeutas a respeito da devolução.

2) Quando existirem possibilidades imediatas de incluir o paciente numa terapia.

### D. A quem se devolve

Pensamos que é imprescindível realizar a devolução a todo paciente de quem se realizou um estudo.

## E. QUEM DEVOLVE

Profissionais que possam estabelecer uma boa relação de trabalho na equipe psiquiátrica e uma boa relação com o paciente dentro de um grupo que, por suas características, é muito ansiógeno e difícil de integrar. Pensamos que, para consegui-lo, é necessário estar ou ter estado em tratamento analítico e ter uma boa formação que possibilite uma utilização adequada da técnica.

### EVOLUÇÃO NEGATIVA

Como já foi definido na casuística, falamos de *evolução negativa* quando o paciente, depois da entrevista de devolução em casal, não segue as indicações terapêuticas dadas.

Assim como procuramos comunicar os benefícios de uma devolução adequada, consideramos necessário assinalar os danos que uma devolução inadequada pode causar no paciente. São vários os *fatores iatrogênicos* que podem perturbar a devolução; entre eles mencionaremos:

1) Discrepâncias, entre os terapeutas, sobre o que deve ser devolvido ao paciente. Consideramos que estas discrepâncias, quando se referem especificamente ao ponto de urgência latente, podem corresponder a uma evitação do mesmo por parte de algum ou de ambos os terapeutas.

Esta contra-resistência (33) por parte dos profissionais não se refere apenas a um dos conflitos centrais do paciente, mas também o indica. O paciente vive isto como uma cumplicidade oculta. (Veja-se paciente I., exemplo n.º 9.)

Nestes casos, além de levar em consideração as identificações projetivas com aspectos muito conflitivos do paciente, que levam à evitação de sua explicitação, é necessário considerar também os sentimentos que estão atuando na relação entre os terapeutas (inveja, competição, desejos de aliança com o paciente excluindo o outro profissional, etc.).

2) Devolução incompleta: quando se priva o paciente de um material importante para sua melhor autocompreensão.

3) Devolução maciça: quando se inunda o paciente de material que ele não pode absorver.

4) Encaminhamento inadequado às necessidades do paciente, de acordo com sua estrutura de personalidade.

5) Impossibilidade de oferecer ao paciente o tratamento sugerido na devolução em casal, no prazo aproximado de uma semana. (Veja-se paciente L., exemplo n.º 10.)

Nestes casos, os terapeutas se comportam como pais que seduzem e castram, confirmando no paciente as fantasias de abandono e/ou castigo.

**Exemplo n.º 9**

Paciente I.: sexo masculino, 16 anos, solteiro, trabalha e estuda relações públicas. Aparenta muito mais idade do que tem.

Nossa sensação contratransferencial foi, desde o começo do estudo, de que "nos enganava".

Seu motivo manifesto de consulta foi o de se sentir mal situado e querer se conhecer. Em suas relações com mulheres era-lhe impossível manter um vínculo estável. Vivia o ato sexual como um castigo que a mulher lhe infligia e já começava a ter sintomas de impotência.

Lamentava-se de não poder ser amigo de seu pai, pois este viajava. A respeito de sua mãe dizia: "É o que há de maior no mundo, é tão boa... agüento-a (ato falho), me agüenta muito. Idolatro-a."

A prancha onze do teste de Phillipson (I. fez uma única história com suas treze pranchas) é significativa com respeito às relações que estabelecia com seus pais:

"Bem, ele volta para sua casa deprimido por tudo isso que lhe aconteceu tão seguidamente e entra no quarto de seus pais e vê que sobre a cama está sua verdadeira felicidade, seus pais: seu todo. Desta prancha não me ocorre mais nada."

*Interrogatório*
— Quantos personagens vê nesta prancha?
— Ele e, na cama, os pais; mas os pais não são vistos totalmente, só meio corpo.
— Descreva-os, por favor.
— Bem, não se vê somente meio corpo da mãe, suponho que o pai está do outro lado e não é visto porque a mãe o encobre.

Os desenhos, especialmente o teste das duas pessoas, mostram fortes tendências homossexuais e ansiedade de castração diante da imagem feminina vivida como sumamente perigosa.

Abundam elementos bizarros e indícios psicóticos em todo o material.

Na entrevista de devolução, ambos os terapeutas nos contra-identificamos com o paciente, *evitando* falar do ponto de urgência latente: emergência de intensos impulsos homossexuais como defesa contra a psicose. Isto nos leva a uma *atuação* da contra-resistência, encaminhando-o a uma terapeuta.

Quer dizer que *atuamos* o sentimento contra-transferencial de "engano" e desempenhamos o papel de pais que o impulsionavam a uma heterossexualidade, que ele não podia distinguir de uma relação incestuosa e, portanto, castradora.

Depois de sua deserção, I. mandava lembranças através de um profissional do serviço que ele conhecia, expressando, assim, o vínculo idealizado e persecutório que mantinha conosco como repetição patológica do vínculo com seus pais.

**Exemplo n.º 10**

Paciente L.: sexo feminino, 28 anos, casada, professora. L. consulta-nos por "instabilidade emocional e insegurança".

Na primeira entrevista com o médico, comenta que sofre freqüentemente de angina, tem um problema de tricomonas e tem prisão de ventre desde criança.

Surgem ansiedades psicóticas e sintomas hipocondríacos que fazem pensar numa personalidade psicótica. No material de teste aparecem claramente fantasias de fim de mundo, alterações grosseiras da percepção, dissociação extrema entre fantasia e realidade, fracasso das defesas úteis e emergência de sensações de despersonalização e estranhamento.

A entrevista de devolução foi realizada em fins de janeiro, antes das férias da maioria dos terapeutas do serviço, impondo-se, por isso, uma separação de um mês entre a devolução e o começo da terapia. A devolução (que relatamos em parte no exemplo n.º 3) possibilitou a L. uma experiência emocional corretiva que o abandono posterior anulou, tendo os terapeutas atuado nesse caso como pais esquizofrenizantes que emitiam uma dupla mensagem de aceitação e rejeição, que incrementou os conflitos mais arcaicos da paciente.

L. voltou depois das férias para dizer-nos que seus horários impossibilitavam-na não só de realizar o tratamento indicado, como qualquer outro.

COMENTÁRIOS

Tentaremos responder agora às preocupações e sugestões de María L. S. de Ocampo e María Esther García Arzeno sobre alguns aspectos de nosso trabalho.

1) Sugerem-nos a conveniência de incluir o paciente numa situação triangular na primeira entrevista, separando depois os respectivos papéis, para poder realizar uma comparação entre a primeira entrevista e a entrevista de devolução, mantendo constantes as variáveis experimentais, e para que a entrevista de devolução não conduza a uma escotomização do resto do processo.

Pensamos que colocar o paciente diante de um casal terapeuta desde a primeira entrevista constituiria uma situação muito paranóide e poderia produzir a deserção precoce.

Dando ao paciente um esquema que antecipa o que ocorrerá na entrevista de devolução e estando ele informado dela, conhecendo previamente os terapeutas, não se está escotomizando a entrevista de devolução do resto do processo.

Também não duvidamos de que, para comprovar a validade das diferentes hipóteses, faz-se imprescindível a correspondente experimentação clínica.

Em resposta ao que as mencionadas autoras postulam em relação à introdução, na entrevista de devolução, de critérios de interpretação novos e diferentes dos empregados até então, achamos necessário esclarecer que durante todo o processo indicamos e interpretamos em função do triângulo psicóloga-médico-paciente. Isto se dá porque o próprio paciente faz contínuas referências a esta relação tripessoal. Além disso, durante todo o estudo, trocamos as diferentes informações obtidas e nossa opinião sobre elas.

Consultamo-nos, inclusive, sobre horários e formas de trabalho mais convenientes para o paciente.

Esta tarefa em equipe continua na preparação conjunta da devolução, planejando-se entre ambos o que e como devolver.

Esta parte da tarefa é de suma importância para o êxito dela.

2) Sugerem, também, a possibilidade de que a experiência corretora possa ser feita com pares de terapeutas do mesmo sexo, fazendo referências a trabalhos de Abadi e Pavlovsky sobre co-terapia.

Pensamos que há diferenças significativas quanto aos enquadramentos utilizados, sendo o dos mencionados autores um enquadramento psicanalítico de psicoterapia de grupo de longa duração, enquanto o nosso toma também elementos do psicodrama e da terapia breve.

Trabalhamos com uma só entrevista de devolução. Procuramos estimular o sentido de realidade não atuando como telas, nem nos propondo a uma elaboração regressiva.

Não favorecemos a confusão da identidade e dos papéis porque nosso objetivo não é realizar uma terapia de longo alcance, mas sim, como já dissemos, uma ponte com a futura terapia.

Abadi e Pavlovsky dizem (30): "Durante essa primeira etapa éramos o par persecutório, mas sem papéis precisos; paulatinamente fomos nos diferenciando e adquirindo limites e sexo diferentes, o que deu lugar a outro tipo de material."
Não é este nosso objetivo nem nosso tempo.
Sem "subestimar a gravitação da fantasia inconsciente", damos relevância, em nosso enquadramento, à realidade externa.
Consideramos, novamente, a necessidade de fazer experiência clinicamente, com pares do mesmo sexo, para comprovar a veracidade destas hipóteses.

3) Por último, perguntam-nos as autoras como procedemos quando o paciente é trazido por outro ou por outros que também necessitam de uma devolução.

Como não trabalhamos com este tipo de entrevista, não pudemos formular uma resposta, ainda que pensemos que a devolução às pessoas que trazem o paciente seja absolutamente necessária.

*Bibliografia*

1. Alexander F. e French, T., *Terapêutica psicoanalítica.* Buenos Aires, Paidós, 1965.
2. Babini Eichelbaum, Ana M., "Educación familiar y status socioeconómico". Investigações e trabalhos do Instituto de Sociologia, UNBA, Buenos Aires.
3. Bauleo, Armando, "Grupo operativo", *Cuadernos de psicología concreta,* ano I, n.º 1, 1969, p. 48.
4. Bleger, José, "La entrevista psicológica". In: *Temas de psicología.* Buenos Aires, Nueva Visión, 1972; Ed. bras.: São Paulo, Martins Fontes, 1980.
5. ——, *Psicología de la conducta.* Buenos Aires, Eudeba, 1964, cap. XIV.
6. ——, *Psicoanálisis y dialéctica materialista.* Buenos Aires, Paidós, 1963.
7. ——, "Apéndice". In: Politzer, *Psicología concreta.* Buenos Aires, J. Alvarez, 1965.

8. Campo, Vera e Rosencovich, Sara M., "El psicólogo y la reparación", *Revista Argentina de Psicología*, ano I, n.º 2, 1969.
9. Caparrós, Antonio, Aulas teóricas de Psicologia Geral II, ministradas na Faculdade de Filosofia e Letras da UNBA, 1.º quadrimestre, 1966.
10. Erikson, Erik, *Infancia y sociedad*. Buenos Aires, Paidós, 1966.
11. Fernández, Elida Esther e col., "Ansiedades de los terapeutas en psicoterapia de tiempo limitado", IV Congresso Internacional de Psicodrama y Sociodrama, I Symposium Panamericano de Psicoterapia de Grupo, Buenos Aires, 1969.
12. Devries, Osvaldo, "Del psicoanálisis hacia una psicoterapia planificada", *Revista Argentina de Psicología*, ano I, n.º 4, 1970, pp. 26-7.
13. Fernández, Elida E. e col., "Modelo de informe psicodiagnóstico y su aplicación en un caso de psicoterapia breve", IV Congreso Internacional de Psicodrama y Sociodrama, I Symposium Panamericano de Psicoterapia de Grupo, Buenos Aires, 1969.
14. Ferrer, Norberto Mario e col., "Primeros intentos de formación de un equipo terapéutico en base a las residencias de psicólogos y médicos en los Hospitales Nacionales Borda y Moyanos". XI Conferencia Argentina de Salud Mental y Asistencia Psiquiátrica, Mar del Plata, 1967.
15. Fiorini, Héctor J., "Psicoterapia dinámica breve. Aportes para una teoría de la técnica", *Acta Psiquiátrica y Psicológica de Amer. Latina*, vol. 4, n.º 2, 1968.
16. Freud, S., "Observaciones psicoanalíticas sobre un caso de paranoia (*Dementia paranoide*) autobiograficamente descripto". In: *Obras Completas*, vol. II. Madri, Biblioteca Nueva, 1948.
17. Grinberg, L., Langer, M. e Rodrigué, E., *Psicoterapia de grupo. Su enfoque psicoanalítico*. Buenos Aires, Paidós, 1957.
18. Harari, Roberto, "Sistematización y replanteo de algunos conceptos básicos de la teoría psicoanalítica kleiniana", *Rev. Arg. de Psicología*, ano I, n.º 2, 1969.
19. Heimann, Paula, "Una contribución a la revaluación del Complejo de Edipo. Las etapas tempranas". In: M. Klein e outros, *Nuevas direcciones en psicoanálisis*. Buenos Aires, Paidós, 1965.
20. Jaques, Elliot, "Los sistemas sociales como defensa contra las ansiedades persecutoria y depresiva". In: M. Klein e outros, *Nuevas direcciones en psicoanálisis*. Buenos Aires, Paidós, 1964.

21. Klein, M., "El Complejo de Edipo a la luz de las ansiedades tempranas". In: M. Klein e outros, *Nuevas direcciones en psiconálisis.* Buenos Aires, Paidós, 1965.
22. Liberman, David, "Los fenómenos y las estructuras psicopatológicas inferidas del sistema de comunicación al aplicar el método psicoanalítico", Ficha 132 do Dpto. de Psicologia da UNBA.
23. ——, *La comunicación en terapéutica psicoanalítica.* Buenos Aires, Eudeba, 1966.
24. Liendo, Ernesto C., "El trabajo con grupos operativos", caderno n.º 5 do Dpto. de Psicologia da UNBA.
25. Siquier de Ocampo, Ma. Luisa e Friedenthal, Hebe, "Algunas consideraciones sobre la relación del psicólogo que ejerce tarea de psicodiagnóstico en el equipo psiquiátrico", publicação da cadeira de Técnicas Projetivas I.
26. Siquier de Ocampo, Ma. Luisa e outros, "La importancia de la devolución de los resultados psicodiagnósticos en los niños", trabalho apresentado na X Conferencia de Salud Mental, Mar del Plata, dezembro de 1966.
27. Siquier de Ocampo, Ma. Luisa e García Arzeno, M. E., "El manejo de la ansiedad en le motivo de consulta y su relación con la devolución de información en el cierre del proceso psicodiagnóstico", I Congreso Latinoamericano de Psiquiatría Infantil, Punta del Este, Uruguai, 1969.
28. ——, "El motivo de la consulta y su relación con la devolución de información en el cierre del proceso psicodiagnóstico", I Congreso Argentino de Psicopatología Infanto-juvenil, Buenos Aires, 1969.
29. Pavlovsky, E., Martinez, R., e Moccio, F., "Algunos conceptos sobre coterapia". In: *Psicodrama psicoanalítico en grupos.* Buenos Aires, Kargieman, 1970.
30. Pavlovsky, E. e Abadi, M., *Una experiencia de psicoterapia grupal: la coterapia.* Buenos Aires, Genitor, 1966.
31. Paz, Carlos, "Actualización: el paciente fronterizo", *Revista de Psicoanálisis,* vol. 21, 1964.
32. ——, "Psicopatía y fronterizos". In: *Psicoanálisis de la manía y la psicopatía.* Buenos Aires, Paidós, 1966.
33. Racker, H., *Estudios sobre técnica psicoanalítica.* Buenos Aires, Paidós, 1969.

34. Reik, Theodor, "La significación psicológica del silencio", *Revista de Psicoanálisis*, ano II, n.º 1, 1944, pp. 655-70.
35. Ritemant de Dimant, "Informe psicológico en psicología clínica de niños", *Revista Arg. de Psicología*, ano 1, n.º 2, 1969.
36. Sartre, J.-Paul, *A puerta cerrada*, teatro. Buenos Aires, Losada, 1950, p. 114.
37. Thelen, Herbert, *Dinámica de los grupos en acción*. Buenos Aires, Escuela, 1964.
38. Ulloa, Fernando, "El método clínico en Psicología", ficha n.º 148 do Dpto. de Psicologia da UNBA.
39. ——, "La entrevista operativa", ficha n.º 149 do Dpto. de Psicologia da UNBA.
40. ——, "Psicología de las instituciones. Una aproximación psicoanalítica", ficha n.º 280 do Dpto. de Psicologia da UNBA.
41. Vera, Luis e Thierberger, Jorge, "Un estudio sobre deserción de pacientes. Experiencias de residentes en consultorios externos de un hospital psiquiátrico", *Acta Psiquiátrica y Psicológica de América Latina*, ano XVI, vol. 57, 1970.

# Capítulo X
## *O informe psicológico*

# *O informe psicológico:*
## *exemplificação através de um caso*
Renata Frank de Verthelyi

Neste trabalho procura-se mostrar, por meio do informe e do material de um caso particular, como se pode elaborar um psicodiagnóstico para se conseguir uma visão total do paciente, mediante os diferentes elementos que formam uma bateria. Escolheu-se um caso simbolicamente rico, sem dificuldades no nível intelectual, que permitisse trabalhar com uma bateria mínima, pois um material excessivo poderia confundir o leitor.

No informe apresentado não se pretende fazer uma análise última e exaustiva do caso, mas sim transmitir uma modalidade de trabalho centrada na análise das recorrências e das convergências. Por esse motivo inclui-se uma explicitação dos itens sobre os quais se baseiam as interpretações. (Recordemos que toda interpretação é sempre uma inferência.)

Este caso foi atendido na Seção de Psicoprofilaxia e Psiquiatria Infantil do Serviço de Pediatria, a cargo da Dra. Marta Bekei, na Sala 6 do Hospital de Clínicas de la Ciudad de Buenos Aires. O paciente veio encaminhado por um médico da instituição, por causa de transtornos asmáticos. De acordo com o costume do serviço, o caso foi atendido por duas psicólogas; uma delas trabalhou com os pais\*, a outra teve duas entrevistas com

---

\* A entrevista com os pais foi realizada pela psicóloga Silvia Schatzky.

a criança, separadas por um intervalo de uma semana. A devolução, elemento final do processo psicodiagnóstico, também foi feita separadamente (ainda que simultaneamente) aos pais e à criança, segundo normas previamente estabelecidas no estudo conjunto do caso.

### ALGUNS ANTECEDENTES SIGNIFICATIVOS

Gravidez acidental ("Não queríamos mais filhos no momento"), mas aceita e aparentemente boa. Dados contraditórios a respeito do parto e dos primeiros dias de vida. Parto normal; o bebê pesou 4,20 kg, mas apesar disso parece que esteve em incubadora. Presença de Rh negativo, fato de que tomam conhecimento no momento do parto. Situação confusa e de muito medo. Não se fez a mudança de sangue; o pai, por desconfiança, levou-o a outra clínica, contra a opinião do serviço e da mãe. Derrame de bílis. Não se lembram de boa parte dos dados sobre alimentação; pegou o peito com dificuldade e com uma atitude muito passiva até os três meses. Quando chorava de noite, colocavam gelo no rosto ou lhe davam banho frio, justificando-o como indicação do médico. "Assim desacostumou-se."
Problemas com a comida e vômitos até há pouco tempo. Muitas proibições devido à asma.
Aos dois meses de vida, primeiros sintomas de falta de ar. Desenvolvimento motor sem dificuldades e bastante precoce. Estimulou-se o andar impedindo o engatinhar. Controle de esfíncteres iniciado com um ano, com êxito.
Problemas de sono, solilóquio, gritos e choros durante o sono. Dorme enrolado em cima de um ursinho. Até um ano, quarto comum com os pais e leito comum com o irmão. Mais tarde procura passar para a cama da mãe, dizendo: "Corre, para que o velho não perceba." Quando não consegue dormir com a mãe, tenta fazê-lo com o irmão.
Descrevem-no como um menino que trava amizades facilmente, que não teve problemas para entrar no jardim-de-infân-

cia aos quatro anos e meio e na escola aos cinco. Bom aluno, lê muito, é interessado e responsável.

Aos quatro anos acontecem, sucessivamente, três situações traumáticas: *a*) um acidente: é atropelado por um caminhão e tem de ser atendido com ferimentos que exigem sete pontos na cabeça; *b*) um ataque de poliomielite; tem de ser internado durante dezoito dias no Hospital de Crianças; segue-se a isto um período de repouso de sete meses para seu tratamento no Centro de Reabilitação. No fim de um ano realiza duas operações e prevê-se uma outra para quando tiver quinze anos. Recompôs-se bem e atualmente anda com bota e aparelho; há atrofia muscular, mas pouco acentuada; *c*) a morte do avô paterno, a quem costumava ver todos os dias, sobre a qual não lhe são dadas maiores explicações.

## Primeira entrevista

Pergunta-se o motivo da consulta:
P.: Não sei, mamãe me trouxe, por causa do Dr. B., não perguntei, ou se perguntei não me lembro.
Ante a insistência:
P.: Não sei, às vezes... alguma comida me faz mal, o tempo, o calor, a umidade...
E.: Mal?
P.: Sim, sufocamentos quase sempre, quando me deito são mais fortes, até as dez...
E.: O que você faz então?
P.: Minha mãe me dá remédios, eu às vezes... também o frio...
E.: Desde quando acontece isso com você?
P.: Desde os dois meses... um caminhão também me pegou... me deram sete pontos, tirou toda minha carne, ficou o osso... eu tinha quatro anos, não me assustei, fiquei quietinho embaixo... um tio estava lá, mas não queria me pegar porque

pensava que eu estava morto. Me levaram para uma clínica e me curaram. Pode ser que tenha algo a ver, a falta de ar veio mais forte... no ano passado faltava à escola dia sim, dia não por causa da falta de ar, ia segunda, faltava terça... Aos quatro anos e meio peguei uma paralisia, a pólio, bah... e fiquei cinco ou seis meses no Hospital de Crianças, depois em casa, mas sempre tinha que ir para ser atendido, agora ando mais ou menos bem, mas tenho o sapato, protetores e botas... o Dr. F. que me atendeu, depois o Dr. J.... e depois...

E.: E como você se arranja?

P.: Não ando de bicicleta, porque me dá medo, mas jogo bola, tênis, tudo isso eu posso e faço... gosto de ler livros dos bárbaros, do Rei Arthur, de Júlio Verne... na televisão gosto de ficção científica e dos filmes de *cowboy*... Eu tenho mais vidas que um gato! Uma vez caí, machuquei tudo aqui atrás, meu irmão me puxou da cadeira alta, saía muito sangue do meu nariz...

E.: O que você pode me contar sobre você?

P.: No colégio passei em todos os anos, tenho muitos amigos, vou jogar bola ou dar voltas com eles ou ler revistas... meu pai e eu vamos juntos à fábrica onde ele é encarregado geral e montamos carrinhos... somos os caseiros da fábrica, mas na fábrica me dá uma falta de ar muito grande... por causa do cheiro... é uma fábrica de plástico...

## Desenho livre

P.: ... E daí? ... (*gestos de embaraço*)... o que poderia fazer? (Começa a desenhar na seguinte ordem: esquema da casa, janela, chaminé, carro, árvore, montanhas.)

"Pinto?" Tem dificuldade para decidir que cor usar. Pinta a nuvem, o Sol, os lápis se esparramam, custa-lhe escolher, pinta a casa, aumenta a janela e põe cortina, acrescenta outra janela, aumenta a chaminé e põe fumaça, nota-se que está impaciente, insatisfeito, acrescenta flores.

"Um tio meu me ensinou a fazer... eu fazia de outra maneira, toda assim (*gestos de mais quadrada*), não como faço agora, em forma mais de chalé. As árvores eu que faço, ninguém me ensinou, a casa tenho que fazê-la bonita, grande, tem que sair boa..."

E. O que você pode me contar do que desenhou?

P.: É uma casa na montanha e o carro está estacionado...

## Teste das duas pessoas

Começa imediatamente, sem verbalização, muito concentrado. Desenha primeiro a figura do homem, tem dificuldade para fazer o braço e apaga-o muitas vezes, faz o medalhão, as pernas em movimento, depois os traços do rosto e, por último, as mãos.

O desenho da segunda figura lhe é mais difícil: faz o perfil, o cabelo, arruma várias vezes o nariz e no final desenha as mãos. Enquanto desenha, ri como se estivesse fazendo uma travessura. Cumpre o resto das instruções com facilidade. Escreve primeiro o nome feminino. Redige rapidamente a história e o título, sem vacilar.

**Teste da família**

(*Gestos de desgosto*)... "Posso pedir um lenço para minha mãe?" Sai e volta muito sorridente. "Não sei como vou desenhar meu pai... Minha mãe também? ... Dou nome a eles?" Desenha com um traço esquemático, repassado, mas de forma rápida e concentrada, com bastante segurança. Faz primeiro a figura do irmão, cabeça, corpo, pernas em movimento, sapatos, detalhes da gola. "Ai, se meu irmão vê, ele me mata!"
Dá nome à figura e põe o título no centro da folha. Começa a segunda figura: primeiro de perfil, depois apaga para fazer o rosto maior e de frente, detém-se muito na saia e nas pernas. "Ponho o nome deles, ou papai e mamãe?" Continua com os detalhes e, somente no final, desenha as mãos. "Ai, meu pai!" Apóia a cabeça no braço aparentando grande preocupação, po-

rém mais maroto do que ansioso. Faz a cabeça e as expressões. "Tenho que pegar este porque meu pai é colorido." Pega o vermelho, acrescenta o corpo e começa o preenchimento cuidadoso do desenho, dos sapatos, os detalhes na roupa, a inicial do pai e, em seguida, a do irmão. Põe o nome da mãe e depois o do pai. Finalmente acrescenta as mãos.

Toda esta seqüência parece mais rígida, mais freada, com maior ansiedade. Contempla o desenho, larga e torna a pegar o lápis muitas vezes.

E.: Estão todos aí?
P.: Eu tenho que me fazer também?... ...Não, eu não me faço porque saio feio...

## Teste desiderativo

1+
P.: Algum bichinho?... por exemplo, *uma tartaruga* porque tenho uma na minha casa e são tão pequenininhas e bonitas, de cara não, são enrugadas... são indefesas todas... eu gosto,

tenho-a dentro de uma caixinha e quando os cachorros aparecem eu os espanto – gatos e cachorros –, um dia um agarrou-a e machucou-a toda, depois se curou... para comer dou alface, cenoura e carne picada.
2+
    P.: Animal também não?... Alguma planta? ... (*ri*). Pode ser um *pensamiento* (amor-perfeito), porque eu gosto...
    E.: Por que você gosta?
    P.: Só por causa das cores; os cravos também, podem ser esses que são salpicados de rosa.
3+
    P.: Por exemplo, a pedra? A *pedra*, a do mar, dessas verdes que tem nos rios...
    E.: Por que você gostaria de ser uma pedra?
    P.: E... porque são fortes, bonitas, as pedras do mar são todas bonitas e eu gosto da cor verde, estão debaixo d'água, em Córdoba, no rio, pedras na maioria verdes e rosas, debaixo d'água... eu perdi meu anel de ouro, a água me tirou do dedo e não pudemos encontrar... fiquei com o de lata... o de ouro se foi... (*mostra o anel atual, de lata*).
1–
    P.: Para mim... (*gestos de não sei*) ... (*gestos de pensar*) ... e ... *uma pedra*.
    E.: Por que você não gostaria de ser uma pedra?
    P.: Não gosto de nenhuma... e... porque não se move... e não pensa nem faz nada, se não a movem, não pode se mover sozinha...
2–
    P.: Um vegetal?... Nenhum, a mesma coisa que o outro, sempre gostei de ser pessoa... a *erva do campo* que está sozinha e ninguém passa por ali, nada mais.
    P.: ... Um animal? ... a víbora...
    E.: Por que você não gostaria de ser uma víbora?
    P.: Porque se arrastam o tempo todo.
    Voltou-se a perguntar dados sobre o colégio, já que era uma área pouco ansiógena, para terminar a primeira entrevista.

P.: Tudo vai bem, meu irmão já está terminando, nunca repeti um ano, gosto do colégio porque tenho muitos amigos para jogar bola, apesar de que, às vezes, não vou por causa da falta de ar, depende do tempo e daquilo que como... não gosto de faltar.

## SEGUNDA ENTREVISTA

### Teste das Relações Objetais de Phillipson

**Prancha 1**

P. (*faz um gesto, como se fosse difícil para ele, tenta virar para o outro lado para ver o título*): Parece a figura de um homem num incêndio que tem fumaça, parece a sombra também aqui, isto que se parece... sei lá... Talvez tenha pegado fogo em alguma garrafa, papéis, pegou fogo na casa e o homem estava dormindo e não podia fazer nada. Quando se levantou estava tudo cheio de chamas. Os bombeiros viriam e apagariam...

E.: E o homem?

P.: Não sei, talvez não soubesse se os homens iriam vir ou não, estava assustado procurando a porta para sair.

*Interrogatório*

P.: Fumaça por causa do cinza, em volta do homem, como fogo, a fumaça quase cobre o homem. Por causa do sombreado. O homem não sabia se viriam, ele não podia avisar porque estava assustado e o fogo não o deixa, o homem se paralisa, precisa que o vizinho chame, ou alguém que passe...

E.: Como vai terminar?

P.: Pode ser que se salve.

**Prancha 2**

P.: São dois rapazes, é como se estivessem numa gruta, olhando um vale, ou não... sei lá, algo assim como uma paisagem... vai ver eles se gostavam e foram para lá, estão de mãos dadas. Um rapaz e uma moça, a moça com as mãos assim (*gesto de unir*) juntas, o rapaz passa a mão da moça, assim, nas costas, só isso. Talvez se casem (*ri*).

*Interrogatório*

P.: O rapaz é o da direita, a moça a da esquerda, ele é mais alto, a moça parece que está de saia, não se vê a parte inferior do homem. A gruta por causa do preto, como pedras ou uma janela com uma paisagem atrás, estão de mãos dadas, segurando.
E.: O que vai acontecer?
P.: Com certeza se casam.

**Prancha 3**

P.: Isto parece um banquete numa casa de família, um homem sentado numa poltrona, outro na mesa, um homem parado, esta parte, o que é?... (*indica acima da chaminé*) não sei o que é, um quadro, pode ser... Que depois vão se deitar e dormir. Só isso.

*Interrogatório*

P.: É um banquete porque a mesa está bem servida. A pessoa sentada é uma senhora, tem um velho numa poltrona e um homem parado tocando o quadro.
E.: Que relação têm entre si?
P.: São a mãe, o pai e o filho, são velhos, o filho está parado... meu avô, até quando eu o tinha, sempre se sentou numa poltrona, meu tio e meu pai em cadeiras comuns, faleceram os dois, conheci um de meus avôs até os seis anos, não fui ao velório porque minha mãe não queria, tenho duas avós...

**Prancha 4**

P.: Esta é a sombra de dois homens, de uma senhora e um homem na moldura da porta, estão juntos, talvez abraçados (*gestos de "e aí?", olha como se pedisse ajuda*)... Só isso... e bem, talvez... (*ri de forma marota*) ... (*faz caretas como se estivesse procurando reprimir uma fantasia já muito consciente e não permitida*)... talvez tenha acontecido como no desenho anterior, que se gostavam e depois se casaram... e foram felizes e nada mais.

*Interrogatório*

P.: O homem é o mais alto, não sei se são os mesmos que estavam na gruta, parecem diferentes, talvez estejam abraçados, o homem perguntando à mulher se quer sair, ir comer, passear ou alguma coisa.

**Prancha 5**

P.: Três homens, parece que estão nas nuvens (*ri*), depois, mais atrás, dois homens, talvez esses três homens fossem amigos, estavam brigados com os outros dois, mais para lá e tem um sozinho mais atrás... e depois, provavelmente, ficarão amigos.

*Interrogatório*

E.: Por que homens?
P.: Pela forma, alguns bons e outros maus.
E.: Como assim?
P.: Como, não sei. Os que estão juntos são amigos, o que está sozinho pode ser um brigão, não sei por que (*ri*), senão, os seis estariam juntos.
E.: Como você os divide em bons e maus?
P.: Não sei, talvez dois bons e dois maus.
E.: O que te fez pensar em nuvens?
P.: Porque estão sentados e parados ali, como em nuvens, assim como um colchonete no chão, um tanto assim mais alto, nuvens como acolchoados.
E.: Que relação teriam os homens com as nuvens?
P.: Não sei, assim me parece.

**Prancha 6**

P.: É um quarto onde a porta está aberta e pela escada vem um homem, a cama está sem fazer e talvez faça muito tempo que esta cama e tudo isso está assim, e algum dia vai quebrar e vão trocá-la ou talvez vão colocar uma coisa mais nova ou mais velha, bem, mais velha não, não... se vem subindo deve ser da limpeza, ou então, o homem que vem se deitar.

*Interrogatório*

E.: Por que você achou que estava subindo?
P.: Porque se vê como se fosse uma silhueta, é um senhor, se a cama é cômoda fica, se é incômoda pedirá que mudem.
E.: O que te faz pensar que a cama não serve?
P.: É uma dessas camas de hóspedes, as novas são de madeira, a cômoda também, o espelho, vão mudá-las se o hotel se renova, têm que mudar tudo... se alguma vez quebrar um pé... da cama ou do espelho... têm que trocar.

**Prancha 7**

P.: Isto parece uma escada com homens que estão brigando, parece que estão brigando e, acima, uma sombra, tem muita aglomeração, talvez tenha havido algum acidente... ou talvez a escada já tenha muito tempo e quebrou um degrau e uma mulher ou um homem caiu.

*Interrogatório*

E.: Por que você acha que estão brigando?
P.: Porque estão com os braços levantados e tem muita aglomeração, tem muita gente.
E.: O que houve com a escada?
P.: Um degrau estava bambo, há muito tempo, era de madeira, uma tábua soltou e alguém caiu. Machucou-se e talvez

estejam descendo para ajudá-lo, se juntaram para atendê-lo, levá-lo ao hospital ou à clínica. Pode ser uma mulher porque às vezes usam salto alto e, às vezes, quebram.

**Prancha 8**

P.: Bem, esses são três homens, dois juntos e um separado, talvez esses homens sejam irmãos e brigaram (*gestos de virar a prancha*)... ou esta figura também parece uma cabeça de um homem que desemboca num corpo, a cara, ... (*muito concentrado, silencioso, devolve a prancha*).

*Interrogatório*

E.: Por que você achou que eram irmãos?
P.: Porque parecem ser da mesma estatura, ainda que, às vezes, os irmãos sejam maiores e menores...
E.: Por que você achou que estavam brigados?
P.: Porque os três não estão juntos, os dois estariam conversando.
E.: Onde você viu a cabeça do homem?
P.: (*assinala*) Atrás como um homem visto de perto, com a cabeça maior.
E.: Que relação haveria entre os três homens e essa figura?
P.: Nenhuma relação, é como se se visse uma paisagem, não tem nada a ver, parece e é só.

**Prancha 9**

P.: Aqui, parece, não, é, um homem e uma mulher debaixo de uma copa de uma árvore bastante frondosa, talvez esses homens sejam casados e a casa e a árvore lhes pertençam (*coça-se, muda de posição*) e talvez essa casa fique perto de algum parque ou de algum lugar assim, parque, praça ou... (*gestos de não saber*) e só isso.

*Interrogatório*

P.: São um homem e uma mulher pela altura, parece que estão abraçados, não se distingue bem, notam-se somente as cabeças, está tudo preto, a casa se nota bem e a árvore também, as pessoas, não se sabe bem onde se dividem.
E.: Por que você achou que a árvore podia lhes pertencer?
P.: Porque se estava perto da casa e eles debaixo da árvore, é possível que eles a tenham plantado.

**Prancha 10**

P.: Na... tem como se fosse uma entrada, como um pórtico que dá para a rua, em uma parte tem um homem grande e quatro garotos, e em outra tem um sozinho, parecem sombras também, talvez esse garoto tenha chegado agora e os outros estavam falando... não sei... só isso.

*Interrogatório*

E.: O que deu a você a idéia de pórtico?
P.: Porque se parece com o pátio grande do nosso colégio, tem uma coisa assim por onde nós passamos, longo como uma galeria.
E.: O que faz o garoto sozinho?
P.: Chegou agora, talvez os esteja procurando e quando os encontrar vai ficar com eles. Os outros estão falando no grupo, tem alguém que parece estar explicando, quando se aproximar talvez continue explicando, os garotos vão explicar ao que chegou o que teriam que fazer.

**Prancha 11**

P.: Bem, isso é um homem que vai entrando num quarto, um quarto onde tem um homem encostado, no fundo há um quadro, a porta está aberta, talvez o homem vá cumprimentá-lo...

ou vá avisá-lo de que tem que se levantar para ir para o trabalho ou coisa parecida... é só.

*Interrogatório*

E.: O que fez você pensar que tem um homem dentro?
P.: Porque está deitado e se vêem os pés.
E.: Qual é a relação entre eles?
P.: São amigos ou talvez o homem esteja dormindo num hotel e tenha dito ao homem de serviço que o acorde, que o desperte. Sim, parece mais isso...

**Prancha 12**

P.: Isto é uma cadeira quebrada, ou não está marcado... tem uma espécie de poltrona, mesa servida para uma pessoa, uma janela e um homem com um cortinado, talvez esteja aí há muito tempo, o homem talvez seja muito limpo e tenha a casa bem arrumada, vai continuar cuidando bem dela. Chega.

*Interrogatório*

E.: O que fez você pensar que a cadeira estava quebrada?
P.: Como não está bem pintada, não se nota, o vermelho como um pedaço da cadeira que quebrou.
E.: Quem é o homem atrás da janela?
P.: Talvez o homem do quarto, talvez seja um hotel com um parque atrás...
E.: Por que um hotel?
P.: Não sei, poderia ser, mas não, parece que não, as cadeiras não são de hotel, são de madeira, de uma casa, de um quarto...
E.: Por que deu a você a impressão de ser muito limpo?
P.: Porque tudo está bom, só tem que trocar a cadeira, está tudo limpo.
E.: Por que faz muito tempo que está aí?
P.: Parece, as cortinas de agora não são tão compridas como as de antes, minha mãe tem uma que encosta e arrasta no chão,

a da minha tia fica acima do chão, a outra se suja, precisa de cuidado, esta é a da janela, não da porta porque não chega no chão.

## Prancha 13

P.: Pode ser a história de uma casa antiga ou de uma árvore antiga, assim como a figueira de Sarmiento ou o pinheiro de San Lorenzo; pode ser também que nesse pinheiro o General San Martín ou Sarmiento teriam lido, San Martín descansava sob o pinheiro de San Lorenzo quando já era velho, antes de ir para a França, descansou um pouco e depois foi para a França.

*Interrogatório*

E.: Por que uma casa ou uma árvore antiga?

P.: Porque eu gosto de San Martín, gosto muito de História e de Ciências Sociais.

Perguntou-se se podia encontrar significado para o vermelho da prancha 3:

"Sim, é uma casa grande como uma estância ou algo assim, e isto pode ser uma campainha para chamar para comer ou ainda uma lâmpada."

Tempo total de aplicação: 50 minutos. A prancha de que mais gostou foi a 10 e a de que menos gostou foi a 7. A primeira "porque parece com meu colégio" e a segunda "porque tem muita aglomeração e houve um acidente".

### ABORDAGEM INICIAL

Além das orientações gerais que devem ser levadas em conta para analisar esse material, tal como ficou explicitado nos diferentes capítulos deste livro, interessa-nos, para este caso particular, ver que tipo de perguntas podemos nos fazer diante da história evolutiva e diante dos dados trazidos. É evidente, em ambos, a grande influência das situações traumáticas sofridas.

Cabe, portanto, perguntar: Que fatores predisposicionais e desencadeantes puderam existir para que a asma aparecesse tão cedo? Como viveu as diferentes situações traumáticas e que fantasias elas lhe despertaram? Como viveu a morte do avô, não explicitada, em relação às situações traumáticas próprias? Como viveu o período de internação e de imobilidade? Que influências teria tido o processo de doença e de reabilitação em sua identidade sexual e em seu esquema corporal? Num nível de realidade e fantasia, as situações traumáticas relacionam-se – ou não – entre si? Como? Como gravitam as seqüelas na atual fase púbere? Quais foram as defesas procuradas no momento de perigo e de ataque ao corpo (acidente-doença-operação), com que resultado e quais as que se mantiveram até a atualidade? Em que medida se percebe o dano corporal sofrido? Que sentimentos predominam no paciente e em seu grupo familiar a respeito do passado e do presente e quais as expectativas em relação ao futuro? Até onde o motivo manifesto de consulta (falta de ar asmática atual) encobre outro mais latente, relacionado com a poliomielite e com a futura operação?

As perguntas, que podem ser inumeráveis, originam diferentes hipóteses e devem servir como um guia interno para controlar o material, sem obscurecê-lo e sem evitá-lo.

## INFORME PSICOLÓGICO

*Nome:* N.N.
*Idade:* 10 anos e 10 meses.
*Escolaridade:* 6.ª série.
*Grupo familiar:* Mãe, 34 anos, dona de casa.
　　　　　　　　Pai, quarenta anos, encarregado de fábrica.
　　　　　　　　Irmão, menino, treze anos.
Moram numa casa modesta, situada junto à fábrica onde o pai trabalha.

## Material utilizado para o diagnóstico

Entrevista com os pais e material projetivo que inclui desenho livre, Teste da Família, Teste das Duas Pessoas e Teste de Relações Objetais de Phillipson.

## Motivo da consulta

É encaminhado por um médico do hospital que o atende há vários meses por uma afecção asmática devido ao atual recrudescimento dos ataques. Os pais fazem referência, além disso, a certa dificuldade no trato com o filho. A conduta deste "pode ser devida" às seqüelas de uma poliomielite que produziu atrofia muscular em uma perna (precisa de reeducação e, provavelmente, necessitará uma operação aos quinze anos). Esta dificuldade se manifesta através de uma conduta muito variável, em alguns momentos "razoável" e submissa, em outros, explosiva e agressiva, sobretudo com o irmão, a quem domina por meio de seu papel de doente.

## Nível descritivo

N.N. vem de um lar de classe baixa, normalmente constituído, no qual predominam os valores e as aspirações da classe média: o esforço individual, o êxito intelectual e a destreza esportiva. Os pais se mostram colaboradores e fornecem muitos dados, mas a intensidade de ansiedade e de culpa gerada na entrevista faz com que o relato fique, por momentos, confuso e contraditório, sobretudo quando se faz referência aos primeiros dias de vida e ao processo da doença. Procuram acentuar, a todo momento, o quanto se preocuparam com o filho, mas percebe-se, ao mesmo tempo, uma falta de verdadeira empatia com as reais necessidades deste, assim como uma dificuldade para aceitar a gravidade das lesões corporais que sofreu.

Aparentemente, existiu, desde os primeiros meses de vida, um padrão de relação muito exigente, com pouca tolerância pela expressão de necessidade e pela livre descarga de agressão. Se chorava de noite, colocavam gelo em seu rosto ou lhe davam banho de água fria; quando adoeceu de pólio, insistiam para que se recuperasse, sem acreditar que não podia fazê-lo. Essa mesma exigência é vista, atualmente, nas expectativas do pai: quer que o filho seja jogador de futebol. As causas das crises asmáticas (que começaram aos dois meses de idade) foram sempre atribuídas a fatores externos – comidas, mudança de clima – e os transtornos foram minimizados apesar de seu recrudescimento, quando, então, procuraram o médico que os encaminhou. Apoiaram-se na opinião deste quando disse que N.N. não tem transtornos físicos que justifiquem maiores cuidados ou superproteção. Assim, diante de qualquer ameaça de falta de ar asmática, repetem-lhe, enfaticamente: "Não tenha falta de ar, senão você não pode jogar futebol." Com isto conseguem, às vezes, que a crise diminua.

N.N. é um garoto ruivo, de aspecto maroto e muito sedutor. Sendo alto para sua idade, tem um físico bem proporcionado; seu defeito é perceptível mas não muito acentuado. Usa sapato especial e aparelho, que ficam por baixo da calça e são, portanto, imperceptíveis. Quando fica do lado de fora, esperando, mostra-se tranqüilo, abstraído na leitura de uma revista, como se a consulta não fosse para ele. Afirma desconhecer o motivo da consulta e, quando é interrogado sobre a asma, relaciona-a com agentes externos (assim como os pais), mas acentua que, nos anos anteriores, teve de faltar ao colégio dia sim dia não "por causa da falta de ar". Apesar de não incluir problemas de caráter psicológico em seu relato (entrevista), mostra uma grande necessidade de comunicar imediatamente, e uma atrás da outra, as situações traumáticas que viveu; enumera-as rápido, num tom quase jocoso, desprovido de afeto, como se estivesse fazendo alarde de sua capacidade de sobrevivência. Diz no final: "Tenho mais vidas que um gato, não tenho?" Esta seqüência obtém seu impacto, já que o entrevistador se angustia por ele.

Imediatamente, contrapõe os êxitos escolares aos danos corporais. Relata-os com muita ênfase e satisfação, assim como fala de sua habilidade para jogar bola e para ter amigos. Mostra-se, em geral, interessado e colaborador e realiza as tarefas com bastante fluidez e facilidade; permite-se fazer comentários e apreciações que mostram um alto nível de auto-exigência[1] e uma forte necessidade de aprovação[2].

Da totalidade de seu relato e do relato dos pais, obtém-se a imagem de um menino que se desempenha adequadamente fora do lar, sobretudo na escola, mas que, em casa, se vale dos benefícios secundários da doença. Deste modo, consegue a superproteção do pai e do irmão, que pensam: "Pobrezinho, não vamos fazê-lo chorar."

N.N. procura dar, através de sua conduta, uma imagem de segurança e desenvoltura, de adaptação e de equilíbrio, e não faz referência alguma, de forma espontânea, às dificuldades relacionadas com a seqüela da poliomielite. Parece existir, em todo o grupo familiar, um compromisso implícito, pelo qual o ataque asmático é permitido, na medida em que é funcional, como motivo de preocupação e consulta, enquanto a seqüela da poliomielite, com sua característica de relativa irreversibilidade e dano corporal, só é expressa de forma velada ou explicitada ante a insistência do entrevistador. O material de N.N., simbolicamente muito rico, contradiz esta hierarquização e acentua a grande influência do motivo latente da consulta.

...........
1. Atitude geral nos desenhos e verbalizações como "as árvores eu que faço, ninguém me ensinou, a casa, tenho que fazê-la bonita, grande, tem que sair boa".
2. "O que poderia fazer? pinto?", e no desiderativo, antes da escolha de catexia: "Algum bichinho? Alguma planta?"

## Nível dinâmico

Torna-se evidente, desde o primeiro teste (e acentua-se depois, ao longo do material), que por trás da fachada de aparente segurança com que se mostra, há um menino assustado e dependente que teme a imobilidade e a morte.

Seu desenho livre mostra, como auto-apresentação, tanto as dificuldades como as defesas levantadas: um ego inflado, supercompensado mas fraco, um esquema corporal sentido como pura casca, sem consistência nem estabilidade[3], dificuldade para afirmar-se no papel masculino[4], dificuldade na comunicação e na expressão dos afetos[5] e uma agressividade incisiva que aparece por trás do telhado-cabeça, do mesmo modo que aparecem os impulsos de raiva e de rebeldia por trás de sua conduta habitual, intelectualizadora e submissa.

Os múltiplos traumas sofridos foram vividos como ataques severos ao corpo e ao ego, dando lugar a sentimentos de pânico e paralisação, a um intenso temor de ficar atacado, afogado, morto, em situações que o superam[6]. Precisa apelar a outros para que detectem o perigo e assumam a defesa por ele[7]. Além da mensagem transferencial de pedido de ajuda ao psi-

...........
3. Vejam-se as carácterísticas gerais do desenho livre: grande no tamanho mas sendo pura margem, sem preencher, sem base de apoio, com a casa totalmente aberta no lado esquerdo.
4. Proporção entre a casa e o carro (este é pequeno, está isolado, não sabe para que lado avança).
5. Janelas pequenas, retorcidas, uma delas semelhante às dos cárceres (situada na parede sem limites, como símbolo do conflito entre a contenção e a saída abrupta, que se expressa tanto em seu modo de usar a agressão como no sintoma), porta que cai, caminho incompleto, chaminé pequena, com a fumaça cortada.
6. Prancha 1 do Phillipson: "Pegou fogo na casa e o homem dormia e não podia fazer nada ... a fumaça quase cobre o homem... o homem se paralisa..."
7. Prancha 1 do Phillipson: "Talvez não soubesse se os homens iriam vir ou não... ele não podia avisar porque estava assustado... precisa que o vizinho chame... ou alguém que passe..."

cólogo[8], mostra como se sente impossibilitado, com um ego que não pode se encarregar de sua autodefesa; precisa, então, "não ver" a situação, através de negações maníacas[9] e de condutas de superadaptação. Toda tentativa de verdadeiro *insight* e de autodefesa acha-se, atualmente, "congelada", do mesmo modo que foi, anteriormente, "esfriada" qualquer expressão de angústia ou de queixa manifesta através do choro[10].

À medida que avança a aplicação dos testes, aparecem reiteradas referências a objetos atacados, danificados e quebrados[11], expostos, conseqüentemente, a serem substituídos por serem inúteis ou antiquados (ser como um móvel que deve ser mudado porque tem um "pé quebrado")[12]. Estar marcado pela seqüela de pólio é como estar realmente quebrado, castrado, com possibilidades de ser abandonado, por não responder ao elevado ideal de ego do grupo familiar com o qual se identifica. Ainda que não faça referências diretas ao período de internação e à sua separação da família, aparece em seu material o medo da solidão e do abandono[13] e há uma identificação insistente da proximidade física com o amor[14] e da distância com o desapego e o enfado[15].

...........

8. Na mesma prancha 1, a insistência em que seja alguém de fora da casa que o ajude, como se dentro da casa todos tivessem os olhos fechados e não pudessem ver, assim como nos testes gráficos.

9. Tom jocoso na entrevista quando menciona as situações traumáticas: "Eu tenho mais vidas que um gato."

10. Lembre-se da conduta dos pais que lhe colocavam gelo ou lhe davam banho de água fria quando chorava.

11. Teste desiderativo, segunda catexia positiva: ... "um dia um agarrou-a e machucou-a toda"... Prancha 6 do Phillipson: ... "algum dia vai quebrar... se alguma vez quebrar um pé". Prancha 7 do Phillipson: ... "talvez a escada já tenha muito tempo e quebrou um degrau". Prancha 12 do Phillipson: ... "isto é uma cadeira quebrada".

12. Prancha 6 do Phillipson: ... "têm que trocar"... "vão mudá-las, se o hotel se renova, tem que mudar tudo"... "se alguma vez quebrar um pé,... têm que trocar".

13. Teste desiderativo, segunda catexia negativa: "A erva do campo que está sozinha e ninguém passa por ali."

14. Prancha 5 do Phillipson: "Os que estão juntos são amigos."

15. Prancha 5 do Phillipson: "Brigados? Por que os três não estão juntos?"

O medo do abandono teria duas fontes: que o deixem por estar marcado, diminuído, inútil, ou que seja isolado por causa de sua agressividade[16]. Estas duas fontes, aparentemente dissímeis, unem-se na fantasia de N.N., já que a situação traumática foi vivida como conseqüência de uma agressão e como retaliação diante de sua própria agressão[17]. Daí, provavelmente, o volume de culpa diante de seu ego e a sensação tão acentuada de irrecuperabilidade. A agressão, sempre mal tolerada pelos pais de N.N., manifesta-se, agora, em dois tipos de crises: a asmática (com uma inibição ativa e uma volta para dentro de toda demanda ou protesto) e a de enfrentamento e raiva (com uma evacuação súbita diante do medo de explodir). Ambas são negativas, já que uma põe em perigo a saúde e as possibilidades egóicas (dificuldades no esporte, na freqüência ao colégio, etc.) e a outra atenta contra o vínculo de proteção e de afeto de que tanto precisa e que tenta recuperar através de períodos de submissão, insistindo nos benefícios secundários compatíveis com o papel de diminuído e de doente. A frustração que esta conduta aplacatória traz acoplada provocará, por sua vez, um incremento da agressão subjacente e levará a novos ataques.

O período de imobilidade e os tratamentos de reabilitação mediante calor e massagens parecem ter reavivado em N.N. fantasias muito arcaicas. Nelas, o acidente-doença é percebido como um ataque oral-sádico[18] e a defesa é a volta ao útero em

...........

16. Prancha 5 do Phillipson: "O que está sozinho pode ser um brigão."
17. Prancha 7 do Phillipson: Onde transforma uma situação de agressão e briga entre os homens em outra de acidente e de cuidado, onde o acidentado é uma mulher e a causa do acidente um defeito de longa data (tábua gasta da escada). Esta referência ao antigo estaria representando sua própria instabilidade afetiva pela agressão inibida e sofrida desde muito pequeno, assim como a referência à preocupação com sua própria situação vital de conseguir proteção como benefício da doença... "estão brigando... parece que estão brigando... ou talvez tenha havido algum acidente... Alguém caiu. Machucou-se e talvez estejam descendo para ajudá-lo, se juntaram para atendê-lo".
18. Teste desiderativo, primeira catexia positiva: "Ataque de gatos e cachorros." Prancha 3 do Phillipson: o banquete se converte em velório.

busca de proteção e de cuidado[19]. Forma-se, assim, um círculo vicioso que leva à desesperança, já que estar de fora (crescer) é estar exposto a um ataque retaliativo pelas fantasias sádicas de morder o peito, e estar dentro (defender-se) é vivido como asfixia, com perda dos aspectos egóicos mais valorizados, tais como a independência e o movimento.

Quanto à sua identidade sexual, a problemática central se expressa no temor à imobilidade e sua conseqüência, isto é, o ser movido pelo outro[20] com uma conotação que equipara invalidez com feminilidade. O masculino é identificado com o movimento e projetado maciçamente na figura do irmão: ele fica despojado de todo aspecto viril e aparece como uma mulherzinha escondida e dependente[21]. Podemos supor que a dificuldade na identificação sexual e o temor ante seus próprios aspectos femininos passivos reflitam uma problemática típica da puberdade, acentuada, neste caso, pela constante superexcitação que significou o quarto comum inicial, o leito compartilhado com o irmão e a manipulação constante que inclui o processo de reabilitação (massagens). Todos estes elementos excitantes, possivelmente acompanhados por uma masturbação excessiva (real ou fantasiada), são vividos como um perigo muito grande[22] que se expressa tanto em sua identifica-

...............
19. Na mesma catexia: ... "pequenininhas, enrugadas, indefesas, dentro de uma caixinha...". Teste desiderativo: A escolha da pedra como símbolo positivo e negativo indicaria a idealização e o perigo da volta ao útero (pedra debaixo d'água).
20. Teste desiderativo, primeira catexia negativa: "Porque não se move... se não a movem não pode se mover sozinha." Terceira catexia negativa: "Víbora, porque se arrasta."
21. Desenho das duas pessoas, onde a dissociação de aspectos masculinos e femininos está muito relacionada com poder mostrar-se (*short*) ou precisar ter roupa até os tornozelos (calças longas como as dele). Também, como dois momentos de sua história, o anterior e o posterior à poliomielite, sua identidade infantil vivida como potente e idealizada e a atual, como castrada e empobrecida.
22. Prancha 1 do Phillipson: ... "talvez tenha pegado fogo em alguma garrafa... e o homem estava dormindo"... o fogo simboliza a excitação, e o incêndio, o perigo e o castigo conseqüente.

ção sexual lábil como nos problemas do sono e na falta de ar noturna.

No teste da família, da qual ele se exclui[23], o irmão ocupa o primeiro lugar (aparece correndo, de forma estereotipada). A projeção maciça no irmão daquilo que é valorizado cobre, contudo, sentimentos de intensa rivalidade e de inveja[24] dele, que saiu ileso, sem lesões corporais. No momento, parece haver deslocado a rivalidade edipiana para o irmão[25], para manter um vinculo positivo com o pai bom, forte e protetor. Faz frente, assim, a fantasias muito intensas de castração, confirmadas pelos reiterados ataques que recebeu em plena etapa edipiana e sua seqüela de atrofia muscular.

Se, diante de situações (pranchas) que implicam relações a dois, N.N. pode passar – com um ar francamente maroto – de sua primeira tentativa de negação do vínculo amoroso[26] à aceitação dele com uma franca conotação sexual, em situações

............

23. "Eu tenho que me fazer também? ... Não, eu não me faço porque saio feio."
24. Testes da família e das duas pessoas: o irmão não parece correr e sim estar a ponto de cair, e o comentário: "Ai, se meu irmão chega a ver, me mata!", que corresponde ao temor de que descubram seus verdadeiros sentimentos em relação a ele. Prancha 8 do Phillipson: "Porque parecem ser da mesma estatura... ainda que, às vezes, os irmãos são maiores e menores." Lembremos, além disso, de que a queda da cadeira alta, aparentemente provocada pelo irmão, é um acidente que N.N. traz para a entrevista, mas que não é comentado pelos pais (fantasia?, projeção?, lembrança encobridora?).
25. Prancha 8 do Phillipson (triangular): ... "talvez sejam irmãos e brigaram...". Inclui-se aqui o objeto bizarro: "Esta figura também parece uma cabeça de um homem que desemboca num corpo..."
26. Prancha 2 do Phillipson: "São dois rapazes olhando... vai ver eles se gostavam... um rapaz e uma moça... talvez se casem...". Prancha 4: "Talvez estejam abraçados... talvez se gostassem e depois se casaram...". Prancha 9: "Talvez sejam casados." Procura controlar o sentimento puberal de culpa pela fantasia sexual através da dúvida "talvez" e de uma certa fuga da situação de intimidade na prancha 4: "O homem à mulher perguntando se quer sair, ir comer..." e na prancha 9 onde a preocupação por saber a quem a árvore pertence ou não (filho?), atua como um terceiro interferindo no relato daquilo que o casal faz ou pensa como casal.

triangulares prevalece o conflito expresso pela negação do terceiro[27], morte de um dos personagens[28], disputa fraterna que chega, inclusive, a provocar uma severa distorção perceptual, com inclusão de um objeto bizarro[29].

Dentro do grupo familiar, a fantasia de uma mãe opressora que não tolera nenhuma expressão de ansiedade e de um irmão que se sente privilegiado, levam N. N. a identificar-se com o pai num nível intelectual[30], a ser o pai e a tê-lo para ele. Contudo, fracassa, possivelmente por não poder cumprir as exigências do pai no nível corporal[31]. Estabelece, por isso, uma relação ambivalente com o objeto: é imprescindível porque é protetor; mas também é frustrante, já que sua proteção e seu carinho dependem do cumprimento de um papel impossível[32].

Seu sentimento de não estar realmente incluído no grupo familiar[33] é compensado por uma conduta externa sedutora e reasseguradora (colégio, amigos, relação com o entrevistador),

............

27. Prancha 4 do Phillipson: Não se vê o terceiro personagem, não há quem interfira ou espie, ao contrário do que acontece na realidade onde ele procura controlar o casal, incluindo-se no leito matrimonial.
28. Prancha 3 do Phillipson: "São velhos, meu avô, até quando eu o tinha... faleceram os dois."
29. Prancha 8 do Phillipson: ... "também parece uma cabeça de homem que desemboca num corpo".
30. Teste da Família: ... "tenho que pegar este (lápis vermelho) porque meu pai é colorido" (assim como ele, que é fortemente ruivo).
31. Teste da Família: Não se inclui mais do que através da semelhança com o pai. Mas, imediatamente, identifica-o com o irmão, ao colocar-lhes as duas grandes iniciais.
32. Lembre-se a fantasia do pai de que ele venha a ser jogador de futebol.
33. Pareceria haver uma dúvida ao longo do Phillipson quanto aos personagens estarem em sua casa ou num hotel. Ex.: Prancha 6: "é uma dessas camas de hóspedes". Prancha 12: "talvez seja um hotel". Parece que estão de passagem. Prancha 6: "se vem subindo deve ser da limpeza ou, então, o homem que vem se deitar". Seguindo essa linha, talvez o pedido do lenço aos pais antes de desenhar fosse uma forma de comprovar se estavam e se podia contar com eles. Apesar disso, não pode se incluir no desenho e predominam os sentimentos de rejeição e de exclusão.

enfatizando a aceitação do grupo de pares, apesar de suas dificuldades ou diferenças[34].

Os sentimentos básicos que N.N. expressa através de seu material são a angústia e o medo da morte junto com a impotência e a desesperança diante do dano sofrido. Existem sérias dúvidas sobre sua recuperação[35]: não sabe se seus esforços adaptativos, a reabilitação e a futura operação permitirão recuperar um N.N. inteiro e novo, ou se deverá ficar para sempre com a lembrança daquele que foi antes da doença[36]. Ante a idéia da morte (que lhe tocou tão de perto nas situações traumáticas, em particular no acidente e na falta de explicação sobre a morte do avô), tenta reiteradas negações maníacas. Quando falham, procura compensar, com fantasias de gratificação oral[37] ou de imortalidade[38], a sensação de fraqueza e futilidade.

Resumindo: poder-se-ia dizer que, por baixo do êxito da adaptação (reabilitação bem-sucedida que permite alguns esportes e que não interfere em seu desempenho escolar), há uma depressão latente muito acentuada que se expressa através do recrudescimento dos ataques asmáticos. Eles funcionam como

---

34. Prancha 10 do Phillipson: "talvez tenha chegado agora... talvez os esteja procurando... os garotos vão explicar". Não há menção de rejeição ou de isolamento por parte do grupo. Está fora mas é imediatamente integrado.

35. A grande quantidade de "talvez" e de relatos situados num futuro duvidoso, no Phillipson. No desiderativo, terceira catexia positiva: "perdi meu anel de ouro debaixo d'água... e não pudemos encontrar... fiquei com o de lata, o de ouro se foi...".

36. Prancha 6 do Phillipson:... "e vão trocá-la ou talvez vão colocar uma coisa mais nova ou mais velha, bem, mais velha não!".

37. Desiderativo, primeira catexia positiva: "dou-lhes comida". Prancha 3 do Phillipson: banquete inicial que encobre um velório, com evidente fracasso da defesa e retorno do reprimido.

38. Prancha 13 do Phillipson: "figueira de Sarmiento ou pinheiro de San Lorenzo", dois objetos históricos duradouros, mas que, finalmente, não lhe servem, já que "San Martín descansava sob o pinheiro de San Lorenzo, quando já era velho, antes de ir para a França (para morrer)". O fracasso mais claro da defesa maníaca está na dupla escolha da pedra no desiderativo: "porque são fortes, bonitas", "pedras não, porque não gosto de nenhuma, porque não se move, não pensa nem faz nada (está morta)".

sinal de alarme para que alguém, fora do círculo familiar, se encarregue do enorme esforço que exige manter a atual fachada. São um verdadeiro pedido de auxílio para que o salvem de "morrer sufocado", sob o peso de sua auto-exigência, desvalorização e desesperança crescentes.

## Nível estrutural

### Defesas predominantes

Inflação do ego diante de um sentimento de falta de integridade e de ruptura. Dissociação corpo-mente que lhe permite funcionar valorizando o intelectual. Intelectualização.

Dissociação dos afetos e sedução, no relato, com uma tentativa de minimizar a angústia.

Tentativas fracassadas de negação maníaca ante a morte.

Supercompensação na conduta com a finalidade de negar sentimentos de depressão e de dependência.

### Ansiedades predominantes

Ansiedade persecutória com intenso temor ao ataque no nível corporal e sentimentos de culpa pelo dano produzido ao ego.

### Diagnóstico clínico

Organo-neurose com condutas de superadaptação de tipo contrafóbico diante de fantasias de paralisação e enclausuramento.

### Diagnóstico de base

Depressão latente com medo do abandono.

## Características do ego

Aspectos adaptativos: a possibilidade de manter, apesar das múltiplas situações traumáticas reais, condutas adaptativas, um bom rendimento intelectual, poder de solução de conflitos; apresenta uma rica simbolização, rendimento adequado e critério de realidade.

Aspectos patológicos: o empobrecimento egóico que supõe o fato de se refugiar nos benefícios secundários, a desesperança com sentimentos de irrecuperabilidade, fortemente influenciados por fantasias de retaliação.

## *Prognóstico*

Possível diminuição do rendimento e aumento da sintomatologia asmática à medida que aumenta a angústia e a sensação de desesperança. Aumento da rigidez das defesas e conseqüente empobrecimento egóico com aumento da frustração, baseado em auto-exigências impossíveis de serem cumpridas. Dificuldades de assumir o papel sexual, à medida que avança a puberdade.

## *Devolução*

A devolução aos pais centrou-se na dificuldade para assumir as verdadeiras características do dano sofrido por N.N. Procurou-se mostrar-lhes, também, a desproporção de suas exigências no nível corporal e o esforço que N.N. fazia para cumpri-las. Trabalhou-se sobre os sentimentos de culpa subjacentes à negação do dano e mostrou-se a eles, além disso, a quantidade de sucessos do filho e o fator positivo de sua preocupação por ele.

Com N.N. foram vistos, principalmente, a desesperança, o medo do abandono e o grande esforço que sua conduta compensatória implicava; mencionou-se, também, a rivalidade e a inveja diante do irmão. Mostrou-se, além disso – e em todos os casos em cima do material –, como ele se centrava somente em sua vivência de fracasso e ruptura, sem poder ver, por outro lado, o sucesso de suas condutas reparatórias ante o corpo e o ego.

## Indicação terapêutica

Para os pais, um tratamento de tempo limitado com entrevistas dirigidas a uma melhor compreensão de seus sentimentos de culpa. Espera-se diminuir a exigência e conseguir maior flexibilidade e tolerância diante de expressões de agressão e angústia do filho.

Para N.N., a terapia individual centrada na resolução dos conflitos subjacentes e ao sentimento de desesperança, a fim de conseguir uma melhor manipulação da agressividade (com o que se modificaria sua expressão psicossomática). Outro objetivo é o fortalecimento egóico que permita uma aceitação mais realista do dano sofrido, com a conseqüente diminuição de condutas supercompensadoras e do refúgio nos benefícios secundários da doença.

## Indicadores de prognóstico terapêutico

Algum *insight* obtido, tanto na devolução feita aos pais como na que foi feita a N.N., e a imediata aceitação da necessidade de terapia foram considerados como bons índices prognósticos.

Levou-se em conta, além disso, fatores positivos de N.N. para seu tratamento: sua atitude colaboradora, seu bom nível intelectual, a riqueza de sua expressão simbólica e o pedido de ajuda expresso na primeira prancha do Phillipson.

## Bibliografia

Bellak, Feifel e outros, "Psychological Test Reporting: A Problem in Communication Between Psychologists and Psychiatrists", *J. Nerv. Ment. Disease*, 129, 1959, pp. 76-91.

Carson, R., "The Status of Diagnostic Testing", *Am. Psychologist*, 13, 1958, p. 79.

Cuadra, C. A. e Albough, W. P., "Sources of Ambiguity of Psychological Reports", *J. Clin. Psychol.*, 12, 1956, pp. 109-14.

Hammond e Allen, *Writing Clinical Reports*. Nova York, Prentice-Hall, 1953.

Huber, J. C., *Report Writing in Psychology and Psychiatry*. Nova York, Harper, 1960.

Jones, R. L. e Gross, F. P., "The Readability of Psychological Reports", *Am. J. Def.*, 63, 1959, pp. 1020-1.

Klopfer, W., *The Psychological Report*. Nova York, Grune & Stratton, 1960.

L'Abatte, L., *Principios de psicología clínica*. Buenos Aires, Paidós, 1967.

Levinger, L., "Interpretations of Psychological Tests – Finding to Parents by a Child Guidance Clinic". In: *New Frontiers in Child Guidance*. Nova York, I.U.P.,1958.

Ledge, G. T., "How to Write a Psychological Report", *J. Clin. Psychol.*, 9, 1953, pp. 400-2.

Mayman, M., "Style, Focus, Language and Content of an Ideal Psychological Test Report", *J. Proy. Tech.*, 21, 1957, pp. 123-8.

Robinson, J. T. e Cohen, L. D., "Individual Bias in Psychological Reports", *J. Clin. Psychol.*, 10, 1954, pp. 333-6.

Stern e Creegan, *La observación y los tests en psicología clínica*. Buenos Aires, Paidós, 1967.

*Capítulo XI*
**Indicadores para a recomendação de terapia breve extraídos da entrevista de devolução**

María L. S. de Ocampo e
María E. García Arzeno

O processo psicodiagnóstico, tal como nós o postulamos, é um instrumento de alto valor diagnóstico e prognóstico, sobretudo no que se refere à recomendação ou à contra-indicação de terapia breve. A duração e a meticulosidade de um psicodiagnóstico está em razão inversa da duração da terapia recomendada para o caso. Se pensamos em encaminhar o paciente para a terapia breve, o processo será feito de uma maneira muito mais exaustiva do que quando supomos ou estamos certos de que o caso será tratado com terapia sem tempo limitado. Dedicaremos muito mais tempo à investigação dos aspectos adaptativos apresentados pelo paciente. Levando em conta este objetivo, hierarquizamos a importância da etapa final do processo psicodiagnóstico, isto é, a entrevista de devolução. Descreveremos brevemente os elementos com que trabalhamos na devolução:

*a*) Dados extraídos da entrevista inicial: o que foi colhido espontaneamente, o que foi obtido a nosso pedido, o que é relativo ao nível de auto-apresentação, o motivo manifesto e latente da consulta, o transferencial e o contratransferencial.

*b*) Dados extraídos da aplicação dos testes.

*c*) Dados extraídos do interrogatório correspondente a cada teste, em especial do Teste de Relações Objetais de H. Phillipson ou do Rorschach. (A atitude do paciente, de colaboração, indiferença ou agressividade diante do interrogatório é mais um teste sobre como funcionará na situação terapêutica.)

*d*) Dados extraídos da própria entrevista de devolução, que funciona como uma entrevista com características próprias. Esta sintetiza e dá coerência aos dados extraídos das fontes anteriormente mencionadas.

A inclusão da devolução torna-se imprescindível quando se trata de avaliar se o caso é ou não suscetível de terapia breve.

Além de alguns elementos analisados detalhadamente em outro capítulo, levaremos em conta certos aspectos gerais que caracterizam a terapia breve e que aparecem condensados na situação de entrevista final e que, eventualmente, poderão se desdobrar e enriquecer no futuro tratamento. Entre esses aspectos, encontramos:

1) As sinalizações e as interpretações do material coletado que, à semelhança da situação terapêutica, são feitas durante a devolução. No material que o psicólogo transmite há dois elementos: um descritivo, que é o que primeiro comunica ao paciente e que lhe mostra os aspectos manifestos da conduta, e outro, interpretativo, que inclui o que ele não conhece de si mesmo e que o psicólogo tenta lhe mostrar através de uma interpretação dos dados. É útil aplicar ao processo psicodiagnóstico um conceito que H. Racker expressa a propósito do momento oportuno para interpretar: "A interpretação deve ser dada quando o analista sabe o que o analisando sabe, necessita saber e é capaz de saber". (*Estudios sobre técnica psicoanalítica*, Estudio II. Buenos Aires, Paidós, 1960, p. 49.)

A resposta do sujeito a esse segundo nível é muito importante para avaliar a capacidade do paciente para se adequar, num período breve, às características de um novo modelo de comunicação baseado em interpretações.

Esperamos encontrar no paciente um nível adequado de simbolização, que lhe permita entender e assimilar o que lhe é transmitido na devolução: descrições e interpretações que supõem a utilização de expressões simbólicas que são, dentro do possível, as mesmas que o sujeito utilizou durante o processo.

2) A capacidade de vivenciar, de sentir emoções durante a entrevista de devolução. Se é capaz de mobilizar afetos, terá melhores condições para uma terapia breve, pois poderá aceitar os aspectos vivenciais da interpretação. As contra-indicações para terapia breve seriam, nesse sentido, os casos nos quais se manifeste uma exagerada intelectualização ou um pensamento obsessivo rígido. (Se, diante de cada interpretação do psicólogo sobre sua identidade latente, o paciente responde com uma negativa ou se prende ao pensamento lógico ou concreto, pouco se conseguirá na entrevista de devolução e, portanto, na terapia breve, pois o ritmo dos progressos terapêuticos será mais lento do que o esperado.) Se o nível de simbolização não é adequado, deveremos contra-indicar a psicoterapia breve.

3) A capacidade de colaborar com o psicólogo. Ela dependerá, por um lado, de uma aceitável capacidade egóica para tolerar as frustrações resultantes de uma relação de curta duração e, por outro, da capacidade de perceber e de ser continente do próprio sofrimento. Neste sentido, a contra-indicação para terapia breve seria o "ser enviado" por alguém, sem consciência de doença, em contraposição com a auto-responsabilidade.

4) O respeito pelo enquadramento ao longo de todo o processo psicodiagnóstico, sobretudo na entrevista final, é um índice positivo em relação à terapia breve. Se o psicólogo tropeçou continuamente com inconvenientes relativamente sérios para manter o enquadramento prefixado, tendo sido desde o começo claro e preciso em sua formulação, devemos considerar esta conduta do paciente como índice de que surgirão muitas dificuldades para trabalhar com ele dentro dos limites de uma terapia breve, cujo pressuposto é não ser necessário dedicar sessões para elaborar a aceitação do enquadramento.

5) O grau de plasticidade do ego para absorver mudanças em pouco tempo é outro aspecto importante. Pode ser apreciado nos diferentes testes que são aplicados no paciente, mas tam-

bém, e enfatizamos isso, na entrevista de devolução. Nela revela-se a consistência do ego do paciente para reintrojetar a informação do psicólogo e a capacidade para assimilar esses conteúdos, persistindo ou variando a atitude emocional com que os recebe. Se passa de uma atitude em que predomina a ansiedade persecutória a outra em que predomina a ansiedade depressiva, podemos considerar tal plasticidade como um bom índice para a recomendação de terapia breve. Se, por outro lado, o índice de rigidez é elevado, o mais provável é que a terapia breve seja contra-indicada. Tratando-se de crianças, um índice favorável é um núcleo familiar que seja um bom continente, com suficiente plasticidade para absorver, ou pelo menos tolerar, as mudanças que a terapia promova no filho.

6) Uma consulta solicitada espontaneamente pelo paciente e com um certo grau de *insight* de seu problema é um bom índice prognóstico, porque supõe uma certa tomada de consciência a respeito do que ocorre. Supomos, pelo contrário, que não há consciência de doença no paciente que é "levado" por outros, e a terapia breve pode ser questionada. O paciente pode, contudo, chegar por sua conta e, não obstante, localizar seu conflito no nível corporal. Falamos aqui de um pseudo-*insight*, pois, apesar de o paciente parecer aceitar que o que lhe ocorre poderia ter uma causa não orgânica, a fantasia que tem acerca de quanto e de como pode influir pode estar longe de ser a adequada. Tropeça-se com dificuldades semelhantes nos casos em que o conflito é reconhecido, mas a causa é deslocada a outros. Ter-se-á que procurar, então, índices para perceber se esse paciente pode ou não aceitar com relativa facilidade e em breve tempo as verdadeiras motivações de seu conflito. Caso encontremos índices favoráveis, talvez se trate de um caso suscetível de terapia breve. Na entrevista de devolução, temos oportunidade de avaliar em que medida essa hipótese se verifica, pois é quando podemos apreciar a permeabilidade ou a resistência do paciente para aceitar suas próprias motivações inconscientes.

7) Outro indicador importante é a existência de uma certa coincidência ou de uma discrepância mínima entre o motivo manifesto e o motivo latente da consulta. Na entrevista final, procuramos ver se o paciente pode integrar os dois e que mecanismos aparecem quando isto está para acontecer. Se o latente aparece nos desenhos, pode acontecer que sinta o desenho como uma conduta totalmente egodistônica ("Saiu assim mas isso não tem nada a ver comigo"). Ou através dos testes verbais, quando o psicólogo lhe mostra a dissociação de personagens que *atuam* condutas totalmente opostas e há dificuldades para integrá-las. É importante ver como funciona o deslocamento ou a projeção sobre o material, como uma maneira de negar o conflito presente através de racionalizações ("É que a prancha não dá para mais" e outras críticas de objeto). Em casos extremos, o paciente chega a verdadeiras dificuldades na percepção. Não ouve ou não compreende as indicações do psicólogo ou pede reiteradas explicações. Podemos afirmar, em geral, que quanto maior o grau de dissociação (e negação, projeção ou racionalização, etc.) entre os motivos manifesto e latente da consulta, menor será a probabilidade de o caso ser adequado à terapia breve.

8) A curiosidade pelo seu mundo interno e a capacidade para tolerar sua exploração podem se manifestar numa entrevista de devolução e constituem bons indicadores de êxito para uma terapia breve. Se o paciente pode se permitir ter curiosidade, isto supõe um ego que pode entrar e sair de sua problemática sem ficar aprisionado, confiança no outro que lhe mostra seu mundo interno e confiança em si mesmo, no sentido de não possuir um interior danificado que o aprisione. Essa curiosidade permite ao psicólogo trabalhar bem a própria curiosidade em relação ao paciente. Se o paciente é capaz de olhar para si mesmo, o processo psicodiagnóstico se converte numa experiência criadora e aliviante para ele e para o psicólogo, que não precisa forçar o paciente a ver o que ele não quer ver. Esta curiosidade permite avaliar a capacidade do paciente de meta-

bolizar o que lhe é mostrado através de diferentes pseudo-identidades (como desenhou a si mesmo, como se retrata nas histórias do Teste de Relações Objetais de H. Phillipson ou numa catexia do desiderativo). Isto implica também a possibilidade de captar identidades latentes. Por outro lado, é um mau índice a curiosidade despersonalizada e intelectualizada ou pseudocientífica do paciente que se mostra aparentemente interessado, mas como se o que é descrito acontecesse com outro e não com ele.

9) A parte psicótica da personalidade deve estar suficientemente controlada. Defesas, como a dissociação e a repressão, devem funcionar bem. O ego do paciente deve estar em condições de controlar a ação. Esperamos que, em todo o material, inclusive no da entrevista final, predominem aspectos neuróticos, que haja uma base forte anterior à emergência dos sintomas e que a parte psicótica esteja suficientemente clivada para que não irrompa no curso do tratamento. É importante ponderar a capacidade de tolerância à verdade na devolução. O paciente que não tolera enfrentar as próprias situações de conflito terá sérias dificuldades para se recuperar por meio de uma terapia breve. Se os mecanismos de dissociação e de projeção operam excessivamente, a terapia breve é contra-indicada. Para avaliar isso é muito importante procurar avaliar, ao longo de toda a entrevista de devolução, como funciona no paciente o mecanismo de reintrojeção. O psicólogo deve dosificar a reintrojeção para não agir explosivamente, determinando atitudes fóbicas ou fenômenos confusionais que incluiriam despersonalização, estranhamento, etc. Se estas reações aparecem, estão indicando que o *timing* do paciente é lento e, portanto, uma terapia breve não será a mais adequada para ele.

Afirmamos também que o ego do paciente deve estar em condições de controlar a ação. É importante observar a quantidade de *atuações*, a qualidade das fantasias *atuadas* e o momento em que aparecem. Pensamos que há mais possibilidades de *atuação* no começo do processo psicodiagnóstico, quando a ansiedade persecutória é maior e a probabilidade de controlá-la é menor. Entendemos as *atuações* como fracassos na tentativa de controlar a ansiedade persecutória. Poderíamos distinguir diferentes tipos de *atuação*. Em casos extremos, a *atuação* consistirá no abandono do processo e na falta à entrevista de devolução. Em outros casos, dá-se a ameaça, manifesta ou velada, de abandono, ou alguns sinais de *atuação* como a sedução, a chantagem, o ataque à pessoa ou aos objetos do consultório, aos testes, etc. Podem aparecer também associações conectadas com *atuações* anteriores (manipuladas, às vezes, como ameaça) próprias ou alheias, isto é, deslocadas. É importante avaliar isto como índice prognóstico da capacidade para manter-se no tratamento, sobretudo nos momentos de iminente *insight*. Se esperamos que a parte psicótica esteja suficientemente controlada, esperamos também que o conflito apareça circunscrito de maneira tal, que não comprometa toda a personalidade. A presença de áreas não comprometidas pode ser apreciada tanto na entrevista inicial como no material de testes e na entrevista final. Sua presença é um índice favorável para a recomendação de terapia breve.

10) A capacidade de organização do ego para entrar em regressão e sair ileso dela é outro indicador importante. A esse respeito, o que pode ser observado na devolução é se o paciente pode aceitar diferentes níveis de sua personalidade tais como aparecem nos testes: aspectos regressivos, carentes, simbolizados no nível de primeira infância (bebê tirânico, faminto, etc.) junto a outros, mais adultos. Isto pode ser observado na devolução dos diferentes níveis expressos nos testes verbais e gráficos ou comparados dentro de um teste, como por exemplo as diferentes séries de pranchas do T.R.O.

11) A capacidade do ego para tolerar e elaborar lutos é outro indicador importante a ser detectado junto ao grau e ao tipo de ansiedade com que o paciente espera a devolução. Geralmente, esta desperta ansiedade persecutória numa medida que varia segundo a personalidade do paciente. Se na entrevis-

ta final predomina a ansiedade depressiva, devemos considerá-lo como um índice positivo, já que se conecta com a capacidade de elaborar lutos.

Há vários tipos de lutos que o paciente de quem se faz um psicodiagnóstico deve elaborar. Se decidiu fazer uma consulta, podemos pensar que passou por uma situação de perda ou de restrição de sua onipotência, o que já supõe um luto. Ao finalizar o processo, surge em alguns pacientes uma sensação de terem ficado vazios pelo depósito de partes próprias no psicólogo. Se essa sensação de sair esvaziado predomina, é de mau prognóstico para terapia breve, pois está ligada à incapacidade ou bloqueio do mecanismo de reintrojeção (seja por ansiedade persecutória, inveja, etc.). Outro tipo de luto é o determinado pela ruptura do vínculo estabelecido com o psicólogo. Se, ante essa ruptura, apela para defesas maníacas, com seus ingredientes de controle para negar a inveja, podemos pensar que o paciente tende a negar o que é doloroso na separação e o fato de ficar novamente só.

Outro é o luto no nível do *insight* conseguido com os aspectos mais patológicos, através dos mecanismos de reintrojeção que o paciente deve utilizar nesta entrevista final. Se o que deve reintrojetar desperta muita ansiedade persecutória, não se consegue o esperado *insight* e o que não é aceito é reprojetado no psicólogo, prejudicando o próprio vínculo. Não aparece o agradecimento pelas possibilidades de integração que lhe foram oferecidas, mas sim o ataque por tudo o que lhe foi mostrado. Outra reação defensiva do paciente diante do conteúdo que deve reintrojetar é a minimização do que escuta. Ser capaz de assumir como seu – sem negações, minimizações ou projeções maciças – aquilo que lhe é dito, pode ser considerado um índice de bom prognóstico. É o que Rayner e Hahn denominam "auto-responsabilidade". Ao luto pelos aspectos patológicos que deve aceitar, une-se o luto pelos aspectos idealizados até o presente, já que agora deve aceitá-los num nível de maior adequação à realidade. Numa palavra, unindo o patológico e o adaptado, dizemos que o paciente deve realizar um luto pela perda da imagem de si mesmo com que chega ao psicodiagnóstico. Em termos gerais, procuramos fazer com que o paciente troque a imagem que traz por outra mais ajustada à sua realidade interna, dentro dos limites que possa tolerar. Se esta nova imagem de si mesmo é bem aceita, contamos com outro índice favorável para recomendar a terapia breve. A entrevista final atualiza os lutos anteriores através da mobilização de lembranças, emoções, etc. Podemos observar, assim, as possibilidades que o paciente tem de reconectar-se com o passado, de voltar ao presente e de planejar o futuro, isto é, que capacidade tem para mover-se no tempo. Isto pode ser captado quando o paciente fala de situações de luto por que passou, ou responde a perguntas do psicólogo a respeito, ou associa com lutos certo material de teste (prancha 5, AG do Phillipson, por exemplo). A própria devolução pode ser tomada como amostra do que significa, para esse paciente, uma separação. Pode acontecer que negue toda a possibilidade de síntese interna, que deixe tudo que é mau e insensível no psicólogo e fique com tudo que é bom, fazendo com que as possibilidades de começar um tratamento se tornem remotas porque, além de não ter consciência da doença, sobrecarregou a figura que efetuou o psicodiagnóstico e, por deslocamento, o futuro terapeuta, com muita perseguição. É como se reconhecesse o mal, a partir do psicodiagnóstico, como algo "fabricado" pelo psicólogo ou como realmente existente dentro de si, mas provocado pelo psicólogo. Isto supõe a idealização do "antes" da consulta e uma falha total na integração depressiva.

*Bibliografia*

Fiorini, Héctor J., "Psicoterapia dinámica breve. Aportes para una teoría de la técnica", *Acta Psiquiátrica y Psicol. de Am. Lat.*, vol. 14, n.º 2, junho de 1968.

Friedenthal, Hebe, "Recomendación de psicoterapia a partir del diagnóstico psicológico", *Acta Psicol de Am. Lat.*, vol. 14, n.º 2, junho de 1968.

Malan, D. H., "A Study of Brief Psychotherapy". In: M. Balin (comp.), *Mind & Medicine Monographs*. Londres, Tavistock-Springfield-Thomas, 1963.

Ocampo, Amigorena, Grassano, Leone e Schust, "La importancia de la devolución de los resultados del psicodiagnóstico en niños", trabalho apresentado na X Conf. de Salud Mental de Mar del Plata, 1966.

Ocampo, M. L. S. de e García Arzeno, M. E., "El manejo de la ansiedad en el motivo de consulta y su relación con la devolución de información en el cierre del proceso psicodiagnóstico en niños", trabalho apresentado no I Congreso Latinoamer. de Psiq. Infantil, Punta del Este, 1969.

Racker, H., *Estudios sobre técnica psicoanalítica*. Buenos Aires, Paidós, 1960.

# Capítulo XII
## As técnicas projetivas no diagnóstico das dificuldades de aprendizagem

Blanca E. Edelberg de Tarnopolsky

O campo das dificuldades de aprendizagem coloca, do ponto de vista diagnóstico, problemas específicos.
Historicamente, se nos remontamos a Binet e Simon, observamos que o fracasso escolar associava-se com baixo Q.I., isto é, com déficit intelectual. Boa aprendizagem e inteligência formavam, portanto, um binômio muito firme, e qualquer fracasso se relacionava, automaticamente, com "debilidade mental".
Esta situação dificultou, durante muitos anos, a integração do estudo da personalidade no plano profundo, através das técnicas projetivas, com o das dificuldades de aprendizagem.
Na integração das abordagens psicanalíticas influíram:
*a*) Os trabalhos de Melanie Klein sobre os efeitos da inibição da curiosidade no desenvolvimento intelectual de uma criança.
*b*) Os estudos de Rapaport sobre a inteligência e o pensar.
*c*) O livro de G. Pearson, *Psicoanálisis y educación del niño*, que constitui uma tentativa muito frutífera de integração de abordagens psicanalíticas para uma compreensão integral das dificuldades de aprendizagem.
Entre nós, devo assinalar muito especialmente o livro de Isabel Luzuriaga sobre contra-inteligência, avanço muito valioso na dinâmica da não-aprendizagem.

Neste campo, o que importa não é considerar apenas o potencial intelectual demonstrado pelo paciente no momento do exame, mas sim o potencial que possui e não pode usar.

A capacidade intelectual que uma criança evidencia diante de um teste pode não ser mais do que uma parte de seu real potencial: é possível que sérios conflitos bloqueiem as possibilidades de usá-lo. Esta situação leva-nos a colocar o conceito de Q.I. entre parênteses, como representação de um potencial inalterável; nossa experiência demonstrou-nos que, em muitos casos, o Q.I. se modifica com um tratamento.

Por outro lado, não é suficiente ter grande inteligência para fazer uma boa aprendizagem; é necessário que seja acompanhada de uma estrutura de personalidade medianamente sadia e emocionalmente madura, que tenha superado a etapa de predomínio do processo primário (negação da realidade, onipotência, ausência de pensamento lógico, não-existência de tempo nem de espaço). Um bom contato com a realidade externa é condição indispensável para a aprendizagem; a passagem do bebê à posição depressiva é o que determina este bom contato. Nela começa o predomínio do processo secundário, com mecanismos de defesa mais evoluídos.

Pelo que foi exposto, pode-se concluir que o nível de maturação de um indivíduo para a aprendizagem depende do interjogo entre fatores intelectuais, emocionais e o equipamento biológico que traz ao nascer.

Freqüentemente, quando no estudo de um caso é detectada a presença de uma causa orgânica (chame-se fórceps, lesão mínima, disfunção, mancinismo, epilepsia e suas variáveis), tende-se a diminuir a importância dos fatores emocionais inconscientes, superestimando a incidência dos primeiros. Depois de um simples estudo de Q.I., estes pacientes costumam ser encaminhados a pedagogos especializados.

Em minha opinião, esta forma de encarar os problemas constitui uma verdadeira aberração, e tenho, pelo menos, que apontá-la, pois é muito comum em nosso país. Seu resultado

## As técnicas projetivas no diagnóstico das dificuldades

concreto é que milhares de crianças sejam consideradas como diminuídas irrecuperáveis, e terminem em escolas diferenciadas, sendo que, se tivesse sido realizado um estudo com enfoque dinâmico e um tratamento adequado, muitas delas talvez estivessem integradas à educação comum.

Do ponto de vista dinâmico, constitui uma distorção limitar-se unicamente à consideração do nível intelectual evidenciado pela criança no momento do exame; pelo contrário, considero imprescindível procurar perceber a totalidade do potencial que possui e as causas que a impedem de utilizá-lo de forma operativa. Em muitos casos, esta apreciação é difícil ou impossível pelo estilo dos mecanismos de defesa predominantes no examinando (falaremos depois de certas técnicas utilizadas para consegui-lo).

Por outro lado, como já disse, não é suficiente possuir um alto Q.I. para conseguir uma boa aprendizagem, se tal Q.I. não está acompanhado por uma estrutura de personalidade medianamente sadia e emocionalmente madura.

Do ponto de vista estrutural, o ego deve possuir a plasticidade necessária para enfrentar o aumento de impulsos inconscientes ou a invasão de estímulos externos, recorrendo, de forma predominante, a mecanismos de defesa próprios do processo secundário, e não descendo abruptamente a mecanismos do processo primário que tragam consigo uma perda do controle da realidade. Esta perda do contato com o mundo externo pode ser conseqüência de um predomínio de condutas paranóides (muitas crianças que vêm para a consulta apresentam uma atenção em ondas; o professor cataloga-as como distraídas, dispersas ou "aluadas"; no exame destas crianças observa-se, freqüentemente, um ego fraco, com dificuldades em manipular a agressão e projeção maciça desta, o que faz com que o medo do ataque aumente consideravelmente).

Durante o tratamento, descobre-se que este rendimento em ondas (tal como se observa em seu caderno) responde a situações de intensa agressão que surgem durante a realização do trabalho escolar, impossibilitando-lhes, por momentos, de utilizar sua capacidade de pensar.

Assemelham-se a lacunas regressivas, que funcionam em termos de processo primário (aparecem repentinas inversões e outras alterações do pensamento lógico, tal como a confusão de operações opostas: somar por diminuir, ou multiplicar por dividir).

A tarefa diagnóstica consiste em investigar os múltiplos fatores que determinaram o quadro, em cada caso. Em termos gerais, podemos classificar tais fatores em:

*a*) orgânicos;
*b*) maturativos-evolutivos;
*c*) emocionais;
*d*) socioculturais.

Dentro de um mesmo quadro, podem coexistir e cooperar vários fatores; por isso, fenomenicamente, a variedade dos casos é ampla. *Prima facie*, é difícil detectar a dinâmica desta inter-relação, mas, quase sempre, é possível perceber qual ou quais são os fatores que predominam.

Em primeiro lugar, é necessário ver se existem impedimentos orgânicos causados por lesões ou disfunções cerebrais, epilepsia, transtornos comiciais diversos, perturbações motoras, verbais ou sensoriais. Se existirem, é importante estabelecer a extensão da área afetada e a magnitude da repercussão emocional conseqüente.

Isto é importante para o diagnóstico diferencial, já que é possível incorrer no erro muito comum de confundir retenções orgânicas com retenções psicóticas ou com conflitos neuróticos graves (tais como as paralisações histéricas ou as fobias localizadas na aprendizagem escolar ou no pensamento).

A utilização das técnicas projetivas pode contribuir para o esclarecimento de cada caso, sempre que sejam utilizadas acompanhadas de um estudo exaustivo do histórico, centrando-o na dinâmica da relação mãe-pai-criança-irmãos. Deste estudo poder-se-á concluir se a passagem da posição esquizo-paranóide para a posição depressiva foi realizada, pois é o requisito indispensável para o início do pensamento verbal e da capacidade de síntese.

A passagem para a posição depressiva significa um contato com a realidade externa e com os limites que existem nas possibilidades de cada um; isto, às vezes, é muito difícil para a criança e leva-a a se refugiar em seu mundo interno, dentro do qual se gratifica mais facilmente e se sente mais protegida. Portanto, aprendizagem, realidade exterior e frustração constituem uma unidade inseparável.

A escola é, às vezes, a primeira realidade externa que a criança deve enfrentar sozinha, sem a companhia de seus pais e sem proteção. A adaptação que faz a este novo meio depende da bagagem de defesas úteis com que possa contar nesse momento, da situação emocional que atravessa sua família e da capacidade de compreensão da instituição e do professor. Não me aprofundarei nesse tema agora, mas não posso deixar de apontá-lo, já que meu enfoque da aprendizagem escolar engloba o triângulo Família-Criança-Professor.

Se, no momento de entrar para a escola, uma criança utiliza a onipotência como mecanismo predominante em seu contato com a realidade, suas vivências do professor, das leis que deve aceitar e às quais deve se submeter podem ser muito negativas. A resistência a tomar consciência da realidade escola-leis-letras-números, para evitar a frustração sistemática, desemboca numa incapacidade na área da aprendizagem. Esta resistência pode ser observada na elaboração dos elementos de um exame, pela predominância de mecanismos do processo primário.

Nestes casos, a presença de inibições motoras, surdez aparente, dificuldades visuais ou ausências – que não são necessariamente determinadas por fatores orgânicos – podem induzir a erro no diagnóstico.

Além dos casos psicóticos propriamente ditos, podem aparecer quadros *borderline*, que apresentam uma séria inibição intelectual e emocional manifestada no exame; são percebidos devido à grande dificuldade para a expressão de fantasias.

Quadros neuróticos graves mostram um ataque maciço à capacidade intelectual, encoberto por uma atitude de indiferença ao estudo.

Nosso papel de psicopedagogas nos exige um diagnóstico especializado, com o objetivo de determinar as causas da "não-aprendizagem". Partindo da história, do motivo da consulta e da idade do consultante, elaboramos a bateria de exames, com o objetivo de explorar as diferentes áreas da personalidade que podem estar comprometidas.

Estamos interessadas em analisar a correlação entre os níveis de pensamento lógico, de acordo com a teoria psicogenética de Piaget, e a estruturação do ego, seguindo o enfoque psicanalítico.

Além da anamnese, obtida em entrevistas com os pais, e de uma entrevista livre com o interessado, utilizamos as seguintes técnicas:

*Exame intelectual:* Menores de 5 anos: Teste de Terman e Merril. De cinco a quinze anos: Escala de inteligência de Wechsler para crianças. Adultos: Escala de inteligência de Wechsler. Utiliza-se o Teste de Raven como complemento, quando necessário.

*Exame gestáltico visomotor:* Teste de Bender.

*Exame de personalidade:*

*Técnicas gráficas:* Desenho livre. Desenho das duas pessoas. Desenho da família. Desenho do par "Professor-Aluno".

*Técnicas verbais:* Desiderativo. C.A.T. Teste de Relações Objetais de Phillipson.

*Exame psicopedagógico:* Teste de maturação para a leitura e a escrita de Morales, Mendolía, e Georgeham. Teste A, B, C, de L. Philo. Teste de Diagnóstico Operatório de Piaget. Estudos da conduta escolar, partindo de um enfoque multidimensional:

*a)* Informe do interessado.
*b)* Informe da professora.
*c)* Informe dos companheiros.

Análise dos cadernos, com observação das curvas de rendimento. Exame de lateralidade, se necessário.

## Valor das técnicas projetivas no diagnóstico das dificuldades de aprendizagem

A vida escolar é uma parte importante na vida de uma criança ou de um jovem. Do estado de sua saúde mental e da estrutura de sua personalidade dependem as possibilidades que tem de fazer uma boa adaptação e de gozar dos aspectos positivos da vida estudantil. Daí o nosso interesse em estudar o estilo dos mecanismos de defesa básicos que utilizam, e a estrutura de suas relações objetais. (Por exemplo, observamos que muitos inadaptados necessitam funcionar, basicamente, com a idealização, a negação e a dissociação: suas relações parentais e fraternas são todas perfeitas, e todos os seus conflitos estão centrados em sua relação com os professores e companheiros.)

### *Técnicas gráficas:*

*a*) Desenho das duas pessoas: Interessa-nos a imagem de par idealizado que o examinado nos mostra; a manipulação e o controle da agressão, tal como se expressa através do lápis; a possibilidade de expressão escrita da fantasia, ou, pelo contrário, o acúmulo de conflitos, repressões e estereotipias que o examinado concentra nessa área.

*b*) O desenho da família: Podemos apreciar aqui a percepção de si mesmo em relação com os outros no núcleo familiar. No caso de dificuldades de aprendizagem, é muito comum detectar núcleos simbióticos mãe-filha ou pai-filho. Estes núcleos simbióticos podem ser percebidos, no desenho da família, através de confusões (o tamanho dos filhos, por exemplo, é o mesmo que o dos pais).

## Técnicas verbais:

*a*) O desiderativo: Pelas características especiais das instruções, este teste nos dá muitos elementos relacionados com a identidade e suas perturbações. Estas se manifestam pela resistência ou pela dificuldade que o examinado apresenta para realizar a fantasia de mudança que lhe é pedida e pelas escolhas a que chega.

A impossibilidade de imaginar-se diferente do que é, a dificuldade de realizar uma fantasia de mudança, deve-se ao perigo de contaminação fantasia-realidade, com predomínio do pensamento mágico: se penso em algo, acontece; portanto, é perigoso pensar.

*b*) O C.A.T.: Permite-nos detectar claramente os mecanismos de defesa do examinado que predominam em cada situação crítica que a prancha apresenta. Em especial, o que lhe acontece diante do aumento de agressão provocada por certas pranchas, como a 7. Muitas vezes compreendemos, assim, o porquê das dificuldades de aprendizagem de certas crianças que não canalizam bem a agressão e cuja estrutura de personalidade é paranóide. Quanto maior for a intensidade dos impulsos agressivos, maior o predomínio dos *mecanismos auto-agressivos*, isto é, da *contra-inteligência*.

## Elementos projetivos detectáveis no WISC

O exame intelectual nos proporciona muitos elementos relacionados com a personalidade do examinado.

Comecemos por observar sua conduta e expressão ante uma prova que ele percebe como perigosa, já que indaga sobre os conteúdos de seu intelecto.

O examinado necessita, às vezes, mostrar-se especialmente carente e, ante cada pergunta cuja resposta ignora, responde: "Isso não me ensinaram." Descarrega, assim, a culpa de sua não-aprendizagem em quem não o atendeu.

Pode mostrar também uma expressão de indolência e apatia, como se esse aspecto de sua pessoa não o interessasse: repete, neste caso, a atitude que mostra na escola diante de qualquer problema. Tal apatia encobre, em geral, uma grande voracidade vivida como muito perigosa e destrutiva.

Este aspecto da personalidade pode ser apreciado também nas provas projetivas, sempre que não houver um bloqueio da fantasia.

*a*) Prova de compreensão: nela é possível detectar o nível de dependência-independência que a criança possui em relação a sua mãe e a outros adultos.

*b*) Prova de complementação de figuras: a insistência em completar as figuras com pessoas inteiras, por exemplo: "está faltando o homem no paletó", "na mão falta todo o braço, ou a pessoa", está relacionada com perturbações no esquema corporal, vinculadas à identidade sexual e ao crescimento.

*c*) Prova de ordenação de figuras: quando uma criança não as ordena na ordem indicada, convém pedir-lhe que relate a historinha que lhe ocorre.

Assim, procuraremos saber com que nível de pensamento lógico ou pré-lógico funciona.

Vejamos agora alguns casos cujo material é particularmente ilustrativo.

**Caso I**

*Nome:* Mariano X.
*Idade:* 5 anos e 6 meses
*Motivo da consulta:* uma professora do jardim-de-infância prognosticou possíveis dificuldades de aprendizagem na leitura e na escrita, baseando-se na inibição motora de Mariano.

Os pais desejam fundamentar esse prognóstico e consultam, enviados por seu pediatra.

Mariano é o filho mais velho de um casal de pai profissional liberal, de 42 anos, e mãe dona-de-casa, de 35 anos. Tem um irmão de quatro anos que é sempre o primeiro ator.

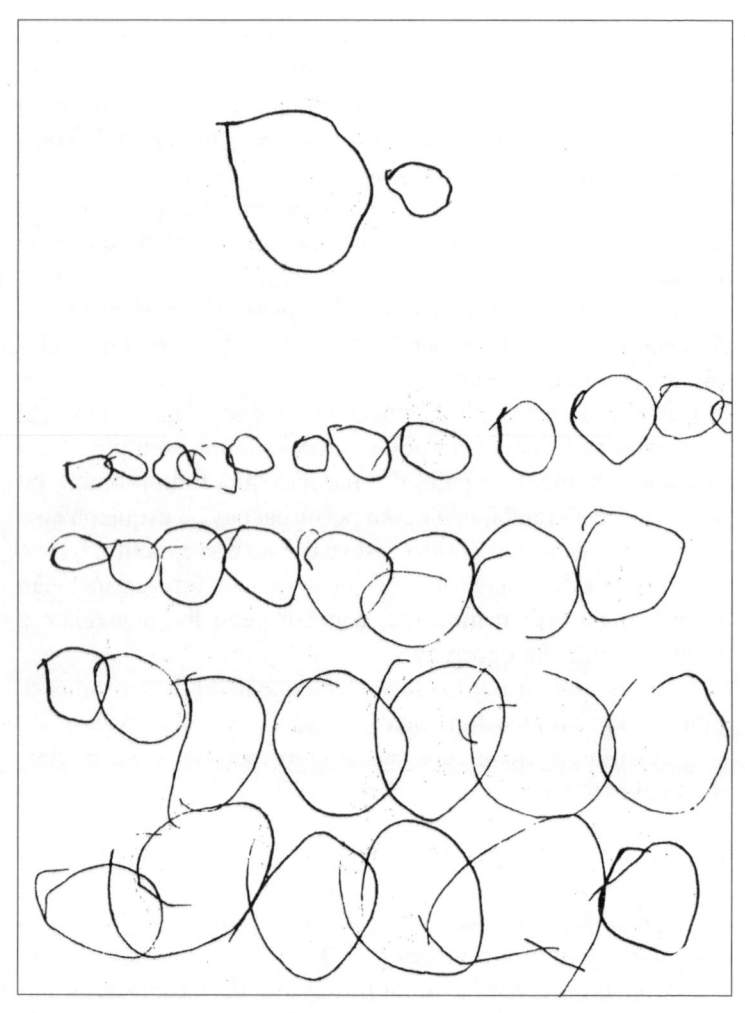

Fig. 1

Mariano nunca expressou seu ciúme e tem uma excelente relação com o irmão. Faz duas semanas que controla seus esfíncteres; anteriormente molhava-se todas as noites e não davam importância ao problema.

Mariano nasceu depois de um ano e meio de casamento. Sua evolução parece normal, sem nenhum problema de saúde até os três anos, quando teve escarlatina.

*Evolução motora:* normal, andou aos quatorze meses, muito pesado.

*Alimentação:* não teve problemas, sempre bom apetite.

*Características de personalidade:* muito doce, muito sensível, dominado pelo irmão menor. Gostam-se muito, nunca manifestou ciúme, raiva ou ataques. É desajeitado com as mãos.

*Exame de maturação para a aprendizagem da leitura e da escrita* (teste A, B, C): a contagem obtida (10 p.) é limítrofe e mostra-nos que as dificuldades estão centradas nas provas motoras: 0 em recorte e 1 nas provas de coordenação visomotora, memória motora e atenção e fatigamento.

As provas verbais foram um pouco melhores; fez 2 pontos em quase todas.

*Exame gestáltico visomotor (teste de Bender) (figs. 1 e 2):* mostra um nível de maturação visomotora correspondente aos quatro anos, com algumas tentativas de angulação correspondente aos cinco. Expressa a forma por meio de círculos. Não conserva a distância entre as partes de uma figura; pode separá-las totalmente ou entrecruzá-las quando não é necessário. Macrografia. Dificuldade de orientação espacial. Usa sinais de marcação para manter um desenho estruturado. Sua tendência a separar as figuras em partes coincide com os mecanismos dissociativos que apresenta nas provas projetivas.

*Exame de lateralidade:* mostra uma lateralidade bem definida, é destro e não apresenta problemas.

*Exame de personalidade* (testes gráficos: família [fig. 3] e figura humana [fig. 4], C.A.T.): Mariano apresenta uma séria perturbação em sua personalidade, com inibição total da agressão e dificuldade para canalizá-la. Este problema produz uma dissociação marcada, que é observada pelo desnível entre seu alto nível de verbalização e sua inibição motora.

Fig. 2

O desenho da figura humana é monstruoso, sem braços, refletindo a percepção de uma realidade de objetos castrados, do mesmo modo que percebe a si próprio com sua inibição motora, que confirma sua vivência de castração. O fato de não

Fig. 3

poder canalizar adequadamente a agressão sobrecarrega-o de culpa e ele se autocastiga atacando seus braços, paralisando-os. No C.A.T., podemos observar que vive num mundo hostil, cheio de monstros perigosos, e diante dos quais fracassam suas defesas mais utilizadas: a projeção, a racionalização e a dissociação.

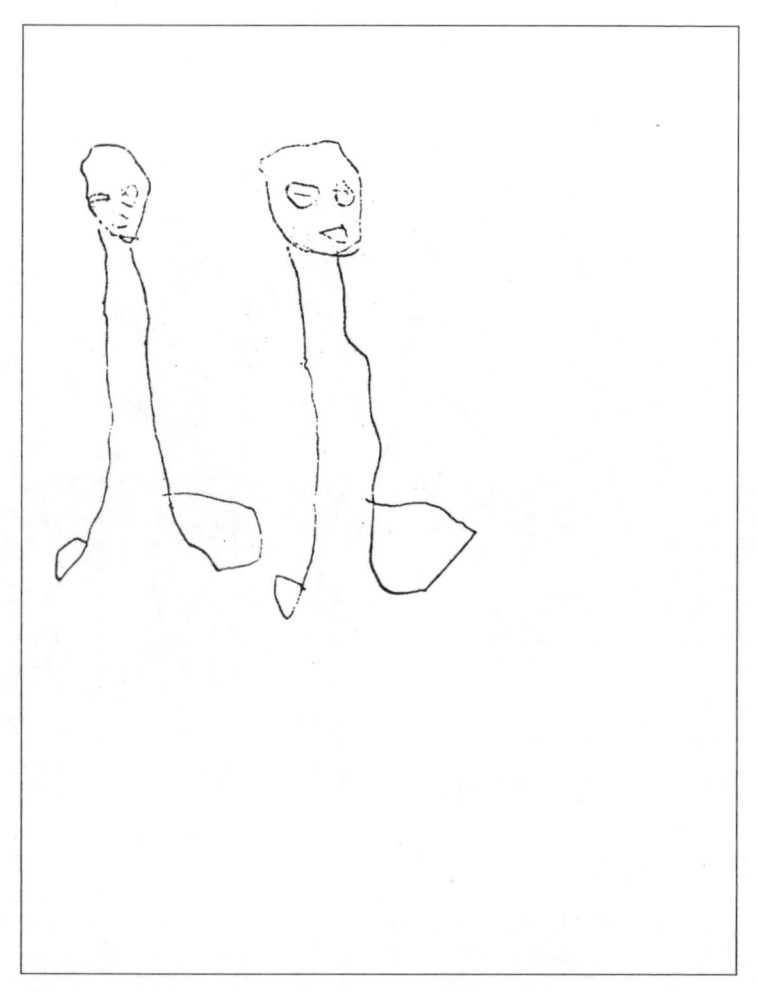

Fig. 4

A agressão, sistematicamente projetada fora dele, lhe pertence, mas Mariano teme usá-la, porque vive sua fantasia como muito perigosa devido ao predomínio do processo primário e do pensamento mágico.

*As técnicas projetivas no diagnóstico das dificuldades*

*Síntese:* não encontramos, na história de Mariano, nenhum dado que faça supor que sua inabilidade motora tenha origem orgânica.

Encontramos, em compensação, outros que confirmam a origem psicogênica: um ano de diferença em relação a seu irmão menor. Enurese até os quatro anos e seis meses. Aparente boa relação com seu irmão e repressão total da agressão.

Mariano apresenta uma dissociação muito séria entre a área verbal e a área motora, centrando nesta seu bloqueio, para deter suas pulsões.

Para sintetizar, o esquema abaixo mostra o caminho desde o aparecimento do conflito até a instalação da inibição:

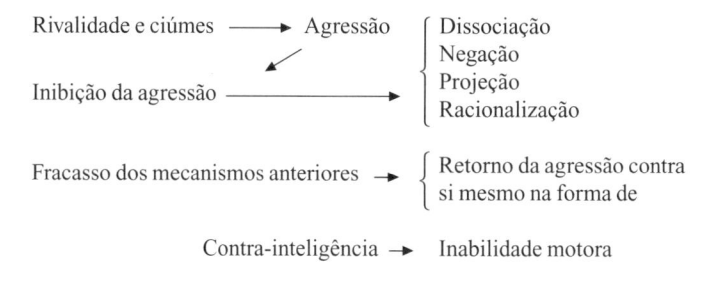

```
Rivalidade e ciúmes ——▶ Agressão   ⎧ Dissociação
                     ╱              ⎪ Negação
Inibição da agressão ——————————▶   ⎨ Projeção
                                    ⎩ Racionalização

Fracasso dos mecanismos anteriores ➝  { Retorno da agressão contra
                                        si mesmo na forma de

            Contra-inteligência ➝  Inabilidade motora
```

**Caso II**

*Nome:* María Z.
*Idade:* dez anos
*Nível escolar:* 2ª série

Este é um caso típico de resistência familiar à percepção do problema e à sua real profundidade.

María foi encaminhada por uma psicopedagoga, depois de dois anos de cuidados, durante os quais, apesar de ter feito progressos, apresentava sérias resistências à aprendizagem, que não podiam ser mobilizadas sem integrar os aspectos profundos do conflito.

*Funcionamento familiar:* a mãe veio sempre sozinha às entrevistas, embora o pai e a mãe fossem chamados. A mãe desculpava seu marido pelo trabalho e pelas resistências ao tratamento da filha.

Pouco tempo depois do início do segundo tratamento, o pai teve uma crise depressiva, mas não tolerou a sugestão de uma entrevista psiquiátrica e, aparentemente, recompôs-se com uma viagem mais longa que as habituais.

Durante sua ausência, María fez grandes progressos no tratamento, começou a aparecer seu interesse em mudar. Com o regresso do pai, identificou-se com ele e atacou seu tratamento de forma mais firme, apesar dos progressos. É evidente a função que a paralisação de María cumpre dentro do grupo familiar: estava encobrindo a depressão do pai. O fato de seu progresso coincidir com a doença do pai levou-a a uma nova paralisação, da qual não quiseram sair, nem ela nem a família.

Depois de muita insistência, conseguiu-se uma entrevista com o casal, que não pôde aceitar a profundidade da doença de María, evidenciada em seu pensamento concreto, em sua identificação masculina ou animal, nos transtornos e lentidão na aprendizagem.

Eles diagnosticaram o caso como *dislexia*, afirmando que meu diagnóstico era exagerado e que *"com dois anos de escola especializada tudo ficará arrumado"*.

*Síntese da história de vida:* María é a filha mais velha de uma família de classe alta. Tem três irmãos menores: uma menina de oito anos e dois meninos de seis e quatro anos. A gravidez desenvolveu-se sem problemas. O parto foi seco, com o cordão enrolado no pescoço, com fórceps e cesariana vaginal. A menina nasceu com as marcas do fórceps na frente, uma grande deformação na cabeça e *sinais de sofrimento fetal. O pai rejeitava sua filha, pois esperava um menino. A lactação materna* foi insuficiente, durou um mês. Teve dificuldades para adaptar-se às mudanças de alimentação; custou para se desligar da mamadeira. Dificuldade e rejeição pelos sólidos e pela mastigação.

*Evolução motora:* aparentemente normal.
*Controle de esfíncteres:* tardio, aos quatro anos. Enurese que ainda perdura, em momentos de tensão (durante o exame, por exemplo).
*Linguagem:* algo tardia em relação aos irmãos. Palavra-frase até os três anos, quando apareceram as primeiras orações. Tendência à linguagem regressiva.
*Sociabilidade:* muito insociável; só com os pais e os irmãos.
O contato com a mãe se faz, às vezes, por *mordidas ou chupadas*. Pouco contato com os pais; criada por babás; nas refeições, as crianças ficam separadas dos pais, comem com as babás. María mostra um ódio marcado por elas.

*Observações do caderno e de seu desempenho escolar:* no começo do tratamento, María apresentava uma letra tão pequena, que era, às vezes, ilegível. Muitos erros de ortografia. Muitas palavras cortadas ou com terminações deformadas (tratamento das palavras como objetos agredidos: *equação simbólica*).

Foram observadas ondas de rendimento, que a paciente associou com situações de perturbação emocional.

Seu controle egóico é tão lábil que qualquer emoção se traduz por um aumento dos erros cometidos ou por um abandono da tarefa.

Sua conduta diante dela é regida pelo princípio do prazer: faz quando lhe agrada; quando não lhe agrada, usa duas formas de agressão: desfigura as letras ou deixa a tarefa em branco.

Em aritmética: dificuldades de abstração, especialmente na divisão (sintoma muito representativo de simbiose).

Precisa trabalhar num nível muito concreto, com as tabuadas à vista.

Na leitura: lê soletrando; não tolera sua lentidão e encobre sua dificuldade com uma atitude fóbica aos livros. Formou-se, assim, um círculo vicioso: menos prática, maior dificuldade e maior vergonha.

Atitude crítica: sua atitude onipotente impede-a de se reconhecer como aluna-problema e pedir ajuda.

Se se engana, diz: "Fiz assim porque quis." Com esta resposta nega a realidade e ataca constantemente os professores e demais adultos que podem ajudá-la.

Transcrevemos, a seguir, os testes aplicados em María e sua interpretação. Nosso objetivo é demonstrar as motivações profundas que levavam María a *não aprender.*

O nível de maturação visomotora está ligeiramente abaixo da média de sua idade.

Apresenta uma boa integração gestáltica e uma orientação espacial mediana, com duas rotações parciais nas figuras 3 e 7.

Seu traço, pouco firme, demonstra grande esforço de controle emocional, que se evidencia também na ondulação das linhas retas e nos ângulos, que, às vezes, não chegam a se fechar ou se cruzam.

Na figura 2 observa-se que suas possibilidades de controle emocional no nível motor e sua orientação espacial são lábeis (note-se que se perde na segunda metade da figura).

Observa-se:

*Estereotipia:* todas as caras têm o mesmo tamanho e a mesma expressão.

*Indiferenciação de tamanhos:* filhos e pais iguais.

*Confusão sexual:* María desenha a si mesma com o mesmo penteado que seus irmãos, e isto não ocorre com a imagem da mãe e da irmã.

*Confusão corporal:* a mesa parece um grande corpo comum ao irmão.

*Transparências:* nos braços do pai.

*Ausência de mãos e pés:* dificuldade de contato com a realidade e com os outros.

*Expressão:* mania e paranóia.

*Em síntese:* negação maníaca das diferenças de idade, sexo e tamanho. Manipulação onipotente e confusional dos objetos externos.

*As técnicas projetivas no diagnóstico das dificuldades*

*Teste gestáltico visomotor de L. Bender*

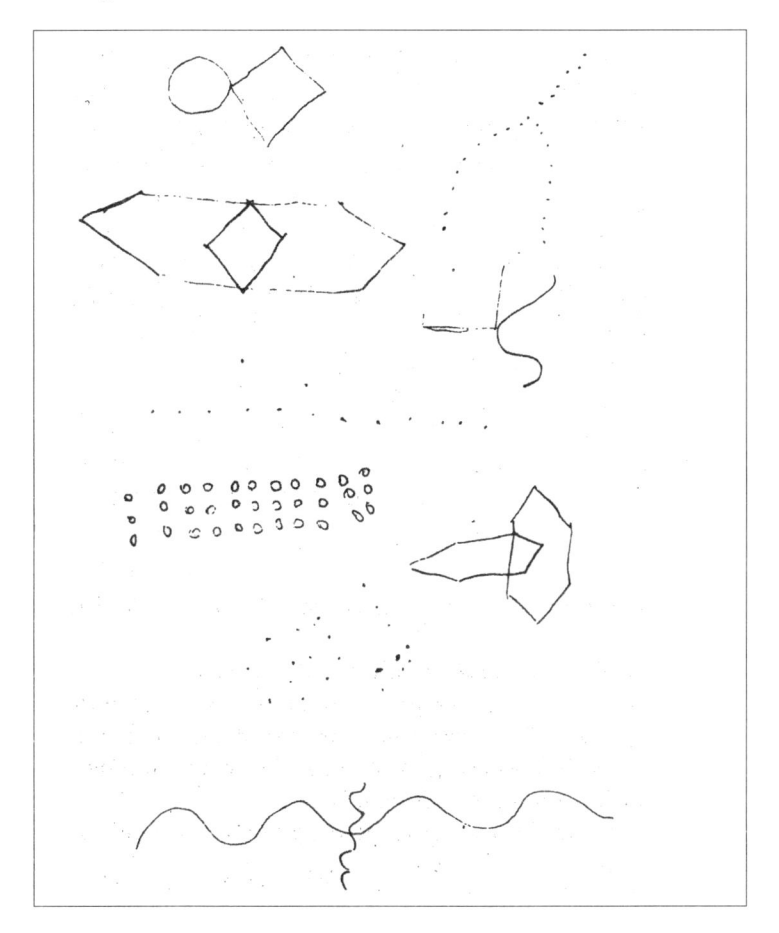

*Teste de apercepção temática infantil (C.A.T.)*

*Prancha 1:* Choque (demora vários minutos)... uma mãe que tinha três filhinhos, e que todos os dias lhes dava de comer, e que os filhinhos pareciam mortos de fome, porque comiam muito. (O que aconteceu?) Cada um tinha seu lugar para se sentar. Tinham sempre uma toalha branca. Nada mais.

*Teste da família*

*Prancha 2:* Era uma vez uma mãe com um filhinho; e um dia brigaram a mãe e o pai com uma corda e puxavam muito na montanha... (Que mais?) A corda arrebentou e a mãe, o pai e o filho caíram, e estavam muito feridos e vieram outros ursos e levaram-nos ao veterinário para que os curasse e depois nunca mais começaram a brigar e viveram sempre felizes.

*Prancha 3:* Era uma vez, o rei da selva estava muito triste, porque não sabia o que fazer... (Que mais?) Porque estava ficando velho e uma vez disse a um leão: Estou ficando tão velho que vou morrer, e você vai ser o rei da selva. (E o que aconteceu?) Começou a morrer.

*Prancha 4:* Mamãe canguru uma vez levou seus dois filhinhos para um piquenique; um ia de triciclo e outro com a mãe. O menorzinho levava uma bola. Levava um guarda-sol e um cesto (quem?), a mãe pulava. (Longo silêncio.) (Que mais?) Foram para o rio e tomavam banho no rio e o menorzinho quase se afoga; então o maior avisou a mãe e então foram para casa. (Como se salvou?) A mãe o salvou.

*Prancha 5:* Choque. Inibição total da fantasia.

*Prancha 6:* Era uma vez a mamãe Topo com o filhinho; estavam dormindo numa casa que era uma gruta. Era uma noite e começou a chover tão forte que quase arrebenta a gruta. (Dois minutos de silêncio.) (O que aconteceu?)
Depois, de manhã cedinho, foram embora dessa gruta e foram para outra que era melhor porque não se arrebentava.

*Prancha 7:* Era uma vez um tigre que quase morre de fome porque onde estava não tinha nada para comer; e depois de tanto procurar, encontrou um macaco e o macaco começou a uivar e quando encontrou uma árvore começou a subir (cala-se). (O que aconteceu?) Depois o tigre foi embora.

*Prancha 8* (três minutos): Uma macaca e um macaquinho e um macaco convidaram uma macaca para tomar chá. O papai macaco disse para o macaquinho: – Vai brincar. E o macaquinho protestou: – Mas não tenho nenhum amigo. – Vai brincar com os brinquedos. – Não, eu quero escutar a conversa (*ri*). O pai lhe disse: – Desta vez eu deixo mas outra vez não vou te deixar. (Estou rindo das caras, diz M.) Uma macaca e um macaco diziam entre si: – Que macaquinho mais mal-educado.

*Prancha 9:* Havia uma avozinha coelhinha que estava na cama porque estava muito velha e todos os dias sua neta lhe trazia coisas para comer porque não podia se levantar da cama (demora três minutos). E depois veio um lobo e comeu-a de uma vez; depois veio a netinha trazer-lhe as coisas e quando entrou comeu-a também de uma vez; e vieram os caçadores do bosque e abriram sua barriga e tiraram a mamãe coelhinha e a netinha e puseram pedras. Como estava pesado, caiu.

*Prancha 10:* Era uma vez uma cachorra com seu filhinho. O filhinho havia escapado para brincar com outro que morava em frente; e a mãe não o encontrava em parte alguma; então, quando chegou, a mãe estava deitada, levantou-se e bateu nele.

*Interpretação dinâmica do C.A.T.*

*Prancha 1:* Apresenta contradições lógicas: "Todos os dias lhes dava de comer e estavam mortos de fome." "Tinham muita fome porque comiam muito." Confusão entre comer e ser comido; confusão sujeito-objeto; enorme ansiedade oral. A situação de conflito que coloca fica encoberta, em vez de se resolver. Para isso utiliza a descrição.

*Prancha 2:* Confusão filho-casal. Os impulsos de reparação e a felicidade são conseguidos pela total repressão dos impulsos agressivos. A solução é dissociada e maníaca.

*Prancha 3:* Negação perceptual: não menciona o ratinho; transforma-o num segundo leão que dialoga com o Rei. A agressão volta-se contra si mesmo, com castração e morte. Na confusão rato-leão e na necessidade de que o velho morra para poder sucedê-lo, podemos sinalizar o núcleo do conflito de María: seu medo de crescer está relacionado com seus conflitos de identificação. Crescer é transformar-se em outro, deve esperar que o rei morra para reinar. Portanto, crescer é matar, e para frear esse trágico processo, freia toda mudança que signifique crescimento.

*Prancha 4:* Repressão da agressão contra a mãe, mediante a idealização, a negação maníaca e o longo silêncio. Pode expressar a agressão contra o irmãozinho, mas os impulsos reparatórios colocados na mãe fazem-na voltar à idealização.

*Prancha 5:* Os impulsos reparadores da prancha anterior eram maníacos e causam o choque nesta prancha, com total repressão da fantasia.

*Prancha 6:* Pode sair do choque identificada com um bebê ligado a sua mãe, sem nenhum rival, numa situação idealizada e colocando a agressão no mundo externo. Mecanismo de regressão e onipotência maníaca na reparação. Idealização da situação pré-natal: a gruta arrebentada pela tempestade seria sua imagem do nascimento.

*Prancha 7:* Voracidade insatisfeita e castigada com perigo de morte. Manipulação onipotente e maníaca: transforma o

pequeno em grande e mais hábil e o grande em impotente; o conflito é resolvido pela retirada do protagonista insatisfeito. Observamos, aqui, o medo apresentado por María de expressar suas fantasias de voracidade e de agressividade oral. Podemos supor que a confusão realidade-fantasia está na base dessa situação.

*Prancha 8:* A rebelião do pequeno triunfa sobre os adultos. Novamente a solução do conflito é onipotente.

*Prancha 9:* A utilização do conto do Chapeuzinho Vermelho serve como tela para ocultar a própria fantasia. A voracidade é projetada, dissociada e a agressão oral duramente castigada.

*Prancha 10:* O castigo da rebelião por parte da mãe parece uma expressão de desejos, uma busca de freios para sua fantasia. Triunfam o submetimento e a repressão.

*Síntese:* Funciona com processo primário quanto à confusão sujeito-objeto, confusão fantasia-realidade e presença da onipotência e negação maníacas em quase todas as pranchas.

Séria dificuldade em manipular a agressão (especialmente a oral).

Utiliza predominantemente os mecanismos de projeção, dissociação e regressão.

Séria repressão da fantasia, observável nos abundantes silêncios e demoras; inibição total na prancha 5 e utilização de tela estereotipada na prancha 9.

*Teste desiderativo*

**Positivos**

1. Um coelho. (?) Pularia. Andaria por toda parte.
2. Planta? Não escolhe.
3. Objeto? Não escolhe.

Escolhe outro animal: a vaca. (?) Andaria pelo campo e me ordenhariam.

## Negativos

1. Não quer ser pulga porque faria mal para as pessoas.
Não pode dizer nenhum outro negativo.

## Interpretação

Observa-se grande repressão da fantasia, que estaria ligada à sua confusão fantasia-realidade. Pode identificar-se somente com animais (identificação que se apresenta constantemente). Na escolha da vaca, aparece uma confusão com o objeto escolhido (*me* ordenhariam), identificação projetiva com a figura materna alimentadora.

Nos negativos, a percepção de si mesma como pulga assinala seu temor à agressão oral e às suas conseqüências.

*Exame intelectual*: teste de inteligência infantil: WISC
*Pontos e Q.I. do caso n.º 2, María Z., dez anos*

| Subteses verbais | Pontos | Pontos equivalentes |
|---|---|---|
| Informação | 11 | 8 |
| Compreensão | 11 | 9 |
| Aritmética | 6 | 6 |
| Semelhanças | 8 | 9 |
| Vocabulário | 26 | 9 |
| | Contagem verbal: | 41 |

| Subteste de execução | | |
|---|---|---|
| Completamento de figuras | 7 | 6 |
| Arrumação de figuras | 27 | 11 |
| Cubos | 15 | 9 |
| Armar objetos | 22 | 11 |
| Código | 30 | 9 |
| | Contagem de execução: | 46 |

|  | Pontos equivalentes | Q.I. |
|---|---|---|
| Escala verbal | 41 | 89 |
| " de execução | 46 | 94 |
| " total | 87 | 91 |

Escores mais altos na arrumação de figuras (11) e no armar objetos indicam que María funciona bem no pensamento lógico-concreto e na integração sintética no nível concreto.

Nos cubos seu nível baixa (9). Apresenta dificuldade na análise e na síntese; chama a atenção sua *confusão espacial que parece lacunosa*, pois fracassa nas figuras 2 e 3 e resolve bem a 4. Isto coincide com seu rendimento em ondas, observado no caderno, em momentos de confusão, que coincidem com situações de grande ansiedade.

**Análise qualitativa do WISC**

O Q.I. é normal baixo (91), tem escores mais altos nas provas de execução (94) que nas verbais (89). Isto indica um melhor funcionamento relacionado com os objetos ou com situações concretas, do que no nível do pensamento abstrato.

Chama a atenção o desequilíbrio na distribuição dos pontos (ver apuração do rendimento).

Mostra dificuldade para verbalizar seus conhecimentos no vocabulário, pois conhece os objetos mas custa-lhe descrevê-los.

Os escores mais baixos estão em aritmética: não pode ir além do pensamento lógico-concreto.

Observam-se escores mais baixos em:

*Figuras incompletas:* onde se observa uma conexão pobre com a realidade externa e um predomínio da fantasia sobre a realidade.

*Aritmética:* não pode superar o nível de pensamento lógico-concreto.

## Apuração do rendimento do caso n.º 2, María Z., dez anos

| Provas Verbais | 5-6 | 6-6 | 7-6 | 8-6 | 9-6 | 10-6 | 11-6 | 12-6 | 13-6 |
|---|---|---|---|---|---|---|---|---|---|
| 1 – Informação | 5 | 7 | 8 | 10 | ⑪ | 13 | 14 | 17 | 18 |
| 2 – Compreensão | 5 | 6 | 8 | 9 | ⑪ | 12 | 13 | 15 | 16 |
| 3 – Aritmética | 3 | 4 | 5 | ⑥ 7 | 8 | 9 | 10 | 11 | 12 |
| 4 – Semelhanças | 3 | 4 | 6 | 7 | ⑧ | 9 | 10 | 11-12 | 13 |
| 5 – Vocabulário | 15 | 18 | 21 / 22 | 25 / ㉖ | 28 / 29 | 32 / 33 | 36 / 37 | 39 | 43 / 44 |
| Execução | | | | | | | | | |
| 1 – Completamento de figuras | 6 | ⑦ | 8 | 9 | 10 | 11 | 12 | 12 | 13 |
| 2 – Arrumação de figuras | 4 | 7 / 9 | 14 / 16 | 22 / 23 | 25 / 26 | ㉗ / 28 | 29 | 30 | 31 / 33 |
| 3 – Cubos | 4 | 5 | 6 | 9 / 10 | 13 / ⑮ | 16 / 20 | 21 / 24 | 29 / 30 | 32 / 33 |
| 4 – Armar objetos | 8 / 9 | 12 / 13 | 14 / 15 | 17 / 18 | 19 / 20 | ㉑ / 22 | 23 | 24 | 24 |
| 5 – Código | 10 | 13 / 16 | 21 / 22 | 25 / 26 | ㉚ / 32 | 36 / 37 | 41 | 45 / 46 | 48 / 49 |

Seu pensamento abstrato está bloqueado pela repressão de suas fantasias – tal como pode ser observado nas provas projetivas – e por um constante predomínio do processo primário. Seu rendimento em ondas evidencia um ego fraco, que promove uma passagem constante de ida e volta do processo primário ao secundário.

*Conclusão*

O que podemos ver com a análise deste caso? De que maneira nos enriquecemos com seu estudo profundo?

Para nossa tarefa é indispensável a compreensão das causas da não-aprendizagem, e saber em que medida a personalidade está toda comprometida no problema.

Quando a não-aprendizagem é motivada por uma habilidade do ego, de origem emocional, e por um processo secundário pobremente estruturado, e quando observamos que no interjogo de forças vitais predominam os mecanismos autodestrutivos ou contra-inteligentes, estamos na presença de um caso que necessita de atenção psicoterápica e que, de maneira alguma, irá adiante com reeducação.

Lamentavelmente, neste caso os pais não puderam tolerar a mudança de enfoque, pois comprometia-os como grupo doente.

Os pais pretendiam o impossível, a saber, que María aprendesse na escola, mas que não mudasse na família nem pretendesse mudá-los: a intolerância à mudança era total e os papéis fixos e imóveis.

Encontramo-nos, aqui, com uma dificuldade técnica muitas vezes insolúvel.

Os pais de uma criança com dificuldades de aprendizagem apresentam, também, traços de rigidez que os impede de aprender, isto é, de aceitar rapidamente uma mudança de enfoque sobre o problema de seu filho.

Portanto, substituímos a entrevista de devolução diagnóstica por um período de "trabalho de abrandamento", mais ou menos longo, de acordo com o caso, enquanto se trabalha com o filho em psicopedagogia clínica.

Através desse trabalho paralelo de pais e filhos, consegue-se que os pais mudem lentamente seu enfoque, desbloqueiem-se e comecem a aceitar as outras variáveis do problema.

## Bibliografia

Anderson e Anderson, *Técnicas proyectivas del diagnóstico psicológico*. Madri, Rialp, parte IV, n.ᵒˢ 19 e 20.
Battro, Antonio, *El pensamieto de Jean Piaget*. Buenos Aires, Emecé, 1971.
Berkowitz, P. H. e Rothman, P. E., *El niño problema*. Buenos Aires, Paidós.
Bion, W. R., "Lenguaje y esquizofrenia". In: M. Klein, *Nuevas direcciones en psicoanálisis*. Buenos Aires, Hormé.
Kasanin, J. A., *Lenguaje y pensamiento en la esquizofrenia*. Buenos Aires, Hormé.
Klein, M., "El papel de la escuela en el desarrollo libidinoso del niño" (1923), "La importancia de la formación de símbolos en el desarrollo del yo" (1930) e "Una contribución a la teoría de la inibición intelectual" (1931). In: *Contribuciones al psicoanálisis*. Buenos Aires, Hormé.
Luzuriaga, I., *La inteligencia contra sí mesma*. Buenos Aires, Psique.
Milner, Marion, "El papel de la ilusión en la formación de símbolos". In: M. Klein, *Nuevas direcciones en psicoanálisis*. Buenos Aires, Hormé.
Pearson, G., *Psicoanálisis y educación del niño*. Buenos Aires, Libros Básicos.
Rapaport, D., *Tests de diagnóstico psicológico*. Buenos Aires, Paidós, caps. II e V.
——, *Hacia una teoría del pensamiento*. Buenos Aires, Escuela.
Stevens, A. e Wherhein, H., "Causas psiquiátricas de las dificultades de aprendizaje", *Rev. S.A.P.P.I.A.*, ano 1, n.ᵒˢ 3/4, 1970.
Tarnopolsky, B. E. E. de e colab., "Contribución de la psicopedagogía para el diagnóstico de la psicosis y de los casos fronterizos".
Winnicott, W., *La familia y el desarrollo del individuo*. Buenos Aires, Hormé.

*Capítulo XIII*
**O ensino do psicodiagnóstico**

# Uma experiência no ensino do psicodiagnóstico. Técnica do "role-playing"

Enza M. Appiani, Esther Fainberg,
María E. McGuire de Llauró e Yolanda Kleiner

Neste trabalho pretende-se mostrar a experiência resultante da introdução da técnica do *role-playing* dentro do ensino do psicodiagnóstico.

Esta experiência foi realizada em 1970, na cadeira de Técnicas Projetivas II, do curso de Psicologia. Nosso objetivo era fazer com que a formação do aluno, até então feita com base em aulas teórico-práticas, se apoiasse na antecipação vivencial da futura tarefa.

Escolhemos o *role-playing* porque, assim como o psicodrama, do qual deriva, enfatiza a intervenção da pessoa total, especialmente do corpo, em suas várias expressões e interações. Procurou-se a integração da linguagem verbal com a linguagem da ação, permitindo a captação e a integração de possíveis mensagens contraditórias.

Na descrição desta técnica podemos detectar quatro momentos:

1) *Warming up:* é o período de preparação para a dramatização. A coordenadora convida os alunos a verbalizarem aquilo que estão pensando, sentindo: fantasias, expectativas, dificuldades, etc., *atuações* nesse momento.

2) *Dramatização:* é o núcleo do *role-playing* (dramatização). Quando o grupo alcançou um emergente comum e um consen-

so comum de que a problemática está centrada, começa a ação, sobre *modelos* mais ou menos afastados da situação que se quer antecipar. Chamamos de modelo a situações que, assim como os significantes, remetam-nos a um significado único: a situação concreta entrevistado-entrevistador, no processo psicodiagnóstico. Para realizá-los, escolhem-se os protagonistas, cujo número é variável; estes dão vida, caracterizam, situam espacialmente os personagens e iniciam o diálogo.

3) *Análise:* Os alunos que atuaram como observadores da dramatização intervêm, comentando e opinando sobre esta; os protagonistas também o fazem. Qualquer um pode dar um novo enfoque e dramatizá-lo.

4) *Elaboração:* passa-se a conceituar o vivenciado, integrando-o dentro de um esquema referencial, que, nesta experiência, foi o psicanalítico.

A possibilidade de cortar as cenas dramáticas quantas vezes for necessário, recolher os sentimentos e as vivências internas de protagonistas e observadores, possibilita uma outra percepção do fenômeno, sob uma outra dimensão. O fato de que os mesmos protagonistas repitam a cena, que se invertam os papéis, que se troquem as situações ou os modelos, enriquece a situação dramática e favorece uma maior fluidez, permitindo ao aluno detectar, valorizar e registrar devidamente aqueles estímulos que provêm da mesma.

Em resumo, considerava-se benéfica a abordagem da técnica do *role-playing* para:

a) *os alunos:* porque lhes permite abordar de forma vivida problemática específica do entrevistado;

b) *o entrevistado:* porque uma melhor disponibilidade do psicólogo no *rapport* e na compreensão facilita sua ação;

c) *a equipe docente:* como instrumento de investigação (para a procura de melhores métodos no ensino da matéria).

## LUGAR E FORMA DA REALIZAÇÃO DA EXPERIÊNCIA

O Hospital Rawson ofereceu a oportunidade de se realizar este trabalho em três de seus serviços: o de Clínica Geral, o de Maternidade e o de Ginecologia, em cada um dos quais trabalhou um grupo de alunos. Assim, os entrevistados eram pessoas que haviam perdido algo real – a saúde –, que padeciam algum tipo de doença mais ou menos grave, que seriam ou tinham sido operados recentemente, ou mulheres com uma situação vital especial: iminência de parto, complicação de gravidez ou em pós-parto.

As três comissões reuniram-se num mesmo lugar: uma sala de aula cedida pelo Serviço de Maternidade, cuja chefia está a cargo do Doutor Ricardo Gavensky. A psicóloga Enza María Appiani, chefe de trabalhos práticos, coordenou os três grupos. As psicólogas Esther Fainberg, María Eugenia McGuire de Llauró e Yolanda Kleiner, ajudantes de trabalhos práticos, encarregadas, respectivamente, de cada uma das comissões, realizaram a observação. Sua tarefa, o registro da situação dramática (verbalização, ação e clima emocional), possibilitou que se fizesse, junto com a coordenadora, a elaboração ulterior do material, base deste trabalho.

## MOMENTOS DA EXPERIÊNCIA

A experiência dividiu-se nos momentos e subetapas seguintes:

*1.º momento*

*a*) Inclusão dos alunos no Hospital.
*b*) Inclusão de cada comissão no serviço que lhe havia sido atribuído.
*c*) Contato do aluno com o paciente.

*2.º momento*

   *d*) Realização concreta da tarefa.

*3.º momento*

   *e*) Avaliação.

## a) Inclusão dos alunos no Hospital

Para trabalhar este aspecto, fez-se uma reunião de *role-playing* por comissão. As considerações que se podem inferir dessas reuniões são as seguintes:

Diante da nova situação (entrar pela primeira vez para trabalhar num hospital geral), os grupos tiveram tendência a assimilá-la a outra mais conhecida, seu contato com o Hospital Psiquiátrico. Assim, a doença mental parecia apresentar-se como menos ansiógena que a doença física. Inferimos que, por trás disso, atuava uma fantasia: seus estudos de psicologia, seus conhecimentos sobre a doença e a saúde mental podem operar como arma preventiva, que os afasta da possibilidade de sofrer perturbações nessa área. Por outro lado, o desconhecimento da doença orgânica e a falta de elementos técnicos para controlá-la faziam com que se sentissem desprotegidos, passíveis de sofrê-la e ainda de contagiar-se, porquanto se ligava estreitamente com a morte.

Em síntese, a ação terapêutica estaria travada diante do paciente corporalmente danificado, enquanto a capacidade reparatória poderia manter-se diante da doença mental.

Isto conduziu a medos paranóides intensos: medo de que fossem contagiados, adoecessem e, por conseguinte, de uma reativação de defesas paranóides ("eles matariam os perseguidores"), o que equivalia a ver apenas morte e destruição.

Isto se deu não só nos Serviços de Ginecologia e Clínica Médica, onde era mais provável encontrar doenças graves e ainda a morte, mas também na comissão que trabalhou com Maternidade, cuja realidade inclui uma maior percentagem de vida e saúde. Neste grupo foram dramatizadas também situações de aborto, maus-tratos, morte e perda.

Neste primeiro contato, todo o Hospital Geral desperta nos alunos angústias muito intensas, como se abrigasse só morte e desintegração. Eles se sentem – por impotência e pânico – com exíguos instrumentos terapêuticos para exercer qualquer ação.

A função essencial de reparação que o Hospital tem, quanto à possibilidade de restituir a saúde ao doente, não foi integrada nas verbalizações.

Esta necessidade de delimitação entre doença orgânica e mental está expressando, também, a dissociação corpo-mente, necessária diante do medo de encontrar a destruição global e unificada na "pessoa" doente.

Somados a este medo de aproximar-se da "pessoa", viu-se que existiam medos de remover aspectos psicológicos que pudessem angustiar e deixar ainda mais doentes estes pacientes. Os alunos desconfiavam do desempenho adequado de seu papel.

Mostraram, novamente, a "desconfiança" em suas possibilidades reparatórias, temendo a resposta agressiva, "desconfiada", do paciente.

Algumas destas ansiedades haviam sido verbalizadas na reunião e foram *atuadas* abruptamente, em duas comissões, por certos alunos que chegaram tarde a elas, ao não se sentirem contidos pelo grupo de pertencimento, já que os outros alunos, ajudantes e coordenadora, tinham entrado grupalmente. Esta emergência de ansiedade desorganizou, em parte, a tarefa que se realizava no momento.

Por exemplo: na Ginecologia, dois alunos chegaram vinte minutos depois de a reunião ter começado. Ao comentar as idas e vindas que fizeram no Hospital até achar o lugar preciso, fizeram-no num tom muito marcado de ansiedade, o que fez com que o grupo tivesse de alterar o ritmo com que vinha trabalhando, observando-se um retrocesso.

Embora o fato de enfrentar o Hospital Geral tivesse tido características semelhantes para todos, observaram-se singularidades próprias em cada grupo, que supomos serem determinadas, em grande parte, pelo objeto que se devia enfrentar: os diferentes Serviços. Cabe destacar que a inscrição por comissão incluiu a possibilidade de que o aluno escolhesse o Serviço no qual preferia trabalhar.

Com relação ao clima emocional, as singularidades foram as seguintes: os primeiros momentos, na comissão que trabalhou na Ginecologia, tiveram um clima predominantemente passivo, apático, surgindo, em conseqüência, dificuldade de levantar dúvidas e de expressar sentimentos. Na comissão que trabalhou na Clínica Médica, pelo contrário, havia um incremento ideacional que se viu refletido numa rápida disposição à tarefa com proposição de modelos variados e oferecimentos para dramatizar situações com ritmo maníaco. Contudo, o conteúdo temático apontava para elementos que conservavam, e ainda incrementavam, os aspectos destrutivos e deteriorantes expressos na comissão anterior. Na comissão que trabalhou na Maternidade, reinava um clima de disponibilidade, entusiasmo e aceitação, que lhe permitiu entrar rapidamente em contato com a tarefa.

Estes climas diversos deveram-se, supomos, ao fato de que o impacto causado pelos pacientes levou um grupo (Ginecologia) a uma identificação de tipo maciço com distância mínima, e o outro grupo (Clínica Médica) a um afastamento tão grande que não lhe foi possível a identificação.

Supomos que estas atitudes devem-se a uma alta coincidência de sexo e de idade entre as entrevistadoras e as pacientes a serem entrevistadas na Ginecologia. Na Clínica Médica, pelo contrário, os sujeitos eram, em geral, uma população que superava os quarenta anos. (O clima poderia ter sido de paralisação depressiva se o medo pelos pacientes tivesse dominado [pais doentes]; evidentemente, evitavam o temor pelo próprio ego, pelo próprio corpo.)

O clima da Maternidade talvez se devesse, fundamentalmente, à possibilidade de dissociar morte e vida – já que esta prevalece –, possibilidade esta fortalecida pelo ambiente geográfico no qual iam se incluir, percebido como lugar alegre e confortável.

Explicitar e verbalizar as impressões sobre o contato (do aluno) com o Hospital Geral (parte do *warming up*) aliviou as tensões e permitiu passar para o 2º momento:

### b) Inclusão de cada comissão no Serviço que lhe havia sido atribuído

Para consegui-lo, a coordenadora motivou os alunos para que expressassem expectativas referentes a cada Serviço e delineassem o objeto específico (população, sexo, idade, tipo e grau de doença ou situação).

Queremos esclarecer que as verbalizações e dramatizações podem ser compreendidas utilizando-se diferentes níveis de análise – aprendizagem, fantasias inconscientes –, que serão usados alternativamente neste trabalho.

1) *Nível de aprendizagem.* Enfatizou-se o desempenho do papel, fazendo referência especial aos estereótipos que perturbavam o mesmo e, por conseguinte, diminuíam a eficiência ou a eficácia. Por exemplo, tanto o grupo como a coordenadora explicitavam as regulações de distância (tanto corporal como afetiva), tipo de linguagem, formas de comunicação com os entrevistados.

2) *Nível de análise de fantasias vinculares do papel.* As situações dramatizadas foram tomadas e analisadas como microamostras de possíveis vínculos no processo psicodiagnóstico.

Analisaram-se as fantasias manifestas e latentes do entrevistado, do entrevistador, e sua inter-relação, passando sempre de sua descrição à sua conceituação. Por exemplo, os medos reiterados de sofrer fenômenos de despersonalização, *atuação* complementar de aspectos dissociados, etc.

## Contato da comissão com o Serviço de Ginecologia

O conteúdo das verbalizações, tais como proposição de modelos para trabalhar, reflexões, comentários, e das próprias dramatizações, era similar ao clima descrito para a Ginecologia. Pensamos que o conteúdo e a forma foram devidos à mobilização de fantasias persecutórias muito universais que as pacientes despertavam (fantasias de esterilidade, castração, dano, esvaziamento interno, etc.).

Por exemplo, como expectativa de pacientes a encontrar mencionaram-se: câncer numa maternidade recente, histerectomia numa jovem solteira. Na escolha de modelos mencionaram-se situações cujo denominador comum era a morte iminente ou a esterilidade em corpos jovens e procriativos. Nas *dramatizações* também surgiram estas fantasias, e a defesa conseqüente determinou distância corporal e bloqueio afetivo. Por exemplo, para dramatizar uma situação de separação e de morte, escolheu-se o modelo de duas amigas que se despediam, devido à viagem de uma delas para o exterior.

A: Olá, como vai?

B: Aqui, com tudo desarrumado.

A: Não se incomode comigo. Já está tudo preparado?

B: Não, falta terminar de arrumar a casa.

A: Me dá tristeza ver tudo guardado.

B: Eu estou iludida com aquilo, mas não sei se voltarei algum dia, se voltarei a ver meus pais.

A: Mas me conta como você está... (aqui começa uma conversa distante e sem importância que termina com o corte da coordenadora).

O comentário geral dos alunos ante esta dramatização foi que não puderam dramatizar a situação das amigas: o que diziam e a atitude corporal que mantinham mostravam-nas mais como companheiras de trabalho do que como amigas íntimas.

Observamos que o intercâmbio, ao tornar-se perigoso, transformou-se, defensivamente, de diálogo em monólogo, com linhas ideativas paralelas.

A outra dramatização seguiu o mesmo modelo e foi realizada com a finalidade de corrigir a distância e o bloqueio emocional e foi desempenhada por quem tinha percebido com maior ênfase este déficit; não obstante, repetiu-se a mesma situação. Esta segunda dramatização repete a defesa, porque não se consegue um real *insight* de sua causa: o confronto com o perigoso, ou seja, tornar consciente a fantasia encoberta que havia neste modelo, onde dialogar significava comunicar-se com outro que está atrapalhado porque vai embora, partida que nos entristece e deprime mais ainda por haver a possibilidade de não nos reencontrarmos nunca mais. Isto é evitado pela não-comunicação. "Mas me conta como você está..."

Inferimos, assim, destes modelos, que, numa situação de entrevista com uma paciente que está para ser operada por causa de um problema ginecológico, a entrevistadora, para não se desorganizar, não recebe as mensagens, e, como conseqüência, não compreende o outro, não se encarrega da preocupação por sua doença, fugindo para um tema sem importância.

No *role-playing*, o modelo retraduz a situação original, permitindo ver as distorções do papel determinadas pelos fatores emocionais, vivências, fantasias inconscientes, etc.

## Na comissão correspondente ao Serviço de Clínica Médica

Pelos modelos escolhidos, verbalizações, comentários, pudemos inferir que o estudante percebe uma enfermaria de Clínica Geral como um objeto previsível, não bem definido e, por conseguinte, não controlável, que produz certo desconcerto, desassossego e ambigüidade. Ao não ter possibilidade antecipatória, as respostas foram polares, como na Ginecologia: por um lado não se encarregar, não querer se informar sobre o tipo de doença do paciente a ser entrevistado, o que acontece a esse ou àquele doente ou, pelo contrário, perder a distância e encarregar-se de tudo o que lhe acontece (e temendo, inclusive, contagiar-se).

À semelhança da comissão anterior, percebeu-se a enfermaria como o continente da destruição, sendo neste caso uma destruição que se expande e contamina, destruindo quem se aproxima dela.

A doença geral é vivenciada como irrompendo bruscamente, com um abandono abrupto e imprevisível da saúde, um corte na continuidade temporal que rompe com as situações cotidianas vitais (pondo ênfase no fator tempo como elemento essencial para poder aceitar mudanças).

As situações a serem dramatizadas vão se tornando cada vez mais graves e irreparáveis. Propõe-se dramatizar a entrevista com um paciente já operado, um paciente antes da operação, um cardíaco, um com doença infecto-contagiosa, um canceroso.

Por último, escolhe-se a situação que eles mais temem: um doente com câncer. Os modelos sugeridos são: um acidente aéreo causado por uma tormenta, situações de guerra, alguém que está sendo esperado, um parto, um filho que vai embora... "bem, tudo que implique um luto".

Por fim, dramatiza-se uma situação de despedida de dois amigos, Carlos e Sílvia, um dos quais conseguiu uma bolsa de estudos e parte para o estrangeiro. A ação se desenrola num bar; o encontro é casual.

Cumprimentam-se.

S: Sabe, vou embora... consegui a bolsa para a Inglaterra.

C: Por muito tempo?

S: Não sei.

C: Por muito tempo?

S: Talvez fique por uns quatro anos.

C: E por que você nunca me disse nada?

S: Por medo, talvez.

C: Mas e aquilo que havíamos comentado... o trabalho no interior do país...?

S: É... a gente fraqueja, algum dia penso em voltar e fazer a revolução.

C: Agora, o que você sente?

S: Desorientação, conflito, por tudo o que eu havia pensado.
C: Vai se especializar?
S: Sim, vou estudar clínica.
C: E com esses quatro anos, você já está realizada...
S: Por que você me diz isso?
C: Talvez por desconfiança; tudo que falamos e todos os planos que fizemos juntos...
S: E sinto culpa...
C: Mas não venha com psicologismo...
S: Eu não podia dizê-lo.
C: Você está querendo falar de alguma coisa?
S: Não me venha você agora com psicologismo.
C: Sim, igual a você...
S: Veja, pior é se eu recusar. Estou mal com você, mas tenho necessidade de ir para aprender, é conflitivo... se vou, se fico...
C: Eu compreendo, mas você falhou comigo, porque você não confiou em mim?
S: Não sei, sinto-me indefesa, não posso nem te agredir.
C: Você está irreconhecível!
S: Eu não vivo isso como algo tão grave, você não deve senti-lo como uma falha, são coisas que a gente faz sem se dar conta.
C: Você vai com alguém?
S: Não, vou sozinha.
C: O que dizem na tua casa?
S: Ah, como já faz muito tempo que moro sozinha... mas e você, o que você vai fazer...
C: Eu vou prosseguir com meus planos.
S: Você não gostaria de ir para a Inglaterra?
C: É... não, mas vou continuar.
Cortam. A coordenadora pergunta a cada um o que sentiu.
Solilóquios:
S: Surpresa, não estava preparada para o encontro; também raiva, porque reprimia as coisas que perdia aqui; sentia que era por inveja.

C: Sua mudança de atitude me surpreendeu, estava fria, muito defensiva, não se comprometia, eu precisava reprová-la, não pôde reconhecer o que perdia, fazia um mau desligamento. Não valorizava tudo o que fizemos juntos. Senti que me abandonava, que deixava a relação, era irremediável, me doeu e me deu raiva. Não se comprometeu afetivamente.

Comentários do grupo de alunos observadores:

a) Não foi uma situação dolorosa.

b) Predominou a raiva pela não-realização de um projeto.

c) Sílvia fez uma colocação maníaca e Carlos colocou-a no rumo.

d) Quando Carlos falava, sentia-se um vínculo entre duas pessoas; em compensação, quando Sílvia participou, fazia uma negação maníaca não só do que deixava, mas também do futuro.

O grupo, com a ajuda da coordenadora, passa a analisar o modelo dramatizado:

Representaria um doente que, ao saber de seu diagnóstico grave, refugia-se numa relação idealizada ou procura, numa relação ainda desconhecida, aquilo que não tem. Pode-se equiparar ir para a Inglaterra com ir para o hospital. Lá (na Inglaterra-hospital) vai se formar, curar os males de que padece aqui (casa-Argentina).

Os ataques que Sílvia recebe podem ser vistos como os ataques dos familiares do paciente por sua decisão de se internar.

A reação de Carlos ao detectar a dependência do paciente de uma instituição idealizada (hospital-Inglaterra), sem dúvida corporalizada no médico, mostra-nos o medo dos alunos, que, como psicólogos, reagiriam mal ao perceber que os pacientes podem rejeitar a tarefa que fariam juntos. "C: Não valorizava tudo o que fizemos juntos. Senti que me abandonava, que deixava a relação, era irremediável, me doeu e me deu raiva. Não se comprometeu afetivamente."

Fica refletida a maior perseguição do psicólogo diante do doente do Serviço de Clínica Médica: que este não aceite a assistência psicológica, mas somente a do médico clínico, delimitando sua doença na área do corpo com exclusão de sua mente, dissociação favorecida e reforçada, em geral, pela assistência médica hospitalar, unidirecionalmente dirigida ao corpo, centrada no "doente", desprendida da pessoa.

Pode-se ver, também, a situação oposta: o paciente, atemorizado pela internação ou pelo tratamento médico, vê a assistência psicológica como a "Inglaterra" que o salva. Esta segunda possibilidade também despertou temores nos alunos porque podia implicar que se vissem desmedidamente exigidos para curar.

Toda essa reunião de *role-playing* girou em torno destas situações. Ao final da mesma, o grupo pôde se defrontar com o medo central diante de sua tarefa futura: o de não assumir o papel de psicólogo, que implica uma dissociação instrumental e a obtenção da distância ótima.

**Na comissão correspondente ao Serviço de Maternidade**

Em primeiro lugar, devemos esclarecer que o grupo, em sua maioria, era constituído por mulheres, e que poucas haviam passado pela experiência de ser mãe.

Embora houvesse uma distância muito marcada entre entrevistada e entrevistadora, determinada, fundamentalmente, pelas diferentes evoluções – tanto individuais como sociais – supusemos que ambas enfrentariam, especialmente nesta situação (maternidade), ansiedades e fantasias universais muito primitivas e muito semelhantes, ligadas à relação com a própria mãe, no que diz respeito aos aspectos femininos, à capacidade procriativa.

Os temores fantasiados que explicitaram, relacionados com o entrevistado, foram os seguintes (esclarecemos que são mencionados respeitando-se a ordem espontânea de suas verbalizações):

*a)* a perda do filho;
*b)* um parto ruim: difícil, doloroso;

*c*) problemas durante a gestação;
*d*) que médicos, enfermeiras, pacientes, interrompam a entrevista;
*e*) que o filho esteja bem e a mãe mal, ou vice-versa;
*f*) que seja uma mulher solteira cujo companheiro não queira saber do filho, que a tenha abandonado e que ela não possa manter a criança.

Os temores relacionados com o papel dos entrevistadores giraram em torno da confusão de papéis, da incapacidade de procederem como psicólogos em situações dramáticas, incorrendo numa *atuação* da contra-identificação (consolar, por exemplo).

Depois da explicação destas fantasias, sugerem-se os modelos, sendo escolhido o seguinte:

*Primeira dramatização*

A situação proposta é a de uma patroa que percebe que a empregada está grávida de quatro meses. A empregada tem medo de ser despedida e de não poder encontrar outro trabalho.

Maria (em solilóquio): Está me olhando... já percebeu; antes que ela fale, falo eu... Que problema! (Aproxima-se da senhora que está lendo no *living*).

Maria: Olha, patroa... preciso falar-lhe... A senhora é muito boa... entenderá.

Patroa (estava sentada, lendo; deixa o livro apressadamente e com uma atitude compreensiva): O que está acontecendo, Maria? Se quer falar, sente-se...

Maria: O que está acontecendo é que não o vejo mais, porque os homens... (ri, fora do papel)... Bem, vou ter um filho... É um problema... Não sei se devo falar com a senhora ou com o patrão.

Patroa: Você me deixa gelada... Você foi ao médico? Tem certeza?

Maria: Não, não fui ao médico... Não tive menstruação... Eu sei.

Patroa: De quanto tempo você está?
Maria: De quatro ou cinco meses... Pensei que a senhora tinha percebido.
Patroa: Não... Notei que você estava mais gordinha, mas como come tanto...
Maria: A senhora vai me despedir?
Patroa: Mas, Maria, como vou despedi-la?... Terei que falar com meu marido.
Maria: Depois que eu tiver o bebê, pode me despedir.
Patroa: Não pense nestas coisas, temos que acertar isso imediatamente. (Em solilóquio) Esta situação me pega de surpresa... Coitada... como vou despedi-la? É muito boa.
Maria (em solilóquio): É uma pena ser solteira, não ter para onde ir quando se é despedida, sem meios econômicos; estou me sentindo mal. A senhora vai me ajudar até que eu tenha a criança. Não há lugar para uma mulher sozinha... Depois, o que vou fazer? É uma tristeza.

*Segunda dramatização*

Solicita-se uma segunda dramatização para que se possa ver outra modalidade vincular sobre o mesmo tema.
Maria: Eu queria lhe dizer uma coisa. Despediram-me do outro trabalho da fábrica porque estava grávida. Com os homens não há garantia. Na fábrica não aceitam mulheres grávidas.
Patroa: Você não me disse que estava grávida.
Maria: A moça da pensão disse que a senhora é boa.
Patroa: O que quer dizer que eu sou boa? Você trabalha, cada um sabe o que faz. A situação é ruim. Poderia ajudá-la. Mas o que está pensando...?
Maria: A criança já está pedida por um casal mais velho que não tem filhos, ou então eu a deixaria em Córdoba com a avó.
Patroa: Como? Vender? De quanto tempo está grávida?
Maria: Seis meses.

Patroa: Poderia ter me falado antes. Eu não sabia... No hospital não é permitido...
Maria: Fui à Dona Juana, a da vizinha, em Carapachay, mas era muito caro.
Patroa: Somos duas mulheres, eu a teria ajudado. Você entra em cada problema... O problema é eu ficar sem empregada. As crianças estão apegadas a você. (Em solilóquio) Ficar sem empregada.
Maria: Desse jeito perco-o esfregando o chão...
Patroa: Temos que falar com o patrão, você tem que ir ao médico.
Maria: Eu não sei de nada. O fato de ter o filho não significa falta de respeito a ninguém.
Patroa: Faltou a você mesma.

Nas duas dramatizações aparece, claramente, o desdobramento da mulher bondosa que aceita e protege, e o oposto, a mulher incompreensiva, narcisista, que só se preocupa com o papel que Maria desempenha para ela.

Os comentários dos alunos, relativos a essas duas dramatizações, foram evoluindo.

Começaram com uma abordagem muito imediata da situação dramatizada, verbalizando as emoções despertadas, passando depois a enunciar posições éticas diante do aborto, tentando fazer prevalecer seus esquemas de valor sobre os da entrevistada.

Finalmente foi possível raciocinar a partir do papel do psicólogo.

Num primeiro momento, procuraram-se modificações imediatas, sem compreender que a tarefa não consistia em obter uma mudança de atitudes e de valores, mas sim em realizar um psicodiagnóstico para compreender o que estava acontecendo com a entrevistada, respeitando suas estruturas e defesas. Surgiu, depois, o reconhecimento do que seria uma melhor atitude psicológica.

Consideramos que os papéis dos modelos citados anteriormente são coerentes e correspondem ao que se imagina do tipo de população que acorre a um hospital geral.

Levando em conta a entrevista diagnóstica, as duas dramatizações oferecem imagens diferentes do psicólogo. A primeira apresenta uma mulher excessivamente boa: um aspecto é representado pela empregada que quer ter o filho, e o outro, pela patroa (que, em geral, não corresponde à realidade do que é uma patroa, mas sim a uma idealização da mesma). Ambas correspondem a uma imagem idealizada do psicólogo, que determina, por sua vez, uma atitude de submetimento e não-explicitação da desconfiança, que se expressa depois no solilóquio, fora da situação de entrevista.

A segunda mostra uma mãc que não se permite ter o filho e que, se não interrompe a gravidez, é pensando em livrar-se do filho depois do nascimento (*atuação* de uma fantasia destrutiva-delirante da maternidade, para sua classe social).

Com relação ao entrevistador, esta situação representa uma aliança com o desejo de desprendimento abrupto ("aborto"), como defesa diante da dificuldade de tolerar o contato com uma mulher que sente sua maternidade negada por sua inserção social e papel afetivo.

### c) *Contato do aluno com o paciente*

Ao rever o material correspondente a esta fase da utilização do *role-playing* para o ensino, encontramos mais semelhanças do que diferenças entre as comissões.

A técnica do *role-playing* foi um processo corretor de fantasias atuantes, que permitiu aos alunos situarem-se no papel real que deviam desempenhar: isto é, o treinamento para a tarefa psicodiagnóstica. Permitiu-lhes, também, compreender a necessidade de integrar a teoria que haviam recebido até agora com uma prática concreta, para o que deviam instrumentar certa distância com relação ao paciente.

Nesta etapa, através das verbalizações, proposições de modelos e de dramatizações, expressaram suas dúvidas, temores, a respeito de:

1) Possibilidades do *role-playing* como técnica que os ajudasse a treinar;

2) Incapacidade pessoal para encontrar e manter uma distância instrumental ótima;

3) Medo de: *a*) confundir-se, *b*) esquecer-se, *c*) tornar o paciente muito ansioso, *d*) não poder manipular a inveja que pensavam que seria despertada no paciente ante uma pessoa sadia, *e*) ser sempre o terceiro excluído, já que os pares seriam formados por mãe e filho, doente e vizinho, doente e médico, doente e outro funcionário;

4) Ser superexigido em sua função de curar, por idealização do papel por parte do paciente.

Vale dizer que, como psicólogos, estariam sempre excluídos ou *superincluídos* no que se referisse ao paciente e a seu corpo. Pode-se observar que o papel de terceiro excluído, que foi dramatizado reiteradas vezes, era uma situação tanto temida como desejada, pois o outro funcionava como acompanhante, evitando o contato pessoal direto.

O que mais se temia era o contato com a pessoa total: parecia mais tranqüilizante relacionar-se com a doença, a morte, a gravidez, o parto, como fantasias e aspectos puramente psicológicos. Por exemplo, durante uma dramatização, diante das contradições de uma aluna no papel de parturiente, a resposta da aluna no papel de enfermeira foi: "Não serão pontadas nervosas?" Outro exemplo que mostra claramente o afastamento e a negação da realidade como defesa: Psicólogo: "O que a trouxe por aqui?" Grávida: "É... que eu vou ter um filho." (Situação que provoca o riso generalizado do resto dos observadores.)

Nestes exemplos pode-se observar, também, um dos aspectos a ser levado em conta especificamente no trabalho em enfermarias de maternidade: o desconhecimento dos processos normais de gravidez e parto, desconhecimento que parece responder a normas culturais.

Em síntese, a maioria das dúvidas e temores que foram aparecendo nesta etapa referia-se à manipulação técnica e ao desempenho de papel. Subjacente a elas, as maiores dificuldades estavam relacionadas com: *a*) grande desvalorização da tarefa psicodiagnóstica, contraposta a uma fantasia de ação terapêutica sobre os pacientes; *b*) grande dificuldade para assumir o papel devido a uma marcada auto-exigência e a uma sensação de grande exigência por parte da cadeira.

Diante da fantasia de serem ótimos terapeutas ou, na falta disso, ótimos psicodiagnosticadores, era impossível adequarem-se ao que se esperava deles na realidade: estudantes que praticavam com um tipo particular de sujeitos.

Após ter trabalhado os temores ante o Hospital Geral, aquela sala em particular, a doença, etc., e dramatizado as situações de posicionamento expostas acima, reduziram-se as fantasias que provocavam distorções e os temores diminuíram.

Na Maternidade, por exemplo, a vergonha e a culpa diante da sexualidade vivida como algo proibido foi um aspecto muito importante, cuja sinalização, dramatização e comentário facilitaram a aprendizagem.

Na Ginecologia enfatizaram-se, também, fantasias muito cruéis em relação à sexualidade e tentou-se corrigi-las: fantasias de que os tratamentos cirúrgicos da doença ginecológica eram castigos resultantes de uma atividade sexual culpogênica.

Na Clínica Médica, o aspecto mais generalizado e particular apontava para a possível ligação entre os futuros entrevistados e a doença e velhice de uma geração mais velha (pais). Ante essa ligação subjacente surgiram defesas maníacas e sádicas (alguns modelos: um ditador que ordena a extradição imediata dos estrangeiros; um barco que afunda com todos os seus ocupantes, devido a uma tempestade, etc.). Procuravam eliminar onipotente e sadicamente o objeto conflitante, para que não surgissem os sentimentos depressivos que o contato podia provocar.

## d) Realização da tarefa

Nesta etapa do trabalho, foram feitas dramatizações buscando modelos próximos à realidade que os alunos deveriam enfrentar, modelos de psicólogos que entrevistam pacientes com a suposta doença, ou problemática da enfermaria onde deveriam atuar. Nestas reuniões faziam-se os ajustes necessários sobre o enquadramento, as instruções, a apresentação do material ou o fechamento do processo, para haver padrões básicos comuns de abordagem.

Simultaneamente, os alunos começaram as tarefas de psicodiagnóstico, trazendo para dramatização as situações concretas por que haviam passado. Foi possível constatar que cada um trazia a situação que lhe provocara maior ansiedade, e que as comissões de *role-playing* funcionavam como um bom continente para modulá-la. Supomos que contar com esta possibilidade permitiu-lhes não fazer *atuações* em relação à tarefa, mas sim tolerar a ansiedade até poder resolvê-la no lugar mais adequado.

A coordenadora e as demais observadoras agiam facilitando a conceituação do que era dramatizado, encarregando-se do papel de ego pensante ou discriminador, enquanto os alunos que dramatizavam encarregavam-se dos aspectos afetivos da situação. Compreendiam, assim, que não há uma única resposta ante uma determinada situação, mas que diferentes modalidades ou estilos podem ser igualmente válidos dentro dos limites do marco teórico-técnico com o qual se trabalha. Possibilitou-lhes, além disso, passar da vivência à conceituação da realidade, e conseguir, em grupo, uma síntese dos processos. Neste sentido, as três comissões funcionaram de maneira similar, embora se pudesse observar uma certa diferença na Ginecologia.

Esta comissão passou por momentos mais depressivos, o que permitiu a seus integrantes detectar as próprias limitações. Procuraram compreender, em grupo, um dos aspectos mais essenciais do papel do psicólogo que diz respeito à atitude de aproximação, compreensão e transmissão de *insight*, tendo como base ser continente do paciente assistido.

Na Ginecologia, este apoio que o psicólogo oferece ao paciente para a modulação da ansiedade foi criado intencionalmente.

Os grupos restantes não o consideraram como fator prioritário, empenharam-se mais em encontrar normas práticas ante situações críticas, para aliviar rapidamente a ansiedade.

São momentos distintos que podem surgir no processo de aprendizagem: o ótimo é chegar à conceituação do essencial mediante generalizações.

## e) Avaliação

A inclusão de uma avaliação da tarefa realizada no último *role-playing* era importante não só para os alunos, mas também para o corpo docente, porque permitiria completar a experiência e ser um *feedback* corretor do ensino para os próximos períodos.

Os alunos puderam verbalizar e *atuar* sua vivência e a operatividade da técnica empregada, perceber a importância de "colocar o corpo", a exigência de flexibilidade interna e a necessidade de uma integração teórico-prática mesmo em situações inesperadas.

(Uma aluna verbaliza: "Até agora aprendemos psicologia, agora aprendemos a ser psicólogos", isto é, puderam ver o papel, e no papel, a vivência do vínculo entrevistado-entrevistador.)

Não obstante a tarefa comum dos três grupos, surgiram, em cada comissão, modalidades diferentes com relação à avaliação e formas particulares de separação e de despedida ao finalizar o semestre. Inferimos uma possível relação com a enfermaria que cada comissão enfrentou.

Por exemplo, na Maternidade, não foram dramatizados modelos, e a avaliação se fez de forma verbal com insistência no pedido de mais aulas e cursos, predomínio da dependência e dificuldades para assumir o fim da experiência.

No grupo que trabalhou na Clínica Médica predominou a escolha de modelos com incremento de defesas onipotentes.

A comissão de Ginecologia pôde avaliar mais adequadamente o processo com o uso de modelos ajustados à realidade presente e ao papel de futuros psicólogos.

Quanto aos elementos comuns, percebemos nas três comissões a menção de diferenças individuais, relacionadas com diferentes momentos do curso em que cada um se encontrava (para alguns era o último período, para outros faltavam algumas matérias). Realizou-se uma espécie de balanço geral individual a respeito do *role-playing*, da cadeira e, inclusive, da carreira de psicólogos em sua totalidade e da situação profissional num futuro próximo.

Poder-se-iam discriminar, então, dois níveis na avaliação e despedida:

*a*) da matéria;
*b*) de separação da Faculdade e/ou entrada no papel de profissional.

*a*) No primeiro, predominou a gratificação que, como alunos, receberam através de informação e de tarefas, mas com uma necessidade de maior tempo-trabalho. (Exemplificado em duas dramatizações como "falta a sobremesa" ou "falta o ensaio geral".)

*b*) No segundo, predominaram sentimentos depressivos pela percepção do déficit de formação que tinham, mas com a consciência de que puderam assimilar o que a matéria e a carreira lhes ofereceram.

Em síntese, queremos destacar que a assunção do papel de psicólogos implica um processo de constante aprendizagem e busca, redescobrimento, revisão e criação pessoal do próprio estilo de trabalho, apoiado por uma prática teórica rigorosa.

O *role-playing*, ao oferecer aos alunos a possibilidade de ir antecipando situações similares às reais, permite-lhes encontrar características particulares de funcionamento. Posteriormente, ao comparar as situações dramatizadas com a realidade, a aprendizagem vivencial do papel se enriquece.

Nossa hipótese de trabalho é que, desde o período formativo, o estudante pode começar a perceber e a conceituar o que fez, como o fez, dentro de um processo de constante compreensão e redescobrimento.

Irá conseguindo, assim, um estilo próprio de interação, integrando o fazer com o sentir, e pensar sobre o trabalho psicológico, elo que, somado à leitura crítica, capacitá-lo-á para o exercício profissional e, também, para a produção científica.

Impresso por :

*Graphium*
gráfica e editora

Tel.:11 2769-9056